本书出版得到全国百篇优秀博士论文
奖励项目资助（项目号：201408）

山西省"1331工程"重点创新团队
建设计划资助

中国乡村民主的样态与逻辑

马华 著

中国社会科学出版社

图书在版编目(CIP)数据

中国乡村民主的样态与逻辑 / 马华著. —北京：中国社会科学出版社，2018.11

ISBN 978-7-5203-3816-5

Ⅰ.①中… Ⅱ.①马… Ⅲ.①农村—群众自治—研究—中国 Ⅳ.①D638

中国版本图书馆CIP数据核字(2018)第287335号

出 版 人	赵剑英
责任编辑	冯春凤
责任校对	张爱华
责任印制	郝美娜
出　　版	中国社会科学出版社
社　　址	北京鼓楼西大街甲158号
邮　　编	100720
网　　址	http://www.csspw.cn
发 行 部	010-84083685
门 市 部	010-84029450
经　　销	新华书店及其他书店
印　　刷	北京君升印刷有限公司
装　　订	廊坊市广阳区广增装订厂
版　　次	2018年11月第1版
印　　次	2018年11月第1次印刷
开　　本	710×1000　1/16
印　　张	21
插　　页	2
字　　数	347千字
定　　价	89.00元

凡购买中国社会科学出版社图书，如有质量问题请与本社营销中心联系调换
电话：010-84083683
版权所有　侵权必究

目　录

序一 ……………………………………………… 徐勇（ 1 ）
序二 ……………………………………………… 王浦劬（ 4 ）
绪论 …………………………………………………………（ 1 ）
 一　研究缘由与意义 ……………………………………（ 1 ）
 二　关键词的界定 ………………………………………（ 6 ）
 三　国内外研究现状述评 ………………………………（10）
 四　问题意识与研究假设 ………………………………（16）
 五　研究思路与研究方法 ………………………………（18）
 六　实验的设计模式 ……………………………………（24）
 七　研究样本的基本概况 ………………………………（32）

第一章　民主的历史记忆：中国早期的民主实践 …………（37）
 一　"民本"与"士绅政治"：民主的传统因子 ………（38）
 二　"五四"与"乡村建设"：民主思想的启蒙 ………（44）
 三　"土地革命"与"人民公社"：民主参与指令化 …（51）
 小结 ………………………………………………………（61）

第二章　民主的现代因子：当代发展民主的尝试 …………（64）
 一　从基层重组农村的"村民自治" …………………（65）
 二　着重于制度建设的"水月实验" …………………（68）
 三　着重于组织建设的"岳东实验" …………………（74）
 四　着重于能力建设的"南农实验" …………………（81）
 小结 ………………………………………………………（87）

第三章　民主能力之现状：样本村的数据采集及分析 ……（89）
 一　代理人的代理能力 …………………………………（90）

二　村干部综合素质分析 …………………………………（102）
　　三　普通村民的表达能力 …………………………………（113）
　　四　普通村民的合作能力 …………………………………（123）
　　五　普通村民的监督能力 …………………………………（135）
　　小结 …………………………………………………………（140）

第四章　民主方略第一步：农民的表达能力建设 ……………（143）
　　一　利益、表达与民主 ……………………………………（143）
　　二　利益辨识：表达者的素质训练 ………………………（146）
　　三　利益联系：从宗族偏好到理性表达 …………………（155）
　　四　利益维护：从消极表达到积极行动 …………………（162）
　　小结 …………………………………………………………（171）

第五章　民主方略第二步：农民的合作能力建设 ……………（174）
　　一　从宗族组织到理性合作 ………………………………（175）
　　二　从圈层合作到社会化空间 ……………………………（181）
　　三　从外生到内生：合作主体的选择 ……………………（192）
　　小结 …………………………………………………………（197）

第六章　民主方略第三步：农民的监督能力建设 ……………（200）
　　一　涉农媒体对村务监督的介入及功能 …………………（201）
　　二　地方政府对村务监督的引导及创新 …………………（208）
　　三　村民自治中的草根式权力平衡与民主能力培育 ……（215）
　　小结 …………………………………………………………（220）

第七章　基层民主研究新视角：一种研究路径的转换 ………（224）
　　一　从民主制度到民主能力的转换 ………………………（225）
　　二　从民主客体到民主主体的转换 ………………………（229）
　　三　从民主价值到民主技术的转换 ………………………（234）
　　小结 …………………………………………………………（238）

结论 ……………………………………………………………（239）

主要参考文献 …………………………………………………（245）

附录 ……………………………………………………………（250）

后记 ……………………………………………………………（325）

序 一

马华教授著的《中国乡村民主的样态与逻辑》一书的出版，是十分高兴，也是政治学学术史上一件非常重要的事。

在中国，政治学是一门规范性很强的学科，并以文献为主要依据。1980年代，我所在机构的老师关注农村基层政权与村民自治研究，从既有文献中走了出来，注重实际调查。张厚安教授提出了"三个面向，理论务农"的方向。但只是到了1997年，我们才有了方法论的自觉。这就是我在《村治书系》的总序里概括的"三实"，即实际、实证和实验。"追求实际，即强调实际先于理论。我们不轻视理论，但反对从先验性的理论出发剪裁实际生活，特别强调实际调查。任何理论观点都必须建立在充分扎实的社会调查基础之上。理论上的发言权也只能出自实际调查。""追求实证，即强调事实先于价值。我们不否定价值取向，但在实际调查中坚决摒弃先入为主、以个人价值偏好取代客观事实的做法。我们不排斥'应该如何'，但首先要弄清'是什么'，突出动态的过程研究。""追求实验，即强调实验先于方案。我们要解释世界，成为学者；也要改造世界，成为实践者。而改造世界的方案，应该来自社会实验。通过实验，提炼和检验理论方案，使之具有可行性、可操作性和可预见性。"[1]

自1988年，《中华人民共和国村民委员会组织法（试行）》实施以来，村民自治一直处于静悄悄的试点之中，没有引起太多关注，学界参与研究的人也很少。直到1998年，村民自治成为广泛关注的政治热点问题。时任中共中央总书记对此高度肯定，被誉为是党领导下亿万农民的三个伟大创造之一。全球的眼光都投向作为村民自治标志的"海选"这一民主

---

[1] 徐勇：《中国农村村民自治》，华中师范大学出版社1997年版，总序。

窗口。而也是在此时，我们这些从事村民自治研究的学者反而较为冷静，对于村民自治作为一项国家制度全面推行后的效果如何，还没有把握。为此，张厚安教授专门打报告给时任中共湖北省委书记，希望选择一个点进行观察和试点。在当时的气候下，报告得到批示，经过选择，我们确定在湖北省黄梅县水月庵村进行名为"依法治村，民主管理"的实验。依法就是依照刚刚通过并正式实施的《中华人民共和国村民委员会组织法》进行村庄治理。民主管理，便是根据村委会组织法，由村民进行自我管理。

实验方法在中国的政治学领域运用极少，没有任何经验和理论借鉴。当时，西方的"实验政治学"还没有传到中国来，我们也不知晓。我们主要是凭借热情去做这件事。"水月实验"为期达一年多，多名老师和学生就住在村里。年逾七旬的张厚安教授多次到村指导。但是，以"民主下乡"为导引的这一实验并没有达到预期的目的，民主下乡的过程困难重重。但这一实验，也给了我们重要启示，这就是民主进入实际生活以后，受到多种因素的制约，并不是有了法律制度，一切都可按制度运行。由此使我们对乡村治理的复杂性有了更深的认识，并扩展了村民自治的认识，形成了乡村治理的概念。

进入新世纪以后，更多的人加入我们的研究队伍，特别是有激情的年轻人。以他们为主体，在安徽蒙城县岳东村进行民主实验。这次实验的主题是农民组织。中国农民的特点是一小二私三散，缺乏组织性，在政治上必然是弱势群体。有了村民自治这一民主制度之后，农民如果不组织起来，便很难实现有序的政治参与。这次实验的思路很好，但遇到的困难也超出想象。一是当时正值农民负担沉重，农村矛盾特别突出，农民的政治参与很容易溢出制度限制的范围。二是分散的农民一旦组织起来，形成的能量也是原有的政治体系所难以吸纳的，甚至有可能引起群体性政治活动。我当时去实验地考察时，发现组织起来的农民胳膊上都系有红布，作为标识。由此马上让我联想起历史上的红巾军。

"岳东实验"给我们的重要启示是，有了外部制度和内部组织以后，民主仍然会遇到新的问题，特别是主体能力问题。民主理论和制度的设计者们有一个基本假设，就是每个人都是具有公共理性的人。事实上这一假设并不成立。民主是共同的需要，但民主的能力并不是共同所具有的。而民主的能力也不是先天所具备，它需要在实践中培养。随着2006年农民税费的免除，国家推行新农村建设。我们与位于广州的《南方农村报》有了联系，共同举办农村发展论坛。在《南方农村报》的支持下，我们在位于广东和福建交界的广东省蕉岭县等四个地方开启了以培养农民民主能力的"南农实验"。

实验是非常艰苦的。它要通过外部力量的输入改变农村内部状态，会出现许多预想不到的困难和问题。它不仅需要激情，更需要耐心和毅力。实验开始不久，实验的主持者就难以工作下去，要求退出。情急之下，我召唤入学不久的博士生马华，让他接任主持。在他努力下，实验继续下去，并取得了较好的成效。他博士生期间的大部分时间就住在实验村里，并以实验村为个案，写出博士生论文。这篇论文后来获得全国最后一届百篇优秀博士学位论文。我本人因为以村民自治为主题写的博士论文获得全国首届优秀博士论文。我指导的博士生的论文因为村民自治的实验而获得全国最后一届优秀博士学位论文，也算是一种历史的机缘和对我们工作的回报。

实验的最大好处是带给我们启示，加深我们的认识。三次实验将我们的认识引向深处，对农村和农民的复杂性和丰富性有了更多的了解，由此也才触及了我们对农村传统形态的深度调查。这一方法是政治学不可或缺的。随着政治主体的参与愈来愈广泛和深入，要取得良好的政治效果，实验方法特别重要。实验过程非常艰苦，其中的曲曲折折，实验者的所思所想，可以通过马华教授的著作而了解。

人生就是一种经历，也是一种实验。只有在实验中才能检验自己的预想，才能找到最适合的人生。这或许是对实验者的另一种收获！

徐　勇
2018年11月16日

序　二

马华教授在"南农实验"基础上形成的学术成果《中国乡村民主的样态与逻辑》一书，不仅为学界提供了审视我国农村基层民主发展的现实样本，而且以独特的创造力，注入学术研究以巨大动力和活力，形成了当代中国农村基层民主研究的原创性力作。

我国农村基层民主政治建设是中国特色社会主义民主政治发展的基础，也是国家民主治理和有效治理的基石。1988年《中华人民共和国村民委员会组织法（试行）》颁布实施以来，农村基层民主政治建设和发展取得了巨大成就，成为中国特色社会主义民主政治的重要构成。围绕农村民主政治建设和发展的学术研究亦成为我国政治学研究的重要领域，研究日积月累，成果蔚为大观，影响甚为深远。

马华教授的《中国乡村民主的样态与逻辑》一书，即是这些研究中的代表性作品之一。通读全书可见，作品中体现着马华教授以我国农村基层民主政治为样本研究政治学的独到匠心和创新。归纳起来，这些创新主要体现在：

1. 研究方法创新：作品的首要创新之处在于，以参与式实验型研究展开了村民自治的研究。作者参与徐勇教授主持的村民自治的实验研究，共有三期至今已达11年，目前仍在进行。本著作是基于"南农实验"第一期而成，作为社会实验，"南农实验"是一场参与性社会实验，研究者作为主体或者当事人直接参与经验过程，通过亲身参与，发现深层次问题，掌握事物变动的变量数据，分析关联性和规律性。显然，社会科学尤其是政治学的实验性研究，不仅需要相当的人力物力财力支撑，需要相应的政治和社会条件，而且更需要研究者的严谨精神、崇学追求和不懈毅力。就此而言，本书的研究方法创新，实则凝聚着研究者和相关方面对于我国基层民主建设的巨大付出和共同追求。而在我国政治学研究领域，展开这种类型研究，实是少见，由此具有研究方法的开拓性价值。

2. 研究对象创新。长期以来，有关我国农村基层民主建设的研究大都围绕法定制度研究展开，较为集中地体现着传统的制度分析方法。该书的作者在实验型研究中，着力于村庄自治民主运行和建设过程中的主体即农民的能力研究。作者对于村民自治的介入式和实验式研究，聚焦于所实验村庄农民在基层政治过程中的表达能力、合作能力、监督能力，并且把村民自治和基层民主建设的根本任务归结为人的发展，归结为全面提升基层民主主体农民的民主能力和发展能力，由此真切体现了以人民为主体的人民民主本质要求，人民创造治理模式和民主模式的根本逻辑。

3. 研究逻辑的创新。我国农村村民自治的研究，一向以基层民主作为基本逻辑规定，因此，虽然村民自治中的民主选举、民主决策、民主管理和民主监督构成了完整的逻辑链条，但是，研究者的着力点大都集中于民主选举和民主决策环节，由此形成关注乡村民主治理的失衡。本书的作者在国家治理现代化的背景下，努力在人民民主政治与乡村有效治理的有机结合意义上建构我国农村村民自治的逻辑，由此在民主能力建设理论的基础上，提出"四权同步"建设思路，将村民自治中的选举权、决策权、管理权、监督权有效融合，尝试构建中国乡村治理秩序的新方案。另一方面，按照多主体协同共治的治理理念，积极发掘乡村治理的潜能，促进法治、德治在乡村自治中的融合，大力促进"新乡贤"等协同主体的建设，由此通过传统治理要素的现代性转化，构建中国特色的社会主义基层民主治理体系。

4. 研究观点的创新。作者以广东省四个区域村落农民政治活动为样本，从农民民主能力建设的研究出发，阐述论证了农村基层民主政治建设的创新性观点：第一，农民文化素质偏低对基层民主发展造成了一定约束，但文化素质高低不是实现民主的必要条件，在具体的民主实践过程中，农民可以通过训练、学习、参与等方式逐渐提升民主能力，进而更好地实现民主的价值。第二，制度建设、组织建设、能力建设构成村民自治的"三角支架平衡系统"。村民自治进一步深化的关键在于作为主体的农民的政治能力建设，因此，村民自治和基层民主政治建设的关键性因素是人，"人"的因素是内源性力量，也是民主政治建设的根本动力来源，只有高度重视人与制度的有机结合，才能深化基层民主建设，才能使得制度运行起来，才能使得村民自治得以进一步生根开花结果。第三，"利益是人们结成政治关系的出发点"，利益表达能力是农民民主政治能力中极其重要的能力。事实证明，只有通过有效的表达并积极付诸实践，民众才能在民主的秩序范围内将自己的各种需求转化为现实的利益，因此，村民政治能力建设的首要任务，是积极培养村民的合理正当有序依法的利益表达能力。第四，民主监督意识薄弱是村民自治和基层民主出现监督难的重要原因，因此，培育农民监督意识、提高监督能力，探索与地方性知识相结合的权力制衡机制，是有效实现基层民主监督的有效途径。事实证明，只有接受公开监督的公共权力才能更具有合理性和合法性，只有合理合法的公共权力，才更具有民主的生命力和治理的高效率。

在全面建成小康社会的历史新时代，我国农村基层民主实践的现代性转化和实现，是具有高度开创性政治建设任务，《中国乡村民主的样态与逻辑》一书的创新研究，对于我们勇于承担、积极深化和开拓推进这一历史使命，对于人们更新研究方法、开拓学术视野，由此形成中国特色、中国底色和中国风格的创新性成果，无疑具有特定的启发价值。

是为序。

王浦劬　于北京大学
2018 年 10 月 23 日

绪 论

一 研究缘由与意义

(一) 研究缘起

农民的民主能力是研究中国农村问题的一个新话语。随着现代民主的不断发展，相对落后的中国农民被冠以"民主素质低，不会民主"的称号。农民是否有能力参与现代民主实践？经过60年的历程，人们对民主的理解已经从价值层面提升到技术层面，理想化的图景转变为现实的行动。如何驾驭并熟练掌握已经开启的"民主马车"？显然，从王权政治、宗族统治、乡绅治理中解放出来的中国农民还不适应现代民主政治。农民依旧生活在乡土社会中，维护社会秩序的关键要素依然是教化、礼俗。与西方成熟的公民社会相比，中国的民主社会建设尚处于学步阶段。从古希腊的抽签、投豆子、抽签机、陶片放逐等民主技术，到近代代议制的出现，再到当代参与式民主的兴起，都体现了西方高度发达的民主技术。反观中国的民主社会建设，中华人民共和国成立后，在中国共产党的领导下建立起来社会主义民主制度，为基层民主政治建设创造了有利的制度环境。20世纪80年代，合寨村村民首创了村民自治的组织机构，至此，中国农民有了最为广泛的政治实践舞台，政治真正成为"众人之事"（孙中山语），广大农民不再游离于政治之外，以公民权为基础的民主政治开始扎根乡土。然而，由于受几千年封建专制思想的禁锢以及经济条件等因素的制约，农民学习现代民主并非易事，将现代民主内化为他们的理念、文化和日常的生活方式更是存在着诸多困难。

村民自治的出现，等同于为亿万农户开辟出一份崭新的民主试验田。正如彭真在《中华人民共和国村民委员会组织法（试行）》通过时指出：

"村民自治，实行直接民主是最广泛的民主实践。农民把一个村的事情管好了，逐渐就会管一个乡的事情；把一个乡的事情管好了，逐渐就会管一个县的事情，逐步锻炼、提高议政能力。"[1] 因此，本书从中国民主政治发展的现实困境出发，提出需要解决的问题，即作为民主的主体，农民是否具备实践民主的能力？我们能否运用现有政治理论指导并解决亿万农民在民主实践中的能力困境？带着上述问题，笔者参与了一场由科研机构、新闻媒体以及地方政府共同发起的社会实验，即"南农实验"。该实验以培育农村公民社会，提高农民的民主能力为宗旨，推动农民充分参与。在实验的基础上求证理论假设，然后再运用理论做指导来解决现实问题，以上正是本选题研究的缘由所在。

第一，民主能力的研究是评价一个国家的民主程度，衡量普通公民政治参与水平的一个重要课题。从实践层面来看，民主不仅是一种政治体制，也是公民的一种政治生活方式。传统中国，儒家伦理建构出个人的社会责任而忽视了个人利益的存在，民众生活在父权政治的庇护之下，普通百姓的个人利益由统治者来决定。因此，传统中国社会尚不具备实现民主的外部条件。中华人民共和国成立后，我国的社会主义民主政治有了较快的发展，人民群众的利益意识和权利意识逐渐增强。但在学习民主的过程中更多地注重民主的形式，忽视了民主的实体，尤其缺乏操作层面的民主技术设计以及基本素质的培养。因此，在村民自治民主实践中，人民群众只学会民主选举，民主管理、民主决策、民主监督等却相对滞后。能力意识的匮乏使得普通民众很难行使对主政者的控制，更无法将自己的意见和建议上升为可以执行的政府政策。改革开放以来，随着经济文化的不断发展，民主化的外在条件逐渐成熟。2007年，党的十七大报告强调："要坚定不移地发展社会主义民主政治，社会主义愈发展，民主也愈发展，要将基层民主作为发展社会主义民主政治的基础性工程重点推进。"[2] 因此，民主能力的研究是新时期国家能力建设的重要组成部分，发展基层民主离不开地方能力建设的支持，国家能力与地方能力的共同建设是现代国家构

---

[1] 《彭真文选》，人民出版社1991年版，第608页。
[2] 参见胡锦涛《高举中国特色社会主义伟大旗帜为夺取全面建设小康社会新胜利而奋斗／十七大报告学习辅导百问》，党建读物出版社2007年版。

建的重要保障。

第二，民主能力理论研究为政治科学研究提供了新的理论增量，有利于创新和发展政治科学理论。有关民主理论的研究历史久远，从古典民主理论，共和主义、自由主义到近代竞争性精英民主、多元主义民主、合法型民主、参与型民主、协商民主，民主理论经历了漫长的历史演进。民主的今天应当遵循什么样的模式？从民族国家到民主国家，国家与社会联系日趋紧密。观察民主在当代社会的相关性，我们发现，长期以来，研究者大都从国家层面关注民主治理的成效，对农村基层民主发展的研究，基本都停留在村民自治制度本身的研究，对自治主体农民的民主能力却很少有人关注。现有民主能力的研究大多被包容在民主理论的研究之中，尤其关于农民民主能力的概念尚没有一个统一的界定。依据现代民主政治建设方案的核心原则，即"自治原则"，自治性、独立性是自治原则不可缺少的核心要素。现代政治科学的基本社会功能，是为调整各种重要的社会利益关系，提供相关的理论思考和技术手段。[①] 由此，政治科学必须创新已有的研究范式，从注重民主制度、理念的政治学转向注重科学层面、应用层面的政治科学。民主能力的研究是一项实践性强、应用面广、综合学科多的创新型研究。探索中国的民主道路必须从培育民主能力做起，主要体现在提高农民的自治能力上，多维度思考农民民主能力提升的可能性路径，必将为政治科学的进一步发展提供新的增长点。

第三，民主能力实验型研究创新了政治科学研究方法，用政治实验验证政治理论拓展了政治学研究视野。"南农实验"是以能力建设为路径，以发育公民社会为目标，以嵌入农民日常政治生活为方法的实验型研究。与一般的实证研究相比，社会实验性质的研究更容易把问题引向深入，更容易发现问题的细节，更有可能在实践中修正和发展我们现有的理论。在过去四年的村治实验中，笔者总的驻村时间为320天，甚至2009年的春节也在实验村与村民一起度过。这种贴近农民日常生活的亲身实践，为笔者提供了一个观察农民日常政治生活的平台，诸如：集会、选举、议事、决策、论坛、宗族、合作等，这些都是考察农民民主能力的重要场域，对这些生活现场进行介入式的观察，有助于我们准确理解和把握中国农民的

---

① 朱光磊：《政治学概要》，天津人民出版社2001年版，第4页。

民主能力现状。

第四，民主能力研究是基于对中国特色的社会主义民主政治道路的探索。中国社会主义民主政治建设有其明显的特色，中国式民主可以从四个层面去理解。以"选举民主"为标志的人民代表大会制度；以"协商民主"为标志的政治协商制度；以"直接民主"为标志的群众自治制度；以"党内民主"为标志的党内选举制度。回顾中国基层民主的成长之路，大致可以分为三个阶段：一是民主治理路径的初步探索阶段；二是国家关注、动员和推进阶段；三是国家规范和农村基层民主深入发展阶段。从发展过程来看，我国基层民主政治建设经历了螺旋式、增量式的建设历程。在过去的民主建设尝试中，国家主导、民主化治理曾一度成为国家求解民主之路的主要选择，这种依靠外力推动下的民主进程必将遭遇基层社会的"水土不服"，如何使亿万农民成为基层民主政治建设的主体？来自社会内部的参与能力的培育与提升，或许能为中国基层民主的未来找到方向。如今，经过60年的民主建设历程，我国已形成由广大人民群众直接参与的基层民主体系，中共十七大报告更是将基层群众自治制度作为中国特色社会主义的四项政治制度之一。因此，选择农民的民主能力建设作为本书的研究是基于对内源性力量的重视，国家力量的推动只是基层民主发展的外因，社会自治主体的民主能力建设才是中国式民主道路的基础性力量。

(二) 研究意义

通过上述研究背景的分析，笔者认为，本书的研究价值在于：

首先，现实层面。基于多年来对"三农"问题的研究，以及在"南农实验"项目实施过程中的深入研究，我们发现农民的民主能力之所以弱势，民主选举、民主管理、民主决策、民主监督四套马车不配套，这与农民在利益追求能力上的弱势和利益表达渠道、能力的缺失密不可分。改革开放之前农民的利益诉求被长期压抑，致使其泯灭了对自身深层次权益发掘的愿望，同时也不能掌握表达其一般利益的方法和手段。但是，伴随民主化进程的加剧，多元利益格局的形成，农民的民主能力建设显得日益重要。无序的政治参与，一方面不能把村落社区的声音有效传达到当局以争取于己有利的政策；另一方面在官民之间发生利益冲突的情况下则扩大了冲突的强度。因此，研究农民的民主能力，即农民的政治参与能力，有利于扩大基层民主政治参与的广度，将无序参与转向有序参与。民主化道路的经验告诉我们，基层民主的发展过程，亦是公民政治参与不断扩大的过程。

现实中，我们了解到诸多影响农民民主能力的复杂因素。诸如：基层人大代表和村民代表普遍缺乏沟通和协调能力，他们并不完全负责任地把自己当作社区的政治活动家，既不愿意积极主动地收集民意，也不能有效地将自己的立法意见和政策建议通过合法的方式推广出去，没有真正履行代表的职责，不能充分维护选民的利益。基于对上述问题的认识，本书选择代理人的代理能力作为实验的研究变量之一。这种民主理论与民主实验相结合的研究模式，丰富了政治科学的研究范畴。一方面，科学理论可以为实验做理论指导，不断丰富和完善实验的内容。通过系统的理论学习和培训，希望能明显改善乡镇人大代表缺乏沟通和协调能力的现状，使乡镇人大代表能较为顺利地收集到选民的意愿和争取到最广泛的支持，并能够用政治语言将选民的意愿通过各种途径表达出来；村民代表在村民自治过程中，能充分发挥村民代表大会的决策和监督作用，提高选举后的村民自治质量；农民创建和管理自治组织的能力有明显提高，并创设村民论坛等公共空间；普通农民识别自身利益和表达利益的能力得到根本改观；农民能够明确地意识到自身利益所在，对自己与国家的关系有理性的认识和独立的见解。另一方面，在社会实验中进行理论研究，不仅提供了大量可以进行理论分析的素材，而且通过理论假设在实验中验证和发展我们的理论。

其次，理论层面。当代主流民主理论大多关注国家层面的民主建构，忽视了民众政治参与能力以及相应条件的培养。本书对"农民民主能力"的研究，以参与民主理论作为分析工具，提出参与型社会建设。通过观察实验过程中的各种复杂现象，从现象中寻找出最为明显的规律，以便回应学界关于基层民主发展动力来源方面的争论，即农村基层民主的发展或农民民主能力的提升需要精英阶层的推动、政府的主导还是农民自发的觉醒？当下，学术界多是从宏观的视角来探讨基层民主的发展，即从经济、制度的角度来分析公民的民主能力。部分学者从中观的视角即从公民社会或民间组织的角度分析公民的民主能力。再加上当代主流民主理论过于强调经验主义的分析，滞后于现代政治生活的发展变化，脱离了中国政治社会建设的现实，进而忽视了对中国农民民主素质的关注，以及相应民主条件的培养。因此，本书从微观视角既从农民主体自身分析农民的民主能力，包括民众心理方面和民主技能、程序的获得。此外，从制度、组织到能力三维研究视角的建立，有助于将政治学的研究与其他领域内大量理论联系起来，发挥出科学、文学、道德、数学的想象力。综合运用历史学、技术哲学、考古学、社会学、人类学、经济学、文化人类学等多学科研究方法，在归纳中总结理论，在演绎中证伪理论。本书的理论探索主要有：如何界定农民的民主能力？农民的民主能力具体包括哪些方面？影响农民民主能力的因素有哪些？如何提高农民的民主能力等？

二　关键词的界定

（一）乡村民主

"民主"一词源于希腊字 demos，意为人民。其定义为：在一定的阶级范围内，按照平等和少数服从多数原则来共同管理国家事务的国家制度。其特点是：人民有参与国事或对国事有自由发表意见的权利。"学步"一词原意是学习走路，在《庄子·秋水》中有句成语叫"邯郸学步"，比喻生搬硬套，机械地模仿别人，不但学不到别人的长处，反而会把自己的优点和本领也丢掉。把民主与学步两个词语结合起来，可以释义为：参与管理国家公共事务的能力还处于初步学习阶段。

与乡村民主较为接近还有"民权初步"。民权初步是孙中山先生在《建国方略》一书第三部分社会建设篇提出的。孙中山先生认为："民权何由而发达？则从固结人心、纠合群力始。而欲固结人心、纠合群力，又非从集会不为功。是集会者，实为民权发达第一步。"[①] 按照孙中山先生的观点，民国初期的政治建设还处在学步阶段，学习集会是人民行使权利的第一步。人民只有逐步学会选举官吏、罢免官吏、创制法案、复决法案等权利才能真正做到权为民所有、权为民所治、权为民所享。

本书界定的乡村民主，强调的是以村民自治为实践平台的基层群众的政治参与。从参与的范围、参与的深度与广度来看，农民受自身素质的限

---

① 孙中山：《建国方略》，辽宁人民出版社1994年版，第273页。

制呈现出参与的无力感，农民对民主技术的掌握还处在学步阶段。由于特定的历史条件，西方国家的民主化走的是"市民（公民）社会—民主国家"道路，即在市场经济和市民社会发育中内生出民主自治形式。随着市民（公民）社会力量的扩大，人们按照内生的民主规则建立国家。而中国显然不具备西方国家的历史条件。其一，民间社会的空间极其狭小，更无作为民主国家基础的"市民（公民）社会"可言；其二，由于政权的专制性，近代以来的中国不得不依靠暴力革命的方式实现政权的更替。民主化进程事实上是自上而下"还权于民"的过程。① 以上条件就限定了中国民主化进程必须遵循渐进式的学步阶段，通过逐步累积增量民主最终完成现代民主政治建设。

在乡村民主的过程中，徐勇教授认为："村民自治最重要的价值就是在民主化进程中，建立起一系列民主规则和程序，并通过形式化民主训练民众，使民众得以运用民主方式争取和维护自己的权益，从而不断赋予民主以真实内容。一旦仪式固化为习惯，成为日常的生活方式，民主才是真正不可逆转的。随着经济文化的发展，民主化的外部条件日趋成熟，民主化进程便可以顺利实现由形式到实体的转换。民主化所需要的内在条件，这就是民主规则、民主程序和大众的民主素质，而后者只有经过长期的民主运作实践才能获得。"② 本书所提出的农民民主能力建设正是遵循上述民主学步的逻辑，在民主实践中提升农民民主素质，在素质提高中增强其民主能力。

（二）民主能力

词源学将"民主"定义为人民的统治或权力。最早出现在 2400 年前，由希罗多德首先提出"民主"一词。"能力"一词指与知识、经验以及个性特质等共同构成人的素质，成为胜任某项任务的条件。古代民主理论家认为，民主与城邦有着天然的联系，希腊完美城邦最高的体现是"直接民主"。因此，城邦时代的民主能力可以解释为，城邦共同体不间

---

① 徐勇：《中国民主之路：从形式到实体——对村民自治价值的再发掘》，《开放时代》2000 年第 11 期。

② 同上。

断地直接参与行使权力。① 如今,"民主"一词已经有了新的指向,经过2000多年的丰富和发展,民主先后经历了基督教信仰、人文主义、宗教改革运动、自然法的"天赋权利"观念和自由主义等阶段。在复杂庞大的现代社会,以公民直接参与政治决策为基础的直接民主无法适应现代政治发展的需要。自由主义民主理论的兴起标志着具有精英主义色彩的"代议民主"理论开始大行其道。然而,由于过分侧重经验分析,自由主义民主理论者往往忽略了公民个人政治参与能力以及相应条件的培育。在此背景下,参与民主开始兴起。

如何科学界定"民主能力"?笔者认为,民主能力与政治参与密不可分。政治参与不仅是民主的一个重要指标,同时也是影响民主发展的一个重要变量。在某种程度上,民主能力就是公民参与公共事务或政治参与的能力。目前,国内外学者关于公民的民主能力的观点可分为两种:一是公民的民主能力就是政治参与的能力,即投票、选举、结社、集会、政治表达等能力;二是把公民的民主能力分为公民的民主意识和公民的民主实践能力。其中公民的民主意识是民主能力的前提,包括利益意识、公民意识、权利义务意识、合作意识、妥协意识、理性意识、法治意识、责任意识、公共精神等。公民的民主实践能力主要包括利益表达的能力、政治参与的能力及一些可操作性的政治技能和技巧,包括参政议政的能力,如选举、决策、监督、管理等能力。因此笔者认为,理解民主能力可以经由下述逻辑,民主能力=公民能力—公民政治能力—公民民主能力—公民政治参与能力。阿尔蒙德、维巴在《公民文化——五个国家的政治态度和民主制》中把公民能力分为公民的主观能力和公民的客观能力,即主观认识能力和客观实践能力(参与能力)。主观能力指公民认为自己能够对政治事务和决策过程施加影响;参与能力则指公民如何去影响政治事务和政策过程。民主能力是政治能力的一种,是公民能力的核心。阿尔蒙德更加强调主观能力的重要性,认为主观能力强的公民,政治参与更积极。国内学者郭细琴把公民的民主能力分为民主心理能力和民主实践能力;民主意识分为自由意识、平等意识和参与意识;民主实践能力包括直接政治参与

---

① [美] 萨托利:《民主新论》,冯克利、阎克文译,上海人民出版社2008年版,第307页。

能力和间接政治参与能力，如结社能力、投票能力等。

本书所指的民主能力，强调的是"农民的民主能力"，农民民主能力不等同于国家民主能力，农民的民主能力体现在自治能力上。在认识农民民主能力以前，我们首先要厘清何谓"农民"。词源学将农民一词定义为长时期从事农业生产的人。《谷梁传·成公元年》："古者有四民。有士民，有商民，有农民，有工民。"范宁注："农民，播殖耕稼者。"北齐颜之推《颜氏家训·勉学》："人生在世，会当有业，农民则计量耕稼，商贾则讨论货贿。"由上述可知，"农民"一词自古就已出现，伴随农耕文明向工业文明的不断演变，如今"农民"一词已经有了更为丰富的解释内容。社会学家、"三农"问题评论家艾君，在分析了我国现代社会上所认识的农民现象后认为，农民在我国现代社会里已经由传统意义上的"从事农业生产的劳动者"演变为简单明了的"一切农业户口者"。即身为"农业户口"者已经成为"农民"的代名词。与西方的"农民"相比较，西方世界理解的农民是农业经营者，农民亦可以称为"市民"。中国"农民"由于传统"二元结构"户籍藩篱制的出现，使得解释起现代"农民"与传统"农民"变得更为复杂，"农民"一词逐渐成为阶级、身份划分的象征。本研究将"农民"的范围定义为：一切与农村生产、生活有关联的劳动者，并以农村社区为居住单元。农民的民主能力特指具有农民身份的劳动者，以所居住社区共同体为单元，参与并影响本社区公共事务的能力，具体表现在普通村民对地方精英权力的制约能力。

从村民自治的实践情况来看，民主选举曾经是亿万农民体验直接民主的起源，然而由于单一制的国家结构，乡村分治的切割化管理，以及农民的民主素质等问题，农民直接民主的能力还较弱。因此，农民的民主能力主要体现在参与能力上，笔者认为农民的政治参与始终是围绕利益进行的，农民实现利益的方式主要是通过利益表达与合作。综合上述分析，本书有关农民民主能力的研究主要集中在农民的表达与合作能力上。在笔者看来，合作是以利益为基础的合作，表达是对利益的表达。合作能力与表达能力紧密相连，不可分割。识别利益的能力是在收集信息与分析信息的基础上判定利益的能力。识别利益与文化水平、生活经验最密切相关，也与是否坚定的个人性格密切相关。表达利益以对利益的识别为基础，表达的过程其实就是利益相关方博弈与追求利益的过程。

(三)"南农实验"

"南农实验"是南方新农村建设改革实验的简称。2006年4月12日,华中师范大学中国农村问题研究中心、南方农村报社和4个村(小组)及其所在的地方政府代表,共同签署了《合作共建新农村示范实验点协议》,并举行了启动仪式,徐勇教授将此次实验命名为"共建新农村——'南农实验'",意为"农民和政府、学术机构、媒体在南方农村地区共同建设新农村"。在启动仪式上,徐勇教授指明了"南农实验"的目的:这是一个以人为本、尊重农民权利,由村民充分参与,并且以提高农民福利为目的的社会实验,它把学术资源、媒介资源、政府资源和民间资源有机地结合起来,为国内首创。希望通过实践,探索出新农村建设中规律性的东西,寻找多样化的发展模式。

"南农实验"是以村民自治为实验场景,以农民自身为实验主体的一场政治发展实验。该实验着重探讨的是如何提高农民的民主能力。其实验的理念可以概括为,在相对远离城市的乡村地区汇集多方资源,共同进行包括政治、经济、技术、文化等诸多方面综合建设与发展尝试。从以往的村治实验中我们发现,农民在利益追求能力上的弱势与利益表达渠道、表达能力的缺失是联系在一起的。因此,"南农实验"希望通过系统化的训练,一方面提升乡镇人大代表的代理能力,使之能够顺利地收集到选民的意愿和争取到最广泛的支持,同时又能够将选民的意愿通过各种途径表达出来;另一方面强化村民自治的实施质量,使普通村民从以制度为主体的形式民主,过渡到以能力为主体的实质民主,进而使普通农民识别自身利益和表达自身利益的能力得到根本改观。

三 国内外研究现状述评

笔者经过对国内外现有的文献资料进行全面的检索和整理后发现,学界有关民主理论的研究有很多,但有关农民的民主能力问题的研究却近乎空白。以下是笔者对相关研究的一个简要梳理:

(一) 有关民主理论的经典学说

从古至今，民主理论可谓形形色色，但共和主义民主和自由主义民主的分野与争论是西方民主理论发展和演变的主线。近代以后的民主理论分为两大基本流派：一个是共和主义取向的民主，如直接民主、参与式民主，主张公共事务由公民直接参与进行决策；另一个是自由主义取向的民主或代议制民主，如精英民主理论、多元民主理论。当今世界，代议制民主逐步成为主流的民主理论和主导模式。但随着极具精英主义色彩的代议制民主理论弊病的不断显现，同时当代自由民主制下公民普遍的政治冷漠与低程度的政治参与下，使得某种大众化权力的参与式民主在经过很长时间的沉寂后开始复兴。以下是对19世纪以来西方代表性的几种民主理论所做的简要梳理。

其一，精英民主理论。

精英民主理论的核心是少数精英。该民主理论主张从经验和现实的层面来描述和阐释民主，认为民主仅是一种政治方法，而不是目的。公民唯一的参与方式就是投票和选举领导人。竞选是民主的突出特点。熊彼特在其代表作《资本主义、社会主义与民主》中提出："民主方法就是那种作出政治决策而实行的制度安排，在这种安排中，某些人通过争取人民选票获得作出决策的权力。"[1]

其二，多元民主理论。

多元民主理论或多头民主理论，直接继承了熊彼特对古典民主理论的批判，在本质上仍是精英民主理论。多元民主理论认为，现代社会是多元的社会，民主政治应该是多元主体通过"多元竞争"（讨价还价），达成"价值趋中"（妥协）的政治。该民主理论主张多重少数人的统治，换句话说，多元民主理论拓展了少数人的数量、规模和多样性。罗伯特·达尔在《论民主》中提出多元民主就是具备六项政治制度的政治体制：一是选举产生的官员；二是自由、公正、定期的选举；三是表达意见的自由；四是多种信息来源；五是社团的自治；六是包容广泛的公民身份。[2] 萨托

---

[1] ［美］约瑟夫·熊彼特：《资本主义、社会主义与民主》，商务印书馆1999年版，第492页。
[2] ［美］罗伯特·达尔：《论民主》，商务印书馆1999年版，第1页。

利的理论基本上是对达尔多元民主理论的扩展，他在其代表作《民主新论》中重点探讨了民主理想与民主实践的关系，认为积极的公民参与可能会导致政治体系不稳定的危险。即少数精英的积极参与和多数民众的政治冷漠、不参与是政治稳定的主要保障。[①]

其三，参与民主理论。

参与式民主理论是对古典民主理论的一种发展。参与式民主理论反对以精英主义思想为核心的民主理论完全运用"经验和客观"的方法来构建民主理论和解释民主现象。该民主理论主张民主不完全是经验的，它有着特定的规范要求和取向。卡罗尔·佩特曼在《参与和民主理论》中总结认为，真正的民主应当是所有公民的直接的、充分参与公共事务的决策的民主，从政策议程的设定和执行，都应该有公民的参与。佩特曼提出"参与性社会"的概念，她认为公民的积极参与有助于参与性社会的形成。[②] 巴伯在《强势民主》中主张以参与式民主弥补代议制弱势民主的不足。

其四，协商民主理论。

参与式民主在20世纪后期的发展就是协商民主理论的兴起。协商民主是公共协商过程中自由平等的公民通过对话、讨论、审视而赋予立法和决策合法性的一种治理形式。协商民主既肯定公民积极参与政治生活，又尊重国家和社会间的界限，力图通过完善民主程序、扩大参与范围、强调通过自由平等的对话来解决冲突、保证公共利益的实现。协商民主理论修正了代议制民主的缺陷和不足，同时也是对参与式民主的最新诠释和扩展。该理论的代表人物有罗尔斯、哈贝马斯等。

(二) 多元视角下的民主能力概念

从词源学上讲，民主就是人民的统治，所以民主能力的主体应该是人民大众。民主能力特指公民的民主能力。关于民主能力研究的相关理论基础主要有：参与式民主理论和协商民主理论。当下，我们国家关于农民民

---

① [美] 乔万尼·萨托利:《民主新论》，冯克利、阎克文译，上海人民出版社2008年版，第159页。

② [美] 卡罗尔·佩特曼:《参与和民主理论》，陈尧译，上海人民出版社2006年版，第7页。

主能力的理解，可以从农民所处的政策背景和制度环境来了解。1987年，全国人大常委会通过《中华人民共和国村民委员会组织法（试行）》，村民自治开始有了法律保障。1990年，全国全面拉开村民自治的序幕，民主选举成为村民自治的基础。2001年，全国均实现了村委会的直接选举，自此，农村基层民主自治成为中国民主制度的重要形式。因此，农民的民主能力建设是伴随着村民自治的成长过程而出现的，农民的民主能力主要体现在村民自治能力上，也可视为政治参与程度上。以下是不同民主理论对政治参与内容和范围的大致理解：

其一，自由主义民主理论视角下的民主能力。

自由主义是近代以来西方社会的主流政治思潮之一。它强调个人自由的首要性，并把保障个人自由权利作为政府的基本目的，把宪政与法治作为实现这一目的的主要手段。[1] 精英民主理论者熊彼特在《资本主义、社会主义与民主》一书中，把民主直接定义为公民投票选举精英的形式，这实际上是把民主政治同选举竞争等同起来。公民唯一的参与方式就是投票选举领导者，因而公民的民主能力仅仅体现在投票和选择精英的能力。其次，大多数人对政治的参与，不应该超过维持民主方法（选举机制）运行的最低标准。[2] 就大多数人而言，政治参与是指人民参与选举活动或对决策者进行选择。代议制民主下，普通公民很难对政府及其决策过程产生实质性的影响。所以，这是狭隘的政治参与和有限的民主能力。

其二，共和主义民主理论视角下的民主能力。

共和主义是指一种强调平等、政治参与和公共精神的政治模式。它区别于以个人取向为特征的自由主义和包含着威权政策的社会主义。马基雅维利通常被看作现代国家政治的第一个理论家，他在《君主论》中力图探讨怎样才能实现国家权力与公民权利之间的适当平衡。只有在大众普遍的参与下，才有可能实践民主所欲实现的基本价值。参与式民主理论强调的是所有公民最大程度的、广泛的、深入的、积极的参与。公民的参与不仅包括对政治生活，还包括对经济领域、社会领域、政党组织内部的参与等形式。所以，较之代议制民主下的政治参与，共和主义民主理论下的政

---

[1] 徐大同：《现代西方政治思潮》，高等教育出版社2006年版，第8页。
[2] 熊彼特：《资本主义、社会主义与民主》，商务印书馆1999年版，第486页。

治参与和民主能力更宽泛更丰富，不仅仅体现在选举技术上，还体现在决策、监督、管理公共事务和自治等方面。

(三) 学说评析

通过对上述经典学说的梳理，我们可以发现，公民的民主能力与公民的政治参与密不可分，民主理论家们在民主和政治参与的关系上已经普遍达成了共识：政治参与不仅是民主的一个重要指标，同时也是影响民主发展的一个重要变量。在某种程度上，民主能力就是公民参与公共事务或政治参与的能力。

从上述分析中我们了解了什么是公民的民主能力，现实中让我们感到困惑的是，由于不同民族政治经济文化的差别，公民的民主能力也存在着差异，究竟有哪些因素在影响着公民的民主能力？通过对既有研究的梳理，我们发现影响公民民主能力的因素有以下几点：

公民教育：科恩在《论民主》中指出，受过教育的公民是民主的第二个重要的智力条件。从农民主体自身的特点看，中国农民整体受教育水平不高，致使中国农民的固有特性是：与土地关系紧密，也就是费孝通所说的"土气"；善分不善合（曹锦清）等。现代民主国家的技术要求越来越复杂，公职技术人员的服务能力不断提高，这同时也要求公民必须具有相应的评估能力，这些能力的提高与实用教育、基本教育、技术教育、人文教育密不可分。

公民文化：关于公民文化，在这里我们主要关注公民政治文化，要了解农民的民主能力，首先要了解农村的政治文化。阿尔蒙德把乡村特有的政治文化称为"村落地域型政治文化"，即人们对自己的属地认同感强于对国家的认同感，缺乏公民权利意识，在认知上既没有意愿也没有能力参与政治。但随着全面市场化以及政权的渗透，农村原有的政治文化面临挑战，不少乡村正逐步向臣民依附型文化和公民参与型文化转变。除此外，阿尔蒙德还比较分析了公民文化和臣民文化对于民主的影响以及政治文化与政治制度的搭配问题。帕特南在《使民主运转起来》一书中对意大利的北部和南部进行了对比，讨论了文化和公民民主能力之间的关系。亨廷顿在《文明的冲突》中认为，国民的民主能力与宗教文化有关。"在实践上，儒教或受儒教影响的社会不适合民主。"耸人听闻地断言伊斯兰教、

儒教与民主是难以搭配的。

公民社会：公民社会亦称市民社会，是独立于家庭、国家、市场的一个空间，是国家、市场、家庭以外的任何组织，主要包括非政府组织、非营利组织和草根组织。公民社会对民主的促进作用在学界基本达成共识，但大部分对公民社会的研究多集中在公民社会发展的制度环境、公民在社会团体中的政治参与两方面，忽视了农村的现状。相对于城市，农村的社会组织发展极度萎靡，农民的自治能力相对较差。因此，要发挥农村社会组织对农民民主能力的培养作用，首先要教会农民认清自己的利益、表达自己的利益，并建立起能够进行利益表达的自治组织，最后是积极参与其中，让"一袋马铃薯"的中国农民既善分又善合。

大部分学者认为，公民社会对公民民主能力的促进作用主要来源于公民参与各种公民社团（非政府组织、非营利组织和草根组织）。参加各种非政府组织能够激发公民的政治参与意识和政治兴趣。托克维尔在《论美国的民主》中探讨了美国社团的发展与民主的关系，他认为各种各样的社团，不管是经济的、社会的、宗教的、文学的社团都是有价值的；参加社团有助于公民培养集体行动与合作的习惯和能力。阿尔蒙德、维巴在《公民文化》中认为社会组织是公民民主能力的训练场，社会组织成员的政治效能感比非组织成员高。"政治参与的动机和能力都植根于基本的非政治机构中。"帕特南在《使民主运转起来》中认为参加各种社团、俱乐部可以使公民学会自律和享受合作成功的快乐。参与式民主代表人物佩特曼在《参与和民主理论》中提出非政府领域的参与，尤其是工业领域的参与对形成和培养公民的政治效能感有重要的作用；公民参与政治最恰当的领域是与人民生活息息相关的人们最熟悉最感兴趣的领域。换句话说，公民的政治参与的技能和能力可以在非政府领域的其他参与经历中获得。国内学者王绍光认为社会组织产生的"内部效应"对实现民主更重要，各种社会组织是培养公民民主能力的"学校"。他认为公民参与社会组织可以培养其合作习惯和公共精神；可以培养互信、互惠、妥协、谅解、宽容的品性；可以培养与人交往、共事的交流技能，这些习惯和技巧可以强化人民政治参与的积极性和能力。

社会资本：社会资本是"行为人在行动中能够获得和使用的、嵌入社会网络中的资源"。（林南）社会资本植根于"制度化的、人民相互了解和认可的持续的网络之中",即团体成员关系之中。目前学者研究最多的是社会资本的核心——社会信任与民主之间的关系。代表学者有阿尔蒙德、帕特南、福山等。

国家能力：查尔斯·蒂利在《民主》一书中提到国家能力的强弱影响着公民民主能力。国家能力是指国家执行其政治决策的能力。极强和极弱的国家能力都会抑制民主，有效民主化的区域在极端高的国家能力和极端低的国家能力之间。王绍光把国家能力作为解释民主发展的一个关键自变量，用来解释与民主化、民主巩固以及民主质量的关系。他认为国家有六大能力：强制能力、汲取能力、儒化能力、规管能力、统领能力和再分配能力。他认为国家的有效性或者有效的公共权威对民主的质量有正面的影响。

此外，科恩在《论民主》中的第一部分民主的性质中，认为民主取决于参与，民主能力就是政治参与的能力。在第四部分民主的条件中，科恩提出了影响民主的四大条件：一是物质条件主要包括：民主的地理条件、民主的设施条件、经济条件；二是法治条件主要包括：政治自由、言论自由等能使公民真正充分参与政治的原则；三是智力条件主要包括：信息充分、公民教育、交流协商合作的艺术；四是心理条件（公民性格特点及思想习惯）主要包括：重视实践、批判态度、妥协宽容的精神、容忍、客观、地方自治的传统。国内学者王绍光在《民主四讲》中结合前人观点提出了解释民主兴起以及公民民主能力提升的六个关键自变量：经济发展、阶级结构、文化影响、公民社会、社会资本、国家能力。

四 问题意识与研究假设

(一) 问题意识

与西方悠久的民主历史、成熟的公民社会相比，中国有着几千年的农业文明历史，博大精深的儒家文化。然而，相对于西方民主社会，我们的历史可以归属于传统国家的谱系，缺乏自由、平等、参与的民主意识。如今，伴随着市场经济的不断成功，政治体制革新的诉求日益强烈，如何建设好社会主义民主政治，以便更好地服务于不断扩大的市场，已经成为日益紧迫的政治问题。千百年来中国农民始终是社会变革创新的主体，以村民自治为标志的基层民主实践，使得民主开始在中国广大农村土地上落地扎根。然而，就像马克思所说的那样，小农阶级像一堆土豆一样互相不能团结起来。由于其固有的分散性，他们当然没有能力来推进民主。因此，本书试图把公民的民主能力研究与中国的现实国情结合起来，对农民的民主能力进行详细的实证研究。

关于农民的民主能力研究，当前国内学者的研究可以归纳为以下几点：一是大多数学者把"四民主"（民主选举、民主决策、民主管理、民主监督）统归于农民应具备的民主能力，从政治参与的角度来界定农民的民主能力；二是部分学者从增强民主意识、培养必要的民主知识和技能、拓宽参与渠道三方面来探讨基层民主政治的发展及农民民主能力的提升；三是从研究的层次上看，学界对于农村基层民主建设的研究，基本都停留在村民自治制度本身的研究，即侧重对村民自治的制度设计、政策制度环境的研究。对自治主体农民自身民主参与能力以及相应条件的培养方面的研究几乎空白。甚至有部分学者认为，村民自治有民主选举而无民主治理。主要表现在：一方面农民仅有民主选举的能力，而无民主决策、民主管理和民主监督的能力；另一方面农民的自治能力极差，村民自治几乎演变为"村主任自治"，农民民主能力有限。

因此，从上述分析情况来看，目前，国内"三农"学者和一些政治发展理论的学者大多是从宏观的视角来探讨基层民主的发展，即从经济发展水平（如贫穷、受教育程度、传媒发展程度）和制度制约因素（如政治参与渠道、政治信息传播的缺失）两方面来分析公民（农民）的民主能力。然而，从中观的视角（即从公民社会或农村社会组织对基层民主的促进作用）和微观视角（农民主体本身参与能力的提升）的研究还比较少。从以上的分析中，笔者认为，以下几个方面的问题，应当是本研究着重解决的：一是何谓农民的民主能力，农民的民主能力具体包括哪些方面？二是农民的民主能力是否构成了约束基层民主向前发展的条件？三是中国农民的民主能力现状如何，如何提升农民的民主能力？四是农民民主能力的提升需要精英阶层的推动、政府的主导还是农民自发的觉醒？

(二) 研究假设

学术假设是实证性定量研究中的一个重要组成部分，学术假设为整个研究规定了基调。本书的研究假设是：农民文化素质偏低只是一个个体性判断，农民文化高低不是民主实现的必要条件，在具体的民主实践过程中，可以通过训练、学习、参与等方式逐渐提升农民的民主能力，进而实现民主的价值。

依据实验前的调查，农民文化素质偏低是当前农村客观存在的现实，并由此造成农民的各种负担问题以及在征地和拆迁中发生的严重不公等问题。由此看来农民素质偏低对其追求自身利益构成了约束性条件，但并不能就此认为农民素质低不会民主。民主是由群体社会来实现的一种公共活动，社会发展是一个有机的过程，政治发展是在社会发展的过程中成长过来的，政治实践在前，政治理论发展在后，科学认识农民民主素质与民主发展之间的关系是深化民主理论的基本前提。尽管现阶段农民在利益追求能力上较为弱势，利益表达渠道、表达能力也出现缺失，但能力建设与过程建设是密不可分的，农民民主能力的提升需要一个建设的过程，农民可以在不断的民主实践过程中提高自身的民主能力。

五　研究思路与研究方法

(一) 研究思路

本书围绕农民的民主能力建设及其在当代中国的实践问题展开。主要研究框架分为以下几个部分：一是导论；二是中国早期的民主实践；三是当代发展民主的尝试；四是农民民主能力的现状；五是农民表达能力建设；六是农民合作能力建设；七是农民监督能力建设；八是基层民主研究新视角。围绕上述问题，本书按照实验样本选择——需求评估调查——参照组与实验组介入——实践、反馈、总结——结合相关资料，讨论、描述、阐释——形成相关理论进行研究思路设计。全书由绪论、正文、结语及附录四个部分组成，其中正文包括七章内容。

绪论部分主要介绍了选题的缘由和意义，从切入视角、研究方向等全面界定了民主能力的研究范围，分析了当前农民民主能力在理论与实践层面的研究现状，并系统地介绍了本书的研究思路和研究方法；

第一章"民主的历史记忆：中国早期的民主实践"，主要介绍了民主思想在中国产生的历史背景。从"民本"思想的出现到"五四运动"的兴起，中国农民自古就传承有富含民主思想的儒家伦理观，但由于封建统治思想的禁锢，以及近代以来探索道路的曲折，民主在中国的发展遭遇到诸多困难，农民的民主意识及民主能力与西方社会相比发展程度较低。本章分析的意义在于让我们理解了不同地理、自然环境及文化传统下民主的发展呈现不同的发展道路。

第二章"民主的现代因子：当代发展民主的尝试"，是对"南农实验"产生的背景进行分析。首先从华中师大的村治研究及实验的经历切入，梳理了以张厚安、徐勇教授等人为代表的村治实验的相关理念。其次总结归纳华中师范大学中国农村问题研究中心三次村治实验的过程，即徐勇教授提出的：以制度整合农村的"水月实验"、以组织整合农村的"岳东实验"、以能力整合农村的"南农实验"。以制度建设、组织建设相关努力的尝试，最终没能解决乡村治理的诸多问题，在吸取以往村治实验经验教训的基础上，"南农实验"最终确定尝试从能力建设入手，挖掘村民自治的内生资源，因此，本章节主要回答了"南农实验"由何而来？

第三章"民主能力之现状：样本村的数据采集及分析"，主要着重于对实验村村民的民主能力现状进行考察。本章依据需求评估调查所得出的基本数据，分析了代理人的代理能力现状，普通村民的表达能力、合作能力、监督能力现状。实验数据是观察样本的最有效工具，依据调查数据，我们可以了解当前农民是否能正确识别自身利益、能否有效维护自身利益、农民维护自身利益的渠道是否畅通等问题。

第四章"民主方略第一步：农民的表达能力建设"，本章旨在探索如何提高农民的表达能力。利益表达是农民参与政治生活的起点，只有认清哪些是自身利益，才能产生维护自身利益的动机，这种利益动机本身就是农民追求自身权益的一种能力。依据实验组调查后对农民表达能力的判断，实验组先后在实验村展开了一系列的旨在提高农民表达能力的相关项目。诸如，新型农民培训项目、乡村书屋工程项目等，这些内容丰富的实验项目是依据农民的实际生活需求而设置的，其目的是通过政策、法规的培训，增强农民识别自身利益的能力。此外通过培育相关社团组织，拓展了农民公共生活空间，进而增强其维护自身利益的能力。

第五章"民主方略第二步：农民的合作能力建设"，本章旨在探索如何提高农民的合作能力。针对实验村村民普遍缺乏合作能力的现实，"南农实验"在合作能力项目实施过程中，始终贯穿自治、自为的理念，始终尊重农民的主体地位。如何让村民走出参与不足的困境是本章着重探索的内容。实验组在实验过程中观察到：外力推动下的农民合作只是短暂的选择，农民或许会为眼前的利益参与了组织合作，但缺乏内力的推动，缺乏对农民主体性的认识，最终会导致合作的失败。因此，本部分主要回答了怎样组织农民合作，如何提高农民的合作能力，这种合作能力的培养应当是外生还是内生。

第六章"民主方略第三步：农民的监督能力建设"，本章旨在探索如何提高农民的监督能力。民主监督是当前我国基层民主治理最为重要的一项能力，缺乏监督的权力会导致权力的专制进而滋生腐败；缺乏监督的民主会导致民主偏离其最核心的理念"相互制约与平衡"。本章主要介绍了实验成果之一"蕉岭模式"在探索提高村民监督能力方面的尝试。除此外，涉农媒体对实验村村务管理的介入，也是"南农实验"探索民主监督多样化的一种尝试，媒体如何发挥其监督功能，如何为培育公民民主意识做贡献是本部分着重回答的重点。

第七章"基层民主研究新视角：一种研究路径的转换"，本章旨在总结本选题在研究路径上的创新。"南农实验"提供了民主理论与民主实践相结合的参与型研究机制。通过参与式实验型研究试图破解基层民主发展所遇到的制度困境，这种实验型研究的可贵之处在于它采取了新的研究路径。此外，农民的民主能力研究切换了基层民主研究的现有视角，这种研究视角的切换主要体现在：从以制度为主体到以能力为主体；从把农民作为客体到把农民作为主体；从着重于民主理论到着重于民主技术。上述研究视角的转换标志着基层民主研究进入新的发展阶段，这种发展主要体现在从民主形式到民主实体的重心转移。

最后"附录"，附录一主要选取了笔者的部分驻村日志，本书限于篇幅只选取了部分驻村日志。这些日志记录了实验开展的整个过程，涉及实验村方方面面，一场社会实验最有价值的经验或许正隐身于这些日志平凡的日常记录中，要想理解一场耗时四年的社会实验，笔者认为从这些日常生活手记中收获会更大。附录二则主要记录了四年来"南农实验"所发生的一些重要事件，这些事件为读者理解本书提供了一条清晰的时间脉络。

(二) 研究方法

研究方法是指在研究中发现新现象、新事物，或提出新理论、新观点，揭示事物内在规律的工具和手段。研究方法是进行科学研究的基础，也是决定研究过程是否符合科学逻辑的关键。马克思说："不仅探讨的结果应当是合乎真理的，而且引向结果的途径也是应当是合乎真理的。"[①] 因此，对于一门学科而言，研究方法的正确与否是关于一门科学能否产生科学结论的决定性因素。事实上社会科学在发展理论的过程中所做的就是一种更系更明确的方式来解释现实，社会理论的产生是社会科学家用来解释人类行为的总的概括。政治理论作为社会理论的一个分支，主要涵盖了用来解释政治行为的所有理论。政治科学的研究对象和研究内容决定了政治学的研究方法和手段。特定的政治科学从事研究的方式取决于他们对研究课题预想的用途和收集证据的方式。[②] 基于本研究属于政治实验性质的发展型研究，在研究过程中本书主要运用以下方法。

1. 组合式实验型研究方法

本书相关研究相对于一般的研究方法而言，其特色之处在于采取了组合式实验型研究。即自然实验与真实实验相结合的研究方法，政策导向研究与理论导向研究相结合，应用研究与基础研究相结合，量化研究与质性研究相结合，归纳法与演绎法相结合，定序研究与定类研究相结合，整群抽样与分层抽样相结合，随机抽样与立意抽样相结合。具体而言，自然实验的形式可以描述为，在受到自变量影响之前，在特定人群中测量因变量，特定人群在自变量影响后再次测量因变量，如果两次测量发生变化，那么这种变化就是自变量造成的。真实实验可以描述为，如果研究者可以控制变量，首先随机挑选一些研究对象进入实验组，再挑选一些进入参照组，接着测量两个组的因变量，对实验组施加自变量的刺激，然后再次测量两个组的因变量，如果两次测量间实验组与参照组发生了不同的变化，那么这个变化就是由自变量造成的。这种互相搭配的研究设计可以克服单个设计的缺陷，比如只采取真实实验有可能导致我们怀疑研究结果是由实

[①] 《马克思恩格斯全集》第 1 卷，人民出版社 1956 年版，第 8 页。
[②] [美] 夏夫利：《政治科学研究方法》，上海人民出版社 2006 年版，第 9 页。

验的设计方法控制的，另一方如果只采取自然实验，我们又可能怀疑研究结果是由特殊人群的特殊性造成的。如果我们把两种实验相结合进行研究，若研究结果类似，那么我们的实验结果就较为科学。

2. 规范研究与实证研究相结合的方法

现代政治学的研究方法，大而化之有规范研究（normative study）与经验研究（empirical study）两种基本途径。① 规范研究包括关于政治中的应该有什么的问题。规范研究不包括调查事实，而是把某些事实作为既定的，并且将之与道德化的观点结合起来以指导政治行动。规范理论的主要用途是解释，这种解释性的规范理论时常通过理论导向性的研究被经验性地证实。实证研究强调以实证的数据来检验一般的理论和原则，分析的工具通常是定量分析。实证性定量研究有两个含义。第一，实证性研究是指通过对事物的直接观察和测量从而发现其间关系的研究。第二，定量分析是指对事物之间的、可用数学方式测量的特征所进行的分析。② 由于本研究是完全介入现场的实验，在实验前期规范理论为实验设计提供了理论指导，进入现场后实验又为发展理论提供了可供直接观察的数据。此外，用政治实验验证政治理论的研究方法，不仅丰富了政治科学中实践导向型研究，而且实验型研究的好处在于可以弥补理论研究过程中的现场感不足，以便更好检验和发展我们的理论。

3. 综合运用多学科的方法

政治学是一门研究政治行为、政治文化以及政治制度的社会科学。一场实验性质的政治科学研究往往涉及众多与之相关的学科范畴。流行病和生态学领域的流行病发展理论和人口动力学理论，能给政治科学家和社会学家提供很好的启示。从微观经济学演绎出来的理性选择理论在政治科学领域里也是很成功的。③ 例如：一个胸痛病人，在心内科一个星期做16次心电图，却查不出病因，到消化科，被误诊为胃炎，最后这个病人确诊为胃—食管反流病。因此，伴随学科越分越细，一门学科不可能完全解释所有的社会现象，把政治学的研究与其他领域内的大量理论联系起来，对

---

① 胡伟：《政府过程》，浙江人民出版社1998年版，第2页。
② [美] 吴量福：《政治学研究方法与论文撰写》，天津人民出版社2007年版，第8页。
③ [美] 夏夫利：《政治科学研究方法》，上海人民出版社2006年版，第9页。

创新理论有很大的帮助。依据研究对象的客观需要，本选题综合运用政治学、经济学、人类学、历史学、社会学、统计学等。采取多学科进行研究的优点是可以打破各学科之间的研究局限，运用多学科的知识背景和理论来分析农民的民主能力问题。

4. 系统分析与结构分析相结合的方法

系统分析最早是由美国兰德公司在"二战"结束前后提出并加以使用的。兰德公司认为，系统分析是一种研究方略，它能在不确定的情况下，确定问题的本质和起因，明确咨询目标，找出各种可行方案，并通过一定标准对这些方案进行比较，帮助决策者在复杂的问题和环境中作出科学抉择。马克思的社会有机理论揭示了整个人类社会主要是由社会、政治、经济、文化系统组成，政治现象从来就是一种系统现象。结构分析法是现代西方社会学中的一个重要研究方法。它认为社会是具有一定结构或组织化的系统，社会的各组成部分以有序的方式相互关联，并对社会整体发挥着必要的功能。整体是以平衡的状态存在着，任何部分的变化都会趋于新的平衡。农民民主能力的研究不是简单的投票能力、集会能力的简单相加，而是一整套民主政治系统的总和。本书不仅要对影响农民民主能力的整个外部要素环境进行研究，还要对影响农民民主能力的内在机理，例如农民的表达能力、合作能力、监督能力等内部因素进行系统的、结构的碎片化整理。通过系统化的结构化分析，探究影响农民民主能力的相关可培植性变量，最终找到提高农民民主能力的有效途径。

5. 历史制度主义分析法

历史制度主义既是当代西方以经验为基础的政治科学的主要分析范式之一，也是新制度主义政治学内部的一个重要流派。历史制度主义一方面继承和创造了政治科学中的旧制度主义，还在对行为主义作出反思的基础上承接了集团理论和结构功能主义的一些分析视角，同时吸纳了历史社会学的有关理论资源。历史制度主义的分析范式主要体现在它的结构观和历史观上，在结构观中，历史制度主义一方面强调政治制度对于公共政策和政治后果的重要作用；另一方面也极为重视变量间的排列方式；在历史观上，历史制度主义注重通过追寻事件发生的历史轨迹来找出过去对现在的重要影响，强调政治生活中的路径依赖和制度变迁的特殊性，并试图通过放大历史视角来找出影响事件进程的结构性因果关系和历史性因果关系。

历史制度主义一方面通过新范式的建立架起政治科学各分支沟通的桥梁，开辟了政治科学研究的新空间，另一方面也存在亟待解决的矛盾。

六　实验的设计模式

（一）选点依据

广东省的区位优势：改革开放以来，广东一直是我国经济发展的"排头兵"，它所取得的成绩是激动人心的，"广东模式""东莞模式"是我们内地省份发展经济的榜样。华中师范大学中国农村问题研究中心主任徐勇教授认为：探索在这样一个远较内地发达的地区，培养农民的表达能力与合作能力，推动农民充分参与、自主自为，尔后探讨农民如何利用本地丰富的经济与社会资源，以外部资源输入为契机，整合不同的资源，推进地方治理的创新具有重要的现实意义。此外，徐勇教授指出，所选择的实验村要具备以下特征：首先，经济发展程度要具有一定层级结构，能较大程度代表整个广东省的农村发展现状。其次，实验村尽可能处于多省交接地带，多省结合部的村庄治理薄弱，便于研究发现基层治理中的结构性矛盾，更能体现不同省份的治理差异，实验所取得的最新成果便于更广泛的应用和推广。

时为华中师范大学博士研究生的彭大鹏解释了在广东选择试验点的原因：广东等沿海发达地区在新农村建设上比内地有更多的优势，这些优势首先直观地体现在经济条件上。较好的经济条件不仅包括政府有较强的财政实力，更包括活跃的工商业与可观的民间财富。作为市场经济的先行者，工商业的活跃进而为社会的发育提供了肥沃的土壤，这是动员民间力量参与新农村建设的良好社会基础。在经济和社会条件相对较好的地区进行新农村建设探索与实践一方面起点较高，有利于观察和检验实践的变量作用；另一方面积极探索规律，或可为其他地区将来大规模展开新农村建设提供有益的经验借鉴和理论支持。建设新农村是个长期的过程，决非一朝一夕之事，但在经济较为发达的广东省，新农村建设的探索和实践都具有更为优越的条件，应当走在全国前列。

时为南方报业集团南方农村报新闻总监的毛志勇从媒体的角度解释了在广东省选择试点原因：党的十六届五中全会做出战略决策，建设社会主义新农村，这一举措进一步明确了农村改革发展的方向。要实现这一既定目标，新闻媒体有着其独特的功能与价值，它不仅可以做国家与社会的桥梁与纽带，同时又兼备凝聚民心，监督政府的双重职能。《南方农村报》在广东农村地区具有广泛的影响力，它是广东省委机关报《南方日报》的第一份子报，以监督基层政府闻名，深受广大农民的喜爱。由它来参与农村社会实验，农民欢迎，政府支持。这种影响力属于"南农实验"的软实力，为实验的开展奠定了坚实的基础。

多方参与型社会实验：一场社会实验的影响和价值取决于它的参与规模、参与程度。"南农实验"的理性前提是它为自己界定了多方参与、合作共赢的实验原则。首先，要发挥政府部门的行政力量优势。其次，新闻媒体尤其是涉农媒体更应该走在前列。最后，学术科研机构要为实验提供理论指导，并及时总结最新的实验成果。由此，在多方共同努力下，启动了一场多方参与型社会实验，即媒体＋学界＋地方政府＋实验村的新型实验。

作为实验的参与方之一，南方报业集团《南方农村报》是南方地区最具影响力的涉农媒体。从受众主体即广大农民的角度考虑，需要思考的是如何做好国家政策、法规的宣传者，农情民声的反映者。从媒体的角度看这是一场以民主为理念，以多方资源整合为支撑，以培育公民社会为目标的社会实验。在"南农实验"之前，媒体直接参与农村社会实验还不曾有过文献记载。众所周知的农村社会实验，都是由政府、乡绅或者学者参与和推动的，而媒体总是自觉地将自己定位为报道者，即站在中立的位置上去观察和报道。比较著名的例子就是原《南风窗》主笔章敬平先生，在对福建南平实验深入采访调查后写出了《南平寓言》这本专著。

作为实验的参与方之一，华中师范大学中国农村问题研究中心是教育部人文社会科学重点研究基地，也是国内高校中的全国性农村问题综合研究机构。该机构以实证研究见长，在村民自治研究相关领域一直处于领先地位，该"中心"在开展农村研究的同时，也开展农村发展实验。例如：在湖北黄梅开展农村民主管理实验；在安徽蒙城岳东村开展农村社区综合发展实验；在湖北钟祥开展培养农村妇女参政能力的项目。"南农实验"也是这一系列农村发展与农民权利实验的延续。这些实验为农民合作能力与表达能力建设项目提供了坚实的理论支持以及丰富的实践经验，同时还锻炼出经验丰富的讲师,为本项目顺利推进打下了扎实的基础。

实验主体的自主性:"南农实验"是一场以农民为主体的村治实验,在选点的过程中,始终坚持以人为本,尊重实验村的自主选择。

(二) 实验理念

"南农实验"的理念可以解释为,在相对远离城市的乡村地区汇集多方资源,共同进行包括政治、经济、技术、文化等诸多方面综合建设与发展尝试。其特征是政府为主导、农民为主体,尊重多样化、自主化;其目标是建设一个生产发展、生活宽裕、乡风文明、村容整洁、管理民主型的新型农村社区。为此,我们把新农村建设实验的理念厘定为:人本、理性、开放、专业。

首先,以人为本。以人为本在于充分尊重人,尊重农民,尊重每一位团队成员,"南农实验"不搞乌托邦,也不搞运动,更不搞形式主义政绩工程,"南农实验"所有的目的在于人的发展。实验尊重农民,因为实验的根本目的在于农民生活的改善和使农村成为适宜居住的环境;在于农民参与能力得到提升。作为第三方力量进入村庄,实验方是中立者,不会带任何的道德立场去批判基层政府或者农民。实验方是推动者不是执行者,实验方毫不讳言任何行动可能造成机会成本的丧失,不能代替祖祖辈辈在那块土地上生存的任何人;"实验尊重每一位成员"的说法并不妥当,毋宁说是互相尊重,每个人充分参与,发挥其能力特长;作为实验的参与者同样毫不讳言参与本身可能会失去的东西,不期望参与者都是怀有崇高理想和牺牲精神的理想主义者,实验希望每一位参与者都能独立思考,理性判断,并努力建设这样的团队文化和激励机制,让每一位成员有所思更有所得。

其次,尊重理性。民主的两个基本前提是社会和理性,依据科恩的观点:"社会是民主进程的基本结构,在这个结构内,比如假定所有成员至少具有参与公共事务所要求的基本能力。这些基本能力概括起来就是理性"。[①] 在笔者看来,理性农民意味着有着较好的表达能力、合作能力,能够科学制订出行动计划,并按照计划去行动。此外,理性农民能够正确

---

① [美] 科恩:《论民主》,商务印书馆2007年版,第59页。

识别出自身利益，利益的识别会调动农民的参与积极性，这种积极性在一定条件下会转化为利益共同体的一致行动。因此，"理性—积极性"模型可以解释农民为什么会被卷进政治活动。历时三年之久的"南农实验"，是以农民能力建设为核心的实验，这种围绕农民基础能力建设的实验，实际上是在建设农民的理性，而有了理性便有利于调动农民的积极性，表达、合作、参与作为农民理性建设的实现途径，缘于当前的现代化进程已经将农民带进现代政治生活，现代国家的构建即实现民主国家的图景离不开亿万农民的参与，而参与的首要前提是农民能够正确地识别并表达利益诉求，其次是通过合作维护和拓展其利益实现的空间。

再次，坚持开放性。开放性首先是指我们社区发展实验的开放性。它不是封闭运行的一个村庄项目。实验将之定位于融入全球化和现代化背景下的社区建设，期望以一个村庄为基点，加强村与村之间的联系与互动。同时，实验以开阔的胸襟，吸纳来自学术界、NGO领域等诸多的工作方式和做事方法，以改进自己的工作。其次，就项目运作本身来说，实验的每一步操作都通过网络公布，实验在"在阳光下操作"，吸纳各方精英力量加入，同时留给成员选择的权利，但核心成员是持之以恒的。

最后，具有专业性。实验不期望每一位成员都是"多面手"，但每一人都应"专业"。何谓"专业"？不求理论深度、文凭学历，专心致志做某一事即为专业。你可以选择自己感兴趣的方面去做，如对农村合作社比较感兴趣并愿意深入，实验将提供实践的平台，此所谓"专注而专业"。当然，实验从来不轻视专业知识，实验希望每一位从事项目工作的成员都能对"三农"问题有一些基本的判断和把握，对社会学、政治学和法学等社会科学基本知识有一定了解。在专业领域，实验坚持由专业人士做主，并希望通过学科的交融和碰撞、实践的探索和推进带来各专业领域新的学术思想。

(三) 实验原则

"南农实验"不同于一般的社会调查，在一般性的社会调查中，研究者更多的是以一种旁观者的身份了解情况，对事实真相，特别是当事人的真实感受缺乏深刻的理解。"南农实验"是一场参与性社会实验，实验从一开始就把相关参与者植入到实验的现场。这种参与性实验可以弥补一般社会调查之不足。这种方法使研究者作为主体或者当事人直接参与事实过程之中，通过亲身参与的实验活动，发现更深层次的问题，掌握引起事物变动的参考数据。由于这场实验以农民民主能力为实验对象，试图通过对农民民主能力的研究分析，找到影响基层民主继续推进的可能性因素。因此，"南农实验"又可以称作一场政治实验，这场政治实验具有参与性政治实验和探究性政治实验的性质。这是因为，一方面，改革开放以来，面对中国社会利益的多元化和民众民主法治意识的增强，人们对公共事务参与的要求越来越高；另一方面，当前有关"三农"问题的研究理论要不断适应新的形势和新的变化。

当前在国内进行政治实验面临着许多困难。首先是实验的政治风险。进行政治实验要得到相关政府的支持，但相关政府在进行政治实验时也存在一定的顾虑，有关政府在进行政治实验时要得到上级的允许或者默认。任何创新的政治实验都具有一定的政治风险，对地方政府来说政治实验只能成功不能失败。如果失败，地方政府领导人的政治前途就可能断送。所以，一些领导人宁愿安安稳稳地做完任期，也不愿冒失败的风险。其次是实验成本，尽管政治实验的意义很大，但做政治实验要花费很多人力、物力、财力。中国是一个发展中国家，像西方一些国家进行政治实验，无疑是一种奢侈品。再次是缺乏学科支持，做政治实验需要一定的社会科学方法，而中国社会科学界长期不重视方法论的培养。在国内学术界，学者们更愿意写策略性的报告，而不愿意深入田野，深入现场探讨实际发生的问题。针对上述对政治实验的理解，"南农实验"依据相关科学原理制定出十大实验原则：一是需求评估原则；二是赋权、参与原则；三是超越原则；四是渐进原则；五是专业化原则；六是项目管理原则；七是可持续原则；八是开放性原则；九是系统原则；十是人与社区共同成长原则。

(四) 操作步骤

一是需求评估调查：时间计划4个月（2007年12月1日至2008年3月31日），根据调查和评估结果，制订出详细、切实可行的培训方案与计划。

1. 调查内容

第一，乡镇人大代表。人大代表以收集和表达民意为首要职责，具体来说则是通过走访选区居民,收集民意,继而通过参与制订乡镇区域内的发展计划、审查财政预算与决算、选举政府负责人以及监督政府工作等方式表达民意。4 个实验点总调查代表数是 100—110 人,所占比例约为 30%。乡镇人大代表合作能力与表达能力可以从以下几个方面考察:

(1) 对所在选区经济社会与历史状况、选民意愿的了解程度,收集民意的方法与成效。

(2) 对该乡镇经济社会与历史状况以及该乡镇在全市(县)范围内的位置的了解程度。

(3) 对财政预算与决算知识的把握情况。

(4) 对政府负责人职责的理解程度,对政府负责人候选人的了解程度。

(5) 对政府农村政策与法律的熟知程度。

(6) 维护选民利益,参与乡镇公共事务的意识。

(7) 是否具备妥协精神。

(8) 语言文字表达能力(演讲、日常沟通以及文字表达等)。

第二,村民代表。村民代表与乡镇人大代表有众多相似之处,也以收集和表达民意为首要职责,具体则是履行决策与监督职能。4 个实验点总调查代表数为 40—50 人,所占比例约为 30%。村民代表合作能力与表达能力可从以下几个方面考察:

(1) 对村庄经济社会与历史状况的了解程度,对该村在全镇甚至是市(县)范围内的位置的了解程度,对村民意愿的了解程度。

(2) 对干部的了解程度。

(3) 对政府农村政策与法律的熟知程度。

(4) 维护村民利益,参与村庄公共事务的意识。

(5) 是否具备妥协精神。

(6) 语言文字表达能力(演讲、日常沟通以及文字表达等)。

第三,农民合作组织成员。农民合作组织以维护成员利益,拓展组织利益空间为首要职责。组织内部可从领导层以及组织成员两方面来考察。4 个实验点调查总数为 150 人左右,所占比例约为 10%。他们的合作能力与表达能力可以从以下几个方面考察:

（1）对组织目标的熟悉程度。
（2）对组织现有人力与资金等方面资源的把握程度。
（3）对组织所处市场环境、社区环境的把握程度。
（4）对组织业务涉及的相关法律政策的把握程度。
（5）参与组织公共事务的意识。
（6）是否具备妥协精神。
（7）语言文字表达能力（演讲、日常沟通以及文字表达等）。
（8）管理水平。

第四，普通村民。普通村民合作能力与表达能力主要应该从村民在日常经济社会生活中，争取利益，维护权益等方面考察。4个实验点调查总数为500人左右，所占比例约为5%。

（1）对个人与家庭在特定时期内目标的把握程度。
（2）对政府农村政策与法律的熟知程度。
（3）对日常生活涉及的民事政策与法律的熟知程度。
（4）对村庄利益表达渠道与形式的把握程度。
（5）权利意识。
（6）是否具备妥协精神。
（7）语言文字表达能力（演讲、日常沟通以及文字表达等）。

2. 调查方法

实验组将结合抽样调查（乡镇人大代表和村民代表以概率抽样方式展开，而普通村民以及农民合作组织成员因为边界难以确定，以非概率抽样方式展开）、典型调查以及个案访谈等方式展开，以文献法、问卷法和访谈法等方法展开资料的收集。

3. 时间安排

2007年12月1日—15日，调查准备。落实调查阶段负责人，召开调查工作会议，安排调查任务，起草调查提纲，设计好调查问卷，与调查点联系，确定食宿及调查日程。

2007年12月16日—2008年2月23日，正式调查。每个实验点调查半个月（过年期间休息八天）。

2008年2月24日—3月31日。撰写好四份调查报告，以此为基础确定适合各实验点特殊情况的培训方案。

二是培训实施：时间计划10个月（2008年3月31日至2009年1月31日），将针对不同的对象举办若干期培训班，充分利用参与式方法与工具，模拟各类公共场景，实质性提高培训对象的权益表达能力与沟通合作能力。

1. 培训内容

第一，乡镇人大代表。

(1)《人民代表大会选举法》和《人民代表大会组织法》培训

(2) 乡镇发展形势培训

(3) 预算知识培训

(4)"三农"政策法律培训

(5) 公共参与精神培训

(6) 语言表达能力培训

第二，村民代表。

(1)《村民委员会组织法》培训

(2) 乡镇发展形势培训

(3)"三农"政策法律培训

(4) 公共参与精神培训

(5) 语言表达能力培训

第三，农民合作组织成员。

(1) 合作社知识及法律培训

(2) 市场调查与营销技巧培训

(3) 组织所涉业务法律培训

(4) 管理培训

(5) 语言表达能力培训

第四，普通村民。

(1) 一般的"三农"政策法律培训，日常民商事法律培训

(2)《村民委员会组织法》培训

(3) 政府机构设置与工作程序知识培训

(4) 公共参与精神培训

(5) 语言表达能力培训

2. 培训形式

第一，乡镇人大代表。

（1）参与式课堂培训

（2）邀请政府相关部门负责人座谈

（3）参观浙江温岭民主恳谈会和参与式预算现场会

（4）看公民电影

（5）开展辩论赛

（6）模拟人大会议，开展辩论活动

（7）疯狂口才训练

第二，村民代表。

（1）参与式课堂培训

（2）邀请政府相关部门负责人座谈

（3）看公民电影

（4）开展辩论赛

（5）开展辩论活动，疯狂口才训练

第三，农民合作组织成员。

（1）参与式课堂培训

（2）邀请政府相关部门负责人座谈

（3）派组织成员到优秀的合作组织参观、学习与锻炼

（4）看公民电影

第四，普通村民。

（1）参与式课堂培训

（2）邀请政府相关部门负责人座谈

（3）看公民电影

三是实践、反馈和总结：时间计划10个月（2009年1月31日至11月30日）。根据培训对象在实践中遇到的各类新情况和新问题，给予指导，不断提高，并就整个培训与实践过程进行总结，对农民表达能力提高带来的各种社会收益认真分析，评定其对新农村建设与和谐社会建设的积极作用。

七 研究样本的基本概况

一场社会实验的开启，首先要进入实验现场，要了解自然状态下实验

对象的原始面目，以便于在变量介入后对比样本在实验前后的变化，衡量实验最终效果。本实验研究总体为相对发达地区的农民民主能力，实际观测或调查的部分样本为随机抽取，为了使样本能够正确反映总体情况，实验对样本总体有明确的规定，所有观察单位必须是同质的。实验要求样本的观察对象还要有足够的数量。实验随机选取的观察样本主要有：广东吴川市吴阳镇新勇村委会上能村、广东博罗县石湾镇铁场村委会、广东连平县上坪镇西坪村委会欧村、广东蕉岭县广福镇广育村委会。依据实验组对4个实验点所在镇的普查数据计算出的样本容量为：4个实验乡镇总人数为23万，其中人大代表总数是300人，村民代表总数是150人，普通村民总数是10700人，以下是对4个实验村村情的基本介绍。

（一）样本一：广育村

广育村位于梅州市蕉岭县。该县位于广东省东北部，韩江上游，西与平远县相连，东南与梅县接壤，北与福建省武平、上杭两县毗邻。205国道和天汕高速公路贯穿南北，扼闽粤公路交通之咽喉。全县总面积960平方公里，为全国总面积的万分之一，其中有山地113.4万亩，耕地11.5万亩，河、湖水面及其他面积18.7万亩。辖蕉城、长潭、三圳、新铺、文福、广福、蓝坊、南磜8个镇，共97个村委会和10个居委会。蕉岭是汉族客家民系聚居的地方。截至2004年底，全县总人口22.5172万人，是广东的重点台乡之一，约有"三胞"56万人，其中祖籍在蕉岭的台胞46万人。

所属镇在蕉岭县城北端20公里处，是闽粤两省的接合部。东邻福建省武平县岩前镇，南邻本县文福镇，西接平远县泗水镇，北连福建武平县中赤乡。清康熙年间，里人在黄竹溪畔建有庙宇1座，因地处广东福建交界处，故取名广福寺，广福镇由此而得名。全镇共辖有10个村委会124个村民小组及1个社区居委会，总人口14121人，总面积107.3平方公里，其中耕地面积1.03万亩，山地面积14.9万亩。境内物产丰富，主要有铁、锰、大理石、稀土、瓷土、黏土等矿资源和丰富的林木、水力资源，盛产烤烟、毛竹、西瓜、松、杉、脐橙。

广育村距所属镇广福镇不到1公里，距所属县蕉岭县县城10公里，距所属市梅州市区40公里，距福建省武平县岩前镇6公里。全村现有村民 444 户，共 1786 人，其中离退休及外嫁、搬迁到广育村的人数为 200 余。广育村以黄姓、邱姓、杨姓 3 个姓氏为主，其中黄姓人口最多，为 1200 人，约占 60%，邱姓为 350 人，约占 30%，杨姓和其他姓氏（钟姓）约占 10%。各个姓氏居住也相对比较集中，黄姓居住在老屋片和岗坝片，邱姓大部分居住在南坑片，部分邱姓和杨姓则居住在比较偏远的曾坑片。

（二）样本二：上能村

上能村隶属于吴川市吴阳镇新勇村委会，该镇地理位置优越，位于湛江、茂名两市之间，交通、通信便利。镇东紧靠南海，镇西接黄坡港，南有吴川港沙角旋码头，新建国道 325 线横贯全镇。镇中心离吴川市区 15 公里，西南至湛江市区 35 公里与湛江机场、火车站、湛江港相接，镇东北 40 公里有水东港、化州、茂名火车站。北临鉴江，南向吴阳围，毗邻国道 325 线，东距吴川市区 15 公里，西离湛江市区 46 公里。

上能村下设 2 个村民小组。依据自然居住地的大小，上能村又分为大村和小村。其中大村又分为北村和南村。村里的主要姓氏是李姓，占了总数的 64%，其次是林姓，占了 10%。村里一共有 12 个姓氏，杂姓比较多，有姓李、姓黄、姓许、姓林、姓董、姓麦，其中最少的是孙姓和冯姓，各只有一户。全村人口 2400 多人，现有可耕地面积 1000 多亩，人均约 0.4 亩。地势高低起伏不大，地貌以平原为主。革命战争时期，该村共牺牲了 7 位英雄儿女，现在所保留的上能小学革命旧址，上能革命祠堂旧址，上能抗日革命根据地都是良好的爱国教育基地。

（三）样本三：欧村

欧村是一个自然村，隶属于广东省连平县上坪镇西坪村（行政村）。所属县连平县地处粤北九连山区，距离广州市 217 公里、深圳 278 公里、珠海 360 公里、河源 117 公里。全县总面积 2365 平方公里。2006 年，全县共分为 13 个镇（元善、上坪、大湖、忠信、隆街、陂头、内莞、绣缎、高莞、油溪、田源、溪山、三角），159 个村委会，16 个居民委员会。户籍总人口 383029 人，其中农业人口 301550 人，占全县户籍总人口的 78.73%；非农业人口 81479 人，占 21.27%；全县社会劳动力 21.76

万人，其中农村劳动力19.89万人。

欧村距离上坪镇3公里，距离县城23公里，距离河源市区140公里，与广州最近距离241公里。该村现有农民32户共201人，分为两个村民小组。欧村现有水田99.4亩、旱地80亩、山地约800亩、山林近5000亩。地少人多，可耕地面积十分紧张，大部分家庭依靠仅有的几亩水田保障口粮，经济作物以黄豆、花生为主，欧村人均收入是2000元。欧村属中亚热带季风气候，气候主要特征是：夏冬长、春秋短、气候温和、四季分明、光照充足、热量丰富、雨量充沛、降水季节明显。河源客家人居住十分集中，欧村更是一个典型的客家山村。这里姓氏聚族而居，没有一户杂姓，村中一间祠堂，已有一百多年的历史。以祠堂为依托，历经百多年的建设，形成现今一个回字形格局，其间屋宇绵延，回廊迂深，外观上颇似一个封闭型的城堡。在欧村合作社进行住房改造前，整个欧村新建房屋很少，村内90%以上房子都是土木结构，有百年历史，还存在很大一部分危房。

（四）样本四：铁场村

铁场村隶属惠州市博罗县石湾镇。该县位于广东省东南部，珠江三角洲东北端，东江中下游北岸，东与惠州市区相接，南与东莞隔江相望，西连增城，北靠龙门、河源，毗邻港澳，在半径100公里范围内有广州、香港、深圳、惠州、东莞、河源等6座大中城市和惠州机场、深圳机场、广州白云机场以及大亚湾港口；该县是珠三角和穗港经济圈的重要组成部分，京九铁路经济增长带的咽喉地带。至今已有2200多年的悠久历史，辖区面积2982平方公里，常住人口76万，海外侨胞和港澳台同胞15万人。

铁场村离石湾镇大概有7公里，距博罗县城大概为40公里，到东莞城区20公里左右。辖区面积为12平方公里，下辖朱黎、集桂、仁集和帅安4个村民小组，户籍人口6622人，共1514户，劳动力为3739人，外来人口1万余人。铁场村可耕地面积9000亩，其中，泥田占了大概三四成，而其余都是沙田。人均占有耕地在1.5亩左右。全村现有各类企业48家，2008年，全村实现国内生产总值8220万元，集体纯收入1200万元，农民人均纯收入7800元，在全部收入中，厂房、市场等租金收入占七成，而土地租金与承包费收入仅占三成。截至 2008 年，铁场村共建设面积为 12 万平方米的厂房，固定资产 7000 万元。

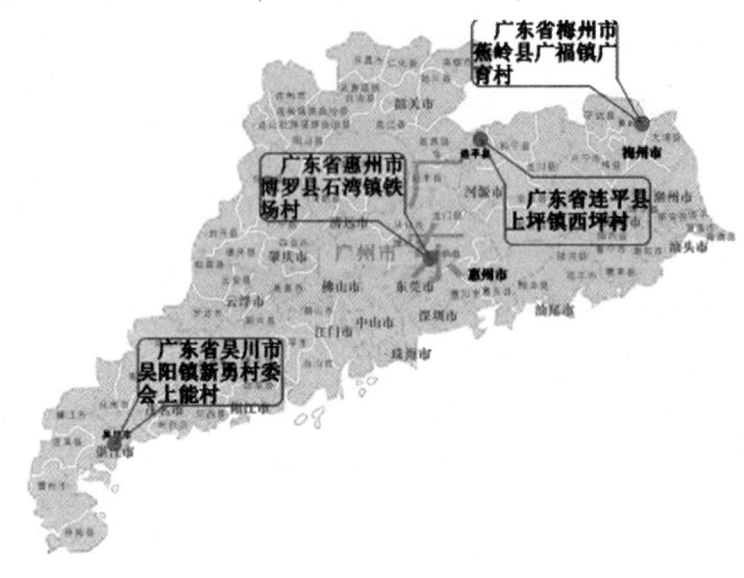

图 0.1 "南农实验"样本分布示意图

第一章　民主的历史记忆：中国早期的民主实践

"民主"一词源于古希腊文，16世纪由法语引入英语，民主（democracy）由demokratia演变而来，其基本含义为demos（人民）和kratos（统治）。比较不同文明体间的传承起合我们发现，同样是人类文明的发祥地，民主的启蒙与实践却未能落根在古代中国。究其原因，可以归结为：古代中国与古代希腊不同的地理环境形成了各自不同的生产活动方式及早期的历史文化，进而演化为截然不同的政治思想。由于"历史证据可以提供一个广为不同的背景下考察不同政治现象的机会"，[①] 因此，我们在进行农民民主能力研究之前，应当把所观察的对象放在历史视野下进行分析。马克思指出："所谓历史，不过是追求着自己目的的人的活动而已。作为历史活动主体，每一个个体主体无不在历史活动过程中注释着历史，也无不被历史所注释。个体主体怎样理解历史决定着其对历史注释的态度和注释方式，个体主体的历史态度和对历史的注释方式直接决定了其如何被历史注释"。[②] 正如胡塞尔和哈贝马斯所指出的一样，生活世界原本是一个"自明确然性境域"，是一个被历史"事先解释过的世界"，人们对世界和当下的理解都能从生活世界中找到共同沟通的背景知识。因此，对当代中国农民民主能力的研究，应当首先从中国民主发展的历程进行历史的分析，探究中国民主发展变化的制约因素，从而发现影响农民民主能力的历史变量，例如：文化、制度、习惯、心理等。其次要解释不同

[①] [美] J. M. 克拉布：《历史分析方法》，D. M. 弗雷曼主编：《政治科学基础》英文版，第643页。

[②] 《马克思恩格斯全集》第2卷，人民出版社1957年版，第104、118—119页。

历史时期中国民主呈现的特点及发展状况，找出具有关键转折意义的历史注释价值。农民作为历史活动的主体始终生活在历史积淀下来的现实世界，分析农民的民主能力离不开重回历史的场域，只有运用历史分析法才能科学认识农民民主能力的过去、现在和未来。

一 "民本"与"士绅政治"：民主的传统因子

"民本"思想中是否含有"民主"的因子？"士绅"统治是否孕育了近代乡村自治精神？作为儒家学说的经典传承，民本思想与士绅统治带给近代民主政治的是起合还是延误？相对封闭的乡土社会更容易继承和保留传统文化的活动因子，儒家学说究竟是亿万农民的民主启蒙学说还是民主素质滞后的罪魁祸首？对这些问题的回答需要从中国传统政治文化入手。中国传统政治文化与西方文化体系有较大的差异，它起源久远，其主流意识由孔子创立，经过长期的不断丰富和发展，后经历代儒学大师传承为"民本"思想。本章拟从"民本"思想的渊源及其流变来解读"民本"思想对农民民主意识的影响，以及分析其是否构成了对农民民主能力发展的制约条件，探讨以民为根本和基础的治国理念"民本位"缘何没能发展为现代民主政治。

（一）"民本"与"民主"：儒家思想的积极因子

民本思想源于中国上古时期（尧、舜和夏、商、周三代）的宗教政治观。早在西周时期《尚书》中就有记载"民惟邦本，本固邦宁"[①]。贾谊在《新书·大政上》中说："闻于政也，民无不为本也；国以民为本，君以民为本，吏以民为本。故，国以民为安危，君以民为安危，吏以民为贵贱；此之谓民无不本也。"其内涵，简言之，就是在国家的生活中，把人民的利益、需求作为一切政治活动的核心，心为民所系，政为民所谋，它是政治稳定的前提。我们可以从两个方面来理解上述思想："首先，国家和社会的主体是人民的利益；其次只有得到人民的认可，君主的权力才

---

① 《尚书·五子之歌》。

可能稳固"①。究竟如何科学认识"民本"思想,"民本"思想是否含有"民主"的成分?考量过去历史是否正确的最好办法是放在历史当中去做比较,通过对同样是文明发祥地的古希腊民主政治的历史梳理和总结发现,中西不同的地理环境造就了迥异的生产活动方式与早期文化,进而产生了截然不同的政治思想。儒家伦理建构出独特的权威型政治文化,契约主义建构出自由、平等为理念的现代型公民文化。如果拿古希腊政治文明作对比,中国传统"民本"思想同样存在着自由、平等的民主理念,但这种理念是缘自自上而下的"君臣"政治需要,是为封建统治阶级所服务,因此很难培育出自下而上的民权政治。

依据上述分析,笔者认为:传统"民本"思想确实含有部分原始民主的设想,这种设想建立在朴素主义基础之上,是简单和不成熟的民主愿景,无法与现代意义上的"民主"理念相提并论,并缺乏制度性的建设,只存在于君王的教化治理需要中,但这种具有教化功能的民本主义依然有其闪光之处,这一点不仅研究中国历史的学者认可,就连研究中国的西方学者也认可。比如英国学者李约瑟在《四海之内——东方和西方的对话》一书说,"我们可以断言:虽然,在中国的历史传统中,从来没有西方国家所说的'代议制'的民主政体……对中国人来说完全是全新的东西。但我深信,在中国的传统中坚强的民主因素一直是存在的"。②

(二)"治民"与"民治":儒家思想的消极因子

"治民"体现出的是民本主义思想中的"君王之治"即主权在君,为民做主而不是由民做主。"民治"思想早在古雅典城邦时期的民主制中就已提出,原意为一切权力属于人民,即主权在民。《美国独立宣言》称:人人生而平等,他们都从他们的"造物主"那里被赋予了某些不可转让的权利,其中包括生命权、自由权和追求幸福的权利。为了保障这些权利,所以才在人们中间成立政府。而政府的正当权力,系得自被统治者的同意。如果遇到任何一种形式的政府变成是损害这些目的的,那么,人民

---

① 张小平:《中国之民主精神(之五)》,四川人民出版社2000年版,第152页。
② [英]李约瑟:《四海之内——东方和西方的对话》,劳陇译,生活·读书·新知三联书店1987年版,第27页。

就有权利来改变它或废除它。由此可见,古代民本思想与现代民主制度有着本质不同。民本思想的出发点是为了维护封建统治阶级政治统治需要,其潜在的理念是把皇权凌驾民权之上,是不平等权力观的思想来源。儒家思想的消极因子不仅遏制了现代民主政治在中国的生成和发展,也深刻影响了古代中国农民的政治心理建构,进而制约了农民民主能力的培育,具体表现在以下几个方面:

一是尚"礼治"轻"法治"。所谓"礼治"就是君、臣、父、子各有名分;贵贱、上下、尊卑、亲疏都有严格的区别。礼治缘于封建社会等级秩序建设的需要,后经儒家学说传承至西周已发展成一整套以维护宗法等级制为核心的礼治。分析礼治形成的原因,离不开"宗法"制度的剖析。宗法制度即以血缘为纽带调整家族内部关系,维护家长、族长的统治地位和世袭特权的行为规范,缘于氏族社会末期父系家长制的传统习惯。古代中国以农耕文明创造出光辉历史,也创造出等级严密的宗法秩序,后经历史的积累沉淀于分散的村落结构中。宗法制度是以人为核心建立起来的社会关系结构,这种结构下过分强调人的力量即强调"人治"的作用而忽视了法治的建设,在长达两千三百多年的封建专制体制下孕育出人治思想,中国古代文化崇尚圣人;例如孔子说过:"文武之政,布在方策,其人存则其政举,其人亡则其政息……故为政在人。"[1] 而在古希腊文化里面理想中的人与现实中的人一样,西方文化崇尚理性,坚持怀疑主义即人性本恶,因此要借助法律制度来约束人性。相对中国的人治传统而言,西方社会系民主社会,民主要求法治,法治缘于民主的需要,是民主的保障。民主是法治的基础和源泉。民主必须法治,只有通过法治民主才能实现。由上述分析可见,中国农民自古就生活在儒家学说建构出的宗法礼治秩序下,农民在礼治的规范下进行日常生活,人们的利益受到侵犯时往往希望求助于人治的力量而非诉助法治来解决,中国农民的民主能力被封建礼教所束缚,缺乏自觉的契约精神。

二是重"帝权"轻"民权"。传统农民生活在帝王的庇护下,帝王权威代表着国家最高权威。这是因为,历史上生产力极其低下,帝王垄断了全部资源的配置权力,并发展出具有持久生命力的儒家世俗伦理学说。在

---

[1] 《礼记·中庸》。

帝王政治学说统治下，臣民意识深深嵌入普通百姓的日常生活。正所谓："溥天之下，莫非王土；率土之滨，莫非王臣。"① 为了迫使人们自愿交出手中的权力，儒家学说建构出"天命观"，天命观把帝王的权力看作是天人感应，是与生俱来的。因此，历来的开国皇帝总是不厌其烦地挖掘自己的"天生异象"，作为自己获得"天命"的证据；并且通过某些制度的改革和礼仪的变化来杜绝前朝显现的衰弱和失误，从而在一定程度上刷新政治和社会。② 在帝王政治社会中，农民往往对至高无上的帝权顶礼膜拜，将帝王看成是自身利益的守护者，每当自身利益受到损害的时候，农民想到的是让"包青天"这样的帝王使者来解决问题，而非主动依靠自身的努力去解决问题，这种传统儒学的教化逐渐发展成为一种政治人格的依附，农民在帝王政治的保护下完全丧失了话语权，这种思想束缚直至今天依然难以消除，"官本位"依然是当今中国农民理解现实政治的首要选择，今天的农民依然把官权看作是更能解决问题的力量。

三是重"血缘"轻"契约"。"血缘"的意思是人和人的权利和义务根据亲属关系来决定。"契约"原指古代师徒间分割成的带锯齿状边缘的契约，并且每人在契约上咬上牙印。现代契约所指的是两人以上相互间在法律上具有约束力的协议。契约法所关心的是实现所约定的义务。通常，契约责任是以自由同意为基础的（契约自由原则）。

从"血缘"走向"契约"，是个体获得他者承认的一种工具，是建立约束身份的象征。费孝通在《乡土中国》一书中说：在缺乏变动的文化里，长幼之间发生了社会的差次，年长的对年幼的具有强制约束力，这是血缘社会的基础。③ 而西方的血缘关系建立在城邦制度的基础上，个体在城邦里都是平等的，由此形成相对独立的个体。与城邦制度相比，传统中国农民生活在相对隔绝的封闭区间，"家"是由血缘、婚姻关系联结而成的一个有机体，具有极强的道德上的凝聚力。血缘网络勾连出以共同命运为基础的情感生活、经济生活，这种共同生活演变为封建统治制度的基础构造"家长制"。在家长制社会中，家长是家庭的尊长，家庭所有成员依

---

① 程俊英、蒋见元：《诗经注析》，中华书局1991年版，第643页。
② 吉尔伯特·罗兹曼：《中国的现代化》，江苏人民出版社2003年版，第43页。
③ 费孝通：《乡土中国》，上海人民出版社2007年版，第65页。

附于家长,生活在家长的庇护之下,若干个有血缘关系的家庭组合成为大家族,族长便是家族的尊者。至此,封建社会以家庭为基础构造出"家天下"的家国一体政治形态。在传统家社会的农村,农民以"血缘"为纽带编织出以己为中心的"亲缘社会",亲缘社会是相对于血缘社会而提出的,在亲缘社会中人们的生产、生活、交换无处不贴有血的标签,人们习惯于在亲戚间建立合作关系,习惯于以口头承诺建立亲缘型信贷关系,甚至以认"干亲"的方式来扩大彼此的联系,因此,亲缘社会比血缘社会含义更广。中国农民封闭于血缘结构中,以共同道德来维持乡土秩序,这种缺乏约束力的道德同盟体限制了农民的共同行动能力。笔者认为:在相对分散的农村社会更需要建立的是"契约联合体"。这种"契约联合体"代表共同意愿来管理公共事务,生活在亲缘结构中的中国农民恰恰缺乏这种契约型合作意识、契约型合作能力。

(三)"士绅"与"民主":儒家思想的自治因子

"士绅"是儒家思想土壤培育出的特殊阶层,是儒家思想的最后守卫者。依据《辞海》的解释,"绅"是指"古代士大夫束在衣外的大带","引申指束绅的人士"(《辞海》第1160页)。"士"在孔子等人那里指学生和学者,子曰:"士志于道而耻恶衣恶食者,未足与议也。"(《论语》卷5,《里仁第四》),由此看来"绅"代表文雅的"身份","士"特指"学识";因此"绅士"原意指的是有地位的文士,后来延伸为经考取功名、学品、学衔和官职而获得的身份地位者。

其一,士绅对农民表达机制的影响。士绅作为特殊权力的集成者,与地方自治有着密切联系。费孝通则认为绅士阶层注意到中国疆域空间辽阔,国家行政权力无法直接深入到乡土,只延伸到县一级,县以下的相对独立空间则存在着一些自治性组织。在他看来,中国社会结构中存在双轨制体系。士绅阶层透过差序网络可以将想要表达的政治信息送达皇帝本人。由绅士阶层主导下的自治团体是由当地的人民具体需要中产生的,而且享受着地方人民所授予的权力,不受中央干涉。[①] 费孝通先生的研究为中国政治由国家治理转向地方自治提供了社会学上的理论支持。从绅士阶

[①] 费孝通:《基层政权的僵化》,《费孝通选集》,群言出版社1999年版,第342页。

层所建立起的逆向表达机制即双轨制体系中,我们可以寻找到传统乡村社会信息表达机制的原型。农民在与士绅的交往中可以学习到如何建立有效的表达渠道,由此可见,士绅在农民表达意识的培养中起到一定的积极作用。

其二,士绅对农民组织能力的培养。士绅在清末至北洋政府时期推行"地方自治"的过程中实现了士绅组织化。民主选举在历史中早有具体的实践,在士绅主导的政治训练下,农民体会并参与了选举过程,进而获得了一定的民主能力。组织能力的增强不仅培养农民的合作意识,也教会农民如何通过组织来维护自身利益,本选题以研究样本所在县为例,民国初年广东梅县发生劣僧滋闹县中佛教会事件,"各保绅"即通过团保局董要求严办。[①] 上述个案充分说明了士绅在农民的组织能力建设中所起到过的积极作用。

(四) 对早期民主思想的基本认识

中国历史上的民本位,是以"为民做主"为核心的一种封建的意识形态。在这种封建思想指导下,民本位的全部运作逻辑都与现代民主政治相背离。中国传统的民本位没有产生民主政治的根本原因在于民本思想的价值理念与君本思想、官本思想的现实政治体制之间存在冲突。

虽然民本思想把人民作为被统治的对象而非政治权力的主体,但是,中国古代社会依然存在有民主的因子,早在氏族社会时期就有"天下为公,选贤与能"(《礼记·礼运篇》)的规定,"为公"说明氏族成员有着平等的意识,"选贤"说明氏族成员有参与氏族社会公共事务的权利。元代为了发展农业安定农村,在农村成立了"村社"组织,设置"社长"管理,至此农民有了一定的自治的空间。到了17世纪的明朝末年,随着资本主义萌芽的出现和发展,一些杰出的思想家,如黄宗羲、顾炎武、王夫之等提出的原君原臣所具有的民主思想。黄宗羲在他的著作《明夷待访录》中对"君贵民贱""屈民伸君"的传统观念进行了深入的揭露和批判,提出了"天下为主君为客"的著名思想。到了清代,地方自治的能

---

① 中国第二历史档案馆:《政府公报》,上海书店,第1249号,《文官高等惩戒委员会议决书》。

力得到较大的发展，以"士绅"为代表的地方精英将本来属于国家行政末端的各种社会公共事务视为自己的职权，例如保甲制度、乡老议事等都是国家权力与社会权力的对接。

由上述分析可见，中国传统社会不缺乏民主的因子，这种因子以重民、重乡治等理念来体现。这种思想的传承大致可以分为以下两个阶段：第一个阶段还处于帝王、官府、乡官对乡土社会的全面控制上；第二个阶段已经发展为官僚阶级试图在乡村寻找代理人，乡绅开始成为乡村治理的角头。皇权止于县，体现了从管制到役制的治理转型，这一时期农村社会内部以封建礼治整合下的自我约束、教化及相互合作的精神得以发展，由此可见民主的传统因子是客观存在的，这种因子一直被沉淀到今天的乡土中，并影响着农民的日常生活。

二 "五四"与"乡村建设"：民主思想的启蒙

近代民主思想的启蒙伴随传统社会向现代社会转型而展开，在这一过程中，民众表现出了日益强烈的政治民主诉求。近代启蒙学者对民主的认识，是以儒家思想作为理论依托的，他们以"民本"来解释"民主"，以"重民"来阐述"民权"。通过中西方不同文化之间的融合与发展，创造出具有中国特色的民主政治。

1840年鸦片战争，拉开了中国近代民主进程的序幕。大致可分为以下四个阶段：一是近代民主思想的酝酿阶段。这一时期以魏源、梁廷楠、冯桂芬、洪仁玕等人为代表的思想家开始考虑如何以民主制度代替专制制度；二是近代民主思想的产生阶段。19世纪70年代至戊戌变法时期，是中国近代民主思想的产生阶段。这一时期，"中西政制的优劣已经为越来越多的人所认识。在这样的情况下，一些资产阶级知识分子大胆地提出了变专制制度为议会制度的要求。"这一时期的主要代表人物有：郑观应、王韬；三是近代民主思想的发展和成熟阶段。甲午战争以后，中国开始了救亡图存的维新运动，维新运动也开启了民主理论的早期实践。这一时期具有代表性的著作主要有：康有为的孔子改制说，严复的《辟韩》；四是近代民主思想的转变阶段。五四新文化运动开启了中国近代史上规模最大的思想启蒙运动，以陈独秀、李大钊、胡适、鲁迅等启蒙思想家为先进代表,以《新青年》为阵地,高举民主、科学的伟大旗帜向封建传统礼教发起挑战。在这一思潮的洗礼下,中国农村社会发生了较大的变化,一批以救亡图存为己任的乡村建设理论家开始把目光投向广袤的农村大地,这一时期领导乡村自治运动主要代表有:梁漱溟、晏阳初、卢作孚等。

(一)"五四运动"——近代民主思想的引入

"五四运动"是旧民主主义与新民主主义的分水岭,在中国近代民主政治进程中具有思想启蒙意义。"五四运动"后中国开始从传统社会向现代社会转型,中国知识分子开始吸收近代西方自由、民主的精神资源。在"五四"新文化运动中,中国民主进程向前迈了一大步,动摇了封建思想的统治基础,尤其是中国知识分子在运动中受到了一次民主与科学的洗礼,后期许多思想家传承了五四精神,开始自觉实践民主。在"五四"新文化运动的指引下,专制政治开始受到人们普遍的批评,自由、平等的精神得到传播。然而,尽管"五四运动"给近代中国带来民主的希望,但中国的民主建设之路依然任重道远。是什么原因导致民主无法在中国扎根?笔者认为主要原因有以下几点:一是中国古代缺乏民主资源。以儒家伦理为基本教义的古代中国虽然有"民本位"等思想观念,然而,相对于历史久远的王道政治体制,中国人民学习起西方自由民主的能力还相对较弱;二是受制于传统的社会结构、社会力量、社会生活方式等。传统中国起源于农耕文明,人们习惯于日出而作、日落而归的简单生活,普通民众缺乏西方社会那种宗教式的民主输入,因此很难直接培育出民众的民主意识。

依据上述分析,尽管"五四运动"将近代中国引入民主发展的轨道,但由于东西方历史的差异,近代中国无法直接实现古希腊的直接民主,更无法直接实现现代民主国家构建。对于生活在乡村的广大农民而言,"五四运动"只是知识分子的思想革命,对于文化素质相对较弱的小农而言,"民主"只是个新话题,农民要掌握民主的技巧需要逐渐的渐变和积累,只有在长期的民主实践过程中,才能不断培养和训练人们的民主素质,最终将民主内化成为一种生活习惯。

(二)"乡村建设运动"——近代民主思想的实践

近代民主实践主要指晚清至1949年中华人民共和国成立之前这一时

期。在此期间，中华民族面临着空前的民族危机，在内忧外患的情况下一批知识分子自发觉醒，掀起了一场挽救民族危机的救国运动。从晚清到20世纪二三十年代的民国时期，广大农村的土地上曾先后展开了各种类型的乡村建设实验，从当时实验的社会背景看，中国经济社会处于崩溃的边缘，农村经济社会矛盾尤为突出，体制混乱、农业衰败，农民生活处于挣扎的境地，在这种情况下涌现出一批试图"救活农村，拯救农民"的有识之士，他们怀着"民族再造"的梦想进行了轰轰烈烈的乡村建设运动。据当时的数字统计，各种类型的乡村建设团体达600个之多。较为著名的有：南宁国民政府主持的"江宁实验"；地方政府阎锡山倡导的"山西村政建设"；梁漱溟主持的"邹平实验"；晏阳初主持的"定县实验"；高阳主持的"无锡实验"；黄炎培主持的"徐公桥实验"以及陶行知的"乡村教育实践"。

其一，晚清重农风气的形成。

晚清时期，面对帝国列强的威胁，部分知识分子开始自觉追求"富国强兵"的良策。他们一方面学习引进西方先进的技术，师夷长技以自强；另一方面也开始关心农事，学习先进的农业科技，兴办农业试验场和农业学校，掀起了建设农村的运动。到清末，各地省府州县兴办的农业试验机构已达40余处。保定直隶农事试验场（1902年）；山东省立农事试验场（1903年）；奉天农事试验场（1906年）；北京的农工商部农事试验场（1906年）等，便是其中较有成就者。[①]

除兴办上述农业试验场外，近代农业教育在晚清也得到发展。我国第一所农业科技学校是1896年在浙江杭州兴办的"杭州蚕学馆"。1897年湖北武昌又成立湖北农务学堂。1898年光绪皇帝谕令"各省州县皆立农务学堂"。接着，京师农科大学、保定高等农学堂、山东高等农林学堂、山西高等农林学堂、南京高等师范学堂农科等，都先后应运而生，成为中国农业教育史上的拓荒者。到宣统元年（1909年），全国已有高等农林学堂5所，在校生530人，中等农业学堂31所，在校生3226人，初等农业

---

① 王伟光：《建设社会主义新农村的理论与实践》，中共中央党校出版社2006年版，第78页。

学堂59所，在校生2272人。① 在当时的历史条件下，重农兴农思想的盛行一方面与我国是农业型国家密不可分；另一方面也是"西学东渐"的体现，外来思想刷新了人们对农业生产的认识，提高了人们建设农村的热情，农业专业化人才的培养提高了劳动者的能力，也为后期兴起的民国乡村建设运动奠定了坚实的社会基础。

其二，民国时期的乡村建设运动。

民国时期重走乡村建设之路有着深刻的历史背景。20世纪二三十年代爆发世界性的经济危机。为了转嫁经济危机，帝国主义可以开始不断入侵贫弱落后的旧中国，由此造成中国农业经济和农业生产受到严重打击，农村社会一片衰败。与此同时，在晚清重农风气的影响下，一批胸怀民族大义的知识分子，纷纷提出解决农村问题的各种建议。

从这些机构的性质看，有官方的，有半官方的；有纯粹学术性机构的以及地方势力派等。尽管各种团体从事的都是乡村建设，具体的建设内容仍有一定的区别。当时曾参与乡村建设的孙月平把它归纳为：从动机上分析，有的地方政府鉴于当地农村形式不好，因此授权教育机构或学术团体进行实验，如邹平实验、定县实验等；有的是教育机构本身的自觉，如中华职业教育社在徐公桥的实验；有的是政府推行政策，改革政治，如江宁实验、兰溪实验等。从力量支持上看，有的是政府力量强力推动，如山西省村制改革；有的是教育力量，如中华平民教育促进会的定县实验。从采取的方式看，有的是法令或行政命令的形式，一切以政府的意愿为主导，民众始终处于被动地位；有的是以学校教育为主导，凡是实验区所有经济社会事业均有学校负责指导，如陶行知的晓庄学校；有的是以学术团队为指导，如中华职业教育社的徐公桥实验和中华平民教育促进会的定县实验。②

梁漱溟的"乡农学校"。"乡农学校"是梁漱溟先生重建农村秩序的一种尝试，在他看来，旧中国的根本问题在于旧的社会秩序已经崩溃，而新的社会秩序尚未建立，整个社会处于无序状态。他提出乡村建设运动

---

① 曹幸穗：《民国时期的农业》，江苏文史资料第51辑，1994年版，第24页。
② 孙月平：《从乡建的现况研究推进乡建的动力》，《教育与民众》（第7卷）1935年第1期。

"是救济乡村的运动,是乡村自救的运动,是民族社会的新建设运动,是重新建设中国社会组织结构的运动"。[1]

依照梁漱溟的乡村建设理论,20世纪30年代的民国时期展开了颇具影响的山东邹平乡村建设实验。在此实验之前,于1928年,梁漱溟先生在广东省举办了第一个"村治讲习所",宣传他的"村治"理论,培训"村治人才"。次年,梁漱溟又在河南省办了一个"村治学院",后因河南政局变动,"村治学院"不久就夭折了。后来转到山东,于1931年6月组建了由省政府资助的"山东乡村建设研究院"。院址设在邹平县城东门外,设有研究部、训练部、实验部、总务处和示范农场等。[2] 在此期间,梁漱溟先生的乡村实践多集中在乡农学校上,他的主要目的是通过组织农民重构农村的组织架构,进而重组农村的社会秩序。从其乡农学校的主要构成人员看,其人员由三部分人组成:一是乡村领袖;二是成年农民;三是乡村运动者。他把每个乡的农民都招收进自己所在乡的学校。除开展农业生产外,还教农民读书认字,可以说"乡农学校"是"政、教、富、卫"合一的农村组织形式。

在梁漱溟看来:"他们都各占极端,故我们的运动,不称农民运动而称乡村运动;不称乡村教育而称乡村建设,但最好是称乡村自救运动"[3]。从上述梁漱溟先生的实验过程看,他所提出的乡村建设理论是民国社会危机背景下民族自救的产物,其所谓的村治理论也只是一种渐进式的温和改良,并不能彻底摆脱封建社会的束缚。从社会的反应来看,后来出现所谓的"乡村建设运动而乡村不动的现象"正是对旧时期村治实验的形象概括,在今天看来,乡村不动的原因在于农民缺乏参与的能力,"愚、弱、贫、私"等农民固有的习性严重制约了农民参与当时的乡村建设。

晏阳初的河北定县实验。与梁漱溟的乡村建设理论相比,晏阳初提出了平民教育的概念。这种思想起源于曾在法国开展的华工识字教育。晏阳初归国后,他把中国农民的基本问题归结为:"愚、弱、贫、私"四大病根,他认为解决农民问题的最好方式就是开展以"文艺、生计、卫生、

---

[1] 梁漱溟:《乡村建设理论提纲》,山东邹平乡村建设研究院印1934年版。
[2] 李雪雄:《中国今日之农村运动》,中山文化教育馆1943年版,第14—15页。
[3] 梁漱溟:《乡农学校的办法及其意义》,《乡村建设论文集》,山东建设研究院1934年版,第137页。

公民"为主题的四大教育，在教育方式上他建议采取"学校、社会、家庭"相结合。由此可见，晏阳初对当时农民素质判断是：农民素质较低，需要用全面的教育来提高农民的素质。

能否用一场社会实验来提升农民的素质？晏阳初认为提升素质的首要前提是消除文盲，将传统农民改造为新型农民。1930年，晏阳初决定将平民教育总会（简称平教会）从北平迁往河北定县，创办定县实验区，在实验区晏阳初带领平教会制订出"十年计划"：具体情况是首先用三年时间在定县开展文艺教育，目的是先消除青年文盲；其次再用三年时间教农民谋生计，其目的是发展农村经济；最后用四年集中搞公民教育，提高农民的道德素质。由此可见建国之前已经开始了公民意识的培养，这是培育农民民主意识的初步尝试。然而，本次实验也暴露出知识分子的通病，那就是对农村复杂社会的内部构造缺乏客观的了解。施行两年之后，实验被迫终止。与此同时，晏阳初等人又制订出一个"六年计划"。这个新的计划，主要包括农民教育和农村建设两大主题。值得肯定的是平教会在编写农民识字课本、出版农村浅易读物方面，确实做了不少有益的探索与实践。平教会提升农民民主素质的尝试至今尚有借鉴价值。另外，在农村建设方面，平教会开展了农业技术推广，改造了农村落后的卫生状况。实验区域的农村面貌得到一定的改善。

卢作孚的乡村建设模式。与当时晏阳初、梁漱溟、黄炎培等注重教育和乡村自治的实验模式不同。卢作孚采取的是以经济建设为中心的"乡村现代化"模式。在开展乡村建设实验之前，卢作孚一直在兴办教育。1925年，在经历两次办教育失败后，卢作孚回到了家乡合川，并萌发在嘉陵江三峡地区进行乡村建设实验的设想。为此，他亲自对合川及嘉陵江三峡地区的社会进行了全面的调查。并撰写了《两市村之建设》一文。在文中他详细介绍了嘉陵江三峡地区丰富的资源状况和自然条件，拟订了开发这一地区煤矿、森林，以及进行交通、治安建设的计划。由此可见，卢作孚的"乡村现代化"的建设模式有着独特之处。早在20世纪三四十年代，卢作孚就明确提出了"建设应以经济为中心"的主张。在他看来一个现代化国家的建设必须以政治建设、经济建设和文化建设为基础。

卢作孚为何选择以经济建设为中心？首先他认为任何建设，包括政治建设或文化建设都必须以经济建设为基础；其次只有加强经济建设才能增加民众承担国家赋税的能力。卢作孚以经济建设为中心的举措受到当时很多乡村建设人士的称赞。例如：1939年，民国时期乡村建设运动的倡导者之一晏阳初应邀来到北碚参观，回去后他在演讲中说："重庆的北碚有卢作孚先生所热心经营的乡村建设区……我看那里的工矿经济建设事业，都很有成绩，将来希望本会（指晏阳初领导的中华平民教育促进会）能和那边合作，使他们的经济建设，与我们的教育政治工作，有一个联系。"此外，卢作孚还提出乡村城市化的概念，重视以城市为中心带动农村的发展。从他实验的结果来看，以峡区社会为中心的经济面貌发生了很大变化，昔日贫穷落后的北碚变成了一座知名中外的美丽城市。

卢作孚的乡村建设模式对我们今天的农村发展依然具有指导意义。培养农民的经济建设能力是农村各项事业建设的基础。农民可以在经济建设中学习到合作知识，进而提高其参与乡村公共事业的能力。事实正是如此，卢作孚没有只抓乡村教育建设而是把经济建设放在各项建设的首位，这正是卢作孚"乡村现代化"思想的重要体现。从中我们可以学习到提升农民的民主能力不能只注重政治能力的建设，要把农民的民主意识培育放到乡村经济建设中去，让农民在利益关系重建中学会相关的民主技巧。

黄炎培的江苏徐公桥实验。"徐公桥实验"是由黄炎培领导的中华职业教育社于最先发起，而后1926年与中华教育改进社、平民教育促进会及东南大学农科等单位合作，选择江苏昆山徐公桥乡作为乡村改进试验区。计划中黄炎培主要关注农村经济发展，例如：(1)设立农场或特约农户，研究改良农作；(2)推广良种及新式农具；(3)垦荒造林；(4)扶助农民开展副业生产；(5)举办农艺展览会，奖励优良农艺；(6)设立公共仓库；(7)改良水利设施；(8)设立职业介绍所，等等。但是在"徐公桥实验"中，大部分计划遭到搁浅，只有少量得到发展，如推广新式稻麦良种，使当地的作物产量高于过去的传统品种；又如创办义务教育实验小学，分为全日、半日和夜学三类，让家境困难的儿童得以接受最低限度的教育。在当时的农村环境下，能如此推行乡村教育，算是很难能可贵了。① 上述实验伴随日本帝国主义的入侵而宣告终结，但其发展农村的相关经验至今仍有借鉴价值。

通过上述民国时期的各类乡村建设实验的梳理。笔者认为：轰轰烈烈的乡村建设实验由于历史客观原因大都以失败告终，重温这段历史我们发现，很多好的经验至今仍有借鉴价值，如发展生产方面，他们主张办企业、发展副业、推广优良品种、引进先进农具等；文化卫生建设方面，他们除旧布新，禁烟、禁赌、放足、剪辫、修桥补路、建公共厕所等；民主建设方面，建立民主式的机构，如村民会议、村学乡学、公民服务团等。有学者在反思这段历史时曾给予这样的评价："如果说韩国20世纪六七十年代的新农村建设为我们提供了一个成功的经验，那么中国20世纪二三十年代的农村建设实验，则为我们提供了不成功的教训。教训和经验都是财富，值得我们学习借鉴。"②

三 "土地革命"与"人民公社"：民主参与指令化

1949年前后农村民主政治的发展始终围绕着国家政权建设而展开。国家把土地视为整合农村的最有力工具，通过地权的重新分配，迅速推翻延续数千年之久的封建土地所有制，建立起以人民为民主主体的土地所有制。在中国共产党的领导下，从建国前的土地改革运动到建国后的人民公社运动，农民先后经历了从"农民土地所有制"到"集体土地所有制"的历史性转变。这一时期，民主成为国家治理的工具，通过指令化的资源配置体系，农民实现了个体身份向国家身份的转变，个体农民由此成为国家农民，这种身份的转变扼杀了以农民为主体的个体自由的进一步成长，这一时期的农民政治参与呈现出的是指令性的外部动员，来自中央层面的最高指示成为农民民主参与的前提。与此同时，失去私有资源支配的广大农村的自治空间被完全终结，农民没有了可以自治的资源，也就没有了自治的能力。

---

① 曹幸穗等：《民国时期的农业》，江苏文史资料第51辑，1994年版，第45—46页。
② 祝彦：《"救活农村"：民国乡村建设运动回眸》，福建人民出版社2009年版，第2页。

(一)"土地革命":阶级划分与乡村秩序重建

"土地革命"是土地改革运动的简称。建国前后为完成民主革命的基本任务,在中国共产党的领导下先后开展了三次土地改革运动:第一次"土地革命"发生在第二次国内革命战争时期,革命根据地实行土地革命,并制定出"土地纲领",纲领规定土地革命必须依靠贫雇农,联合中农,限制富农,保护中小工商业者,消灭地主阶级,变封建土地所有制为农民土地所有制。具体改革方式以乡为单位,按人口平均分配土地;第二次"土地革命"发生在第三次国内革命战争期间,1946年5月4日,中共中央发布关于土地问题的指示,简称"五四指示",相对第一次土改,主要变化体现在把抗战时期减租减息的土改政策改变为没收地主土地分配给农民。在"五四指示"的基础上,1947年7—9月,中共中央召开了全国土地会议,制定了《中国土地法大纲》,本次土改较为彻底,不仅满足了农民的土地需求,而且还解放了生产力,保证了革命战争的顺利进行;第三次"土地革命"发生在建国初期,1950年6月,中央人民政府颁布了《中华人民共和国土地改革法》,在全国范围内开展了土地改革运动。新土改法规定了没收、征收和分配土地的原则和办法。相对前两次"土改"政策,新法的主要变化是保存富农,其目的是孤立地主,保护中农和小土地出租者,稳定民族资产阶级,以便于早日恢复和发展生产。截至1952年底,全国除新疆、西藏等少数民族地区及台湾省外,基本上完成了土地改革任务,使三亿农民分得了七亿亩土地。

1."土地革命"前后的阶级、阶层变化

建国前,农村为封建土地所有制。地主阶级占有大部分土地,以地租等形式剥削农民。因此,地主成为土改的主要阶级对象,其目的通过阶级划分重组分散的农村,国家意识透过阶级意识渗入到乡村,进而建构起广大农民的国家意识。土改过程中究竟存在哪些阶级、阶层,这些阶级、阶层如何实现与国家间的互动?笔者以样本县蕉岭县的"土改"作为分析对象研究后发现,在1953年土地改革评定中,蕉岭县有地主、富农和其他剥削阶层1万多人,占总人口11%,中农、贫农、雇农、工人、游民和其他劳动者8万多人,约占总人口88%。其他剥削阶层包括债利生活者、小土地出租者、小土地经营者、旧官吏、迷信职业者;其他劳动者包括手工业者、小商贩、独立生产者、自由职业者和革命军人。① 详情见下表：

表 1.1　　　　　　　　蕉岭县评定阶级成分状况表②

成分	户数	人口	占农户的百分比（％）	占农业人口的百分比（％）
地主	1011	6640	4.23	6.87
富农	427	2202	1.79	2.28
中农	5043	24775	21.12	25.63
贫农	l4385	56992	60.12	58.96
雇农	1349	2368	5.65	2.45
小土地出租者	224	854	0.94	0.88
小土地经营者	18	56	0.08	0.06
其他	1430	2770	6.07	2.87
合计	23880	96657	100	100

以封建地主为代表的地主阶级所占比例较大，占整个蕉岭县全部农户的4.23%，占农业人口的6.78%，由此可见，封建土地所有制是造成各阶级不平等的主要根源。农民要获得平等的权利必须寻求改变这种封建土地所有制。从建国前各阶级土地占有情况来看，以蕉岭县为例：全县占农村总户数4.23%、占农业人口的6.78%的地主阶级，占有耕地总面积的13.83%，户均16.8亩。而占农村总户数65.7%的贫雇农，只占有耕地总面积的18%，户均1.41亩，还不足地主阶级占有户均16.8亩的1/10。还有以公尝为名占有耕地总面积的33.18%，名义上是宗族公有，实际上绝大部分支配权在地主阶级手中。经过土地改革后，贫雇农占有耕地7.33万亩，户均4.66亩，为土地改革前占有量的3.3倍。③ 详情见下表：

---

① 资料来源：《蕉岭县志》，广东人民出版社1992年版，第155页。
② 同上。
③ 同上。

表 1.2　　　　　蕉岭县土地改革前后各阶层占有土地情况表①

	土改前占有土地（亩）	土改前各阶层占有土地比重（%）	土改后占有土地（亩）	土改后各阶层占有土地比重（%）
合计	123114	100	123114	100
地主	17020	13.83	7006	5.69
富农	4383	3.56	3900	3.09
小土地出租者	763	0.62	747	0.61
中农	32214	26.17	32214	26.16
贫农	21945	17.82	69677	56.60
雇农	266	0.21	37711	3.05
其他	5671	4.61	5859	4.80
公尝等	40852	33.18		

从上述表格可见，经过土改后，地主阶级、富农所占有土地的比重明显减少，中农所占比重基本没有改变，贫农所占有土地有了明显的增加。这种围绕土地为中心的利益再分配极大地调动了广大农民积极参与的热情，这种以利益为导向的政治动员鼓励了农民的平等意识，在平分土地的政治实践中，农民开始更加深刻了解了地主阶级的剥削形式。

2. 农民利益感的增强

封建社会以封建土地所有制为基础强制夺取了农民对土地的所有权，农民维护自身利益缺乏制度支撑。封建地主阶级利用他们占有的土地和其他财产，对无地、少地的农民进行剥削。其剥削方式多种多样。以蕉岭县为例，封建地主阶级剥削形式主要有如下几种②：

一是地租剥削。地租为实物地租，分定租和铁租两种。定租就是地主出租土地，规定佃户每年要交一定数额的租谷，有主佃对分、主六佃四、主七佃三等。如1947年，蕉岭县三圳招福村某地主，租给农民耕种的土地有800石（以产量计耕地面积，1石约0.33亩），定交租为主六佃四，

---

① 资料来源：《蕉岭县志》，广东人民出版社1992年版，第156页。
② 同上书，第156—157页。

（石为容量单位，每石65公斤）。铁租，就是谷租定下来后，不论荒年或歉年，各佃户每年都要交租谷480石，颗粒不能短少，佃户卖房屋卖儿女也要交租。

二是额外剥削。正额地租外还附加额外地租。常见的有4种：(1)虚田实租。既小田算大田，虚田收实租。有的佃耕3石田，要交6石田的谷租；有的佃耕8斗田，要交1.2石田谷租。(2)大斗大秤收租，小斗小秤放债。如堃垣桃溪村地主黄某用的四方斗有两种，收租时用1斗零5合的大斗，每斗少5合；放债时用9升5合的小斗，每斗少5合。新铺同福乡地主邓某收租用的大秤，每百斤多14斤。(3)无偿劳役。地主在出租土地时，规定佃户在农忙季节要无偿给地主做工，否则吊佃。如三圳芳园村地主吴某，规定所有佃户耕1石谷田一季必须为他无偿干1天活，否则吊佃。(4)送礼。过年过节，佃户要给地主送酒、送鸡、送鱼、送肉等，遇到地主家有红白好事，还要送钱送物。

三是高利贷剥削。高利贷利率一般为40%—50%，有的100%以上，本上加本，利上加利。如1946年间，文福乡石坝村农民丘某向地主王某借5斗米，每月利息5斗，3个月后，要还利息1石5斗米。此外，还有一种高利贷要农民以土地抵押为条件。抵押的土地，虽言明到期完清贷款时归还农民，但届时地主可以用种种借口不准赎回，最后夺走土地。

四是雇工剥削。不少地主除把自己占有的土地出租给农民耕种进行剥削之外，往往还留少量的好田、近田，雇长工、短工耕种。雇工中大部分是贫苦农民。雇工的劳动范围很广，不论长工或短工，一年到头为地主干活，只得到极低微的工资，生活待遇也非常差，有的除了饭食，没有工资，老弱生病时就被解雇。三圳九岭村贫雇农为地主当雇工的有63人（当长工的24人，做婢女的39人）。地主吴某1户，每年雇用短工400多人次。

五是商业剥削。有的地主兼营工商业，用贱买贵卖、囤积居奇等手段操纵市场，抬高物价，牟取暴利。有的地主商人还操纵铜元，市场上铜元多时就压低价买铜元，市场上铜元少时就抬高价卖出，剥削人民。民国二十五年（1936年），蕉城黄田村两个地主勾结县政府，私印银毫券、银票3万多张（值大洋1万多元），发行不久，就宣布作废，坑害农民。

3. 农民组织能力的锻炼

封建地主阶级依靠土地盘剥农民利益的行为遭到广大人民群众的抵制。土地关乎农民的衣食住行，农民围绕在土地上的利益意识逐渐增强，对土地充满渴望。在土地利益的驱使下，农民被迅速动员到以土地改革为中心的政治动员体系中，这是中国共产党为夺取革命胜利，巩固新生政权，重建农村秩序的一种政治整合，其目的是通过指令性的政治动员重建新的阶级体系，通过阶级意识重塑国家意识。在上述背景下农民的参与意识虽然空前高涨，但这种参与并非以农民为主体的自主参与，而是外部力量主导下的诱导式参与。透过样本所属县蕉岭县从1949年10月至1953年7月之间所展开的土地改革运动，可以全面了解在土改运动中，农民的参与动机是什么？农民参与的组织形式是什么？这一时期农民的组织合作能力有否得到提高？下面是1949—1953年间蕉岭县土地改革三个阶段的具体组织形式①。

首先，酝酿阶段（退租、退押、清匪反霸）。1949年10月—1951年冬，在全县农村发动群众成立农会、贫农小组、贫农团，全县有村农会107个，农会会员3.7万人，开展"退租退押、清匪反霸"的"八字"运动。退租退押——工作组组织贫苦农民挖穷根，算旧账。全县参加斗争人数有7.18万人，其中积极分子有1490人。1949年夏秋两季，四区北礁乡减租2745.78石谷（折合17.84万公斤），减息218.14石谷（折合1.42万公斤），退租57.77石谷（折合3750公斤）（注：退租是指1949年秋收后未搞二五减租的把租谷退给佃户），据1950年10月中旬统计，第一区减租谷1416石（折合9.94万公斤），第三区减租谷1562石（折合10.15万公斤）。清匪反霸——1950年，全县斗争恶霸、清算地主157人，关押反革命分子、坏分子等256人，县人民法庭判处暴乱、抵抗土改的地主及反革命分子96人；收缴武器枪支283支，弹药、器材共6874箱（件）；枪毙惯匪、恶霸、匪徒等16人。至1951年9月，共消灭土匪4股，抓获匪徒496人，匪患基本平息。

其次，大发展阶段（划分阶级、没收分配）。

1951年4—7月，全县以广福乡为土改试点乡，文福乡、招福乡为割

---

① 资料来源：《蕉岭县志》，广东人民出版社1992年版，第156—157页。

点乡。次年冬又转为以福东乡为土改试点乡，县土地改革委员会设在洋蛟湖的丽兴堂，由县委书记林连宗带队，从各区中挑选的优秀队员 25 人分别进驻洋蛟湖、莲塘、麻窝、寨子坑、土坑、松坪和茶园 9 个自然村。工作队贯彻"依靠贫下中农，团结中农，中立富农，打击少数不法地主分子"的农村阶级路线，成立贫农团领导核心，组织队伍，划分阶级成分，斗争地主，没收地主的土地、财产，分给无地少地的贫苦农民。这批土改试点至 1952 年 5 月结束。

1952 年 5 月上旬，全县土改干部集中进行总结和春耕整队。由于对土改干部队伍不纯问题估计过于严重，整队方法简单粗糙，处分面偏宽，斗争扩大化，错伤了不少人。1952 年 8 月，蕉岭、平远合县，在原蕉岭县境内的福北、福西、福南等乡进行土地改革。县土地改革委员会设在三圳福北乡璋芳村五行楼，至 1952 年 12 月上旬结束。次年 12 月 11—20 日，本县召开土改干部会议，总结土改试点经验。12 月 21 日，土改工作队员 1060 人分赴全县各乡开展土改。在恶霸基本被打倒，农民队伍已经纯洁可靠的基础上，即转入划分阶级成分，没收地主的土地财产及征收富农土地分配给农民。1953 年 4 月下旬，全县原来无地或少地的贫苦农民分得了土地，实现耕者有其田。

最后，巩固阶段（复查）。

1953 年 5—7 月，土地改革运动转入复查阶段。工作队于 5 月 7 日下乡。复查步骤分四步：查田、查阶级；民主团结；组织建设；查田、定产、发土地证。复查分两批完成，第一批为第二、第七两个区（即试点），于 5 月 30 日完成；第二批为其他 6 个区，于 6 月 30 日完成。

1953 年 6—7 月，组织群众丈量土地，核实面积、产量，称查田定产。查田定产分两个阶段：第一阶段，采用"树立标准，目测自报，结合评议抽丈"的做法。第二阶段，贯彻政策发动群众，划片并等。将土地按常年产量分为 7 个等级，各乡将土地逐段逐块分等定产，初定亩产一等 370 公斤；二等 350 公斤；三等 330 公斤；四等 310 公斤；五等 290 公斤；六等 270 公斤；七等 250 公斤。各户将土地按等定产算出常年产量并计公、余粮，征购任务由县下达到区乡，乡按土地等级产量计算到户，张榜公布并发征购粮通知书，然后颁发土地、房屋所有证。

表1.3　　　　蕉岭县贫下中农在土地改革中所得果实统计表①

分得土地农民（人）	占农村总人数	房屋（间）	耕牛（头）	农具（件）	粮食（万公斤）
60110	62.2	17286	725	13924	372.5

从上述蕉岭县的土地改革的整个过程看，在中国共产党的领导和组织下，农民以"农会"为组织基础获得了参与政治生活的体验，这种组织体验是来自外部力量的诱导，这种诱导是有着程序式的设计和指令性的计划。这种指令性计划参与，一方面，被组织起来的农民从根本上废除了农村封建土地所有制，没收了地主的土地，征收了全部公尝田和地主、富农的出租土地，分配给无地或少地的农民，摧毁了两千多年的封建统治的经济基础。地主阶级作为一个当权的剥削阶级被打倒了，农民在政治上成为农村的主人，大大巩固了工农联盟和人民民主专政。农民有了自己的土地，生产积极性也大大提高。另一方面，指令性参与忽视了农民的主体性，农民是被组织、被动员，这种外力型组织动员体系违背了民主精神的实质，阶级意识的强制建立削弱了民主主体参与平等的基本内涵，较突出的问题是运动式的组织动员侵犯了一些工商业者、小土地出租者的利益。

（二）"人民公社"：国家能力与农民能力

人民公社作为建国后乡村社会变迁史上重要的制度安排，是社会主义建设实践的产物，对乡村社会甚至中国现代化道路都产生了深远影响。这一时期国家权力体现出超强的控制模式，农民能力相对弱势，分析这一时期国家与农民间的关系有利于更好地了解农民民主能力建设的历史背景。1949年中华人民共和国成立后即废除国民党时代的保甲制，在县以下主要有区、乡两级制以及区乡建制，两者区别在于"区"是否作为独立的一级政权组织。

1958年7月1日，《红旗》杂志第3期发表了陈伯达写的《全新的社会、全新的人》的文章，提出"把合作社办成一个既有农业合作，又有工业合作的基层组织单位，实际上是农业和工业相结合的人民公社"。接

---

① 资料来源：《蕉岭县志》，广东人民出版社1992年版，第162页。

着第4期《红旗》杂志又发表了陈伯达写的《在毛泽东同志的旗帜下》的文章，明确引证了毛主席的指示："毛泽东同志说，我们的方向应该逐步地、有次序地把工（工业）、农（农业）、商（交换）、学（文化教育）、兵（民兵，即全民武装）组成一个大公社，从而构成我国社会的基层单位。"此后，经过多次调整和完善，1962年起实行生产资料分别归公社、生产大队和生产队三级组织所有，以生产队的集体所有制经济为基础的制度，生产队是人民公社的基本核算单位。社员参加集体生产劳动，按照各人所得劳动工分取得劳动报酬。社员可种植少量自留地，并经营少量家庭副业。

1978年中共十一届三中全会以后，为了改变人民公社制度下存在的平均主义和社员缺少经营自主权的状况，农村普遍实行了家庭联产承包责任制。1982年制定的宪法规定，农村建立乡政府和群众性自治组织村民委员会，基层政权机构和地区性合作经济组织分开设立。至此，以政社合一和集体统一经营为特征的人民公社逐渐解体。1984年底，全国农村完成了由社到乡的转变。由上述分析可见，农村人民公社化运动是一场国家主导下的社会政治运动，这种强制性的制度整合一方面建立起垄断性的资源汲取机制；另一方面将农民土地所有制转变为集体土地所有制。

1. 超强的国家能力

国家能力特指国家将自己的意志、目标转化为现实的能力，主要是指中央政府能力，而不是统指公共权威的能力。国家能力可概括为四种能力：一是汲取能力；二是调控能力；三是合法化能力；四是强制能力。中华人民共和国成立后兴起的人民公社化运动，是中国传统农村社会基础重建和再造的过程，首先从机制上确保国家对农业资源的汲取，依靠"三级所有，队为基础"的统一经营机制以及后来的统购统销制度，国家源源不断地从农村获取农民的剩余劳动产品，这种国家为主体的资源汲取模式确保了国家能力有了强大的资源后盾。从下述蕉岭县县志记载的案例中我们可以详细了解国家超强控制模式是如何建立的。

> 按照上级部署，1958年9月17日，兴福、三圳两个乡合并为一个公社，是蕉岭县第一个人民公社，称蕉城区红旗一社。9月下旬相继成立新铺区红旗二社、文福区红旗三社、平坊区红旗四社。时仅半

个月，全县就实现了人民公社化，同时取消高级农业生产合作社和乡村建置。全县划为4个公社，规模庞大，公有制广，不仅大件生产资料入社，甚至连社员自养的猪、狗、鸡、鸭、羊等也要入社，不准私人养家畜家禽。[①]

从上述历史资料可见，通过私人资源的国家化建设，国家强制拿走了农民的私有财产，农民的个体意识被国家意识强制建构，农民的主体性丧失。这种国家能力与个体能力非均衡发展导致农民的个体意识欠缺，缺乏对自身利益的关注和思考。这种超强的国家能力逐渐演变成全能型国家，并发展成为全能型国家领导下的农民集体行动，由此造成国家治理的高成本、低效率，最终迫使国家不得不重新进行制度调整。

2. 依附型的农民能力

在人民公社体制下，农民的自主性完全丧失，农民的传统生活秩序被打乱，失去土地资源的农民不得不依靠国家来配置必需的生活资料，这一时期农民的政治心理、政治认识、政治实践被全面国家化，农民所体现的是一种依附型的政治人格和依附型的政治能力。

一是主体性的丧失。在人民公社的体制下，农民失去生产经营的自主权。当时，为完成国家征购，关于种植什么、如何种植等几乎都要听命于上级的指示。特别是在强迫命令和瞎指挥盛行阶段，农民被剥夺了一切经营决策权，农民的日常政治生活在上级的指示下进行，农民常常在被迫做一些不合规律的事情。以样本县为例："蕉岭县从1958年9月至1959年3月9日，由公社统一核算，生产和分配权归公社；学习部队编制，设营、连、排搞生产，劳动力分等级发工资，医药费、学费等也由公社包起来。"[②] 这种国家全包型的治理模式，造成农民不得不依附于国家才能满足基本的生活需要。

二是单向度的政治认同。政治认同指人们在社会政治生活中产生的一种感情和意识上的归属感。它与人们的心理活动有密切的关系。人们在一定社会中生活，总要在一定的社会联系中确定自己的身份，如把自己看作

---

① 资料来源：《蕉岭县志》，广东人民出版社1992年版，第160页。
② 同上。

是某一政党的党员、某一阶级的成员、某一政治过程的参与者或某一政治信念的追求者等,并自觉地以组织及过程的要求来规范自己的政治行为。人民公社时期,由于超强国家控制模式的建立,农民的生产、生活及其社会关系被国家重新确立,农民被强制性整合进国家体系,这种国家意识的建立并非农民自觉的追求,而是来自自上而下的单向度传递,由此形成以国家为主导的单向度政治认同。

三是无权者的抵制。由于农业资源的国家性建设,农民完全丧失了对其自身资源的支配权。面对国家能力的强势介入,农民传统生活秩序被完全打乱,以家庭、宗族为纽带的家秩序被集体规范所取代。缺乏主体的无序参与,最终导致共产风、浮夸风、命令风、瞎指挥风、生活特殊化风的盛行,并造成人民群众的生产、生活困境。这一时期面对国家能力的强势,农民表达其利益主张的方式主要是低姿态、低强度的抵抗,例如在生产过程中采取出工不出力、投机取巧等消极方式进行抵制。从当时的民间顺口溜中就可见无权者如何进行消极应对的:"出工九点半,就在田边站,男人叼烟袋,女人做针线。"由此可见,国家能力与农民能力的非均衡性发展,造成农民生产积极性下降,农民迫切需要增强自身能力以平衡国家的强势能力。

小 结

本章主要介绍了民主思想在中国产生的历史背景以及近代以来有关民主的早期实践。农民的民主能力受历史经验的影响其发展尚处于起步阶段。无论是地理条件、文化传统、价值理念,还是实践民主所需要的基本素质,中国农民的民主能力与西方社会的公民能力还有很大的差距,这种差距起源于各自不同的地理、自然环境以及早期的价值认同。东西不同的文化语境造就出不同的政治语言,但对自由、平等精神的渴望成为东西文明间的共同话语并付诸于共同的行动,中国人民的近代历史可以说是诉求民主的近代史,近代中国人民在不断的民主实践中学习民主、运用民主,在实践中学习,在学习中完善。依据本章分析,中国农民自古就传承有富含民主思想的儒家伦理观,但受几千年封建统治思想的禁锢,以及近代以来探索道路的曲折,现代民主政治在中国的发展遭遇诸多困难,农民的民

主意识、民主能力发展程度较低,具体表现在以下几个方面:

一是臣民型的政治能力。中国古代思想含有民主的因子,但受封建礼教尤其是儒家学说的禁锢,以"民本位"为代表的重民理念很难转化为主权在民的民权政治。以民本思想为代表的儒家伦理建构出独特的权威型政治文化,这种政治文化有别于西方契约型公民政治文化。"民本位"下的重民理念是缘自自上而下的"君臣"政治需要,是为封建统治阶级所服务,因此很难培育出自下而上的民权政治。此外,以士绅为代表的乡村治理精英在延续儒家思想的同时也获得了封建统治者的承认,进而获得了部分国家权力,这种具有相互制约性质的权力架构,延伸出乡村政治相对独立的自治空间,这种自治精神的培育开启了农村社会建设的第一步。但士绅政治依然没有脱离传统儒学的束缚,士绅的服务对象依然是封建国家,因此,在士绅主导下的乡村治理结构中农民依旧缺乏政治参与的能力。

二是启蒙型的政治能力。"五四运动"只是知识分子间的思想革命,对于文化素质相对较弱的小农而言,"民主"只是个新话题,只有在长期的民主实践过程中,才能不断培养和训练农民的民主心理,农民要掌握民主的技巧还需要长期经验的积累,直至将民主变成一种生活习惯。"五四运动"是旧民主主义与新民主主义的分水岭,也是近代中国民主思想的启蒙。在"五四"新文化运动中,中国知识分子受到了一次民主与科学的洗礼,后期许多思想家传承了五四精神并开始自觉实践民主,民国时期兴起的乡村建设运动正是五四精神的产物。这一时期知识分子把民主精神引向乡村,从消除文盲提高文化素质入手加强对平民的思想教育,农民的文化素质得到一定的改善,由于受帝国列强的入侵,当时国家还处于民族危亡的境地,知识分子在农村的建设中更多的是关注农民的经济能力,由于缺乏对中国农民传统思想的深刻认识,这一时期的乡村建设大多以失败告终。农民的民主能力建设在这一时期大都表现为挽救民族危机,救亡图存的自救能力。

三是依附型的政治能力。从"土改"下的农民所有制到"人民公社"下的集体所有制,中国农民的民主进程经历了后退式的曲折发展。这一时期农民的民主参与表现为指令性的政治动员。为了完成从旧民主主义到新民主主义革命的任务,国家通过自上而下的民主动员调动起广大农民的参与意识，并通过阶级划分重塑了国家意识，巩固了刚刚建立起的新生政权。然而以土地私有为基础的个体意识刚刚萌发就迅速被公有思想所取代。人民公社时期中国的民主化进程出现历史性的倒退，为了应对复杂的国内外形势，国家需要私人资源的国家化利用，国家强制拿走了农民的私有财产，农民的个体意识被国家意识强制建构，农民的主体性丧失，失去土地资源的农民不得不依靠国家资源的制度性供给，这一时期农民的政治心理、政治认识、政治实践被全面国家化，农民所体现的是一种依附型的政治人格和依附型的政治能力。这种国家能力与个体能力的非均衡发展导致农民的个体意识欠缺，缺乏对自身利益的关注和思考。这种超强的国家能力逐渐演变成全能型国家形态，由此造成国家治理的高成本、低效率，这种压力型的治理体制严重扼杀了农民的自主性，农民开始以低强度的不合作回应国家的强势能力。农民一方面以投机倒把的方式寻找可供自我支配的私有资源；另一方面积极应对国家的强势，大胆探索可以扩大支配范围的自治空间。面对农民生产积极性降低，消极合作现象日益增多的社会现实，国家不得不探索新的制度以重组分散的农村。

第二章　民主的现代因子：当代发展民主的尝试

　　凡是研究中国农村的学者心中大都有着一个理想的农村发展图景，一个设想完美的村庄治理模式，他们很多都想着从微观层面来推动乡村的发展。学者们既是理想的现实主义者，又是现实的理想主义者，因此，他们通常都想通过社会科学实验或试验来验证自己的构想，或者选择一个地方培育条件来论证是否可以达到理想中的状态，于是乡村建设实验便诞生了。在了解当前中国相关村治实验之前，我们首先要了解目前中国农村的治理现状。转型期的中国农村正在经历着国家整合与社会整合相互调适的阶段，村民自治的成功实践，便是外力推动下重组农村资源的一种见证。在笔者看来，村民自治是国家重组农村的一种形式，它深入基层社会内部，重新组织相关资源，实现国家政权与社会资源的互动与融合。在此背景下，中国农村大地上兴起了一系列乡村治理实验，从这些实验的目的、性质来看大都与村民自治的相关内容一致，因此，笔者把中国近年来的一些中国农村建设实验看作是村民自治实验，即"村治实验"。与以往的乡村建设运动相比，近年来中国兴起的村治实验可以称作是一轮新的农村实验。原因在于，当前的村治实验已经进入现代国家构建的层面，以建设新农村，深化村民自治、构建和谐社会为导向的现代型、民主型的村治理念已经内化于具体的实验中。以华中师范大学中国农村问题研究中心（以下统一简称为"中心"）为代表的中国农村三次村治实验的尝试为我们提供了一份观察中国民主进程的样板，通过观察，我们可以具体了解哪些是推动民主前进因素，哪些是制约民主发展的短板。

一 从基层重组农村的"村民自治"

在当代中国,追寻民主的现代因子离不开中国农村的"村民自治",村民自治制度作为一种新的重组乡村秩序的方式是建立在历史作用的基础上。依照新制度经济学的观点,制度变迁是指一种制度框架的创新和被打破的过程。在制度变迁的过程中,存在着路径依赖,即初始的制度安排会影响到以后的制度选择,也就是"历史在起作用"。[①] 在过去以家庭联产承包责任制的出现直接动摇了人民公社体制的根基,村民自治是作为人民公社组织的替代者出现的,因此,村民自治的产生和发展都受到人民公社体制的制约。这使得中国农村村民自治一产生就体现出以"自治民主"重建乡村秩序的特征。晚清以来国家与社会逐渐分离,中华人民共和国成立后虽然尝试以政权下乡、政党下乡等方式重组农村,但传统农村社会的自治细胞已经被完全破坏,农村面临公共秩序失衡的局面,国家面临的最为突出的问题是如何将分散化的农民重新组织到国家体系中来,在农民自发创造与国家制度供给的合力推动下,村民自治这一最为广泛的群众性基层民主实践平台开始逐渐建立,并肩负起重组分散农村的重任。

(一)村民自治的起源与发展

村民自治的制度起源于对人民公社组织制度的替代。中华人民共和国成立后,通过强制性的制度整合摧毁了传统乡村社会的组织体系,并成功地在乡土社会建立起新的政权组织形式即"人民公社"。通过政社合一的政治体制,国家一方面将政权末梢悄然延伸到乡村;另一方面农民也以社员的身份由个体农民转变为国家农民。这种资源汲取型制度的建立为国家的工业化发展积累了一定的经济资源,并推动了工业化、城市化目标的实现,甚至亿万公社社员还浪漫化地体验了社会主义的大民主的"幸福"承诺,例如通过社员代表大会和社员大会参与社区公共生活,但受制于国家工业化目标的制度设定,农民的民主生活总是生活在计划式的管理模式下,无序的政治参与造成整个基层组织瘫痪、社会管理无序,直接民主更

[①] 程恩富、胡乐明:《新制度主义经济学》,经济日报出版社2005年版,第203页。

难获得体制性的发展空间。在集体主义盛行时期,农民个体的正当需求与主体性被长期压抑,并影响了个体能力的健康发展,从制度主义的角度来看,旧制度崩溃后必然会萌生新的替代性制度。

伴随市场经济的兴起,以家庭联产承包经营为主的农村改革开始吹响号角。以"小岗村"的"血手印"为代表的农民自主意识的表达,最终形成了一种全国性的家庭联产承包制度的建立。由于允许个体的生产经营自主权的存在,原来人民公社的"三级体制"受到根本性的冲击。这种集体经济向个体经济的回归过程,由于制度转换过程中的"真空"效应,必然出现人民群众的公共意识下降,公共事务无人管、农民无组织的混乱现象。在这种局面下寻找重组、重构农村治理新秩序的制度需求越来越强烈。在农民群众的主动创造与国家意识的共同推动下,村民自治悄然兴起。最早的村民委员会组织诞生于广西壮族自治区宜州市(原为宜山县)屏南乡合寨村果地屯(现为合寨村所属的自然村),它的出现缘于当地干部群众为解决当时农村组织瘫痪、管理失控和治安恶化等问题的伟大创造。[①] 据徐勇教授等人的考证,果作(自然村)村委会是迄今发现的全国第一个有正式记录为依据的村委会。

村民自治制度的伟大创造是中国宪政制度的一大创新。1987年的试行法确定了村民自治的基本制度架构,包括村民自治的直接民主原则及作为其载体的村民会议制度、村委会的选举与组织、基本的议事规则等。1988年,《村民委员会组织法(试行)》正式实施,从而拉开了村民自治生长的序幕。1998年,经过修订后的《村民委员会组织法》得以通过,村民自治更进一步发展。2007年党的十七大则第一次在党代会报告中将基层群众自治制度列为中国特色社会主义的四大政治制度之一。至此,村民自治制度在中国有了全面的发展。

(二) 村民自治的实践与困境

困境之一:制度之墙。村民自治建立在人民公社解体之后,集体主义探索模式的隐退,国家对政治系统进行了重新改造,这种改造以人民公社

---

① 徐勇:《最早的村委会诞生追记——探访中国第一个村委会:广西宜州合寨村》,《炎黄春秋》2000年第9期。

原型为基础,实行政社分离,公社划分为乡镇级,生产队、大队划分为村级,乡镇级属于国家政权系统末梢,而村级属于群众自治系统。由此,乡与村之间运行着截然不同的两种治理制度。上述政治系统的划分等于为民主的进一步成长竖立起一面墙,在村级取得的民主经验很难越墙上升到乡镇一级。以选举民主为例,选举技术的成功实践只能局限于村级自治空间,直接选举技术传递给乡镇级遭遇着体制性的困境,进而制约了村民自治的成长空间。此外,在村庄自治空间内部也存在着制度之墙,村两委之间的权力之争由来已久,原因在于一个社区内同时存在着两个进行村务管理的组织,即村党支部和村委会。根据《中国共产党农村基层组织工作条例》规定,村党支部是农村各种组织的领导核心,讨论决定本村经济建设和社会发展中的重要问题。但是村委会同样是以国家法律的授权为依据且建立在全体村民的民主授权基础之上的合法组织。两委班子的权力之争往往造成村级事务中决策力不强,管理混乱,问题村频现。此外,选举制度缺乏相应的监督机制使得选举乱象丛生,村民代表会议制度只有代表没有会议,村务公开制度只是挂在村委大院墙上的制度或公开得不够具体不够明确等。上述问题是村民自治实践过程中的制度困境,需要进一步的完善与创新。

困境之二:参与无力。民主的核心动力在于公民的积极参与,然而由于表达机制不够畅通,农民识别利益的能力欠缺,参与成本过高等原因,农民普遍出现参与的无力,甚至出现主动出卖选票等政治冷漠现象,由此造成农村公共事务无人管理,农村公益事业无人参与的困境。

正是有了上述村民自治在实践过程中的经验与教训,以实证问题研究见长的华中师范大学中国农村问题研究中心,开始关注村民自治遭遇到的制度困境、组织困境、参与困境等难题,以张厚安为代表的"中心"老一辈学者开始将村治的研究路径转向田野,徐勇、项继权等又承接张厚安先生的研究,将村民自治研究扩展为村级治理研究。研究视角的拓展最早诞生了"水月实验",该实验是以制度重组农村的尝试。

随后在徐勇教授的组织下又分别进行了以组织建设重组农村的"岳东实验"和以能力建设重组农村的"南农实验"。从实验时间看"中心"的村治实验具有延续性;从实验类别看"中心"的历次实验分别为制度建设、组织建设、能力建设。从实验的内容上看,这三次实验具有传承起合的历史关联性,"南农实验"正是在总结前两次村治实验经验教训的基础上展开的。这些不同种类的村治实验也可以称作政治实验,不仅积累了大量的基层治理经验,从研究方法上来看,用政治实验验证政治理论也丰富了社会科学中实践导向型研究,这种实验型研究的好处是可以弥补理论研究过程中的现场感不足,可以检验和发展现有的村治理论。

二 着重于制度建设的"水月实验"

(一) 需求与意愿:"水月实验"的缘起

1996年"中心"选取湖北省黄梅县水月庵村(简称"月村"),展开"民主管理"实验,该实验共进行两年于1998年结束。水月实验的诞生标志着"中心"此后一系列村治实验由此拉开序幕。理论是灰色的,实践之树常青。理论来源于实践,同时还要回到实践中接受检验,之所以选择此时进行村治实验,徐勇教授认为,这与村民自治的成功实践密不可分,村民自治一出现就被人视为一场"静悄悄的革命"。与此同时,它也因为其"中国经验"和"中国特色"而招致理论界的质疑。不进一步解决理论问题,会影响村民自治的进一步发展。

在上述背景下,为了验证月村是否有进行村民自治的需求,实验人员进行了专门的调查,调查人数占该村合法选民的8%,共计有100人左右。村民的民主意愿比较强烈,大部分被访者都认为村干部应该由村民直接选举,可是村民对村委会制度显然感到陌生,部分村民第一次了解到村民委员会组织法。此外月村村民居住较为集中,交通文化设施便利,村民的文化素质相对较高,符合直选的具体条件。通过实际的需求评估,实验组总结出该村主要有以下几个方面的问题:管理不够民主,村委班子处于瘫痪状态;自上而下的压力型治理体制导致村庄内生力量不足;民主制度不能有效运转,权力缺乏制衡和有效监督。问题的症结归纳为村民自治制度下乡遭遇乡村社会的现实,制度难以下乡入户。因此,从村庄实际出发,以村民自治制度作为黄梅实验的突破口,探索制度如何下乡以及制度如何有效运转。

在上述调查的基础上,"中心"老一辈学者张厚安等人于1996年根据村民自治的基本要求,向中共湖北省委提交了在湖北省选择一个村进行"依法建制,以制治村,民主管理"实验的报告。该报告得到省委书记贾志杰的直接支持。在有关政府部门的支持和推荐下,选择鄂东地区黄梅县月村进行村治实验。该实验强调的是"制度建设",其目的是通过制度下乡直接在乡土平台检验村庄治理过程中哪些制度是有效的,哪些制度是需要加强和丰富的,由此来为成长中的村民自治制度添砖加瓦。

(二)依法选举:制度如何下乡

"依法建制,以制治村,民主管理"是进行水月实验的实验理念,在该理念的指导下,张厚安等老一辈学者带领"中心"科研人员进驻月村,入村后经过认真的调查评估。财力缺乏的原因在于工业兴村的失败导致村级负债。在这种局面下,"有人管事,有钱办事,有章理事"三个方面,当务之急是"有人管事"。

为了验证该村村民是否有进行民主选举的需求,实验人员进行了专门的调查,调查人数占该村合法选民的8%,共计有100人左右都认为村干部应该由村民直接选举。部分人因为第一次知道有一部法律允许村民直接选干部而惊讶。此外该村村民居住较为集中,交通文化设施便利,村民的文化素质相对较高,符合直选的具体条件。通过实际的需求评估,实验组总结出该村主要有以下几个方面的问题:一是管理不够民主,村委班子处于瘫痪状态;二是群众丧失了发展信心,村办企业全部倒闭;三是自上而下的压力型治理体制导致村庄内生力量不足;四是民主监督机制不能有效运转,权力缺乏制衡和有效监督。

通过深入水月庵村进行实地调研,实验组发现,《村组法》虽然已经实行多年,但由于政策下乡过程需要经历一个本土发育的缓慢过程,因此水月庵村各项村治制度的实践还不够完善。这其中值得思考的是当时制度设计是否足够科学,为了检验村级民主的第一步"民主选举"是否有足够的生命力,实验组在水月庵村展开了该村历史上第一次真正的民主选举。实验工作也由此切入,当时实验组给自己的定位是:以宣传贯彻《村组法》的形式参与选举过程,在程序、规范、技术等方面给予咨询和指导,但不直接干预选举过程。由于该村的村委会换届选举是在村领导基本瘫痪的背景下进行的,且是第一次真正由村民直接选举，因此引起各方面关注和重视。以往的惯例，在村委会选举前进行村支委换届选举。换届后的村支部副书记便是村委会主任的候选人。本次选举与以往不同的是，对当地镇党委决定村支部和村委会候选人的提名和确定不设框框。候选人和当选人完全由事先确定的民主程序产生的结果来决定。

（三）依法建章：制度如何产生

选举后的村委班子迫切需要一套现代型民主法制管理模式，编制一套适合水月庵村实际的《村民自治章程》，需要新当选的干部领导和全体村民去完成，"章程"制定后又将是规范全村干部和群众的行为准则。在十一届三中全会后，许多地方的农村曾制定过一些类似"村规民约"形式的规章制度。分析这些村规民约，实验组发现很多制度产生于少数干部，其出发点多是为了管理群众，这种只针对群众的管理办法显然不符合群众的实际需求。在这种形式下，实验组必须制定一套反映该村实际需求的管理章程。

实验组在制定自治章程时有以下考虑：一是要遵循民主原则。要充分体现本村村民的意愿。它必须是由本村干部、群众自己制定，又自己来遵守的一种既约民又约"官"的行为规范，一种契约；二是"合法"原则。必须有法可依，不能违法。它乃是国家法律更详细、更具体的一种延伸，但又不是法律的照搬。违规不一定违法，所以它不具有国家法律一样的强制性约束力。违反了规章制度也要制裁，不过服从这种制裁只是自己履行自己的承诺罢了；三是教育为主的原则。它是本村村民自愿共同遵守的一些做人的道德行为标准。所以，不能把它变成一个惩罚条例；四是科学原则。要求一切从本村实际出发具有极强的针对性，要求与时俱进地进行修改补充。规章制度制定好了，不是为了挂在墙上好看的，是为了实施的，所以必须重视其可操作性、可行性。

制定规章制度的具体步骤是：首先，进行政治动员，发动群众，要求全村干部和村民广泛参与并针对本村实际问题提建议。其次，经各村民小组推荐，村民代表会议讨论，选举产生成立了一个专门的水月庵村村民自治章程编写小组，专职编写小组与群众广泛参与相结合，实验组也派专人参与指导。参照《村民委员会组织法〈草案〉》等有关法律、法规的有关精神，在两个多月的时间内编写出了一套《水月庵村村民自治章程》。内容主要有：村民委员会工作制度、村民代表会议制度、村财务管理制度、村集体经济管理制度、村用电管理制度和村规民约6个文件草案。草案交给各村民小组，经全体村民讨论提出修改意见后，再交村民代表会议讨论正式通过后实行。在这一过程中，许多村民代表都提出要对历史村账进行清理。实验组与县工作队认识到清理财务问题关系到"建章立制"工作的成败。于是经过村民代表会议决议立即清债。这一工作中遭到了主要财务经手人的坚决抵制。由此可见清债问题困难重重，最后在县委书记的直接干预下，清理村财务的工作最后虽然进行了，但由于各种人为障碍原因，使得问题并未彻底搞清楚。

（四）以章理事：制度如何运转

村民自治章程是村民自治的产物，是村民之间共同的契约。如何来维护契约的效力则关系到制度能否有效运转。水月庵村村民章程在实施过程中便遇到了波折，严重影响到制度的有效性与权威性。

案例1：补助风波

水月庵村新的村财务管理制度取消了对过去村民死亡实行火葬者补贴一千元的规定。可是就在这时村里有一位老人病逝。当动员家属实行火化时，死者家属坚持按过去惯例补助一千元，否则就要土葬。这时的村主任为了达到政府执行有关火化的要求，在做工作无效的情况下，就自作主张应允补助一千元，从而达到了火化的目的。这样一来，刚通过的规章就不执行。如此下去，新的规章制度在今后还有什么权威呢？为了挽回影响，实验组和县工作队先后作了村主任的思想工作（他开始并不认为自己有错误）和死者家属的思想工作（指出村主任的允诺是违反自治章程的，不能执行，求得了家属的谅解）。然后召开有死者家属列席的村民代表会议。在会上村主任作了检讨，村民代表纷纷发言从各个方面分析了村主任错误的性质、导致错误的原因和危害。家属在会议上也受到了教育并当场宣布放弃补助。

从上述案例的分析中，使制度运转起来的关键是村民实际参与村庄公共事务的讨论与决策，遵守村民共同的契约，保证了制度的有效性，使得新的《村民自治章程》的权威性在村民中有了一个深刻的印象，由此将村民的行为纳入到村民自治制度的范围内，强化村民对村民自治制度的认同与实际感受，内化为村民的行为逻辑。

案例2：欠条风波

镇政府规定年终上缴农业税的时间已经超过了，其他村基本上完成了任务，可是水月庵这个先进村的农业税却无法收齐。许多村民并不是拒交农业税，而是因为村委会还有欠条在他们手里，他们要求用欠条来抵农业税。因为他们认定村委会无力偿还。怎么办？因火葬补助问题刚刚检讨过的李普山，在工作中遇到困难时，又忘记了《村民自治章程》，忘记了村民代表会议的作用。又擅自决定向村民高利借债五万元代村民垫上农业税欠款，完成了上缴任务。李普山的想法很简单，"不能在完成政府任务中落后"。他又一次在未经村民代表会议同意的情况下违反了村财务制度（建章立制和李普山的违规都是在村委会主任补选前）。

上面的例子充分地说明，《村民自治章程》制定好了，并不是"万事大吉"了。更重要的是要有一套监督执行机制。水月庵村民已经能清楚地判断怎样做是符合民主自治的，怎样做是与之相违背的，不少村民已经懂得并敢于和那些不民主的行为作斗争。但是所有这些还是不牢靠的，可以预见到今后一个时期可能出现的曲折和反复。

（五）水月经验

水月实验至今已经有13个年头了。实验的发起人之一张厚安先生曾于2000年重返月村走访。2005年8月20日，为重现当年的村治实验景况，徐勇教授带领其博士生重访湖北省黄梅县小池镇水月庵村。重访该村后徐勇教授认为，与实验前相比，现今村庄外出人员增多、胖子增多、有钱人增多，在他看来由于市场的关系，村庄与外部的联系更为紧密了。由此，月村已经走上一条稳步发展的道路。此外实验后的村务公开更加具体，农民在了解公开的内容后更容易理解和支持村委会的工作。通过换届选举，农民可以选自己认为好的干部，选能维护村民利益的干部。群众对村委班子的期待是：不能营私舞弊，贪污受贿。

此外，实验组还发现村民自治在农村有着顽强的生命力，与当初展开村治实验相比，主要的变化有以下两个方面：一是以前村干部是上面任命的，现在是民主选举、民主推荐；二是没有实行村民自治之前，村民对村干部的看法主要有三个方面：一是村干部与上级领导保持一致，所做工作与群众有矛盾；二是上面负担过重，收取税费太高，村民不理解有误解，以为交的钱都进了村干部的荷包；三是村干部工作方方面面压力过重，大部分精力和时间都用在应付上面的工作任务，只考虑上面，老百姓的具体问题解决不了，群众抱怨多。如今重返月村调查后发现，这些看法已经被负担减轻、村干部民选、干群关系相对融洽所取代。

水月实验在探索村庄制度化建设方面取得了一定的成效和经验，但时至今日村庄内仍然存在诸多问题，主要表现在以下几个方面：一是计划生育工作，主要是生育观念问题；二是税费比较重；三是村民法律意识很淡薄，对村里事务抱着无所谓的态度。这些就导致农民对村干部不信任，农民对村里工作不太支持，干群关系不太融洽。由此可见，月村的制度化探索仅仅是基层民主建设的开始，由于月村实验只侧重制度建设，忽视组织建设、能力建设等相关民主要素的跟进，结果使得轰轰烈烈的月村村治实验前后只进行了两年。在当时经济条件下，月村的民选投入算是比较大的，其中第一年就进行了两次海选，在该村历史上是第一次，全国也很少见。透过水月庵村可以观察到村民自治在基层推进的复杂性，比如村民们寄予厚望的村民李某为什么就职不到200天便辞去职务？又比如为什么有些村民刚开始积极参与选举，随后又积极逃避？这其中蕴藏着值得深思的问题。基层民主政治建设既面临复杂的村落利益结构，又有着传统治理体制与现代治理架构调适问题。面对水月庵村实验过程中遭遇到的种种问题，实验组从中受到的启发主要有以下几点：

表 2.1　　　　　　　　　水月实验问题比较分析

存在问题	原因解析	对策建议
参与无力	利益分化导致村民更关注眼前利益，村民虽有参与的意向却缺少参与的行动。	培养农民识别利益、表达利益的能力，强化运用民主程序维护参与者利益。
责任、权力、利益不一致	制度设计不够完善。书记挂帅意识，导致村民认为村支部书记就是一把手，在选举书记后选举其他干部没什么意义。治理结构中的责、权、利不一致造成体制内性内耗。	科学设计选举制度，比如引进"两票制"等，让制度既能体现自下而上的民意，又能有效维护自上而下的权威。
监督机制匮乏、监督能力欠缺	以血缘、地缘为纽带的村落传统抑制了监督机制的生成和发展。权力制衡与科学监督相对滞后。	完善《村组法》中的民主监督机制，探索适合农村政治特点的监督机制。
压力型体制下的民主进程缓慢	自上而下的传统型治理机制忽视了乡村内部的民主诉求，以民主治理为核心要素的现代型治理机制生长缓慢。	深化村级民主，借助民主机制挖掘村庄内生资源，从输血式治理转变为造血式治理，在民主实践的过程中把现代型治理机制嵌入到乡村内部。

从上述水月实验问题比较分析中，笔者认为，从制度求民主，只是迈出民主化进程中的一小步，相对于传统国家的沉重历史，中国农民的民主能力问题，尤其是组织能力问题，始终制约着基层民主深入发展。从日常利益表达到体制性监督，农民的政治生活表现出参与的无力、组织的无力。由此，水月实验的重要启示是：以制度重组农村尚存在着诸多困难，接下来要尝试以组织重组农村，以能力重组农村，从民主制度到民主能力是深化民主化治理的必要条件，也是中国公民社会建设的必经之路。

三　着重于组织建设的"岳东实验"

近几年来，随着中央提出社会主义新农村建设战略目标后，农民组织问题再次成为热门话题，梳理学界的观点大致有以下两种思路：一是组织农民合作，二是农民合作组织。第一种观点认为，分散的农户自己无法改变自己的命运，也缺乏合作能力，只有通过外部性力量将农民组织起来。在徐勇教授看来，这种观点主导下的乡村治理出现了，诸如"组织农民建新城""组织农民建新村""组织农民建新房"等。第二种观点认为，随着社会主义市场经济发展，农民在生产、生活和社会交往中提出了合作的要求，并形成自己的组织，为此需要从制度上加以保障和规范。从哲学意义上思考，上述两种思路一种是侧重"外因"；一种是侧重"内因"。显然任何事物的发展都离不开内因和外因的双重作用，基层组织的发展依然受内外因这一规律的制约，从这一点上来看，成立农民合作组织应当是农民的内在要求。

（一）岳东实验的由来

在肯定了农民需要组织，农民必须组织后，我们需要思考的是农民需要什么样的组织，农民如何进行组织？在进行这些问题讨论前，我们需要重新回顾20世纪二三十年代那场轰轰烈烈的乡村建设运动，在那场运动中成立各类团体和机构达600多个，在各地设立的实验区有1000余处。①之所以在当时出现民间组织的兴起，中国著名的乡村建设理论家梁漱溟先生是这样分析的，他认为，严重的文化失调导致中国旧社会组织构造即将崩溃，当时历史条件下救活农村的唯一办法是进行新社会的组织构造，也就是成立乡村组织，梁漱溟先生之所以把农民的组织构造作为拯救当时农村的唯一办法是通过中西文明进行比较得来的，梁漱溟先生从个人与团体的关系中告诉我们近代中国为什么落后于西方，也强调了团体组织的重要性，旧社会是以伦理为本位，职业分立型以家为组织单元的宗族型社会。西方文明源于自古以来都是团体生活，这种团体生活自宗教开端，伴随政治、经济、文化各个方面，相对于西方我们的民族是分散型的。为了拯救中国人这种缺乏合作的精神，梁漱溟先生提出了"从理性求组织"的概念，其目的是建立一个建筑在伦理情谊之上的理性化组织。梁先生认为西洋人团体组织的好处有以下几点：一是团队组织矫正了我们的散漫；二是团体中的分子对团体生活会有力参加，此点矫正了我们的被动的毛病；三

---

① ［法］谢和耐：《中国社会史》，江苏人民出版社1997年版，第555页。

是团体组织尊重个人，此点增进了个人地位，完成了个人的人格；四是财产社会化，此点增进了社会关系。①

从上述背景中我们可以理解出近代中国社会为什么迫切需要进行组织构造，反思以往的水月实验，笔者认为伴随改革的推进，当前农村社会迫切需要各种微观组织再造，这种来自农村社会内部的组织体系建设必将架起国家与农村社会的桥梁。人民公社体制解体以后，在市场经济的洗礼下，农民已经从体制人转变为利益人。货币压力驱使农民寻求生产、生活与对外交往，在这种情况下农民有了合作的意愿，需要建立合作组织来解决他们面临的共同性问题，由此产生农民合作组织。笔者认为，与组织农民合作不同，农民合作组织是一种基于农民内在需要而建立的组织，是农村社会的自主性整合。在这种合作和组织中，自始至终都体现着农民是合作的主体。此外，在"岳东实验"展开之前，"中心"在水月庵村已经进行了发展农村的相关实验，从水月实验中总结到的经验教训主要有：一是农村组织建设缺乏内源性力量；二是农民合作意识、合作能力欠缺。因此，"中心"将第二次村治实验方向定为：整合农村资源，培育发展各种类型的乡村组织。其目的是发展能够代表和维护中国农民利益、促进社会协调发展的农民组织，提高农民组织化程度，改变农民在市场经济条件下的弱势地位。在此原则指导下，岳东实验实验组（以下简称：实验组）将"岳东实验"的目标理解为"参与式社区发展实验"，它强调社区居民充分挖掘社区自身资源，利用外部机遇来改善社区生产、生活状况的过程和一系列活动。对于实验组而言，主要任务是采用各种方法激发社区活力，提升社区居民的参与意识及参与能力，最终实现可持续性发展。

在上述理念的指导下，2004年10月1日，在安徽省蒙城县岳坊镇岳东村正式揭牌成立岳东村综合发展试验区。这是"中心"成立以来的第一个农村社区综合发展试验区（以下简称"岳东实验"）。由此拉开"中心"第二次村治实验的序幕，这次实验强调的是：通过自主、自为的组织化建设培养农民的合作意识、参与意识。这种农村社区内的微观组织再造，必将激发社区内各种潜在力量，从而为村民自治的深化提供各种健康载体。

---

① 梁漱溟：《乡村建设理论》，上海人民出版社2006年版，第146页。

(二) 从理性求组织：农村社区的微观组织再造

新农村建设是我们党在新形势下解决农村问题所做的战略安排，新农村建设需要有新的组织去实现党的目标。新的农民组织是指在新的经济形式下成立的群众性自治组织，这种组织不是建立在传统伦理情谊之上，而是建立在市场理性驱使下的新型民间合作组织。与以往组织农民合作不同，新型农民合作组织的主体是农民，农民群众是合作组织的创造者、实践者。

实验组在对实验对象进行科学、合理的组织构造之前，首先必须对实验对象有个详细的调查了解，为此，实验组对岳东村进行了综合评估调查，依据评估结果，实验组对该实验区的基本判断有以下几个方面：一是自从分田到户后农民的合作意识、合作能力被彻底分掉，善分不善合的中国农民的共性在岳东村有着深刻的体现，岳东在公共集体事务上意见难以统一，这是"一事一议"制度的现实难题；二是村庄构成单位上以核心家庭为主，大部分老人都不跟子女，平均家庭有2—3个子女，乃至更多；三是经济资源方面，岳东以农业种植为主，主要品种有小麦、棉花、薄荷、玉米、土豆等。家庭机械使用以三轮车或四轮车为主，户均一辆，此外大部分家庭还拥有播种、收割、扬谷成套农机，副业以养鸡、鸽、猪、牛、羊为主。民间土地流转状况主要为租赁；四是人居环境方面，村民的宅基地较大，一般在100—200平方米；五是负担方面，税改前负担最重时约为390元/人，税改后，负担降幅近70%，农民面临的新问题是农药、化肥的价格不断攀升，导致农民的生产成本提高；六是村庄内面临的突出问题主要有三个，分别是教育问题、治安问题、财务问题。教育问题源于2002年岳东村办小学被镇小学合并，合并后的岳东村距离镇小学2公里的路程，由于该村靠近国道，学生的交通安全成为问题；治安问题主要是盗窃问题猖獗；财务问题主要是历史遗留账务，原村干部是否贪污问题。

以上是对岳东的基本村情评估。实验组认为岳东村的组织化程度非常低，农民可以寻求的合作空间较大，应对治安问题，可以成立普法协会；应对农副业发展，可以组织养殖协会；应对教育等问题，可以建设乡村书屋。当然，尝试在落后的农村建立现代社区发展模式是个具有挑战性的工作，实验人员清醒地认识到了社区实验的复杂性，随之将实验目标调整为赋权于民，以资源输入为契机，以组织构造为平台，让农民在组织化建设中培养合作意识，进而促进他们对社区内公共事务的关注和参与，在这种理念的指引下，实验组先后在该村进行了养鸡协会、普法协会、乡村图书馆等项目实验。

第一，经济组织构造之——养鸡协会。

岳东养鸡协会项目是针对分散的养殖户无法集中资源节约养殖成本，应对市场风险所做的一次尝试，可以预期的收获是农民获得抗风险意识、成本控制、合作参与精神等。主要步骤是以核心会员为基础面向社会集资，成立鸡苗生产基地和饲料加工基地。接着吸纳普通会员，普通会员不参与协会的管理决策，普通会员只享受协会所提供的优惠。协会是赢利与服务相统一的组织，在初级阶段将以赢利为主，服务为辅，最终将转化为服务型的组织。

2004年7月，岳东村村民于灯甫、于怀鼎、冯献豹等8家养鸡户在村委会和志愿者的帮助引导下，走到了一起。志愿者帮助他们起草了家禽养殖协会的章程，8家农户向村委会递交了成立协会的申请书，注册成功后，每户入股3000元，作为协会的运转资金，组织体系方面选举了协会的会长、秘书、会计。协会主要智能定位是统一进购鸡饲料和鸡药，会长于灯甫负责进购饲料，赵西才和于怀鼎进购鸡药。随着协会的发展，先后有30家养鸡户加入协会。与之前不同的是这30户的入会方式并不和原始会员一样，他们并未统一交纳3000元股金。有的交纳少量的股金，有的则没有交纳任何股金。这种制度的随意性为将来该协会的发展埋下隐患。财务管理的不规范，导致该组织运转不久会计就请求辞职，随着矛盾进一步发展一连串的纠纷开始出现，原来8家核心会员的矛盾开始公开化，最终导致其他会员悄然退出该协会。最终8户核心会员分裂为势不两立的两派，岳东村养鸡协会由此解体。

第二，法律组织构造之——普法协会。

岳东普法协会得以成立，缘于村庄内的法律信用普遍缺失，农民群众解决纠纷维护利益的方式依然是靠村庄内传统习俗，村庄外力量的获取主要靠官方权力而非法律。究其原因一方面是民众法律知识的欠缺；另一方面是法律成本的高昂。在这种局面下，实验组在该实验村展开了法律组织体系建设,让农民学好法、用好法。

2004年岳东普法协会开始筹建,筹委会负责具体的筹备工作,2005年5月1日,普法协会正式成立,成立后的普法协会现有流动会员30人,其中较为固定的有20人左右,协会通过选举产生出会长、副会长、秘书长。会员学习法律的主要途径有:一是每月的1号和15号在村委会集中学习法律;二是以自学为主,会员从协会里借书看,然后一起交流心得;三是邀请普法协会综合法律素质较强的人给村民讲课;四是邀请镇司法所的专业人士办讲座。该协会走向解体缘于一起"造反"事件。2006年1月15日,很久没有集中活动的普法协会于上午9:00在村委会开会,共有11名会员列席会议。会议由秘书长戴文生主持。会议的主题是"学习《村民委员会组织法》",在这次会议上戴文生大声斥责现任村委会并质疑其合法性,甚至要到上级各部门上访。

普法协会与村委会的分庭抗礼导致村委会对普法协会极度不满,并把其看成是不稳定因素,矛盾的公开化使得普法协会已经演变为与村委会相抗衡的社团组织。戴文生是这个团体的核心,而于春盛则成为这个团体的政治代言人。他们开会的时候村干部都不敢到场,村委会的威信几乎被普法协会所替代。面对普法协会发起的挑战,村委会开始反击。由于协会活动场地在村委会,之后协会开会时常遇到村委会大门紧锁的情况,活动不能正常开展,在这种局面下普法协会不得不停止了工作。普法协会之所以出现问题不单与村委会之间的矛盾有关,而且农民生产活动的季节性也直接影响着农民参与公共活动的时间。民以食为天。在农耕文明与现代文明交织的今天,生存与发展仍然是农村人口面对的第一大问题。一个组织的维系需要一定成本做支撑。岳东村现有13个自然村,最远的几个村除村干部外无人参加普法协会。因此,我们的反思是,在当前农村,任何组织的建立都必须考虑组织成本有谁来买单的问题。

第三,教育组织之构造——乡村图书馆。

"愚、弱、贫、私"曾是对传统农民的形象概括,"愚"字之所以排在第一在于拯救农民的根本出路是依靠教育。中华人民共和国成立后的农村现状可以用"文盲"一词来概括,如何让相对封闭的农村社会与信息时代对接,这是一个非常复杂的问题,面对滚滚而来的市场意识,农民群众更关心的是如何挣到更多的钱,在这种急于脱贫致富奔小康的时代背景中，农民的教育问题显得更加突出，一方面是乡村传统礼俗不断丧失；另一方面高昂的教育成本使得部分农民接受教育非常困难。经过实验组对社区人员的调查，岳东村民对成立一个教育机构非常支持，于是，农家书屋工程正式启动。

2004年10月，岳东图书馆正式成立，岳东实验组成员经过多方努力共筹集到1161册书。书的种类有农业科技类、法律文学类、中小学生辅导教材类、信息技术类、体育保健类以及部分杂志等。成立后的图书馆设馆长一名，由张友三老人担当；副馆长代锋负责具体的工作，每个星期六、星期天负责图书馆的开放。成立之初岳东图书馆运行良好，岳东小朋友们以及部分中青年成为借阅的主体。随着时间的推移，有些问题渐渐显露。首先暴露出来的是图书馆管理费用由谁来负担？管理需要成本。图书馆的维系经费从哪里来，这是一个难解决的问题。村委会经费困难，村民更不愿意出资。其次，岳东13个自然村相对分散，有些村庄的村民不愿意跑很远去借阅。此外，图书借阅过程的流失及新书补充等问题都是困扰岳东图书馆继续发展的难题。日益严重的问题最终让岳东图书馆落下帷幕。

（三）"岳东实验"的反思：农民能力深化村民自治？

岳东实验可以说是发展乡村组织的一种尝试，这种乡村组织来源于民服务于民。纵观整个实验过程，岳东每个实验项目大都轰轰烈烈开始，急急忙忙收场。除进行养鸡协会、普法协会、乡村图书馆建设外，实验组在岳东还试图建立村庄公益事务理事会、村庄住宅合作社、老年人协会等，这些项目的初期尝试就被迫终止。反思岳东实验，实验组的困惑在于，为什么每个实验都是进行了科学评估却总将归于失败？

虽然任何政治实验都允许失败的存在，但或许实验组能从这些失败中总结出一些有规律性的经验。从养鸡协会中我们归纳出其失败的原因在于：一是管理不完善，缺乏有序的制度作保障；二是有些会员的入会动机功利化；三是农户的合作能力欠缺，协会的成长环境受到制约。养鸡协会的主要贡献有：农民的市场意识、抗风险意识、成本控制意识得到增强；农民的参与精神得到培养。从普法协会中我们得到的启示有：一是村委会应当是宣传维护国家法律、法规的主体力量，法律知识的输入应当首先建立在法律体系的完善和权威性建立上,农民只有认识到法律的权威性和公正性的情况下才会主动寻求法律的帮助;二是普法知识的宣传和学习应注意各个自然村的差异性,电视、广播应当成为信息社会传递涉农法律的主要媒介。从岳东图书馆项目中,我们取得的经验教训有以下几点:第一,公益组织的可持续建设需要有充足的经费做后盾,需要有能力的管理人员去管理。第二,对农民的教育要尊重农村的现实,市场行为增加了农民日常生活的流动性,流动中的农民是接触现代社会的先行者,可以尝试在城市中增加对流动农民教育的投入。

综合上述分析,岳东实验给我们的启示是:一是进行任何乡村建设实验都必须尊重农民的主体地位,必须立足于中国乡土社会的客观现实;二是乡村、家庭、宗族、人情、面子、关系是无法回避的中国特色。在人情、关系面前,法律是位居第二位的。由此,实验组可以想象农村法制建设的难度。岳东社区实验的理论来源是西方社会已发展成熟的社区建设理论,但是西学中用需要一个适应和调整的过程,以村民自治为治村之策的现代制度已经扎根中国乡土,如何建立与之相适应的现代型农民合作组织是一项新的课题,也是建设一个现代型国家需要解决的问题;三是现代国家的构建,离不开现代型制度、现代型组织体系以及现代型农民即新型农民。培育新型农民是加强村民自治能力的关键,无论是制度建设还是组织建设,农民的参与能力问题是村民自治能否成功的一个重要因素。因此,在制度下乡、组织下乡后,如何提升农民的民主自治能力便是深化村民自治最为关键的一步。

四 着重于能力建设的"南农实验"

千百年来中国农民始终是社会变革创新的主体,以村民自治为标志的基层民主实践,使得民主开始在中国广大农村土地上落地扎根。然而,就像马克思所说的那样,小农阶级像一堆土豆一样互相不能团结起来;由于其固有的分散性,他们当然没有能力来推进民主。因此,南农实验试图把公民的民主能力研究与中国的现实国情结合起来,提出对农民的民主能力进行详细的实验型研究。此外,依据马克思主义发展观,发展的终极目的是促进人的全面发展,新农村建设为农村各项事业的发展提供了契机,发展的主体力量在于人的全面发展，农民群众是发展的积极参与者而不是被参与者，没有充分的参与再好的制度设计也只能是个空架子。历史上中国农民曾经历了相当漫长的专制主义政体，在国家话语主导下的传统乡村，农民是没有什么话语权的。成立后的中华人民共和国赋予农民当家作主的地位，人民群众的各项权利日益得到加强。随着市场经济的不断深入，民主进程的日益加剧，现代国家构建过程中所需要的民主能力问题日益重要。尤其是在当今中国，农村已经成为中国式民主的实验场，最落后的农民与最先进的民主理念碰撞在一起，我们需要注意的是，农民是否有能力让民主由形式走向实体，由理论走向实践？

（一）南农实验由何而起

反思黄梅实验的制度下乡和岳村实验的组织建设过程，笔者发现以往的村治实验虽然在乡村社会中嫁接国家制度、植入新型组织，但是缺乏乡村内源性的发展力量，无法将外源性的发展契机与内源性的发展动力结合起来，无法将外在的制度和新型组织扎根乡土社会，难以与不断变化中的乡村社会逻辑相吻合，制度下乡和组织建设无法深入乡土社会之机理，依然外在于乡土社会生存机制之外。从以往的乡村建设之中也有类似的经验，梁漱溟曾经感叹："号称乡建运动乡村不动"。如何继续推进乡村建设实验，最终使不动的乡村运转起来，笔者认为必须尊重农民的主体意识，发掘农民的主动性，培养农民的民主能力。乡村建设实验的立足点必然是作为乡村社会细胞的农民，在小农日益社会化的条件下，身处现代化浪潮中小农自身的能力相对弱化制约着农民利益的辨识、维护与实现。为了保障农民的权益，能力建设与制度建设和组织建设同样重要，因此能力建设成为第三次村治实验的主题，也是发展基层民主，巩固和完善村民自治制度的第三次尝试。在上述背景下，南农实验应运而生。南农实验在理念上吸收前两次实验的经验，提倡以能力建设为核心，以制度化建设为目标，以组织化建设为桥梁，由此构建新村治实验的"三角支架"。南农实验既有所侧重，又有统筹兼顾，系统全面地推进制度、组织与能力建设。

基于上述理念，2005年10月16日，在中共十六届五中全会刚闭幕不久，时任南方农村报社新闻总监的毛志勇，给华中师范大学中国农村问题研究中心主任徐勇教授写了一封信，内文中提道："关于在广东找农村进行社区试验的工作,我们(即南方农村报社——笔者注)陈永主编有了新的想法,他说能否借助五中全会'建设新农村是我国现代化建设的重大历史任务'的提法,在我们报纸上刊登广告挑选几个村子,由你们派人来指导,我们作跟踪报道。"当年12月20日,《征集新农村建设试验村庄》的广告在《南方农村报》上刊出,广告说明了试验的内容:由南方农村报社与华中师范大学中国农村问题研究中心合作开展的新农村建设试验,计划在广东选取4个村庄,进行为期5年的建设试验,时为华中师范大学博士研究生的彭大鹏解释了在广东选择试验点的原因,其中最重要的一点是,广东等沿海发达地区在新农村建设上比内地有更多的优势。2006年2月10日,毛志勇陪同彭大鹏考察了依据报名资料筛选出来的粤西、珠三角、粤东的5个村庄,并最终确定了粤西的吴川市新勇村委会上能村小组、珠三角的博罗县铁场村委会、粤东北的连平县西坪村委会欧村村小组和粤东的蕉岭县广育村委会作为实验合作村。这4个村人文、经济不同,地理、环境各异,建制、规模有别,代表了广东农村的几个类型,同时它们又包含了一般性。

2006年4月12日,在位于广州市的南方农村报社会议室,华中师范大学中国农村问题研究中心、南方农村报社和4个村(小组)及其所在的地方政府代表,共同签署了《合作共建新农村示范实验点协议》(正式将"试验"的提法改为"实验",因为这项活动是用于验证已经存在的理论),并举行了启动仪式,徐勇教授将此次实验命名为"共建新农村—南农实验",意为"农民和政府、学术机构、媒体在南方农村地区共同建设新农村"。在启动仪式上,徐勇教授再次明确了"南农实验"的目的:这是一个以人为本、尊重农民权利,由村民充分参与,并且以提高农民福利为目的的社会实验,它把学术资源、媒介资源、政府资源和民间资源有机地结合起来,为国内首创。希望通过实践,探索出新农村建设中规律性的东西,寻找多样化的发展模式。[①]

(二) 从制度、组织到"能力":村民自治的"三角支架"

村民自治为亿万农民提供了实践民主的政治舞台。然而仅有制度的支

[①] 2006年4月13日《南方农村报》头版报道《"南农实验"昨启动》。

撑等于只用一条腿在走路,很难保持村民自治发展的平衡。依照海德在研究心理学所提出的平衡理论,在社会环境中生活着的人,是同他自身以外的各种事件、人、观念、文化等因素紧密相连的。海德认为个人在社会生活中建立的大部分与他人的关系是通过某些事件形成的。设主体本人为P,他以外的其他人为O,事件为X,这三者构成了环状的封闭系统,被称为P—O—X三角。处在三角某一端点的因素都与另外两个端点的因素有某种关系。这些关系的特点是由主体的认知和态度决定的。判断P—O—X三角是否处于平衡的一个方法是将三角上各因素之间的关系按其正负特点分别取+1或-1为标志;然后将三角上所有+1或-1的值相乘,如果所得之积的结果是+1,则此三角的状态是平衡的,反之,三角的状态是不平衡的。

村民自治一经出现便以制度先行的方式落户农村,然而中国基层社会具有很强的乡土性,在生于斯、死于斯的地方性的限制下,自上而下的村民自治制度在实践中常常遭遇各种"水土不服",仅一个民主选举就出现诸多的"乱象",民主监督更是在重人情轻契约的熟人社会中艰难前行。村民自治虽以法的形式合法授权到农村社会,但掌握制度使制度发挥作用还需要农民经过一定程度的学习和了解,然而在费孝通先生看来:"在乡土社会中,不但文字是多余的,连语言都并不是传达情意的唯一象征体系"[①]。由此带给我们思考的是,基层民主政治建设为什么仅有制度行不通,除制度外我们还需要满足什么样的条件才能推动基层民主继续向前发展。依照平衡理论,基层民主要得以发展首先要有一个供其实践的民主平台,村民自治正是农民群众率先创造出的实践平台,这一平台与对它起作用的各种因素紧密联系在一起,此平台能否稳定地支撑起农民的民主实践,取决于平台外的各种支撑要素间的关系状态。假设G代表这个村民自治平台;S代表与这个平台有关联的制度因素;O代表与这个平台有关联的组织因素;A代表与这个平台有关联的能力因素;O—S—A共同构成支撑村民自治平台的环状封闭系统,如下图所示:

假设处在三角某一端点的因素都与另外两个端点的因素有某种关系,这种相互间的联系、作用呈现出所有+1或-1的值相乘的结果是+1,并

---

① 费孝通:《乡土中国》,上海人民出版社2007年版,第17页。

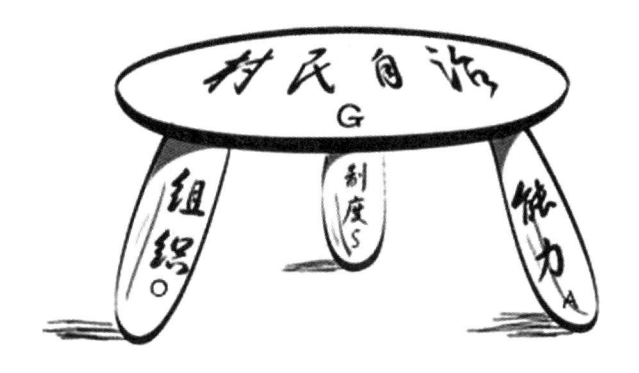

图2.2 村民自治"三角支架"平衡系统

共同架构起基层民主实践的"村民自治"平衡系统。如果假设得到证实，笔者就称其为村民自治系统内"三角支架"平衡理论，此理论可以简化为：$G = O + S + A$。由于村民自治的主体是由活动的人构成的，依附于三角支架上的各种人的因素也是不断发展变化的，因此理解其平衡性只能是相对的而非绝对的，这依赖于考察这个理论时观察者所选择的角度，如果考察者着重人的因素而非制度或组织的因素，考察者会发现，人的因素是内源性力量，是支撑舞台的基础，而且这种内源性力量是可以通过后天的训练加以提升，这实质上是一个不断实践的过程。从这个角度来看，"三角支架"平衡理论中能力因素是最为关键的，因为制度、组织都是为民主的主体"人"而设计的，只有个体有能力学习制度、参与组织才能让三者之间做到有机的联系，进而支撑村民制度稳定运行。

基于对上述问题的认识，本次实验的重点是解决农民的能力问题。长期以来有关基层民主的认识存有争议，一种声音是农民文化素质低，农民不会民主；另一种声音是文化素质并非民主的决定因素，即便在受教育程度很低，甚至文盲的农村，农民也有发展民主的需求和实践民主的基本能力。依据前两次实验的启发，笔者认为，民主是源自于西方世界的外来品，近代中国虽然曾萌发过学习民主的思潮，但当时的民主热情只停留在知识分子的阶层，中国农民由于文化素质弱，学习民主相对困难。自全国第一个村委会——"广西宜州市合寨村"村委会诞生后，中国农民有了学习、实践民主的政治舞台。从30年来村民自治实践的过程来看，大多数农民有发展民主的强烈需求，但农民尚缺乏实践民主的能力。

(三) 南农实验如何提升农民的民主能力

"南农实验"是以村民自治为实验场景，以农民自身为实验主体的一场政治发展实验。该实验着重探讨的是如何提高农民的民主能力。与之前的村治实验相比，"南农实验"有六个"最"：实验时间最长、实验面最广、实验规模最大、参与人员最多、资源投入最多、社会影响最大。其实验的理念可以概括为：在相对远离城市的乡村地区汇集多方资源，共同进行包括政治、经济、技术、文化等诸多方面综合建设与发展尝试。在实验的具体操作中，"南农实验"围绕农民的表达能力、合作能力、监督能力采取了逐渐提升的策略，农民的民主能力只有在不断的民主实践中才能得到锻炼与提高。缘何"南农实验"只选择表达、合作、监督作为农民民主能力建设的关键。这是因为，从以往的村治实验中我们发现，农民在利益追求能力上的弱势与利益表达渠道、表达能力的缺失是联系在一起的。民主随着利益走，利益延伸到哪里，民主就发展到哪里，"南农实验"希望通过系统化的训练，一方面提升乡镇人大代表的代理能力，使之能够顺利地收集到选民的意愿和争取到最广泛的支持，同时又能够将选民的意愿通过各种途径表达出来；另一方面强化村民自治的实施质量，使普通村民从以制度为主体的形式民主，过渡到以能力为主体的实质民主，进而使普通农民识别自身利益和表达自身利益的能力得到根本改观。

此外，笔者认为：培育公民社会的首要前提是提高公民意识，而公民意识主要体现在社会公民对自身利益的识别与维护。这里所指的利益，是公民在收集信息与分析信息的基础上判定利益的能力。中国农民与西方公民社会在利益识别能力方面有着天然的区别，农民在识别利益方面与文化水平、生活经验密切相关，也与是否坚定的个人性格密切相关。表达利益是以利益的识别为基础，表达的过程其实就是利益相关方博弈与追求利益的过程。表达利益与利益识别能力、组织化水平最密切相关，也与是否有妥协精神密切相关，还与个人性格密切相关。因此，表达能力建设亦可以称作利益的呼吁和争取，美国政治学家阿尔蒙德曾给表达能力做出以下定义："当某个集团或个人提出一项政治要求时，政治过程就开始了。这种提出政治要求的过程称为利益表达。"① 由此定义中我们可以发现利益的实现和满足第一前提条件就是需要清楚地提出利益要求,利益表达作为政治过程的起点,在整个政治过程中具有重要的作用。

小结

从现代国家成长的过程来看,村治实验的概念可以解释为,在相对远离城市的乡村地区汇集多方资源,共同进行包括政治、经济、技术、文化等诸多方面综合建设与发展尝试。民国末年的乡村建设运动尚停留在民族国家建构的层次;"中心"的村治实验已发展为现代民主国家构建的层次。与以往的乡村建设运动相比,"中心"的三次村治实验可以称作新乡村建设实验,这里所指的"新"主要是当前的村治实验已经与市场化、工业化、民主化、现代化联系在一起,其特征是政府为主导、农民为主体,尊重多样化、自主化;其目标是建设一个生产发展、生活宽裕、乡风文明、村容整洁、管理民主型的新型农村社区。因此,可以把"中心"十几年来的村治实验的目的归纳为:发展检验村民自治理论的实验场,通过制度下乡、组织构造、能力提升等来锻造、检验村民自治在基层的生命力,从而为丰富、活跃村民自治这个"民主有机体"积累宝贵的经验。反思之前的两次实验,笔者认为,中国基层民主的发展现状具有以下特点:

第一,中国农民不缺少政治参与所需要的制度环境,但政治参与的实现程度有限。当下中国已经建立起诸多的政治参与机制,如人民代表大会制度、政治协商制度、基层村民自治制度、信访制度等,这些制度的设计在吸纳公民的政治参与能力方面曾起到积极作用。"水月实验"的制度实践之所以失败,一个重要的原因就是制度的实施遭遇了农村相对封闭的政治环境,以及传统文化在农村留下的深厚烙印,人情、面子、关系等远远重于各项制度规范。

第二,中国农民的民主需求日益增强,但农民的民主能力依旧不高。

---

① [美]阿尔蒙德:《比较政治学:体系、过程和政策》,曹沛霖等译,译文出版社1987年版,第199—202页。

市场经济使农民变得更加懂得交换和理性，农民的利益需求随着市场的延伸也日益增强。随着利益的不断分化，农民的利益诉求越来越多，由此引发对利益均衡机制的思考，并发展成为强烈的民主诉求意愿。反思之前的实验，从养鸡协会的兴衰中，可以看出不同派别间有着不同的利益盘算；从普法协会与村委会的对立中，可以看到村委权力受到挑战时候的利益诉求；从岳东图书馆无人管理中，可以看到个体利益与集体利益之间的矛盾。上述问题的呈现尚无法得到有效解决，关键原因在于农民民主能力建设相对滞后。

第三，中国农民的利益表达具有非理性、非制度性的特点。美国学者斯科特指出："弱势群体的日常武器有：偷懒、装糊涂、开小差、假装顺从、偷盗、装傻卖呆、诽谤、纵火、暗中破坏等。"[1] 中国农民属于利益表达的弱势群体。从岳东实验中的普法协会造反村委会的事件过程中可以看出，虽然村民自治提供了罢免程序的制度设计，但村民为实现罢免的目的却没有按制度规则去行使，而是以情绪式发泄来表达，这说明中国农民的利益表达呈现出非理性、非制度性特点。

---

[1] ［美］斯科特：《弱者的武器》，郑广怀、张敏、何江穗译，译林出版社2007年版，第2页。

第三章　民主能力之现状：样本村的数据采集及分析

　　数据的采集及分析是实证性定量研究的关键。通过对研究假设的量化设计，可以掌握研究农民的民主能力需要收集哪些具体数据。本选题有关民主能力的调查着重于农民的民主能力，在研究设计中主要包括普通农民的基础性能力，以及与农民民主能力密切相关的代理人代理能力，这里代理人主要指乡镇人大代表、村民代表，此外，村干部的综合素质，农民合作组织成员等，也是考察农民民主能力的重要相关变量。虽然大部分实证性定量研究所需要的数据是可以用数学方法进行计算的量性数据，但在对农民民主能力的定量分析中非量性数据也是非常重要的。因此，面谈、问卷调查、查询历史、档案性数据、参与性观察等都是非定量的辅助分析的一部分。在具体的研究过程中，有关普通农民民主能力的设计变量主要有：农民对与之密切相关的"三农"政策、宪政常识、计划生育、权利救济手段、个人权利意识、语言文字表达能力。有关代理人的代理能力主要考察变量有：乡镇公共事务了解情况、对财政预算与决算知识的把握情况、农村/农业政策了解情况、法律政策掌握情况、国家机构职能辨识、人大代表参政常识、人大代表履职状况、学习倾向/诉求、语言表达能力等。对村干部民主素质的考察变量主要有：文化程度、选举知识、组织能力、决策能力、监督能力等。需要说明的是，有关农民民主能力研究样本的数据采集既包括内源性的农民基本素质，也包括与农民民主能力密切相关的外源性因素，例如：代理人的代理能力、村干部的基本素质等。通过内外因素分析的主要目的是发现不同事物之间的联系，并检验这种关系对农民民主能力影响的强度以及这些关系是否存在偶然性。

一 代理人的代理能力

(一) 四镇人大代表代理能力分析

乡镇一级人民代表大会是我国最基层的政权机关,是基层群众参与管理国家、地方事务的权力机构。乡镇人大代表是选区内代表基层人民参与地方公共事务,主张、建议、表达人民意愿的代理人。乡镇人大代表的政治觉悟高低、素质高低、履职责任感、积极性如何,对于选区内人民意愿表达、利益维护有着至关重要的作用。乡镇人大代表履行代表职责的情况如何?实验组在广东选取了四个乡镇:蕉岭县广福镇、连平县上坪镇、博罗市石湾镇、吴川市吴阳镇进行考察,通过对四个乡镇人大代表的问卷调查以及和有关同志的深度访谈,深入了解目前我国沿海经济发达地区的乡镇人大代表参政议政的现状,并通过现状分析发现问题,探求完善人大代表参政议政的途径。

为了使研究样本更具代表性,本研究从观察对象的总体中采取随机抽样与立意抽样相结合的方法。在四个研究个案的选取上,实验组考虑四个样本之间经济发展水平要有差异,并假设人大代表的素质高低与经济发展水平呈正相关。在论证研究假设之前,首先对四镇经济发展水平及人大代表抽样情况进行介绍[①]:

(1) 上坪镇:人口3.2万多人,其中农业人口3万人,占地面积301平方公里,其中山地面积占95%左右,经济以农业为主,2004年国民生产总值8659万元,2005年上坪镇国民生产总值9512万元,以此推算,2008年国民生产总值有可能达到7.4亿元。全镇共划分为26个选区,以40%的差额比例,共选举产生59名正式人大代表。在该镇的59名正式代表中,按政党身份划分:中共党员代表为31名,占52.60%;非党员代表28名,占47.40%。按职业身份划分:机关干部代表14名,占23.73%,其中文教卫代表2名;基层代表、农村干部/村民代表45名,占76.28%。代表的性别比例为:男性51名,占86.5%;女性8名,占13.5%。

---

① 数据来源于《南农实验调查报告》。

实验组依据20%的抽样比例进行抽样，原定抽取12名代表约占总代表人数的20%。到会的代表有10人。其中机关代表2名，占抽样人数的20%；文教卫代表1名。村庄干部、农民代表8名，占抽样人数的80%。此外，在10名抽样代表中，26—35岁的1人，占抽样人数的10%；36—45岁的6人，占抽样人数的60%；46—55岁的3人，占抽样人数的30%。其中女性测验者4名，占抽样人数的40%。

（2）吴阳镇：该镇国民生产总值12.02亿元，人均年收入约为2873元。全镇具备选举资格的选民有61522人。依据《中华人民共和国选举法》的规定应产生89名代表。在该镇第十五届人大代表选举中，全镇共划分为57个选区，有60433名选民参加了选举投票，占有资格选民比例的98%。按政党身份划分：中共党员代表为78名，占87.64%；非党员代表11名，占12.36%。按职业身份划分：机关干部代表16名，占17.98%，其中文教卫代表1名；基层代表、农村干部/村民代表73名，占80.02%，其中新生经济精英代表（或称企业家代表）1名。代表的性别比例为：男性81名，占91.01%；女性8名，占8.99%。

实验组依据20%的抽样原则，共随机抽取18名代表，约占总代表人数的20%。其中机关代表2名，占抽样人数的11.10%；文教卫代表1名，占抽样人数的5.55%；新生经济精英1名，占抽样人数的5.55%；村庄干部、农民代表14名，占抽样人数的77.80%。18名抽样代表中，36—45岁的6人，占抽样人数的33.33%；46—55岁的8人，占抽样人数的44.44%；56岁以上的4人，占抽样人数的22.23%。其中女性测验者2名，占抽样人数的11.10%。

（3）石湾镇：该镇2009年实现地区生产总值36亿元，工业生产总值83亿元，镇级可支配财政收入近3亿元，农村人均年收入10080元。石湾镇全镇人口47169人，具备选举资格的选民有33700人，应选举产生的代表数为71名。全镇共划分为37个选区，有33531名选民参加了选举投票，占选民比例的99.5%。按职业身份划分，机关干部代表15名，占21.13%；民企、个体代表25名，占35.21%；知识分子代表12名，占16.90%；侨眷代表4名，占5.64%；妇女代表15名，占21.13%。

实验组依据20%的抽样原则随机抽取14名代表，约占总代表人数的20%。其中机关代表1名，占抽样人数的7.15%；民企代表1名，占抽样人数的 7.15%；村庄干部、农民代表 14 名，占抽样人数的 85.70%。14 名抽样代表中，26—35 岁的 2 人，占抽样人数的 14.28%；36—45 岁的 6 人，占抽样人数的 42.86%；46—55 岁的 6 人，占抽样人数的 42.86%。其中女性测验者 3 名，占抽样人数的 21.43%。

（4）广福镇：2008 年全镇生产总值 2.14 亿元，其中农业总产值 7526.9 万元。在该镇第十四届人大代表选举时，全镇共划分为 22 个选区，以 20% 的差额选举方式产生 52 名正式人大代表。按政党身份划分：中共党员代表为 38 名，占 73.08%；非党员代表 14 名，占 26.92%。按职业身份划分：机关干部代表 12 名，占 23.08%，其中文教卫代表 3 名；基层代表、农村干部/村民代表 40 名，占 76.92%。代表的性别比例为：男性 41 名，占 78.85%；女性 11 名，占 21.15%。

实验组依据 20% 比例的抽样原则，共随机抽取 10 名代表，约占总代表人数的 20%。其中机关代表 1 名，占抽样人数的 10%；文教卫代表 1 名，占抽样人数的 10%；村庄干部代表 3 名，占抽样人数的 30%；农民代表 5 名，占抽样人数的 50%。10 名抽样代表中，26—35 岁的 2 人，占抽样人数的 20%；36—45 岁的 3 人，占抽样人数的 30%；46—55 岁的 2 人，占抽样人数的 20%；56 岁以上的 3 人，占抽样人数的 30%。其中女性测验者 3 名，占抽样人数的 30%。

从上述四个镇的国民生产总值以及人均收入来看，四个镇的经济水平按降序排列依次为：石湾镇、吴阳镇、上坪镇、广福镇。四镇人大代表代理能力结构比较主要考察以下几点：一是知识：国家政策，法律知识，人大代表制度常识；二是态度：人大代表履职情况，乡镇公共事务熟悉情况；三是技能：语言表达能力，学习能力。四镇人大代表的代理能力详情见表 3-1。

由表 3-1 可见，代理人的代理能力较好的方面主要有：一是人大代表对地区公共事务了解的程度较好。例如：52 名代表中有 30 名代表对地区内的公共事务是比较了解，占总人数的 64%，漏选、多选或不知道的人数有 22 名，占总人数的 36%；二是对农村、农业政策了解情况较好。例如："2007 年的农资综合直补一年可以补贴多少"一题中，答对者有 26 人，正确率 52%。"合作医疗报销"一项，答对者为 27 名，正确率为 51.9%。"合作医疗报销所需资料"一项，答对者为 49 名，正确率为 94.2%；

表 3.1　　　　　　　　四镇人大代表代理能力比较①

代理能力内容		代理能力评分（0—100 分）			
能力结构	测试项目	石湾镇	吴阳镇	上坪镇	广福镇
知识	农资补贴	21.43	38.88	90	70
	合作医疗	71.43	57.28	75	65
	土地开发	42.86	33.33	0	20
	政府职能	85.71	83.33	90	40
	法律常识	35.71	19.44	35	0
	单项平均分	51.428	46.452	58	39
态度	议案常识	100	88.89	90	40
	履职情况	35.71	94.44	70	20
	乡镇公共事务	50	83.33	20	60
	单项平均分	61.9	88.88	60	40
技能	语言表达	78.57	49.99	60	30
	学习能力	57.14	94.44	60	60
	单项平均分	67.86	72.22	60	45
总平均分		57.86	64.34	59	40.5

三是对自身参政议政常识的了解较好。例如："议案联名人数"一项，答对者 43 人，正确率 82.69%。测验者中有提出议案的人数为 31 人，占总测验人数的 59.62%。

代理人的代理能力较差的方面主要有：法律政策掌握及国家机构职能辨识较差。例如："关于土地开发整理项目的认识"一题中，答对者 14 人，正确率 26.9%；"公民信仰宗教是否需要经政府同意"一项，答对者 37 名，正确率为 71.15%；"现行宪法是哪一年制定的"一题中，答对者 5 人，正确率 9.61%。"土地管理的政府职能部门的认识"一题中，答对者 40 人，正确率 76.92%。"司法途径与司法部门的认识"一题中，答对

---

① 四镇人大代表代理能力比较以各镇随机抽取的人大代表问卷调查中每一项目内容回答的正确率为标准进行百分制评分，除了履职情况以提交议案之人大代表比例核算，学习能力以人大代表是否有学习倾向进行度量。

者14人，正确率26.92%。

倾向于农业政策以及医疗政策学习的，有25名，占总测验人数的48.08%；倾向于工作事务（如计划生育、土地房屋政策）的有35名，占总测验人数的67.31%；倾向于法律与维权操作的有23名，占总测验人数的44.23%；被测验者的语言表达能力总体情况较差。在两道测验题中全部答对者仅4人，占总测验人数7.69%；选对1道题的有22人，占总测验人数的42.31%；全答错者有26人，占总测验人数的50%。

综合上述分析，当前乡镇人大代表的代理能力主要问题有：一是有些代表的履职责任感不强，态度不端正，把人大代表看作一种荣誉，不能全心全意代表选民；二是有些代表知识水平较低，不能胜任代表工作；三是有些代表的政治技能较差，不能将选民的利益要求通过自己的代表渠道反映出来等。

依据之前的研究假设，人大代表的素质高低与经济发展水平呈正相关。这种假设能否成立需要实验组进行经济发展水平与代理能力进行相关性检验。四镇的经济发展水平按降序排列依次是石湾镇、吴阳镇、上坪镇、广福镇。如果以知识、态度、技能作为四个镇人大代表的代理能力进行相关性检验，结果如下页图3.1所示。

依据上图所示，不同的经济发展水平的四个镇人大代表在代理能力上有差异，但是差异性并不显著。经济发展水平高的石湾镇和吴阳镇人大代表的代理能力强于经济发展相对缓慢的上坪镇和广福镇。从代理能力的具体细节来说，四镇人大代表知识水平差异不大，但是在态度以及技能方面差别明显，这说明经济发达镇的人大代表更具主动性，经济越发达人大代表越具有更多的利益动机去关注议案及参政议政。经济欠发展镇的人大代表虽然知识水平不弱于经济发达镇，可是在参与镇公共事务方面，由于经济发展水平低而受到限制，人大代表参政议政的热情与动机冷淡。由此可见，乡镇人大代表代理能力出现结构性缺失。从上述分析来看，代理人代理能力缺失造成其无法完成本选区民众赋予其的相应职责，其主要原因有以下几点：

一是海选程度不高。部分地区乡镇人大代表的选举并不是完全按照《中华人民共和国全国人民代表大会和地方各级人民代表大会代表法》所规定的程序来操作，存在一些代表并非由选民直接投票产生，此外，一些

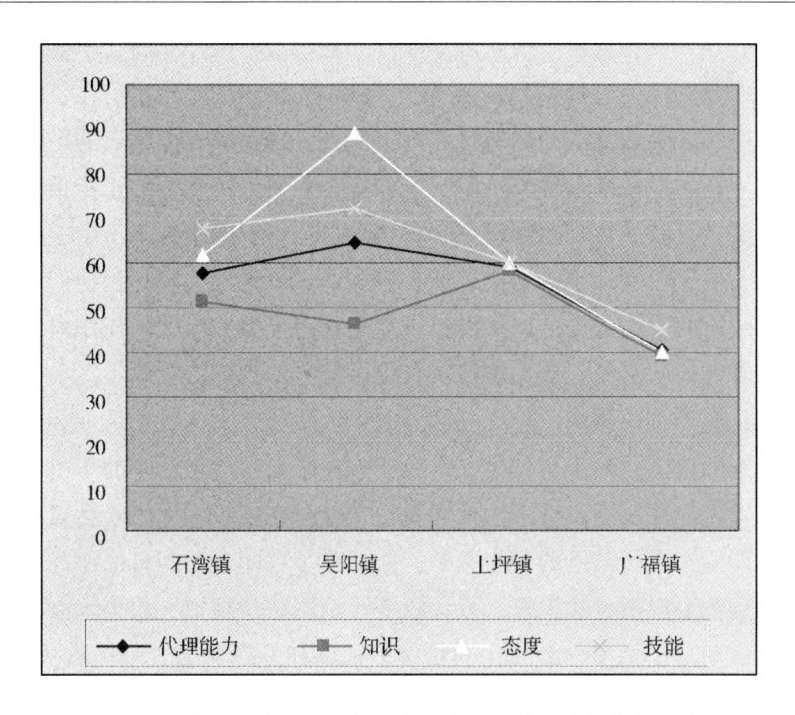

图 3.1　四镇经济发展水平与人大代表代理能力的相关性示意图

乡镇人大代表的提名、成为候选人直至成为正式代表基本都是在乡镇人大筹备会的指导下,由各行政村的村委会干部实际操作产生。在访谈中实验组发现乡镇人大代表的构成成员多为政治精英,而草根代表比较少。人大代表候选人的提名主要是由村支书、在村老党员、村民代表以及上一级的人大代表酝酿后联名提出的,基本上没有代表是属于选民联名、提名的代表。

二是工作积极性不高。在"组织推荐、选民投票"的选举模式下,人大代表在当选后很快脱离选民,很难做到为民代表。在问卷调查中发现,人大代表提出议案牵涉到为民谋利的数量偏少。乡镇人大代表平时都有自己的营生需要忙碌,有一家老小的生活需要照顾,很难腾出专门的时间联系选民,因此了解不到基层群众的心声和需求。甚至部分代表认为自己被选出来主要是组织推荐,选民投票数量很少,所以只是抱着做个"哑巴"代表、"举手"代表,完全没有人民代表为人民的想法,一届下来,一件议案未提、一条建议未出的代表大有人在。

三是知识水平不高。由于许多乡镇人大代表的学历不高,甚至仅有小学水平，导致其在处理一些基层专业性问题时经常捉襟见肘，不能充分行使自己作为人民代表的权力。相当一部分人大代表的文化水平比较低，在面对一些比较专业性的问题时往往力不从心。以乡镇人大代表的审议权和提案权为例，乡镇人大代表可以听取和审查乡镇人民政府的工作报告，审查和批准本行政区域内的财政预算和预算执行情况的报告。由于一些乡镇人大代表的专业性知识水平比较低，经济学知识比较欠缺，当他们遇到审核本级政府的工作报告，审批财政预算编制等复杂和专业的工作时，不懂得如何履行自己义务，更不要说履行更多专业知识的提案权了。

四是政治认知不高。相当一部分人大代表对人大的政治地位和作用都没有正确的认识，对运行程序、人大代表在基层政治生活中的角色定位都认识不够，往往认为自己人大代表身份仅仅是在本级人大代表会议期间发挥代表作用，履行自己的代表义务，而忽略了在闭会期间自己作为代表的权利，这主要指的是建议权、批评权等。根据法律规定，代表闭会期间的权利和活动是包括多方面的，例如参加视察和专题调研，列席有关会议，对各方面工作提出建议、批评和意见等。

（二）村民代表的代理能力

本部分着重讨论村民代表的代理能力。村民代表由普通村民选举产生，由村委会负责召集村民代表开会，讨论村民会议授权相关事项。村民代表会议具有代议民主的性质，代表者的代理能力事关普通村民的切身利益。因此，村民自治进一步发展，村级民主的进一步完善离不开对村民代表代理能力的关注，原因在于村民代表是村民意愿和利益的代表者，村民代表作为村民代表会议的主体，其自身素质的高低，关系到村民代表会议的质量以及对村务监督是否有效。因此，村民代表应具备基本的参政议政素质。实验组从4个实验村中按25%的抽样比例，共选取村民代表40人进行基本素质调查，调查内容主要涉及语言文字表达能力，涉农政策法律知识等，经过评估调查，实验组对四个实验村的村民代表能力主要认识有以下几点：

1. 组织法与自治精神的冲突

1987年的《中华人民共和国村民委员会组织法》（以下简称《村组法》）试行法确定了村民自治的基本制度架构。依据该法第十七条规定，村民会议由本村十八周以上的村民组成。召开村民会议应当有本村2/3以上的户代表参加，所作决定应当经到会人员的过半数通过。必要的时候，可以邀请驻在本村的企业、事业单位和群众组织派代表列席村民会议。《村组法》第十八条又解释了村委会与村民会议之间的关系，具体为：村委会向村民会议负责并报告工作；村民会议每年审议村民委员会的工作报告，并评议村民委员会成员的工作。村民会议由村民委员会召集。有1/10以上的村民提议，应当召集村民会议。根据《村委会组织法》的规定，在下列情况下应当召开村民会议：一是村委会的设立、撤销、范围调整；二是村民选举委员会的产生；三是罢免村委会成员；四是听取审议村委会工作报告；五是讨论决定涉及村民切身利益的事项；六是制定、修改村民自治章程、村规民约；七是有1/10以上村民提议召开村民会议。

依照现有组织法关于村民会议的规定，村民会议原本是村民直接民主的最好实践方式，然而由于体制性固有的管理性思维，村组法逐渐超越了自治法的精神，1998年新修订的《村民委员会组织法》在1987年试行法基础上有了很大的发展，在村民会议之外增加村民代表会议制度，代行村民会议职能；依照村组法规定：村民代表会议是村民委员会实行民主决策、民主管理、民主监督的一种有效形式。它向村民会议负责，在村民会议闭会期间，由村民代表会议负责召集村民代表会议，讨论决定村民会议授权的事项。村民代表会议为普遍存在村民会议难以召开的民主困局提供了一种间接民主的空间。然而以代议民主取代直接民主的参与方式使得一部分群众更加远离现代民主政治。以召开的会议次数为例，实验组把四个实验村在一年内召开村民会议与村民代表会议次数比较后发现如图3.2所示。

由图3.2所示，村民代表会议召开的次数远高于村民会议的次数，甚至有些村庄在选举结束后再也没有召开过"村民会议"。村庄的民主决策是以村庄代表会议或者村民会议所承载的，通过会议的召开来实现民主决策，所以会议的次数从某种意义上来说可以反映民主决策的状况。受访村庄每年召开村民代表会议或者村民会议的平均次数大约为7次，最少的村庄仅有2次，最多的村庄高达45次，每年召开4次会议的村庄占多数。在村委会看来村民会议之所以很难召开，原因在于：村民人数众多、场地有限、会议成本过高。因此，村干部认为村民代表会议制度是对村民会议

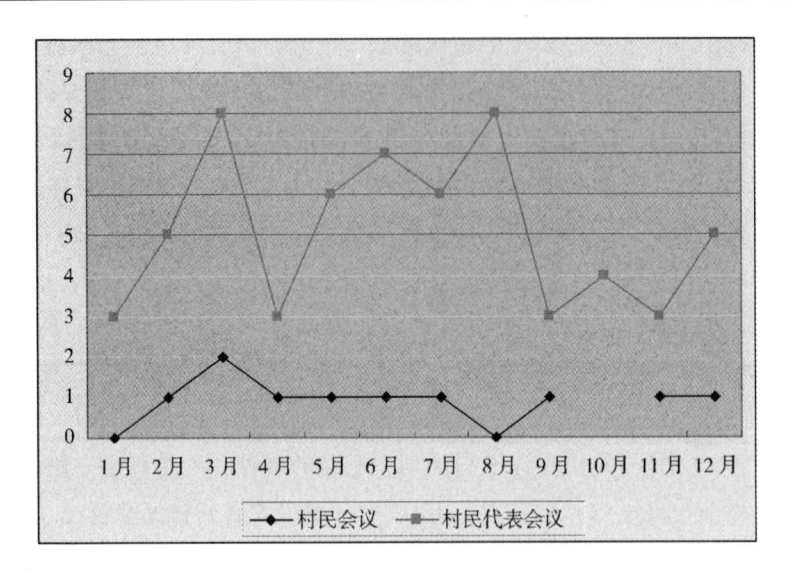

图3.2 南农实验四村不同类型会议召开次数比较

制度的一种有效的补充。据詹成付的观察和研究,"有些地方村民会议向村民代表会议授权无度,授权过多,一些本属于村民会议的职权却授予了村民代表会议,从而使村民会议徒有其名,背离了村委会组织法的立法宗旨。"① 在笔者看来,村民会议的过度授权不仅背离了村民自治的自治精神,部分素质较低的农民逐渐习惯了这种被代表的生活方式,这就造成农民的参与意识被制度性替代,进而影响农民民主能力的提升。

2. 村民代表只"代"不"表"

依据村组法,村民代表有权讨论村民会议授权的相关事务,从四个实验村的调查情况来看,村民会议召开的次数远低于村民代表会议的次数,村民会议的过度授权,造成村民代表承担的公共事务活动越来越多,这对代表者的素质提出了严格的要求。然而,受制于村民文化程度普遍不高的影响。例如:4个实验村所选取40位村民代表中有高中文凭的仅有7人,只占所选代表的17.5%。正如列宁所说:"文盲是站在政治之外的,必须先教他们识字。不识字就不可能有政治,不识字只能有流言蜚语、传闻偏见,而没有政治。"虽然,中华人民共和国成立以后,农民的受教育程度

---

① 詹成付:《中国村民自治的现状和未来的基本走向》,张明亮主编:《村民自治论坛(第一辑)》,中国社会出版社2001年版,第13页。

有了较大的提升，农村现有文化程度以小学文化水平为主转变为向初中文化水平过渡。然而，由于几千年儒家伦理沉淀于村落习俗中，熟人社会建立起的亲缘型网络很难融入到现代政治中去，农民虽然有基本的读写能力但却很少主动关注村庄公共事务，处理农村政治问题的能力和技巧也处于较低的水平。农民虽然渴望自由、平等的民主生活，但却缺乏实现民主的能力。此外，由于制度性的缺失使得农民在掌握政治信息、利用政治渠道进行利益表达时遇到许多难以解决的技术问题，进而束缚了农民的政治参与能力。上述基本能力的缺失，往往造成村民代表只"代"不"表"现象，以南农实验在实验村的观察为例：

> 2006年，大黄屋行政村岗背片自然村发现有大量的铁矿泥，岗背片所有村民小组长（小组长同时兼任村民代表）在未与本村村民商量的情况下，被矿主方与时任村委会干部召集起来召开村民代表会议，会议结果是村民代表以每人收取矿主一条香烟，以及矿主答应补偿给该片一万元的资源补偿费作为开矿条件，把本片的矿产资源承包给开矿方。当矿主铲平矿山的山草树木准备开发铁矿泥时，部分知情村民才把合同内容曝光，最终引起村民和小组长、片长以及开矿方之间的矛盾。

上述个案表明，村民代表缺乏基本的政策、法规常识，在未征求村民意见的情况下就私自做主将矿山承包给开矿方。虽然矿主同意每年支付一万元的资源占有费，但矿山究竟有多大规模？价值多少？这些并没有经过相关部门进行科学估算。有关植被破坏、环境保护方面也没有相关的技术鉴定。这些潜在的风险如何防范，村民代表没有开会讨论也没有相关的合同约定，从这些方面看，村民小组长违反了《村民委员会组织法》所规定的相关条例，农民的知情权被贱卖。为什么在没有与村民进行协商的情况下，村民小组长就代替村民签字画押？从后来笔者对村代表的访谈中可以看出村民代表"只代不表"的深层次原因：

> 笔者问：听说你代表本组村民与矿主签了协议，请问你有没有征得本组村民同意？

黄兴说：村里面有宝藏不开采就是废物，如果有人开采就有点儿现金，片里面没有钱很难办公益事业，前几年我们片里谁家里死了人连个花圈都买不起。上次铁矿开采共有七个村民小组长参加，广七、广八、广九、广十四个小组长，坝一、坝二、新建三个小组长，还有老书记黄华、黄佛、现任书记黄荣，当时矿主请吃饭时，我看他们当村干部的脑子聪明、又做过领导都没说什么，我们这些小组长能说什么，让签字的时候我们想那些矿不一定能开十年，里面的东西也说不清楚值多少钱，矿主答应给三万元，修路补偿一万共四万元，我们广七、广八、广九、广十四个组分了一笔钱，放在片长那里保管，片长也是开矿参与者，后来我们签字后也有人来找我们反映问题，我们想了想签字有点不对，过于草率，也没有和村民商量。

从上述与村民小组长的对话可以看出，村民小组长之所以在合同上签字，在他们看来村领导比他们有发言权，村领导默许的事情他们不敢反对。分析其原因在于，农民作为历史活动的主体始终生活在历史积淀下来的现实世界。从历史上看，以民本思想为代表的儒家伦理建构出独特的权威型政治文化，这种政治文化有别于西方契约型政治文化。民本位下的重民理念是缘自于自上而下的"君臣"政治需要，是为封建统治阶级服务，因此很难培育出自下而上的民权政治。

中华人民共和国成立后，国家政权建立后的体制取向为"压力型体制"，在压力型体制下国家符号标识于农民生活的方方面面。在这种情况下，农民发展出来的是忠诚于上级权威的臣民意识，这种意识根深蒂固地嵌入到农民的日常政治生活，导致其过分依赖上级或传统政治力量的支配。此外，笔者在观察中还发现，村民代表不仅仅缺乏基本的代理能力，而且其参与村民代表会议的动机都充满了矛盾。由于村民会议很难召开，村民代表参加会议的积极性不高，4个实验村普遍出现了村民代表参加每次会议都要出场费的情况。村委会依据会议性质的不同支付给村民代表每人10—50元不等的费用，如果有会议没给出场费，村民代表甚至主动找村委会干部要。村民代表缘何出现不给钱就不愿意参加会议？笔者认为原因在于，村民代表缺乏基本的生活保障，在他们看来过多地参加会议会影响自己的劳务工作。此外，他们感觉不到自身应有的社会地位，以下是笔

者对大黄村村民代表的一段访谈,从中我们可以受到部分启发:

笔者问:听说你做了多届村民小组长,现在又做村民代表,你对代表工作有什么看法?

黄兴说:从1989年开始,我就担任生产队长,到现在仍继续担任小组长。其实,做小组长是没什么权力的,也不享受什么待遇。依照原来村子里传下来的规矩,当小组长的可以多用本组5分水田。说句实在话,我自己的水田都不想种,让别人帮我种别人又不肯。这几年来,小组长的会议很少开,就在选举举行之前开会还较为多些。在选举之后开的更少,一般一年也就两次。每次开会时给务工补贴5元,年底时会给误工补贴50元。

笔者问:最近一次的换届选举中,你的村民代表资格是怎样产生的?

黄兴说:我们小组大约有106人,共20户。会议是在我们小组一农户家开的。每户出一个人,也有来两个人的,还有不愿意来的。投票时不是一户一票,而是实行一人一票制。年满18周岁的人才有投票权,选举是一般一户由一个人出面代写。开会前我会把上届三年来的财务收支公布一下,然后开始投票。我上次大概是以70—80票当选。

笔者问:您当代表期间,有没有村民主动找你反映问题,或找你调节矛盾?

黄兴说:有,去年找我的比较多,主要是夫妻吵架,兄弟分家。一般小的矛盾通过解释、劝说等方式能直接调解好,但大的问题就不行了,这时我会告诉他们找谁来解决。

笔者问:你感觉现在做村民代表和以前做生产队长有什么区别?

黄兴说:有变化啊!在大集体时,生产队长有很大的权力,村民的生活都要靠生产队长,如同家长一样。那时候人心很齐,叫谁为集体出点力大家都争着干。再说啦,那时的山林哪儿有人敢乱砍哪!大大小小的事情上面都会直接通知到生产队,比如水稻如何种啊,相关部门会对生产队进行多方面的指导,还经常派人下来做检查指导工作。而分田到户后,村民各自种各自的田,肥料、农药、种子都是自己买，各自只顾关心自己的利益。上面政府也很少派人下来做宣传指导，村民也变得越来越不相信上面的政府啦。就我们这些当代表的，现在也不管什么生产、生活，他们也不理会我们了。

由上述访谈可见，村民代表之所以不积极参与村集体事务，除自身文化素质因素外，村民代表个人角色意识淡薄也是主要原因，在他们看来，现在的村委会干部属于国家的人，上面发工资，自己没有固定的工资，因此不愿意积极参加村委会召开的各种会议。此外，与人民公社时期相比，村民代表感觉自身权力弱小，人民公社时期队长掌握农村资源的分配权，因此工作积极性高。伴随分田到户，村民代表权威型治理模式已经缺乏相应的经济资源支撑，加之村民代表又普遍缺乏现代治理技术，因此，部分代表虽参加议事活动，但只充当摆设，会上根本听不到他们的声音，更看不到他们的建议，一切都是村主任说了算。除非所参加的议事内容关乎自己家的利益时才会积极谏言，基本上村民代表会议完全被村干部或村庄精英所操纵。

通过上述分析，我们不难看到，农民民主能力的培育离不开村民代表素质的提升，村民代表政治素质的高低直接影响到村级民主的发展水平。

二　村干部综合素质分析

农民的民主能力建设是一项系统工程。城乡分治的二元格局使得农民对民主的学习和实践只能局限在相对封闭的"半民主"空间内。所谓"半民主空间"指介乎于无民主社会向完整民主社会过渡时期的各种民主要素无法有序流动，诸如制度、组织、能力等所形成的有限度公共空间的特定状态。传统乡土社会并没有实现民主的良好环境，村民自治的出现则为亿万农民开辟了一块民主试验田，然而由于地方性结构的限制，村级民主只能实践在有限度的"半民主空间"内，缺乏必要的外部民主空间，甚至彼此相邻的村庄之间都无法形成共同的政治参与。在"半民主空间"内农民的政治行为只能影响到村级。

在"半民主"空间内，村干部是农民进行政治表达的最高代表，同时村干部又是外来民主因子的输入者。因此，在"半民主"空间内村干部是村庄内外民主系统的交通枢纽。一方面村干部要承担来自国家层面的民主化治理任务；另一方面又要承担"半民主空间"内的农民自治诉求。如果农民的政治行为超越"半民主空间"的自治边界便容易发生所谓越级上访的现象。由此可见，这种"半民主"的自治空间虽然为农民提供了一个可以实践民主的舞台，但制度化的隔离使得基层民主的发展时常遭遇民主能力不足的困扰。

从历史上看，这种"半民主空间"有着深远的历史背景。从古代"民本政治"到近代的"乡绅自治"，农民的政治生活一直被地方精英所主导，农民习惯了为民做主而非让民做主，这种由历史沉淀下来的臣民文化深深影响着中国农民的日常政治实践，进而造就了精英政治文化的流行。

中华人民共和国成立后，虽然民主政治建设取得了一定的成绩，但过度集权的压力型治理体制依旧束缚了农民参与政治的能力，在压力型政治体制下，乡村干部成为乡村治理的主体。在"村民自治"时期，村干部是国家连接农民的桥梁，俗话说："上边千根线，下边一根针。"从国家与社会关系的视角来看，村干部就处在国家与农村的接口上，一方面有干部身份的村干部要组织、管理、领导农民进行农村的各项事业建设；另一方面经过选举民主授权的村干部仍是农民表达和维护自身利益的主要组织依托。因此，村干部民主素质的高低，直接关乎国家民主化治理的成效，更关乎于亿万农民的民主诉求。

（一）村干部的基本素质构成

村干部的基本素质构成主要指村干部的性别、年龄、文化结构。性别差异可以反映男女比例中女性干部的所占比例，由此可以观察妇女参与政治的能力，这对研究性别民主有着重要的参考价值。年龄结构是反映村干部执政能力的重要参考变量，年轻干部知识结构更完善，更容易接受现代民主规则；年长干部思想观念落后，知识更新和接受能力落后，不能及时掌握社会和市场最新信息，从而致使其整体公共事务管理水平较差。

文化结构是衡量村干部综合执政能力的重要变量，村干部政策、法律知识的掌握、经济建设能力以及表达能力的强弱都需要文化知识的支持。此外，村干部的文化水平构成情况，也关系到其对新农村建设的理解。因此，研究村干部的基本素质构成是评估村干部治理能力的重要参考。从实验组对4个实验村的调查结果来看，详情见下表：

表3.2　　　　　　　　　　村干部基本素质状况

性别结构	样本数	有效百分比（%）
男	76	96.2
女	3	3.8
合计	79	100.0
缺省值	3	
总计	82	
年龄结构		
20—29岁	3	3.7
30—39岁	30	36.6
40—49岁	28	34.1
50岁以上	21	25.6
总计	82	100.0
文化结构		
初中	34	42.5
高中	26	32.5
中专	14	17.5
大专	6	7.5
合计	80	100.0
缺省值	2	
总计	82	

从上述数据分析来看：在4个实验村村干部群体的性别结构方面，男女比例相差悬殊，村干部中男性村干部占96.2%，79位被访的村干部中仅有3位女性村干部，由此可见发达地区的男女参政比例依然严重失衡，妇女的政治地位尚需进一步建设，妇女的参政意识并没有因经济发展而得到提高；在考察4个实验村村干部队伍的年龄结构方面，中年的村干部比重较大，20—29岁的村干部占3.7%，约有七成的村干部年龄在30—49

岁，50 岁以上的村干部约占 1/4，由此可见，村干部的年龄结构尚不够合理，年轻干部的所占比例还处于较低水平，这将制约村干部的知识更新、表达能力以及村庄治理能力的提升；在村干部的文化结构方面，4 个实验村初中文化的村干部较多，占 42.5%；具有高中或者中专文化的占 32.5%；大专文化程度的村干部约占 7.5%，由此可知，初中文化程度的中年男性村干部是村干部群体的主力，这相对于中华人民共和国成立时普遍文盲或小学文化程度而言，村干部的文化水平有了较大的提升，但相对于日益发达的市场经济、日新月异的信息社会以及现代民主技术手段的不断进步，村干部的初中文化依然难以适应现代民主技术发展的需要，例如对电脑技术知识的缺乏，使得村干部普遍远离技术民主。

(二) 村干部的民主意识

民主意识就是公民意识。依据阿尔蒙德的观点，公民的民主意识主要体现在公民的能力意识上，公民意识是衡量普通公民对社会作出重要决策的人们——在大多数情况下是政府精英进行控制程度的问题。在他看来一个主观上有能力的公民更有可能是一个积极公民，相对于消极公民，政府更容易对积极公民作出反应，因此，一个国家的公民认识到他们自己能力对政府有多大的影响，便会影响到他们的政治行为。[1] 村干部作为地方精英的代表，其民主意识受到国家能力的影响，因此村干部的综合素质不仅表现在基本的文化素质上，更主要的综合素质是村干部贯彻基层民主和乡村治理能力，其中民主选举、民主管理、民主决策与民主监督和村务公开构成了基层民主的重要内涵。下图是实验组对 4 个实验村 80 名村干部的民主意识测评：

从测评结果来看，91.3% 的受访村干部对基层民主中的民主决策和民主管理评价最高，认为自己村的民主决策与民主管理做得最好，与之相对应的是仅有少数村干部对本村的民主监督与民主选举给予最高评价。由此可见，村干部对以自己为主体的决策、管理评价较高。在本次测评中实验组把民主管理与民主决策当作预先不变的参考变量，其目的是观察村干部

---

[1] [美] 加布里埃尔·A. 阿尔蒙德西德尼、维巴：《公民文化——五个国家的政治态度和民主制》，徐湘林等译，东方出版社 2008 年版，第 170 页。

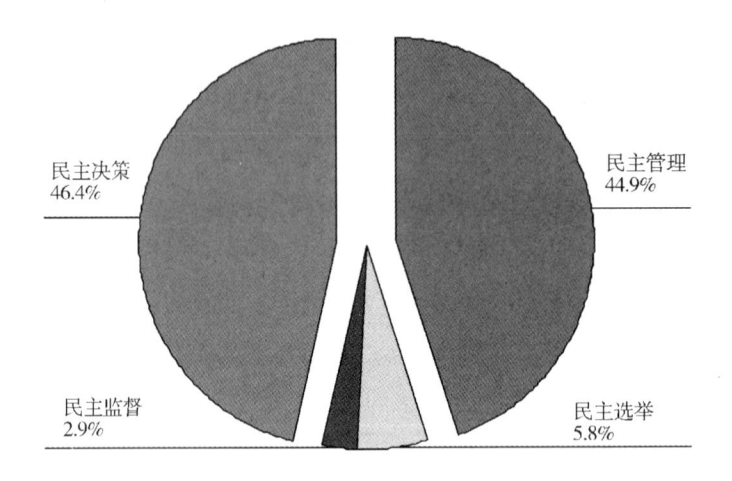

图3.3 您认为本村基层民主中哪项民主做得最好?

对以普通农民为主体的民主监督、民主选举的关注意识。从调查结果来看,村干部的民主监督意识不强,从实验村普遍存在的村干部对民主监督的抵制中可以解释上述调查结果,不会监督、怕被监督是村干部的普遍心理。此外,由于民主选举给村干部造成民主的压力,村干部对民主选举也有抵触情绪。由此可见,村干部尚存在个人权威意识,民主意识薄弱,对由村干部主导的民主决策与民主管理来讲村干部比较容易接受,对由农民来主导的民主监督、民主选举来讲村干部的民主意识尚待提高。

(三) 村干部的选举知识

民主选举被公认为村民自治实践过程最为成功的政治训练。伴随"草根"民主力量的崛起,我国公民越来越了解到选举的重要性。近几年来发生在乡村社会的几起重大的选举案例,例如:山西老窑头村天价贿选案、广州太石村罢免村官案、湖北潜江选举案等。一个个典型的乡村选举案凸显我国选举制度存在的诸多问题,也为反思我国公民在政治参与过程中所遇到的民主挫折提供了大量素材。通过对典型乡村选举案例的比较分析后发现:一是我国选举制度在贿选惩处上的力度还不够;二是选民缺乏教育,选民对选举权的重视程度不深。在河北大令公庄事件中反映出的是选举制度设计问题:首先是缺乏对候选人提名制度的研究,对那些不合格的候选人没有提前做好区分;其次在选举过程中也缺乏对投票人的保护。

因此，不仅要从制度上规范选举过程，对选举后的村官权力的监督，以及对不作为村官的罢免也要探索更加有效的制度。村干部是民主选举的直接参与者，村干部选举知识的掌握程度体现一个村庄民主政治发展的成熟程度，针对村干部的选举知识，实验组对4个实验村开展了访谈式问卷调查，村干部的选举知识如下图所示：

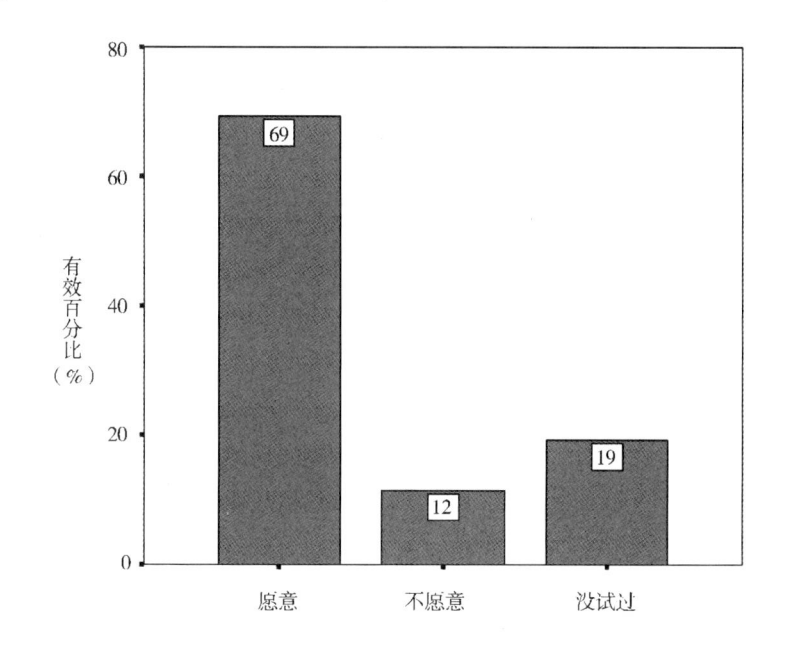

图 3.4 村庄选举过程中，您是否愿意与对手发表竞选演讲？

在问及村干部是否愿意与对手进行竞选演说时，近七成的受访村干部表示愿意与对手进行竞选演讲，12%的受访村干部不愿意，19%的受访村干部没有试过竞选演讲。这说明沿海发达地区村干部的竞选意识较强。经过三十年来的村民自治实践，民主选举的理念已经深入农村，村干部已经能够较为熟练地运用选举技术，但仍有12%的村干部不愿意参加竞选，这说明部分村干部的竞选意识有待进一步提高，民主选举有着进一步发展提高的空间。尽管村干部了解到了竞选在民主选举过程中的重要性，但在选举过程中仍然存在着诸多的干扰因素，尤其是在"差序结构"中的熟人社会，村干部的民主选举可以说是一场乡土社会的"差序大战"，村干部选举很容易遭受熟人社会的干扰。例如：在问及村干部选举过程主要受到哪些因素干扰时，村干部的回答见下图所示：

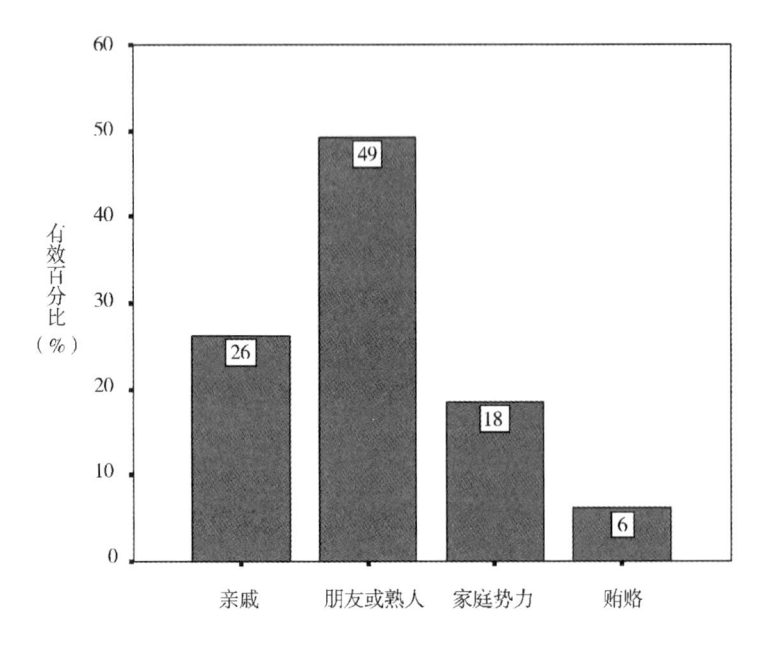

图 3.5　您在投票过程主要受到哪些干扰因素？

近半数受访村干部认为，在自己投票过程中容易受朋友或者熟人关系的影响。受血缘关系影响的村干部占 44%。为钱或为物而投票的只有 6%，由此可知，村干部虽然逐渐接受民主选举的方式，但是民主选举仍受到人情关系的束缚。在费孝通先生看来，受传统礼治的影响，中国人习惯了攀关系、讲交情，人们以"己"为中心，像石子一般投入水中，和别人所联系成的社会关系，不像团体中的分子一般大家立在一个平面上，而是像水的波纹一般，一圈圈推出去，愈推愈远，也愈推愈薄，这就是中国社会结构的基本特征。在差序格局中，社会关系是私人联系的增加，社会范围是一根根私人联系所构成的网络。① 由此可见，人情、关系依然是选举政治无法健康发展的重要因素。受几千年封建礼教的浸染，当前乡土社会体验到的民主选举依然是人情选举、关系选举。

尽管选举过程容易受到人情、关系的干扰，但人人心中都有一杆秤，选民对村干部都有一个基本的判断。究竟哪些因素影响村干部的选举？是能致富的村干部更容易获得选民的认可，还是那些文化知识高的村干部容

---

① 费孝通：《乡土中国》，上海人民出版社 2007 年版，第 26—29 页。

易受青睐？判断一个选举的好坏，除了要严格遵守选举规则外，最终能否选出一个大家都认可的村干部也是评价选举是否成功的重要参考。村干部是农村各项事业建设的领导者，能否选举一个合格的村干部关乎每个选民的切身利益。尤其在国家权力下放的情况下，随着村民自治的实施，村委会逐渐成为一个较为独立的政治组织和经济实体，在农业经济向市场经济转型的过程中，各种涉及村庄集体经济的利益诱惑逐渐增多。村干部的价值取向逐渐由过去的"国家代理人"、向"营利型经纪人"转变。在市场理性的驱使下，村干部的营利性的经济思想容易滋生村庄腐败进而影响村庄的民主治理，乡村政治精英如何保持政治理性，精英与大众之间如何彼此做出选择，也间接地推动了基层民主政治的不断完善。在上述选举理性的支配下，农民在选举村干部时候，除考虑经济发展水平、宗族派性因素外，农民的主观政治感受等因素也直接影响着选民对村干部的判断。作为一名村干部应当具备哪些基本条件？实验组对四个实验村的村干部进行了调查，具体情况见下图：

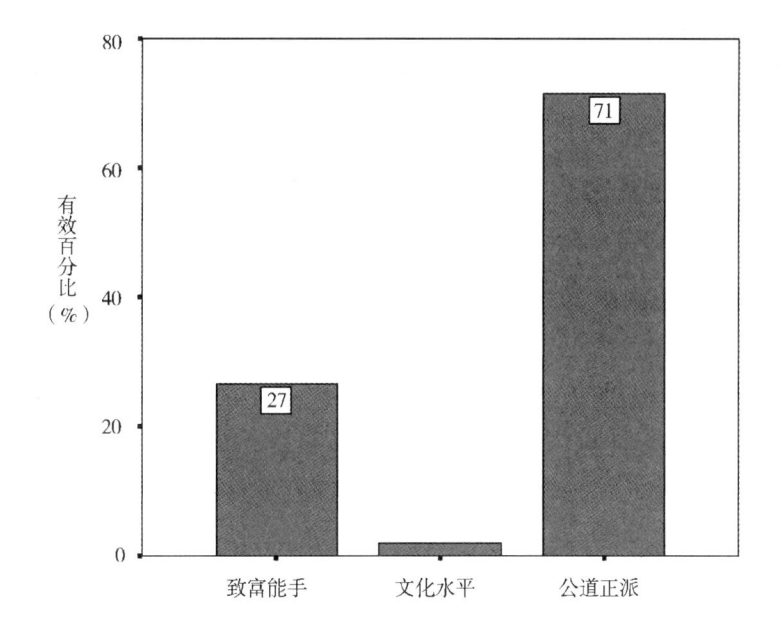

图 3.6　您认为要成功当选村干部哪些条件最重要？

从上图可以看出，受访的村干部当中有近七成认为公道正派最为重要；近三成的村干部认为致富能力最重要；不到一成的村干部认为文化水平最重要。上述数据说明了两个最基本的问题：一是公平、正义的理念深入人心。三十多年来的村民自治实践使得农民对民主的理解日趋理性。二是随着市场经济的逐步深入，农民的传统生活被市场理性所取代，农民被市场卷入到现代社会当中，农村现有农业生产难以满足农民日益扩大的社会需求，农民对财富充满渴望。由此可见，村干部的文化水平不是群众在民主选举中最为关注的，做事是否公道正派，能否带领大家致富成为沿海发达地区农民对村干部最为迫切的要求。

（四）民主决策与民主管理

党的十七大强调："人民民主是社会主义的生命。发展社会主义民主政治是我们党始终不渝的奋斗目标"，要求"加强基层政权建设，完善政务公开、村务公开等制度，实现政府行政管理与基层群众自治有效衔接和良性互动。"十七届三中全会决议进一步强调要"实行政务公开，依法保障农民知情权、参与权、表达权、监督权。健全村党组织领导的充满活力的村民自治机制，深入开展以直接选举、公正有序为基本要求的民主选举实践，以村民会议、村民代表会议、村民议事为主要形式的民主决策实践，以自我教育、自我管理、自我服务为主要目的的民主管理实践，以村务公开、财务监督、群众评议为主要内容的民主监督实践，推进村民自治制度化、规范化、程序化。"由此可见，民主决策与民主管理是村级民主建设中两个至关重要的问题，原因在于决策与管理的民主体现着人民群众是否成为管理的主体。当前农村群众参与民主决策与民主管理的两个重要的形式体现在村民会议与村民代表会议。村干部是民主管理与民主决策的引导者和建设者，村干部喜欢以何种方式来做决策既体现出村干部的民主素质，也体现普通村民是否有机会平等参与村庄公共事务，针对村干部在民主决策过程的偏好，实验组对四个实验村进行了问卷调查，调查结果如图 3.7 所示。

从表决的方式偏好来看，85.1% 的受访村干部喜欢以投票的方式表决，仍然有 12.2% 的受访村干部愿意通过举手表决，甚至有 2.7% 的受访村干部听领导的决定。由此可见，发达地区的村干部民主管理与民主决策能力较强，部分村干部民主决策意识较差，因此，村干部的民主管理与民

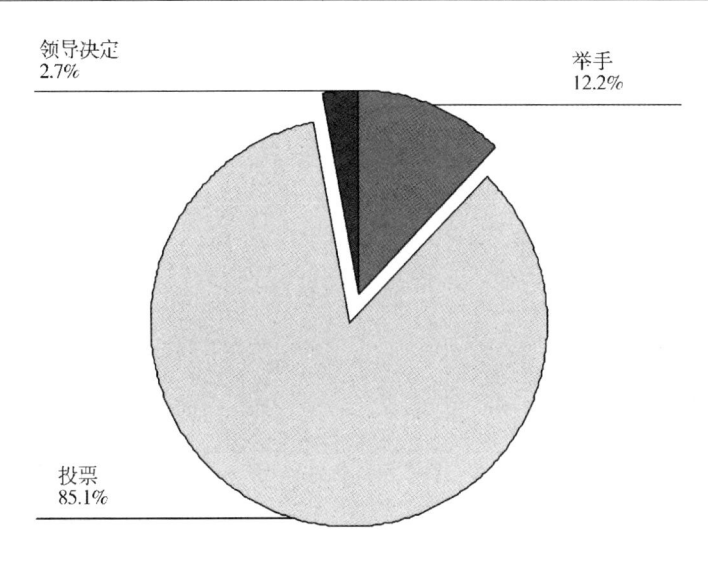

图 3.7 村干部喜欢的表决方式分布

主决策的能力还存在一定的建设空间。此外，在民主管理知识调查中，实验组的调查结果显示：村民纠纷的求助对象主要是村干部，当村民与乡镇干部发生纠纷或者冲突之时，49%的受访村干部保持中立；36%的受访村干部站在村民的立场上；仅有14%的受访村干部与乡镇干部并肩。由此观之，村干部受到民主选举的压力，倾向于对村民负责，基层民主所营造的民主氛围也使得村民更愿意接受以开会讨论的方式来解决村庄纠纷。

(五) 村干部的政策渠道

伴随信息技术的不断发展，信息对基层民主政治建设的影响越来越重要。村干部能否及时掌握最新的外部资讯，体现出村干部是否有能力及时迅速地对外部信息进行干预，比如能否准确及时将中央相关政策传递给村民等。村干部对政策了解的渠道反映了村干部信息能力的强弱，针对村干部的政策渠道来源，实验组对四个实验村的村干部进行了问卷访谈，结果如下图所示。

从图3.8可以看出，85.4%的受访村干部通过电视新闻了解中央政策，约六成的受访村干部通过报纸或者乡镇会议知晓政策，随着网络的普及，也有近1/3的受访村干部在网络上获取中央的政策。

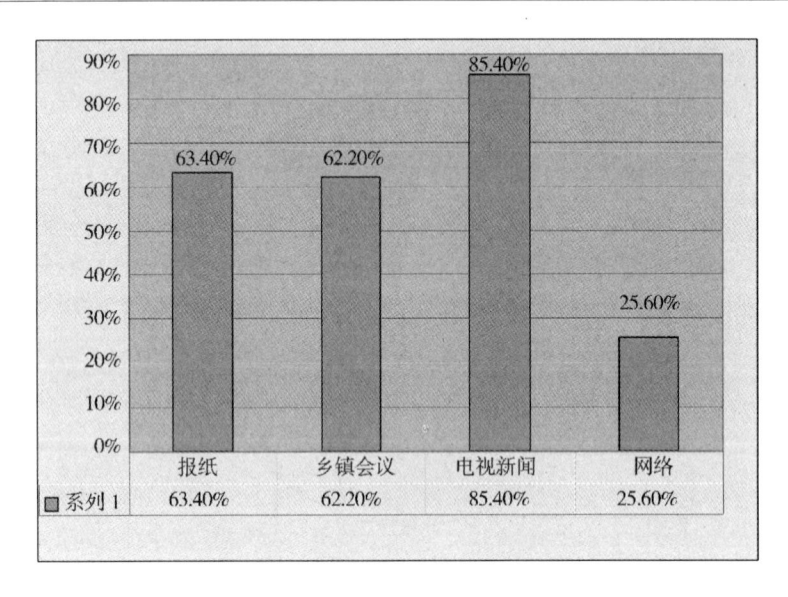

图 3.8　村干部了解中央政策的渠道

（六）村干部的信任差别

村干部是国家联系农村社会的桥梁，在国家政权组织体系中与村干部来往最为密切的主要有乡镇政府、县级政府、中央政府。村干部对与之有关的上级政府的信任度关乎上级政府的合法性权威，也关系到上级政府与农民之间发生联系时，村干部在权衡利益之间的政治辨识，村干部往往愿意配合他认为值得信任的上级政府，对不够信任的上级政府则会采取消极的政治行为，研究村干部的信任差别，并分析这种差别的原因有利于进一步完善基层民主治理体系，进一步密切政府与民众之间的联系。依据实验组对政府层级的信任差异状况调查，如图 3.9 所示。

从图 3.10 中可以看出，70.6% 的受访村干部信任中央政府，27.9% 的受访村干部信任乡镇政府，仅仅 1.5% 的受访村干部相信县政府。正所谓："中央是亲人，地方是恶人"，近几年来的一系列惠农政策增强了村干部对中央政府的合法性认识。乡镇政府与村干部日常来往密切，彼此有着更为直观的了解，在乡村治理过程中，由于村民自治体制的介入，村干部有了一定的自主权力空间，乡镇干部在贯彻上级工作任务中更多的是需要村干部的协助，因此村干部对乡镇的信任感强于县政府。

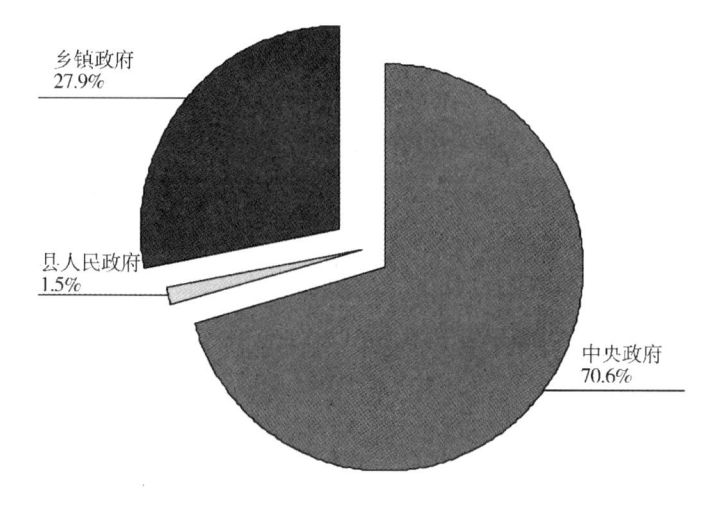

图3.9 村干部对政府层级的信任差异状况

（七）村干部组织合作能力

村干部是农民合作的引导者，农民合作能力的建设需要有村干部的支持与鼓励，因此，在农村合作组织的建设过程中，村干部的组织合作能力显得至关重要，村干部作为乡村政治精英相对于一般村民掌握着更多的外部信息、政策法规，更容易组织和动员普通村民参与各种专业性的政治、经济合作组织。依据实验组的调查，详情见图3.10：

由图3.10所示：受访村干部中有54.4%的村干部没有参加过各种合作社、理事会、协会等民间组织。由此可见，发达地区实验村的村干部的组织合作能力欠缺，村干部习惯于听从上级指挥，而不能够积极主动组织农民合作。

三　普通村民的表达能力

（一）四个样本村的表达能力测评

4个实验村普通村民总数是10700人，4个实验点调查总数为500人左右，所占比例约为5%。实验组考察的主要是普通村民对粮食、土地、医保、选举与被选举、信仰、计生、卫生、会议等方面与村庄的基础发展有多少了解。问卷总体设计分成三部分：一是政策法律知识考察；二是语

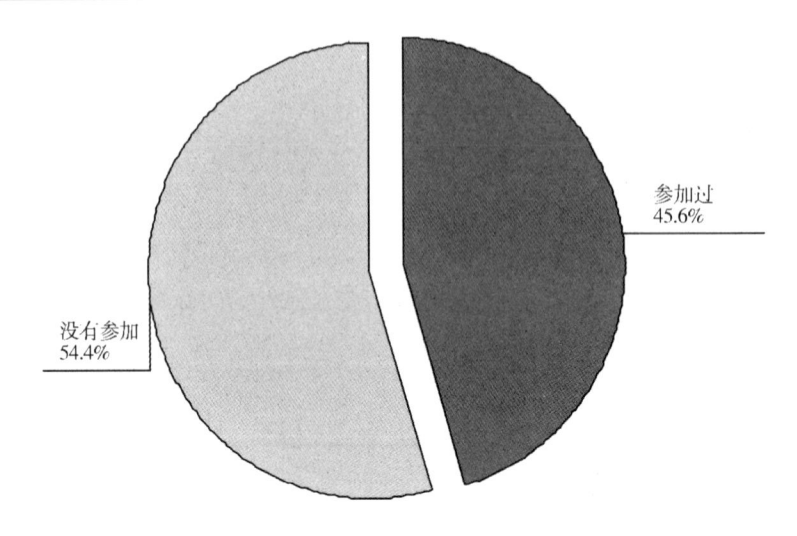

图 3.10 受访村干部参加民间组织状况

言文字表达能力考察;三是个人情况考察。从问卷的统计调查结果分析看,基本情况如下:

1. 铁场村的样本观察

铁场村经济较为发达,村民人均纯收入超过 7500 元。该村户籍人口 6622 人,共 1514 户,实验组以户为单位,除去不在村庄内居住和外出打工户外,铁场村的抽样比例为 20%,共发放问卷 130 份,回收有效问卷 125 份。从性别比例看,男性占总比例的 94.4%,女性只占 5.6%。以下是对问卷调查结果的详细分析:

表 3.3　　　　　　　　政策法规考察统计表[①]

命　题	总人数	正确人数	错误人数	正确率(%)	失败率(%)	结果分析
1. 公交粮	125	123	2	98.4	1.6	正确率高,群众关注
2. 农资综合直补	125	11	114	8.8	91.2	正确率低,群众不关注
3. 医保报销比例	125	33	92	26.4	73.6	正确率低,群众不关注
4. 报销证明	125	122	3	97.6	2.4	正确率高,群众关注

---

① 南农实验课题组:《铁场村问卷统计分析》。

续表

命　题	总人数	正确人数	错误人数	正确率（%）	失败率（%）	结果分析
5. 选举年龄	125	120	5	96	4	正确率高，群众关注
6. 信仰与政府	125	123	2	98.4	1.6	正确率高，群众关注
7. 计生胎数	125	123	2	98.4	1.6	正确率高，群众关注
8. 计生环节	125	121	4	96.8	3.2	正确率高，群众关注
9. 土地侵权	125	119	6	95.2	4.8	正确率高，群众关注
10. 卫生投诉	125	123	2	98.4	1.6	正确率高，群众关注
11. 会议发表意见	125	122	3	97.8	2.2	正确率高，群众关注
12. 学习法律需要	125	10	115	8	92	正确率低，群众不关注

政策法规考察：由上表所示，除了农资综合直补、医保报销比例、法律知识的掌握较差外，其他知识的掌握程度相对较好。相比其他几个实验村，铁场村六年前已经开始招商引资，开始农业转向工业的过渡时期，本地群众不约而同地让田出租，农民身份逐渐向市民的身份转化，因此，转型中的铁场村普遍不关注农资综合直补，这是因为工业生产带来的利益远远大于农业生产的收益，农民的利益取向有了更好的选择。

由于实验组选取的调查对象多处于36—45岁之间的中年人，这个群体身体素质较好，病痛少，所以对医保这一块关注较少。此外，村民对法律知识了解欠缺，法律对于只有初中文化程度的村民来说，还相当陌生，由于缺少相应的教育，村民大都喜欢有事就找村委来解决，很少有自己主动寻求法律解决的意识，再加上由于听多了司法腐败，群众不太相信法律。村庄纠纷一般来说多是小纠纷，44.3%的村民会找村干部，5.4%的村民会找长辈，16.6%的村民会找司法部门，还有16.2%的村民选择私了。正因为村干部比较有权威，村民遇到纠纷才会请村干部出面解决。不少村民选择司法部门是因为纠纷较大才会去，所以，如果是小纠纷，他们应该也会转向村干部或者长辈。在对村干部或者说理想权威的期待上，79.7%的村民选择了能带领村民致富，排第一位；68.6%的村民选择能代表村民利益；人品好排在第三位，占41.9%的比例。这说明村民对村干部的期待还是能力导向型。只要你能带领村民致富，就不管是不是党员，是不是有较高的学历等。

从农民对法律的需求情况来看，村民非常关注自己在土地承包上的权益。大概有41.2%的村民希望能够了解与土地承包方面的法律，而对民事诉讼法以及村民委员会组织法的需求分别只有22.2%和10.1%，远远低于对土地承包法律的需求。甚至有村民在其他选项中都已经提到土地征收赔偿法，这说明村民对土地权益的诉求已经转移到法律层面上。其中公交粮、选举年龄、信仰与政府、计生胎数、计生环节、土地侵权、卫生投诉、会议发表意见，这些都与他们自身利益息息相关，再加上这些事情在他们的日常生活中发生的频率比较高，所以这些问题普遍都作答正确。整体分析，铁场村工业化程度较高，群众争取利益的意愿较强。

语言文字表达能力考察：语言文字知识考察是测试普通村民利用语言技能进行自身利益表达的能力。实验组设计的问题主要有：一是某政府允许派出所向村民征收国家不允许征收的身份证额外费用，该政府是否允许征收身份证额外费用？受访的119位村民答不允许，占比例的95.2%；二是我们对不同省市土地征收补偿标准不同造成的不公平，不应否认，也不应"a 躲避　b 避开　c 逃避　d 回避"，答回避的有117人，占比例的93.6%。由上述村民的回答可知，铁场村村民的语言文字能力较强，这与铁场村经济发展程度密切相关，铁场村处于农业型社会向工业型社会的转型过程中，普通村民参与和接受现代知识培训的机会较多，因此其语言文字能力较其他实验村高。

个人基本情况考察：从性别的角度看，男性占总比例的94.4%，女性只占5.6%；从年龄的状况上36—45岁为主，占总比例的88%；统计结果显示，35—45岁之间的村民，语言文字表达能力较强。村民学习意愿主要体现在想建设乡村图书馆。实验组在访谈时发现：47.0%的村民表示想看书，11.1%的村民表示不识字，看不懂，还有39.5%的村民表示不怎么想看书。村民认为读书是一件好事，在问到想阅读什么书时，22.0%的村民想阅读实用技术类书籍；21.6%的村民想阅读生活保健类书籍；14.2%的村民想阅读文学类书籍；7.1%的村民选择法律书籍。综合上述分析，转型期的铁场村学习意识明显，由于工业得到较快发展，铁场村文化认识正处于转型期，村民迫切渴望融入到城市社区文化生活中。

2. 上能村的样本观察

上能村经济发展程度落后于铁场村，村民大都以种植业为生，全村人口2400多人，共342户，除去不在村庄内居住和外出打工户外，上能村以户为单位的抽样比例为20%，共发放问卷50份，回收有效问卷47份。从性别比例看：男性有26位，占55.3%；女性有21位，占44.7%。以下是对问卷调查结果的详细分析：

政策法规考察：调查结果显示，村民对是否还需要交公粮（农民对农业税赋的说法）的回答来看，40人选择不需要，正确率为85.1%，这说明大部分村民都已经非常清楚这一政策。农资综合直补政策只有10位选择知道，所占比例为21.3%，而这10位中只有1位具体知道补贴多少，有6位干脆就直接选择不知道。农业补贴政策属于分项式补贴，补贴类型多，补贴数额小，这在一定程度上影响了农民的判断。新型合作医疗作为农村民生政策的重要内容，在46份有效回答中，只有2位村民回答正确，比例低至4.3%，13位回答错误，更是有31位表示不知道。而关于到政府相关部门报销需要带什么资料的回答中，有23人表示完全不知道，比例达52.3%。事实上，这道题的正确答案是所有选项都应该选，而选择"出院证明"的只有3人，选择"个人资料"的只有5人，选择"住院收费收据原件"的稍微高些，有13人。村民对二胎政策的回答中，28位村民选择正确，占有效回答的60.9%。而在关于哪些计划生育服务不要钱的回答中，31位（67.4%）选了"B超查环查孕"；41位（89.1%）选了"人工流产"；37位（80.4%）选择了"放置人工节育器"；20位（43.5%）选了"输卵管结扎"。

选举权与被选举权是公民政治权利的重要内容。在44份有效回答中，有26人选择了公民年满18周岁具有选举权与被选举权，比例为59.1%，并不高。在考察信仰自由问题时，45份有效回答当中，只有16位做出了正确的选择，所占比例是35.6%，而选择不知道的有23位，占一半之多，选择信教需要政府同意的也有6位。由此看来，村民对现代意义上的宪政常识把握比较欠缺。第九题考察村民对权利救济手段的理解。第九题的正确选择是"C"——县法院。选择正确的村民并不多只有11位，占23.4%。国土所是行政机关，公民到国土所处理纠纷选择的是行政裁决或调解，但选择该选项的只有16人，占34%；村委会是社区自治主体，由其主持纠纷处理为人民调解。问题还在于，有17人选择不知道。权利受侵犯时，有效地选择相应的救济手段，对村民有重要意义，但村民对权利救济渠道了解的比例非常低。

村民的权利意识是反映公民社会发育程度的重要标志。普通村民调查问卷第十题问：在外面餐馆吃饭时，您发现粥里有一根很长的头发，您会不会找老板说理？这里主要考察村民在日常生活中维护权利的意识。选择"肯定会"的有24人（52.2%）；选择"肯定不会"的有4人（4.3%）；选择"看情况"的有20人（43.5%），由此可见半成的村民有一定的维权意识，但仍然有近半成的村民遇到这种情况会选择看情况而定，由此看来村民的维权意识有待进一步提高。问卷第十一题问：您在参加村民大会时对某件事有自己的想法，会不会主动发表自己的意见？此题是从日常生活的考察进入到参与公共事务意识的考察。选择"肯定会"的有17人（36.2%）；选择"肯定不会"的有3人（6.4%）；选择"看情况"的有27人（57.4%）。这样的对比已经非常明显，农民在日常生活中更愿意主动维护个人的权利，而在参与公共事务中，不愿意参与以及不坚定参与的人已经增加了不少，增幅达16个百分比。问卷第十二题问：您是否有学习国家政策与法律的迫切需要？实际上此题也是一个需求评估，农民在这方面的需求并不高，选择的人只有16个，占32.6%，而选择没有以及无所谓的占了多数。从现实生活来说，他们有这样的客观需求，但是他们并不愿意主动学习。问卷第十三题考察的是农民是否有科技学习的需求，选择有需求的村民有22人，所占比例为46.8%。具体学习的倾向主要有：番茄与水稻病虫害防治（62.1%）以及土地改良（41.4%），番茄育苗选择的比例则非常低（10.3%）。农民学习的方式主要还是田间指导（54.5%）与上课（27.3%），而选择读书、读报（2.3%）与看碟（13.6%）的比例则非常低，这说明农民通过间接学习的能力非常低，农民喜欢一对一的现场指导。

语言表达能力考察：问卷第三部分考察了农民的语言表达能力，它实质上考察的是农民对语法的掌握。第十六题问：某镇政府允许派出所向村民征收国家不允许征收的身份证额外费用，请问该镇政府是否允许征收身份证额外费用？村民的答题情况是，选择"允许"的有6人，选择"不允许"的有25人，选择"与允许不允许无关"的有1人，选择"读不懂"的有12人。第十七题问：我们对不同省市土地征收补偿标准不同造成的不公平，不应否认，也不应＿＿＿？下面哪个词与句子搭配起来最通顺？此题回答要乐观些，选择正确答案"回避"的有24人，占了一半还多，比上一题好多了。当然，错误率还是达到了将近一半。这让我们看到，农民的语言文字表达能力欠缺。[①] 与铁场村相比上能村的经济发展还较为落后，农业生产仍是村民的主要收入来源，与铁场村村民的语言文字表达能力相比，上能村村民的语言文字表达能力落后于铁场村，这说明经济发展程度的改善有利于提高村民的表达能力。

3. 欧村的样本观察

欧村经济发展落后于上能村，村民大都以种植业为生，全村有户籍人口201人，共32户。实验组在该村以户为单位的抽样比例为50%，共发放问卷15份，回收有效问卷15份。从性别比例看，男性有12位，占80%；女性有3位，占20%。以下是对问卷调查结果的详细分析：

政策法规考察：调查结果显示，村民对是否还需要交公粮（农民对农业税赋的说法）的回答来看，15人选择不需要，正确率为100%。这说明大部分村民对农业税的废除已经非常清楚。农资综合直补政策只有5位选择知道，所占比例为33.3%，而这5位中只有2位具体知道补贴多少，有关新型农村合作医疗政策的内容，在15份有效回答中，只有3位村民回答正确，所占比例20%，由此可见村民对合作医疗的了解程度还偏低。

有关选举知识的考察中，在14个有效回答中，有9人选择了公民年满18周岁具有选举权与被选举权，比例为64%，由此可见普通村民的选举知识还有待完善。在考察村民对权利救济手段的理解时，能正确选择县法院的村民只有4位，所占比例为26.7%。因此，普通村民对权利救济渠道的掌握程度偏低，普通村民无法通过正常的渠道维护自身利益。在考察村民的权利意识时，35%的受访村民选择会积极主动维权。由此可见欧村村民的主动维权意识不强，普通村民的权利意识有待进一步加强。在考察普通村民是否会积极主动表达自己的意见主张时，15个受访村民有7个选择会积极主动参与，由此可见，欧村村民在日常生活中尚缺乏积极主动的表达习惯。

---

① 南农实验课题组：《农民合作能力与表达能力建设项目需求评估调查》。

语言表达能力考察：问卷第三部分考察了农民的语言表达能力，在问及某镇政府允许派出所向村民征收国家不允许征收的身份证额外费用，请问该镇政府是否允许征收身份证额外费用？村民的答题情况是，选择"允许"的有1人，选择"不允许"的有10人，选择"与允许不允许无关"的有1人，选择"读不懂"的有3人。由此可见欧村村民大部分具有一定语言理解能力，但仍有部分村民语言文字能力仅局限于半文盲状态。在考察对不同省市土地征收补偿标准不同造成的不公平，不应否认，也不应＿＿＿＿？下面哪个词与句子搭配起来最通顺？15个有效回答中，选择正确答案"回避"的有8人，将近一半错误率说明普通村民对稍微复杂的语言应用能力还存在一定的困难。

学习意愿考察：欧村是一个自然村，由于村庄较小，在考察完语言文字以及政策法律外，实验组还考察了该村村民的学习意愿与学习能力。在问及农闲时想看书吗？详情见下表：

表3.4　　　　　　　　　　　农闲时是否想看书

		频率	百分比（%）	有效百分比（%）	累积百分比（%）
有效值	想	14	42.4	48.3	48.3
	不识字，所以看不懂	9	27.3	31.0	79.3
	不怎么想	6	18.2	20.7	100.0
	合计	29	87.9	100.0	
缺失值	0	4	12.1		
	总和	33	100.0		

由上表可见，48.3%的受访对象表示有看书的意愿，27.3%的受访对象表示由于文化水平较低而不愿意看书，完全不想看的比例只占18.2%，因此，该村村民主动学习的意愿明显，但受制于文化程度偏低的影响，部分村民学习能力较弱。在考察村民是否有学习国家政策与法律的迫切需要时，15个受访村民选择有需要的仅有2人，所占比例为13.3%，由此可见，欧村村民的主动学习国家政策法律的意愿不强。

4. 广育村的样本观察

农业生产是广育村村民主要的收入来源。全村现有户籍人口1786人，共444户,除去不在村庄内居住和外出打工户外,该村的抽样比例占全村总户数的20%,共发放问卷80份,回收有效问卷75份。从性别比例看,男性有60位,占80%;女性有15位,占20%。以下是对问卷调查结果的详细分析:

政策法规考察:调查结果显示,村民对是否还需要交公粮(农民对农业税赋的说法)的回答来看,65人选择不需要,正确率为86.7%。这说明该村村民近九成对农业税非常了解。有关农资综合直补政策的调查中,只有40人具体知道补贴多少,这说明农民了解惠农补贴的渠道不够畅通。有关农村新型合作医疗知识的问卷访谈中,在问及到政府相关部门报销需要带什么资料的回答中,有58人表示完全不知道,比例高达77%。由此可见农民对与自身利益密切相关的合作医疗知识缺乏了解。在计划生育相关政策的测试中,村民对二胎政策的回答中有60位村民选择正确,占有效回答的80%。这说明农民对与生育有关的问题的关注较高。

在公民选举权利知识考查中,有63人选择了公民年满18周岁具有选举权与被选举权,比例为84%,这说明广育村村民的选举知识掌握程度较高。关于信仰知识的考察中,在75个有效回答当中,只有34人做出了正确的选择,所占比例是45.3%;而选择不知道的有36人,选择信基督教需要政府同意的有5人。由此分析,村民对我国宪政常识把握程度处在较低水平。在考察村民对权利救济手段的理解中,能正确选择县法院的村民只有38人,占有效问卷的50.7%。由此可见该村村民对司法救济渠道了解欠缺,村民的法律意识有待进一步加强。在村民的维权意识考察过程中,在问及外面餐馆吃饭时,您发现粥里有一根很长的头发,您会不会找老板说理?选择"肯定会"的有41人,占有效问卷的54.7%;选择"肯定不会"的有11人,占有效问卷的14.7%;选择"看情况"的有23人,占有效问卷的30.7%;这说明广育村村民的维权意识较强,但仍有三成的村民遇到这种情况会选择视情况而定,这说明村民有怕惹是非的意识,对合法权益缺乏正当的认识。在村民表达意愿知识测试中,问及在参加村民大会时对某件事有自己的想法,会不会主动发表自己的意见?选择"肯定会"的有35人,占有效回答的46.7%;选择"肯定不会"的有12人,占有效回答的16%;选择"看情况"的有28人,占有效回答的37.3%。从上述回答的情况看,该村村民表达意愿较为积极,但仍有近四成的村民不习惯主动表达自己的意见主张。

在考察村民学习政策、法律知识的意愿时，选择愿意主动学习国家政策法规的有 33 人，占有效回答的 44%，而选择没有以及无所谓的占了 56%。这说明农民虽然有学习政策法规的必要性，但现实生活中农民并不愿意积极主动学习，农民的学习能力有待进一步提高。在考察农民是否有科技学习的需求时，选择有需求的村民有 40 人，所占比例为 53.3%；这说明相对于国家政策，农民学习科技知识的愿望更加强烈。在具体的学习方式上，选择田间指导的占有效回答的 48 人，愿意上课学习的 17 人；而选择读书、读报有 6 人；通过看碟学习的有 4 人，这说明该村村民不喜欢课堂式的教学或读书、看报，农民喜欢更为直观的能亲自参与的现场指导方式。

语言表达能力考察：问卷第三部分着重考察农民的语言表达能力。问题一是：某镇政府允许派出所向村民征收国家不允许征收的身份证额外费用，请问该镇政府是否允许征收身份证额外费用？村民的答题情况是，选择"允许"的有 31 人，占有效回答的 41.3%；选择"不允许"的有 29 人，占有效回答的 38.7%；选择"与允许不允许无关"的有 5 人，占有效回答的 6%；选择"读不懂"的有 10 人，占有效回答的 13.3%。这道题是语法测试题，目的是测试村民的语言逻辑归纳能力，从测试结果看，农民语法知识欠缺，语言归纳能力较弱。问题二，我们对不同省市土地征收补偿标准不同造成的不公平，不应否认，也不应＿＿＿＿？下面哪个词与句子搭配起来最通顺？该村村民选择正确答案"回避"的有 48 人，占了有效回答的 64%，这说明受访村民虽然有着一定的语言阅读能力，但仍有接近一半的受访村民不能熟练运用语言表达自己的思想。

（二）四个样本村的测评结果

基于上述分析，实验组对当前农民表达能力有以下几点认识：

一是农民表达能力强弱与经济发展程度成正相关，工业化程度越高，经济发展越好，农民识别利益，维护利益的能力就越强；二是普通村民对与之密切相关的"三农"政策了解程度非常低，农民最在乎的是农田水利、农业补贴与合作医疗等政策；三是农民参与公共事务的权利意识较弱；四是普通村民的语言表达能力差，宪政常识掌握也不好；五是普通村民普遍受教育程度较低，农民不愿意积极主动参与培训、学习；六是农民缺乏制度化的利益表达渠道，乡镇人大代表对基本的"三农"政策，权利救济渠道了解不深，语言表达能力较差，政策法律学习积极性不高；七是乡镇人大代表对计划生育政策、土地房屋政策、信访与司法政策、农村合作医疗有着强烈的学习需求；八是当前农村利益表达渠道存在制度性障碍，主要表现有：政策性障碍、体制性障碍、自治组织缺乏障碍。

四 普通村民的合作能力

依据科恩的观点实现民主的前提是要有理性的存在，普通农民的行为逻辑是否具有理性是观察其是否有能力实践民主的关键。传统农民生活在儒家学说建构出的礼治秩序中，农民以礼相助，在熟人社会网络中发展出基于道德的合作需求。进入现代以来，市场力量的介入瓦解了基于私人道德的维系，传统礼治秩序逐渐瓦解，维持农村稳定的秩序需要重新建立，但近代中国农民的理性饱受农民文化素质偏低以及自上而下的压力型体制的困扰，等、靠、要逐渐成为农民的路径依赖，尤其原子化的农民更是遭遇合作意愿与合作能力不强的现实困境。

就如同曹锦清先生所说：农民"善分不善合"，当前中国农村的社会现实正是处于基于市场力量的重组，社会理性重建的关键时期。在市场理性的驱使下，农民的合作意愿、合作能力有了哪些新的变化？针对此问题，实验组对4个实验村的农民合作能力现状展开调查，调查的主要对象是农民合作组织成员以及普通村民，由于4个实验村的经济发展程度有别，实验组在对四个样本村的调查内容上也采取了差别化的调查设计。

（一）四个样本村的合作能力测评

样本一：欧村的合作意愿与需求

欧村农民普遍关注的是住房改造问题以及水蜜桃销路问题。欧村是个自然村，虽然只有32户农户，共计201人，但欧村的外部资源相当丰富，以现任村长儿子为代表的外出乡贤非常关注该村的发展，并希望成立以公司＋农户形式的农业合作社。实验组在该村采取了分组深入访谈的方式进行了调查，以下是实验组关于欧村合作社知识的调查分析：

关于村民对合作社的了解程度，过半村民只是听说过，但具体章程不甚了解，约25%的村民选择"有点了解"；极少一部分选择"很了解"，他们对章程都有比较清楚的认识，没有村民反映没有听说过合作社。

关于合作社的参与范围问题，大部分村民认为合作社应该对要求入社的村民实施无限制的方式进行。另外一些村民认为非本村人员只要有土地和资金也可以参与其中，还有一小部分认为只能由本村人参与其中，以免引起由于语言和土地界限等因素导致的矛盾。

关于退社问题，大部分村民表示可以退社，但同意章程中所提及的退社需在年终结算前一个月提出。若社员提出退股，按规定土地不能及时返还，在土地正式返还前此退股社员仍然享有入股土地的收益分享权，部分村民对此规定有担忧，并表示不会把水田入股到合作社（可以把其他土地入股），也有部分村民表示无所谓，因为他们已经作了最坏打算，若合作社失败，可以出外打工——可见村民们大部分意识到合作社是具有一定风险的。

关于表决权问题，部分村民认为无论什么情况都应该实行一户一票制，绝大多数村民认为原则上实行一户一票制，涉及重大的基于土地等社员财产所有权的各种议案表决时实行一户权票制。此结果从某个角度反映了欧村村民大部分认为表决权应该分情况对待。

关于理事会、监事会成立的方法，村民都认为村委可参与合作社理事会、监事会成员的竞选；有关选举方式，约一半村民认为可以采取"海选"方式；另一半认为应该先由筹备委员会先推选出部分候选人，再由村民在推选出来的人中选择。有人提出只要是有能力的，即使是非本村村民也可以参加竞选。可见，根据欧村的实际，这两种方式区别不大，都可以实施。

关于村民希望合作社所提供的服务主要有：生产资料供应，提供加工服务、农产品销售、农业技术服务、市场信息提供等。部分村民认为提供资金贷款也是很必要的，另外，大部分村民都希望改善村容村貌，增加一些医疗娱乐设施。可见，村民期望合作社可以带给他们生产、销售上的方便，技术上的提高，以及生活质量的改善。问及目前发展合作社会遇到哪些困难，村民各有看法：人心不齐难以组织、政府支持力度不大（多数人都有提到）、没有好的带头人——最主要的是人心齐不齐的问题等，也有部分村民认为这些问题都不是主要的，可以在合作社成立后慢慢解决。分析起来，合作社存在的困难是很多的，但主要是领导人才的缺乏。在问及农民是否需要培训合作社管理知识时，农民的回答见下表。①

表 3.5　　　　　　　农民是否需要培训合作社管理知识

		频率	百分比（%）	有效百分比（%）	累积百分比（%）
有效值	不希望	18	54.5	64.3	64.3
	希望	10	30.3	35.7	100.0
	合计	28	84.8	100.0	
缺失值	9	5	15.2		
	总和	33	100.0		

上述图表显示农民虽然认识到合作社的重要性，但约64.3%的农户却不希望接受合作社知识的培训，这说明农民的合作行为还具有盲目性，农民的合作意愿是建立在对眼前利益的关注上而非科学的认识上。除上述对合作社知识的专项调查外，实验组成员就土地问题、住房改造问题、农机购买问题，也分别进行了专项调查。在土地方面：欧村的林地构成了该村土地总面积的主要部分，而林地因为其地理及继承上的原因一直比较分散，因而欧村的土地从整体上来讲便显得十分分散，这样的现状给欧村村民的农业生产带来较大的麻烦，在这种背景下，土地整理便成为必要。根据我们的调查，26户中的50%的村民表示村里有自行调整土地的情况出现，自行调换土地详情见下表。②

表 3.6　　　　　　　农民自行调换土地详情

		频率	百分比（%）	有效百分比（%）	累积百分比（%）
有效值	有	13	39.4	50.0	50.0
	没有	13	39.4	50.0	100.0
	合计	26	78.8	100.0	
缺失值	0	7	21.2		
	总和	33	100.0		

---

① 陈敏玲、唐丽勤：《欧村合作社筹备问卷调查分析》。
② 南农实验课题组：《欧村问卷统计分析》。

当问及土地存在肥瘦的情况下是否有可能划片承包时,25户中的42.5%的村民认为没有可能,32.1%的村民认为有可能,25%的村民则认为还需要时间磨合。详情见下表。①

表3.7　　　　　　　农民关于土地是否有可能划片承包的统计

		频率	百分比(%)	有效百分比(%)	累积百分比(%)
有效值	没有可能	12	36.4	42.9	42.9
	当然有可能	9	27.3	32.1	75.0
	需要时间磨合	7	21.2	25.0	100.0
	合计	28	84.8	100.0	
缺失值	0	5	15.2		
	总和	33	100.0		

从这一调查数据来看,因为土地分散增加了生产成本使得一部分村民开始自发地调整土地,以便土地集中耕种。尽管有较多村民认为有可能实现划片承包,但仍需一定的时间磨合才能实现。而这一点对于合作社是至关重要的。合作社最重要的基础就是土地的重新调整与成片经营,如何在村民有需求的情况下改变土地分散经营的现状确实是欧村经济发展中最为重要的一环,也无疑是体现和培养村民合作能力的一个重要途径。

关于住房改造问题,从实验组调查情况来看,因为收入的客观原因,大多数村民的居住环境目前都比较差。因而大多数村民都有改善家庭居住环境的需求,因此村民对于即将修建新村的计划都有很大的期待。虽然欧村外出企业家想以公司+农户+合作社的模式为村里每户农户修建一栋新房,但就农户的自身的经济能力来讲,调查中19户中有7户表示对于价值7万多的新房,他们一分钱也掏不出;有5户则表示能承担10000元;2户表示能承担2000元;2户表示能承担6000元;3户表示能承担4000元。因此,他们大多数都会选择出去借钱,但即使靠这个办法,大多数村民也表示不能凑够20000元。详情见下图。②

---

① 南农实验课题组:《欧村问卷统计分析》。
② 南农实验课题组:《欧村住房改造问卷统计分析》。

图 3.11 农民建别墅能承担的费用

从上图数据中可以看出，村民对于改善自身居住环境有着迫切的需求，但农民合作建造新房还缺乏足够的资金支持。因此，合作建房必须注意村民对住房的真实需求，并让他们能参与到决策过程中。在对农业的投入上，农业机械是一个重要的部分，对农业机械的投入在某种意义上也表明了农业现代化的程度。根据我们的调查，回答问卷的 18 户中有 44.4% 的村民想购买农机。由此看来欧村村民对农机的需要还是比较明显的，很多家庭没有添置农机的主要原因在于农机的价格比较贵，再加上有了农机租赁服务的出现。根据调查，想买农机的农户中有 50% 的是属于想买但买不起。[①]

从上述两组数据中可以发现，欧村村民在农机投入方面的现状主要是由可供支配的资金决定，有超过一半（55.6%）的村民不打算购买农机，而只是想通过租赁农机的方式来实现阶段式的投入，而非一次性的投入。尽管在购买农机时欧村村民存在合作购买的可能性，然而目前该村还没有出现村民合资购买农机的情况发生，其原因主要有：一是农机的使用存在季节性，即一到收割或是播种季节大家都需要农机，众多的需求对应于单

---

① 南农实验课题组：《欧村问卷统计分析》。

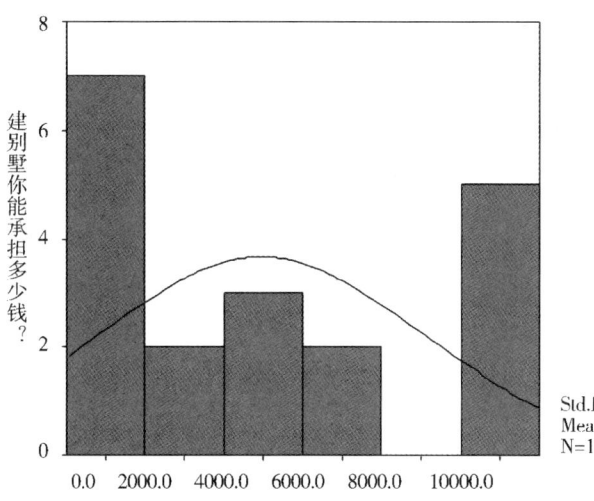

一的供给便会产生资源分配中的排序问题,村民普遍认为不好排序、轮换;二是因为农机租赁事实上本身也是一种合作,即分散的农户与一家或是几家提供农机租赁的农户合作。因此,欧村的现状是以租赁合作的方式取代了村民之间的合作。

由于每户人口增减不一,且土地承包短期内得不到调整,人均耕地较少的农户便希望调整土地,加之外出务工经商家庭缺乏劳力经营农田,于是便出现了土地的租赁。根据调查,租赁土地的租金一般是一亩水田400斤稻谷。土地的租赁事实上也是一种合作,这种合作的制约因素即是当前土地制度,租赁只是一种短期行为,租赁者不会对土地进行长期投资。显然,如果不能在土地问题上进行制度创新,资源仍然得不到优化配置。如何在村民有土地需求的情况下改变土地分散经营的现状,确实是欧村经济发展中最为重要的一环,也无疑是体现和培养村民合作能力的一个重要途径。据实验组调查,33户受访家庭中有83.3%的村民愿意建沼气池,最多的表示愿意出1000元建沼气池,而最少的只愿意出100元,18户的平均值为438元。从上述调查数据可以看出欧村传统的能源结构正在发生变化。改善能源利用的办法主要有两个:一是在开发山林与砍伐木材的过程中加入可持续与环境保护的考虑,使得山林能够有效而且可持续的为该村提供能源;二是开发卫生、环保、可持续的沼气作为新的能源,并同时借以改善村庄卫生。[①]

2. 铁场村的合作意愿与需求

铁场村村民的合作意愿主要集中在代耕农问题上。因此,实验组选择了代耕农作为主要考察对象。代耕农是指外地来铁场租种田地谋生的外地人。铁场地处广州、东莞、惠州三地交界处,工业化发展非常迅速,本地农民基本洗脚上田,大面积的耕地出租给来自广西、清远、韶关等地的农民。代耕农的处境如何?能否通过合作提高他们的收益?这是本次调查所要了解的内容。

在对代耕农的合作知识调查中,问卷第一部分农民对自身利益的识别和诉求的调查。关于代耕农在日常耕作中是否遇到假肥料、假农药等问题。35人中有25人选者是,占调查总人数的71.4%;另外10人选者否,

---

[①] 南农实验课题组:《欧村问卷统计分析》。

占28.6%。最初设计这条问题时，答案只设计了"是"与"否"选项，因为农民作为经常和肥料、农药打交道的人群，当然知道自己使用的肥料、农药是否有效。但实际情况使实验组感到一点意外，当调查人员问到这一题时，很多农户的第一反应是"不知道"或是"分不清"，这样的情况有6人，占总调查人数的17.1%；这还不算经过调查人员引导之后才能确认自己是否遇到过假肥料、农药等的情况。这说明了由于农民自身知识水平的限制，他们无法识别出客观上的自身利益，即使受到侵犯时也不知道。另外涉及农民对自身利益识别能力的问题中，97.1%的农户表示曾遇到过自己不懂病虫害问题；77.1%的农户表示自己需要知道更多种植方面和市场方面的信息。综合以上的调查结果，实验组认为，当前铁场村的代耕农在主观上对利益的辨别和需求还是强烈的，但当利益辨别所涉及的知识超出他们的能力时，他们将无法识别自身利益是否被侵犯。

针对农民是否有意愿参加合作社的问题，实验组采取了个案访谈的方式进行调查，以实验组成员张清杰的个案访谈为例：

> 个案访谈：访问员：张清杰；记录和整理人：林文亿；访问对象：赵合航先生
>
> 该访问对象姓赵（下称赵叔），年龄在36—45岁之间，系东莞麻涌人。夫妻两人在铁场种植香蕉60多亩，年种植纯收入2万元以上，赵叔子女在东莞读书，他们大概一到两星期回去一次看望子女，自己开摩托车回东莞约需一个半小时。
>
> 赵叔夫妻和其他来自东莞的十户种香蕉的农民住在一排简陋的房子里，访问员得知他们都是来自同一地方，种植同一农作物时，就试图了解赵叔是否了解关于农业专业合作社的内容。赵叔表示以前从未了解过农民专业合作社的问题，但他表示有兴趣了解这方面的知识。对于农民专业合作社，赵叔最想知道的是成立合作社是否能够得到免息贷款，包括附近几位旁听者对这个都很感兴趣。看来赵叔和他的朋友们并不甘心目前的种植规模，有意扩大生产。赵叔也说到他们目前的一些合作模式，比如有时他们会集中在一起买肥料以获得更低价。但他们并不是一起卖香蕉。问及原因，是因为香蕉的质量不同，收购商开出的价钱会不一样，而且他们各户种植的规模也比较大，基本上

收割一次就能够装一辆小车（约7吨），所以大收获的季节，他们通常是各自卖各自的，只有在刚开始收割香蕉和快要结束收割香蕉的时候，因为量比较少，他们才会集中起来一起卖。

至于提到成立农民专业合作社有利于提高收购价格的时候，赵叔认为虽然各自卖各自的，但由于各家各户种的香蕉量都比较多，所以收购商也不会压低价格收购香蕉，就是说赵叔对目前的收购机制还是满意的。他很清楚所种植的香蕉进入市场的各个环节：北方的老板要收购香蕉，就委托东莞那边的代理派小车到他们田间去收购，一般7吨为一小车，小车收好后运到东莞，加工整理好后换装大车运往北方。问及赵叔是否有意成立专业合作社，撇开中间商参与香蕉的销售时，他表示愿意，但是又觉得北方是别人的地盘，有地方保护势力，不容易介入，所以对于专业合作社他看重的还是能否争取多点生产资源（如贷款）来扩大生产而不是开拓更多市场。

赵叔夫妻两人由于种植的香蕉比较多，所以需要请人帮忙，但是请人的工资成本不断上涨，他举例说去年请一对夫妇一个月是1700元，现在已经上涨到2100元/月了。访谈过程中，赵叔以及周边的人都提到农药贵，而且意见很大，现在一百斤要二百多元，而且政府没有这方面的补贴。他们就强烈要求我们替他们向乡政府反映目前肥料贵的问题。赵叔目前是自然肥混合着化肥使用。

最后访问员提到有一个关于农村信息员的项目，赵叔是否有这个意愿参加。赵叔表示如果一个月传递一两次信息，他是愿意担任这个角色的，但他不太愿意参加信息员的培训，因为他太忙。

由上述访谈可见，铁场代耕农目前主要面临的问题是：农资涨价太厉害、假农资太多以及难以有效获取市场信息，他们迫切需求建立市场信息合作共享的能力。此外，合作社能否获得相应的信贷支持，是代耕农最为关注的。因此，合作组织与信贷体系能否有效对接是专业性的经济合作组织能否有效运转的关键。

3. 上能村的合作意愿与需求

实验组对上能村进行了较为全面的需求评估调查，调查的主要方法有：典型调查、焦点小组访谈等，调查后发现该村存在精神上、经济上的合作空间。

精神上的合作空间。美国社会学家英格尔斯在《人的现代化》中写道:"一个国家,只有当它的人民是现代人,它的国民从心理和行为上都转变为现代的人格,它的现代政治、经济和文化管理中的工作人员都获得了与发展相适应的现代性,这样的国家才可真正称之为现代化国家。否则,即使经济已经起飞,也不会持续长久。""人"为了现代化,必然去克服自己在感情、心理、认知上的种种困难与挫折、焦虑与不安,或者就是去与他人和谐共处以维持社群生活而创造出一种文化,在此把之称为精神需求文化。

伴随着农村改革的不断深入,传统自然结构而成的村落型文化正逐渐消解,但以市场理性为依托的现代文化并未完全取代传统,由此造成了农村文化建设的短板,以上能村为例,电视、广播、网络等现代文化的物质载体已经广泛植入村落当中,然而该村的宗族文化依旧完整,农民的信仰出现多元化的精神空间,实验组调查后发现:173户中有2.7%的农户信教,其中1.3%的村民信佛教之信基督教的占0.3%。上能村村民的宗教信仰有一定的历史基础,并呈现出一定的差异,只是这里的佛教、基督教在村民的理念中到底能代表什么或者寄托什么样的东西我们并不能凭这几种宗教的字面意思来理解,因为无论是本土还是外域的教派,村民在内化为信念的过程中都是按自己的理解来完成的。对于一些村民信教的态度,173户接受调查的村民中有3.4%的表示支持;14.1%的村民表示反对,中立的则占了32.7%。由此看来,一个充分发育的社区同样应该体现在每个个体在价值追求上的多元化,这为寻求异质文化的合作共存提供了一定的精神空间。实验组在调查中发现,上能村宗族文化完整,村庄公益事业的发展尤其是围绕宗族活动的公共参与精神活跃,以广镇堂文化为例[①]:

> 广镇堂是上能村的村庙,里面供奉的是"康王",此神的来历还不甚了解。类似的村庙在邻近的村都很多。村庙作为一种村庄"社

---

① 资料来源南农实验课题组周伦府:《上能文化调研:变迁中的村民精神需求及行为表达》调查报告。

区记忆"的象征，在村社区内，村民都对它有着共同的记忆。村庙为村民提供日常的上香、求签等活动的场所。在修庙与修路的对比中，可以看出，村民路可以不修，但庙不可以不修。据村人介绍，修路捐钱时，村民们并不是很热心，但修村庙就不一样了，家家户户不管是有钱还是没钱，捐钱都很积极。这种现象并不是可以用村民"迷信"来解释清晰的。对于这样的文化现象，不妨从村民精神需求角度来给予解释。村庙可以说是对于每一个村民来说都是需求的，并且这样的需求联系到他们的日常生活，这样的需求也有着很大的传统性，据村民说，在一定程度上，"它还是村庄的象征"。修路就不一样了，"反正有路没路都可以过"，对于有些农民来说他不会想到路能带给他有多大的长远发展，这就是农民的逻辑。

游神、唱大戏文化：游神、唱大戏是村内每年必有的新春活动。对于游神，村里老年人都会把它看得很庄重，也许可以说他们都很迷信于神。神的观念在大部分老年人心中是神圣的，他们说，"神能带来平安，能保家运……"。许多老人在遇到困难及麻烦时，在很大程度上还相信于神的幸临，他们认为这是一种宿命，这也许也反映了农民生活的"无奈"心理。游神对于村里的年轻人看来，那只是一个新年的喜兴活动。年轻人只在乎那种游神的气氛，他们参与游神很大程度上都是处于一种"好玩"的心态。他们对神的看法是，"哪里有什么神，我只相信我自己。"对于村里唱大戏活动，戏唱的主要是粤剧。唱大戏是村里一个很悠久的传统性活动，最初的唱大戏主要是唱给"神"看的，全村人出钱来请人唱给"神"看，最后演化成了给"人"看的传统了，也成了既唱给神看，也唱给人看。

其实，对于村里的一些年轻人来说，他们也热衷于追寻那些"现代化"的生活方式：上网、唱卡拉OK、泡酒吧、看球赛（据了解大多是为了赌球，所以在此给看球赛贴上一个"现代"的标签）等。虽然村中没有提供这样的生活的设施，但他们可以"不远万里"跑去镇上去追寻这样的生活方式。抛开这种生活方式本身的负面性不说，那么似乎可以这样来理解，也唯有这样来理解：这从侧面反映出了"现代化""城市化"的力量；或者说，"现代化""城市化"对乡村娱乐生活方式有了很大的冲击。"城市消费主义"在乡村的年轻人身上已经产生了很大的影响。然而，现代并未取代传统活动，保留着很大部分的"传统"特色，只是经过村中"人"的运作，使其变得不是那么的"纯"味了。若从变迁角度上来分析，那么人的变迁似乎是超越了村落的变迁。在村落文化的不断变迁中，上能村村民保持了传统对共同宗族精神的积极性，比如在宗族活动中大家的捐款比较积极，这说明从精神层面来理解，礼俗社会为村落共同体提供了稳定的秩序，在传统中能找到农民精神上的合作空间，农民在精神层面是存在有合作意愿的，如何将宗族文化认同上的精神合作，转换成新农村建设过程的理性合作需要进一步的研究。

经济上的合作空间。从经济层面看，实验组期望社区发展与人的发展能够统一在新农村建设的具体过程中。农民民主能力的提高是实现村庄可持续性发展的主要推动力，实验组在调查中发现上能村经济上的合作空间主要表现在以下几个方面：

（1）西红柿问题。上能村西红柿种植有着较长的历史，曾出口过日本、中国香港等，但近年来，品质不断下降，影响了农民收入的提高。另外，传统的生产经营模式使孤立的农户无法应对变幻莫测的市场，西红柿售价最高时每市斤 0.8 元左右，最低时仅几分钱一斤。如何提高农民进入市场的组织化程度以降低其面对的市场风险也是需要认真考虑的问题。

（2）水利问题。上能农田靠近 325 国道，由于国道路基抬高以及涵洞设计上的缺陷导致排水不畅，当然河道淤积也是易遭水涝的重要原因。据村民描述，每逢雨季国道附近的农田就浸在一片汪洋之中，给农业生产带来巨大损失，上能村是纯农业地区，每当下雨，很多农田都会被水淹没，如果不搞好农田基本水利工作使农民的生产得到发展，农民的收入就不会有基本保障，传统的西红柿种植也不可能发展成为具有竞争优势的产业。农民要求解决排涝问题的呼声较高。

（3）土地流转问题。农地制度也是农户反映较多的一个问题。地块分散，面积狭小不利于提高农业的规模经营，土地流转困难使从事农业生产的农户无法利用规模优势。对于土地的调换情况，有 21.5% 的村民表示有调换过；有 36.0% 的村民表示没有调换过；其中有 0.4% 的村民表示不太清楚。调换的方式主要是用耕地换耕地，耕地换宅基地。可见村中的宅基地十分紧缺，甚至于在耕地十分紧缺的情况下还要占用耕地做宅基地。对是否愿意大片承包这个问题，有 32.7% 的村民表示愿意，有 22.9% 的村民不愿意，有 1.3% 的村民表示不清楚，因此可以说村民具有很强的承包意愿。

依据上述分析来看，上能村村民存在诸多的合作意愿与合作空间。从合作的主体来看，毫无疑问的应该是农民，只有主体积极参与合作的情况下，才有可能真正实现社区与人的共同发展。实验组认为参与能力不断提高，可以保障参与目标的实现；可以扩大农户和社区组织在资源利用与公共事务中的决策权，能够增强村民自我发展的信心与能力。因此，实验组在项目启动和实施过程中始终强调村民作为参与的主体，使村民学会并提高参与调查、分析、计划和行动的能力，最终提高村民参与过程中的自我选择、自我实施和自我管理的能力。此外，实验组认为，作为民主的前提条件"理性"可以在参与的过程中得到培育，通过合作而不是纷争，生活才展现出无限扩展的一面，人与人之间的信任会增强，表达、沟通、合作能力在精心设计的项目实施中更会进一步地发展起来，由此形成一种"心灵上的合作习性"。授人以鱼，不如授人以渔，只有农民具有了掌握自己命运的能力，基层民主的发展才是可持续的。

(二) 四个样本村的测评结果

基于上述的调查分析，实验组对农民合作能力的现状认识主要有以下几点：一是农民普遍存在着合作需求，诸如成立专业经济合作社、住房改造、公共卫生设施、土地互换或转包租赁、信息共享、农机购买等；二是农民对合作组织知识了解欠缺，不愿意参加诸如合作社等相关知识的培训；三是农民合作组织缺乏带头者、组织者；四是农民合作组织缺乏制度化的组织渠道，农民普遍感觉注册民间组织困难；五是干群之间信任、农民之间信任半径降低，以血缘、地缘结构而成的传统信任网络瓦解，契约信任、合作信任等现代型信任网络尚未形成，农村普遍缺乏对现代社区共同体的认同，由此造成信任缺失，而现代农民合作组织得以成立的前提条件便是重构社区成员之间的信任网络。

此外，四个实验村普遍存在大规模经济作物种植的合作空间，如欧村的水蜜桃种植、上能村的西红柿种植、广育村的仙人草种植等。但四个实验村尚缺乏专业型的经济合作组织，即便有所尝试也大都以失败告终。与之不同的是四个实验村中普遍存在着以宗族认同为基础的祭祀合作,以祭祖理事会为例,祭祖理事会具有超强的组织动员能力,社区成员普遍接受并积极参与。祭祖理事会有着完善的组织机构、管理制度,除了承担传统的祭祖活动外,祭祖理事会还常参与村庄公益事业建设。宗族复兴的利弊在学界一直存在争论,一种观点是宗族文化都崇尚光宗耀祖、遵纪守法、助学救难,和睦相处,甚至部分村庄内矛盾不用通过政府,宗族内部可以实现自我调节。另一种观点是宗族意识的强化容易使村民间的个体冲突引发为宗族间的群体冲突。如孙中山先生所言:"中国人对于家庭和宗族的团结力非常大,往往因为保护宗族,宁肯牺牲身家性命。但从现代性的观察角度,实验村的宗族性质已经有了新变化,宗族虽然能主导村庄中的部分事务,甚至影响选举的结果,但宗族之间的派系纷争已经逐渐淡化,不同派系之间甚至有了合作。"

五 普通村民的监督能力

在村民自治的四个核心内容中,民主监督是民主选举、民主决策、民主管理有效实行的基本保障。它是贯穿于村庄治理运行整个过程的一项重要功能,是为了防止个体利益危害整体利益而存在,也是维护村庄正常治理秩序、实现村务管理而对村庄公共权力实施的一种必不可少的调整和控制措施。[1] 从村民自治的实践过程来看,由于制度性建设缺失、监督能力不强等原因,民主监督成了村级民主中最为薄弱、最难以发挥效率的环节。依据实验组对四个实验村的基本调查,影响村级民主监督的主要因素有:乡镇人大代表的代理能力、村干部的基本素质、村民代表的代理能力以及普通村民的表达与合作能力等。本次调查的对象除四个实验村外还包括最先试行监事会制度的蕉岭县三圳镇芳心村,在芳心村之后试行监事会制度的油坑村、高场村、上村村,同时为了便于比较和发现问题,调研中还对地处芳心村附近的福北、招福两村的部分村民和村干部进行了重点访谈。在芳心村的调研包括访谈村干部、监事会成员及部分村民,向村民、村干部、村监事会成员共发放问卷120份。

---

[1] 卢福营:《农民分化过程中的村治》,南方出版社2000年版,第178页。

（一）村民的监督意识淡薄，监督意愿不强

从实验组调查问卷结果中可以看出村民的意愿和无奈，对"您觉得谁应该在村干部监督中发挥最重要作用？"这一问题的回答，37.8%的村民赞成主要由上级机关来监督村干部，而赞成由本村村民来监督村干部的占45.9%；对"您认为完全由本村村民来监督村干部是否可能？为什么？"这一问题的回答中，认为可能的占37%，认为不可能的占63%，回答可能者给出的主要原因包括"村民了解村里情况，实际了解村干部的作为"，而回答不可能者的主要理由则是"村民的力量不够大、村民的监督能力不强、怕得罪村干部等"。由此可见，在现阶段我国村民自治民主监督乏力的情况下，由国家组织乡村社会和村民力量来进行民主监督，具有一定的现实性和必要性。

影响村民的监督意识主要因素有自身的文化素质、政治认知及所处的社会文化环境等。从过去的历史记忆中我们看到的是儒家倡导的"礼治"传统。在王权政治的漫长统治中，普通民众只能成为被治理的对象，这种传统文化深植于以土地政治为中心的乡土社会中，尽管现代社会较之传统社会，人们的文化素质有了一定提升，但长期生活在乡土社会中的农民文化素质依旧不高，这些外在和内在的客观环境决定了村民的监督意识淡薄。

伴随现代信息社会的飞速发展，现代技术监督的要求越来越高，是否具备现代监督意识是充分实现民主监督的必要条件。在现实中，一方面部分村干部的民主法制观念淡薄，对民主监督心存疑虑，担心自身权威被削减，因而不愿接受监督，甚至对民主监督存在抵触情绪；另一方面受传统儒家思想的束缚，村民生活在熟人社会编织而成的圈层社会中，以和为贵，胆小怕事成为大部分村民的生活价值观，加上社会化小农面临的生存压力与监督成本，村民要么不敢监督、要么轻易被监督对象收买拉拢，这些因素都导致了村民的监督意识薄弱。

监督是一个双向的互动过程，村干部如果不愿意接受监督就会对监督机制做出抵制反应，如何让村干部意识到民主监督的重要性？受监督是对村干部的一种保护，被监督后的权力会因其合法性授权而更有力量，监督的作用不仅仅在于能够防止权力的滥用，还能在很大程度上使权力的运行更加透明，增加公共权力的合法性。现实中村干部是否能理解自身权力需

要被监督？针对上述问题，实验组对四个实验村的村干部进行了监督意识测评，结果如下表所示：

表 3.8　　　　　　　　您认为是否有必要监督村委会干部？

村民监督是否必要	样本数	有效百分比（%）
有必要	42	52.5
非常有必要	38	47.5
合计	80	100.0
缺失值	2	
总计	82	

由上表可见，在测评村干部受监督意愿时，实验组采取的是程度性考察，只设置有必要和非常有必要两个答案，其目的是考察村干部对监督重要性的认识程度。52.5%的受访村干部认为有必要，47.5%的受访村干部认为非常有必要。由此可见村干部虽然认识到进行村务监督有必要性，但认为非常有必要的村干部比例低于有必要的村干部，这说明村干部还没有完全认识到受监督的重要性。

（二）村务公开不规范，村民不信任公开的内容

村级民主政治建设，尤其是实现"民主管理、民主监督"的目标，最关键的是健全村务公开制度。由于村级民主的发展尚处于起步阶段，村务公开由于各方面的影响，至今尚存在许多问题。村务公开作为民主治理的重要内容，村干部应当是村务公开的主动群体，村务信息是在村庄开展活动过程中产生的，是村干部与外界尤其是上级部门互动过程的产物，因此村干部应当积极主动披露农民最为关注的信息。农民最为关注的信息是什么？村干部是否了解农民最为关注的信息是衡量村干部民主素质的重要参考，针对此问题实验组对四个实验村进行了问卷调查：

在村务公开内容中，村民主要关注的是村庄财务开支状况。其他诸如村庄发展规划、工程招投标、法律知识并不被村民所重视，日益增多的村干部腐败现象是村民对村集体经济密切关注的另一重要原因。长期以来村干部习惯了"口袋账"的管理方式，垄断了原本应该让普通农民了解的

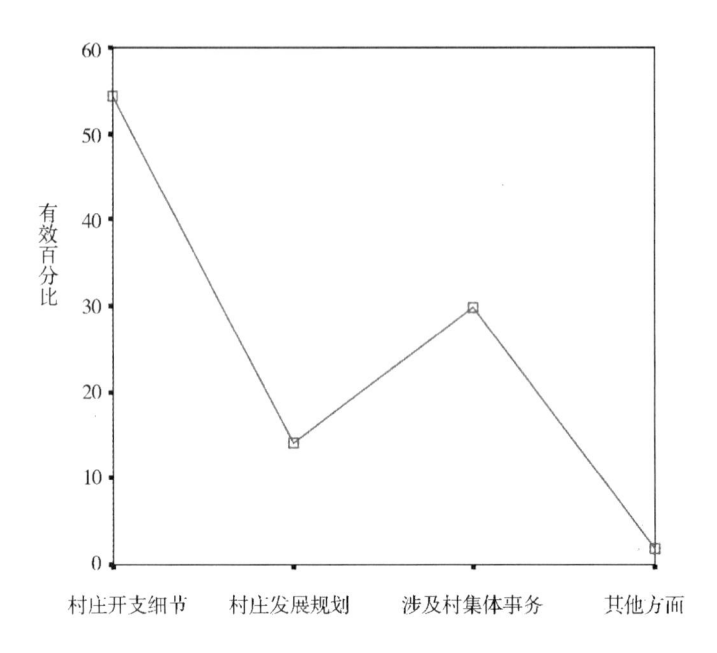

图 3.12 您认为村民在村务公开中最关注的内容是什么

信息，这不仅造成了村民对村干部的信任危机，也助长了村干部的腐败行为。因此，必须鼓励村干部积极主动地公开相关村务信息。

从实验组的观察来看，四个实验村的村务公开的内容都不够具体，主要表现在：一是对集体经济的收入、债务成因、干部的酬劳、招待费明细等较为敏感性的财务问题，公布得较为笼统；二是村务公开的内容大多张贴在村委会院内，村民不方便及时了解村务公开的最新信息；三是部分村委会公开栏设置简单，容易被雨水破坏及人为破坏，形同虚设流于形式；四是只公开事务的结果，对事务的具体过程掩盖，尤其涉及村集体重大招标工程通常只有事后公开，事前的信息群众很难了解到。

（四）监督环境堪忧，监督渠道不够畅通，监督机制缺乏可操作性

我国现阶段的农村处于乡镇政府与村民自治的共同管理之下，村委会的权力主要来源于两个方面：一是受上级政府的委托和指导，掌握由国家权力机构赋予的行政管理权和来自国家权力赋予的权威；二是通过村民选举，获取通过村级制度确定的村庄公共权力。从这两种权力的来源和分配上看，其运行和发挥作用都需要来自权力赋予者的监督。但是在事实上，

权力赋予者的监督却难以发挥作用，失去监督的权力在村庄肆虐，对农村的稳定和发展带来极大的危害。因此，"在村民自治的实践中，应着重于民主选举和民主监督，以此带动民主决策和民主管理。在现阶段，对于村民来说，最重要的是加强民主监督，以促使村委会干部的决策和管理活动尊重民主，尊重科学。"[1]

现阶段的村务监督条例主要依据《村委会组织法》建立起来的村民会议制度、村务公开制度和民主评议制度等。现实中由于不同地区的村情差异很大，这些制度在实践的过程中并不理想，这其中最大的问题是监督程序不健全、监督渠道不畅通。主要表现在：一是监督主体不明确导致同级监督很难生效；二是监督标准不统一导致监督主体分不清楚需要监督的内容；三是监督主体缺乏独立性和权威性，就村民自治的内部监督而言，除了村级党组织的监督以外，目前的监督机构主要包括村民会议和村民代表会议、村民监督小组和民主理财小组等。现实中许多村庄的村民会议很难召开，村民代表会议同样召开难，由此造成监督机构的操作性或权威性明显不足。此外，乡镇人大代表的代理渠道缺失，代理人一方面受自身素质的制约不愿意积极主动地传达村民代表的相关监督意愿；另一方面在稳定压倒一切的政治生态下，乡镇人大代表的履职意愿明显倾向安定现状而非积极主动地实施监督。

依据上述分析可见，现阶段的村务监督面临着诸多的制度性障碍以及缺乏相应的法律保障，在实验组对实验村干部的调查中发现，在评价哪种监督方式最有效时，新闻媒体的监督效果凸显如下表所示：

表 3.9　　　您认为新闻媒体对村干部有没有约束与监督作用？

媒体监督是否有效	样本数	有效百分比（%）
有	65	83.3
没有	13	16.7
合计	78	100.0
缺失值	4	
总计	82	

---

[1]　徐勇：《中国农村村民自治》，华中师范大学出版社1997年版，第228—229页。

村干部受监督的方式主要有来自上级部门的监督，来自村庄内部的监督，以及来自社会的监督。依照上表所示，83.3%的受访村干部认为媒体监督比较有效果，由此可见，在沿海发达地区舆论监督依然是农村监督的重要方式。因此能否把新闻媒体尤其是涉农的新闻媒体引入进村务管理当中，一方面发挥新闻媒体相对独立、公信力较强的监督优势；另一方面可以在具体的监督个案中培育村民的公共监督意识。在上级监督缺位，尤其是我国行政村数量众多，上级机关人手不足，并且也不可能了解每一个村的实际情况下，完全由上级来对村干部进行监督不现实。再加上同级监督难以起到有效作用，以及村民监督难以操作的现实环境下，新闻媒体对村务管理的介入以及地方政府的主动引导将会培育村民的监督意识，提升村民的监督能力。

小 结

本章在翔实的数据调查基础上，着重分析实验村村民的民主能力现状，一方面考察了构成农民民主能力的基础性能力有哪些；另一方面考察了影响农民民主能力的外部变量。具体而言主要包括：代理人的代理能力、村干部的综合素质、村民代表的基本素质以及普通村民的表达、合作、监督能力，从数据调查分析的结果来看，当前农民的民主监督能力具有以下基本特征：

第一，代理人的代理能力较弱，普通村民无法依靠代理渠道实现自身的民主诉求。从调查结果来看：一是乡镇人大代表的履职责任感不强，不能全心全意为所代表的选民服务；二是部分代表的知识水平较低，不能胜任代表工作；三是有些代表的政治技能较差，不能将选民的利益要求，通过自己的代表渠道反映出来等。此外，把乡镇人大代表与经济发展做相关性比较后发现，乡镇人大代表的素质高低与经济发展水平呈正相关。这说明经济发达镇的人大代表更具主动性，经济越发达人大代表越具有更多的利益动机去关注议案并参政议政。与之相反的是经济欠发展镇的人大代表虽然知识水平不弱于经济发达镇的代表，但很明显的是由于经济发展水平低而造成参政议政的热情与动机冷淡。

从村庄内部的代理情况来看，村民代表的文化素质普遍偏低，村民代表普遍缺乏沟通能力和协调能力，他们并不积极主动关心村庄公共事务，更缺少将所收集到群众意见向上级进行反映的能力，没有真正履行好村民代表的职责。此外，在观察中还发现，四个实验村同时出现村民代表会议召开难，村民代表只有在收到一定误工费用的情况下才愿意参加相关的村民代表会议，由此看来，村民代表不仅仅缺乏基本的代理能力，而且连其参与村民代表会议的动机都充满了矛盾。

第二，村干部的文化素质与过去相比有了较大的提升，但伴随现代民主的不断发展，村干部文化素质依然不能满足现代民主建设的需要。村干部的竞选意识薄弱，人情、关系依然是推动选举的支配性力量，在市场理性的驱使下，村干部的营利性的经济思想容易滋生村庄腐败进而影响村庄的民主治理。依据调查数据，初中文化的中年男性村干部是村干部群体的主力，这与过去历史时期相比，村干部的文化水平有了较大的提升。但相对于日益发达的市场经济、日新月异的信息社会以及现代民主技术手段的不断更新，村干部的初中文化依然难以适应现代民主技术的需要。当前乡土社会体验到的民主选举依然是人情选举、关系选举。村干部的价值取向逐渐由过去的"国家代理人"向"盈利型经纪人"转变。在上述选举逻辑的支配下，农民在选举村干部时候，除考虑经济发展水平、宗族派性因素外，农民的主观政治感受等因素也直接影响着选民对村干部的判断。村干部的文化水平不是群众在民主选举中最为关注的，做事是否公道正派，能否带领大家致富成为沿海发达地区农民对村干部最为迫切的要求。

第三，普通村民的表达能力受到自身素质偏低、表达机制不够完善、表达渠道不够畅通等相关因素的制约，表现出表达意愿不足、表达方式缺乏理性、越级上访以及集体性事件成为基层政治表达的显著特点。从实验组的调查来看：一是农民表达能力强弱与经济发展程度成正相关；二是普通村民对与之密切相关的"三农"政策了解程度非常低，农民最在乎的是农田水利、农业补贴与合作医疗等政策；三是普通村民的语言表达能力差，宪政常识掌握也不好；四是普通村民普遍受教育程度较低，农民不愿意积极主动参与培训、学习；五是农民缺乏制度化的利益表达渠道，乡镇人大代表对基本的"三农"政策，权力救济渠道了解不深，语言表达能力较差，政策法律学习积极性不高。

第四，普通村民普遍存在着相互合作的需求，但村民对合作知识缺乏了解，相关政策法规不够健全和灵活，再加上农民生活在传统社会结构而成的圈层网络中，对现代合作理念缺乏认识，以契约信任为基础的现代型合作尚未建立，农民难以形成可持续的合作关系。依据调查数据，农民普遍存在着合作需求，诸如成立专业经济合作社、住房改造、公共卫生设施、土地互换或转包租赁、信息共享、农机购买等。但农民对合作组织知识了解欠缺，不愿意参加诸如合作社等相关知识的培训。农民合作组织缺乏制度化的组织渠道，农民普遍感觉注册民间组织困难。此外，干群之间信任、农民之间信任半径降低，以血缘、地缘结构而成的传统信任网络瓦解，契约信任、合作信任等现代型信任网络尚未形成，农村普遍缺乏对现代社区共同体的认同，由此，造成信任缺失，而现代农民合作组织得以成立的前提条件便是重构社区成员之间的信任网络。

第五，普通村民的监督意识薄弱，监督意愿不强。受自身的文化素质、政治认知及所处的社会文化环境等因素的制约，村民在现实中表现出胆小怕事的生活价值观，加上社会化小农面临更多的生存压力与监督成本，村民要么不敢监督、要么轻易被监督对象收买拉拢，这些因素都导致了村民的监督意识薄弱。此外，由于村务公开的内容不够具体和规范，农民普遍不信任公开的内容，在村务公开内容中，村民主要关注的是村庄财务开支状况与集体事务，其他诸如村庄发展规划、工程招投标、法律知识并不被村民所重视，这说明群众只关心与自己利益密切联系的经济事务，对村庄其他公共事务缺乏关注意识。在上级监督缺位，同级监督困难的现实情况下，新闻媒体对村务管理的介入，以及地方政府的积极主动的引导将会培育村民的监督意识，提升村民的监督能力。

第四章 民主方略第一步：农民的表达能力建设

民主的词源学含义为人民的统治或权力，由此看来，民主是一项与"民"有关的政治统治。依照科恩的观点，民主即民治，民主是一种社会管理体制，在这种体制下社会成员大体上能直接或间接地参与影响全体成员的决策。[①]"方略"一词的基本解释是计划、方针和策略。民主方略合在一起是指实现民主的方针和策略。民主是外来品，在古代中国的历史记忆中找不到可供参考的具体经验，近代中国虽然有了学习和发展民主的相关尝试，但仍旧没有成熟的方针、策略可资借鉴。当下普遍兴起的村民自治使得"民主"一词扎根于中国乡土，开辟出一块崭新的民主试验田，但从村民自治的实践过程看，乡土农民习惯于耕耘农业田，如今对民主田却是望而却步，原因在于农民既缺乏耕耘民主田的理论知识，又缺乏开垦民主田的相关技术知识。从农民的耕耘动机来看，辛苦种植农田，学习农业技术能够带来农业生产利益的回报，农民尚不清楚耕耘民主田，学习复杂的民主技术能够带来什么利益，由此可见，利益是驱使农民作出学习民主知识的原动力。因此，笔者认为民主方略的第一步应当从利益着手，让农民学会辨别利益，并学习掌握正确的表达方式提出自己的利益主张。

一 利益、表达与民主

利益从来都是解释社会行动的一个关键性因素，"在'利益'这个范畴里，可以根据行动者为了相似的预期而作出'目的合理性'取向来理

[①] [美]科恩：《论民主》，聂崇信、朱秀贤译，商务印书馆2007年版，第10页。

解他们行动的一致性"。① 利益、表达与民主之间从来都不是孤立存在的，研究并分析三者之间的内在联系是我们理解农民民主能力的前提。

（一）利益与民主的关系

所谓利益就是主体在实现其需要的活动过程中通过一定的社会关系所体现出的价值。② 简而言之，利益就是在一定的生产基础上获得了社会内容和特性的需要。它以三方面的因素构成：利益的心理基础是人们的需要。需要是利益的主观基础，利益是需要的社会形态。在现实世界中，每个人都有许多需要，而且是无限的和广泛的。这就决定了利益的内容也是丰富多彩的，人们对于物质的需要和追求，构成了物质利益的基本内容，而对于精神生活的需要和追求，构成了精神生活的基本内容。从利益的角度来看，民主代表着一种利益均衡机制，它为利益主体解决利益冲突提供了一种相对公正的分配机制。

民主不能单独存在，利益是民主存在的实物基础，民主是利益的实现方式。从古典民主到近代民主，有关民主理论的研究都只看到了民主的制度形式，而没有进一步探究民主原则的实践和民主机制运行的内在动因及结果。徐勇教授认为："尽管古希腊政治学开创者亚里士多德提出了'人是天生的政治动物'的命题，但只是就人离不开城邦（国家）共同体而言的，对于人为何要从事政治活动却没有给予合理的解释。只有马克思主义的利益观才对政治的动因和结果给予了正确的回答。"③ 由此看来，民主代表着一种"利益均衡机制"，即通过大众的共同参与，使得权力资源得到合理配置，进而使得利益主体的利益需求能够得到最大限度的满足。

（二）表达与民主的关系

"表达"一词从词典上来看为动词，强调的是一种主动行为，即将思维所得的成果用语言、语音、语调、表情、行为等方式反映出来的一种行为。表达以交际、传播为目的，以物、事、情、理为内容，以语言为工

---

① T. 帕森斯：《社会行动的结构》，张明德、夏遇南、彭刚译，译林出版社 2003 年版，第 728 页。
② 张江河：《论利益与政治》，北京大学出版社 2002 年版，第 101 页。
③ 徐勇：《民主：一种利益均衡的机制》，《河北学刊》2008 年第 3 期。

具，以听者、读者为接收对象。从上述定义可知，表达是作为个体的一种能力。依照科恩的观点，民主的两个基本前提是"社会"与"理性"，社会作为第一前提涉及的是人与人的关系，是民主进程的基本结构。理性所涉及的则是这种关系的性质，必须假定所有成员至少具有参与公共事务所要求的基本能力，这些基本能力概括起来就是理性。在他看来一个理性的人，至少应该具备两种能力，一是设想一种计划或掌握判断或行动规则的能力；二是在具体情况下运用这一规则，或按照行动计划办事的能力，在此基础上要求理性的人必须能清楚表达思想，与人讲理的能力。[1] 由此可知，理性表达是民主的基本前提，表达作为政治过程的起点是民主政治建设第一步要实现的。表达作为民主政治建设的起点，为民主提供了必要的前提，民主规则与民主程序则为表达提供了科学化、制度化的表达渠道。无序的、非理性的利益表达既不能提供解决问题的有效途径，也不能推动民主政治建设进一步发展。因此民主方略需要科学、理性、有序的利益表达，通过理性表达实现政治权力的科学分配，进而实现利益资源的有效整合，建构出合理有序的民主秩序。

（三）利益表达与民主建设

民主与表达都与利益有着密切的联系。利益表达是指人们能够正确识别出自身利益，并有能力表达出自身利益需求。历史上中国农民沉溺在儒家伦理的教化下，农民习惯了为民做主而非由民做主，普天之下莫非王土，整个王权利益至上的封建社会农民逐渐泯灭了对自身利益的认识，农民既没有表达利益的渠道也没有表达利益的能力。近代中国，在"五四"精神的熏陶下一批知识分子开始了民主自觉，乡村社会有了一定的尝试民主的空间，但普通民众缺乏相应的民主素质及基本的条件，其结果农民依然没有学会正确的利益表达，民主政治建设处于朦胧阶段，中华人民共和国成立后为了迅速巩固新生政权，民主政治建设经历了疾风暴雨般的爆发式增长，以土地运动、人民公社、村民自治为标志的政治动员为基层民主提供了一定的利益诉求空间，但早期的民主建设仍然是为加强国家的政治需要服务而非以农民为主体的社会能力建设为目标，农民在运动中学会的

---

[1] ［美］科恩：《论民主》，聂崇信、朱秀贤译，商务印书馆2007年版，第10页。

是被民主、被表达，国家利益淹没个人利益，农民的利益表达处于混乱无序当中。

村民自治的出现为农民群众提供了加强社会建设的自治空间，民主建设进入了新的社会发展时期，但从村民自治的实践效果看，基层民主社会建设仍处于起步阶段。依据南农实验组对四个实验村的现状评估来看，农民的利益表达依旧薄弱，农民普遍存在着不能正确识别自身利益的状况，政策法规掌握程度较低，语言文字表达能力较差，乡镇人大代表参政议政能力较弱，制度化表达渠道不够畅通。分析其原因，笔者认为：影响农民利益表达的因素是多方面的，既有农民自身素质、经济发展程度、村落文化的影响，也有制度创新不足和制度缺失造成的制度供给短缺等原因。

二 利益辨识：表达者的素质训练

(一) 问题

政治表达是指公民通过宪法规定的手段和机会来表达自己的政治观点和政治态度，从而影响政府政策的行为过程。政治表达手段主要包括政治集会、政治请愿、政治言论等制度性表达和非制度性表达。政治表达主要是通过汇集一种集体效应使政府明确感受到某种利益要求和支持意向，来影响政府的过程。因此，政治表达就是政治主体的利益表达。从中国农民的日常政治实践来看，农民的利益表达能力受制度、素质、文化等因素的制约。长期以来由于纵向的集权治理模式，农民习惯于在利益面前沉默，国家利益、集体利益至上的集体利益观使得农民的个体利益意识欠缺。

依据实验组对样本村的观察，当前村级民主的利益表达群体主要有：乡镇人大代表、村民代表、村干部、普通村民等，表达群体的素质现状堪忧，一是乡镇人大代表文化水平偏低，对国家政策法规掌握程度较低，学习意愿不强；二是村民代表的角色意识淡薄，工作积极性不高；三是普通村民的受教育程度不高，语言文字能力较差，对与自身利益密切相关的政策、法规了解程度偏低；此外，在四个实验村村干部群体的性别结构方面，男女比例相差悬殊，男女参政比例依然严重失衡，妇女的参政意识及参政地位并没有因经济发展而得到改变。

（二）方案

方案之一：政治能力训练

表达能力是理性农民必须具备的基本能力，也是实现民主社会的前提条件。作为实然的民主并不需要特殊的政治能力，例如：处于原始民主时期的普通民众就在实践中学会了抽签、投豆子、陶片放逐等民主技术。但作为应然的民主应该是什么？则需要通过专业化政治设计去完成。因此，尽管当前的农民具备了一定的文化基础，不再处于文盲之中，但普通的文化教育仍然不能代替专业的政治能力训练，尤其是从外部为有几千年文化基因的中国农村社会机体植入一个崭新的"民主"器官，这其中既需要有以知识分子、政治家为代表的专业医生，也需要被植入者掌握一定的相关知识以及做好被植入的准备。在此背景下，实验组展开了以新型农民为切入点的政治能力训练，其目的是通过政治训练，让表达者具备辨别自身利益的能力。

何谓新型农民？其基本要求有以下几点：一是有知识、懂技术、会经营；二是思想观念不断更新；三是组织化程度不断提高的农民；四是生活宽裕的农民；五是就业充分的农民。与意见中的要求相比，四个实验村的村民显然达不到新型农民的特征，为此，南农实验课题组在四个实验村分别展开了集中式授课培训、座谈式培训、事件参与式培训，项目参与式培训，外出参观式培训，培训的主要对象有乡镇人大代表、村民代表、农民合作组织成员、普通村民等。

实验组旨在希望通过一系列培训，使得农民在识别自身利益并经由制度化渠道获取利益的能力得到明显提升。具体培训情况见表4.1：

为了使得上述培训取得良好的效果，实验组在培训之前依据需求评估调查得出的数据，组织人员编写出培训教材《新型农民实用手册》，针对广大农民普遍文化程度不高的特点，课题组还为其量身编排了相关旨在提高其阅读兴趣的相关专栏，诸如：家庭百科、万年历、顺口溜等，这种通俗易懂的农民读物深受农民喜爱，培训结束后，从笔者多次被村民讨要该手册的具体事例中可见其受欢迎程度以及培训的效果。

除上述外，南农实验博士宣讲团是保障新型农民培训成功进行的重要组成部分，在培训项目实施前，笔者依据实验村村民的需求意愿，制定出

表 4.1　　　　　　南农实验四期新型农民培训班概况

培训地点	培训时间	培训对象	培训数量	培训内容	发放教材
蕉岭县广福镇政府	2008年10月	村委干部、村民代表、片长、普通村民、县乡干部代表	100人	政策、法律、农业科技、文化知识、合作医疗	100本《新型农民实用手册》
连平县上坪镇政府	2008年12月	村委干部、村民代表、县乡干部代表、普通村民	130人	政策、法律法规、林权改革、农业科技、文化知识	130本《新型农民实用手册》
博罗县石湾镇政府	2009年2月	村委干部、村民代表、乡镇干部、普通村民	150人	政策、法律法规、现代农业、文化知识	150本《新型农民实用手册》
吴川市吴阳镇政府	2009年7月	村委干部、村民代表、乡镇干部、普通村民	170人	政策、法律法规、土地流转、文化知识、合作医疗	170本《新型农民实用手册》

有针对性的培训内容，由于不同地区存在的问题有很大的差异性，实验组在培训内容上与受训主体进行了详细的沟通，在掌握受训主体的需求意愿后，笔者与实验组成员先后到武汉、广州、湛江、梅州等地邀请相关培训教师，这些培训人员大部分具有博士以上学历，研究领域涉及农村。在此基础上，我们筹建了南农实验博士宣讲团，宣讲团成员首先对实验村的基本村情进行了详细的调查了解，然后依据需求意愿制订出培训计划，我们要求所有的培训内容要做成 PPT，其目的不仅让农民听到声音还要看到图像，这是从农民接受现代知识能力较弱的客观现实出发考虑的。宣讲团成员大都年龄在 30 岁左右，对农村有一定的了解，责任感强，这便于其对培训工作的投入。除集中培训外，实验组还邀请博士宣讲团深入村庄现场

指导，让村委干部与博士服务团成员面对面交流，现场解决问题。南农实验博士服务团的建立极大地提升了新型农民培训项目的培训质量。从后来媒体报道的《博士写讲稿，村官不满意》一文中，可以看出经历过相关培训后的村干部的表达能力得到很大的提升，对政策与法律的理解也更加深刻。

方案之二：知识能力提升

2007年，中央提出了"农家书屋"工程的建设作为农村文化建设工程的一部分，主要任务是"为广大农民普及科技知识，传播先进文化，提供精神食粮，体现人文关怀，努力满足广大农村群众最基本的精神文化需求和多方面文化消费的需要"。农不重师，则农必破产，传统中国农民受教育程度较低，接近80%的农民处于文盲水平，中华人民共和国成立后虽然开展了扫盲运动，以及推行了九年制义务教育，但相对于日益发达的信息社会、现代化农业，农民的教育现状依然滞后，民国末年的乡村建设运动，大都寄希望于用教育拯救民族国家。如今，现代化国家构建已成为现代化的必然选择和推动力，而现代国家至少包括两个不可分离的部分，一个是作为领土单位的民族国家，一个是作为政治制度的民主国家。但中国现代国家建构所要面对的却是一个有着数千年农业文明传统和主要人口为农民的社会。建构现代国家，人口占绝大多数的农民成为决定性的政治力量。因此，现代化国家构建的过程中我们必须将现代化的知识传授给农民，村民自治作为基层政治最重要的力量，同样承担着平民自我教育的重要使命。

对农民教育不同于在校大学生的教育，课题组通过调查显示，农民不喜欢课堂式的教学，更希望于在解决问题中接受现代知识。为此，课题组制定了农村教育的两大原则：一是不妨碍农民的农作；二是传授知识尽量贴近他们生活。在三个村中，最早开展送书下乡和图书馆建设的是欧村，其次是铁场村和上能村。下表将三个村的基本情况进行了对比。[1]

值得反思的是虽然在图书馆建设前课题组进行了问卷调查与访谈，村委以及村民都非常支持建设图书馆，但据欧村图书馆借阅登记来看，建馆之初日借阅量在15人次，这对课题组及其参与建设的各种民间力量来说是极大的鼓舞。然而，时隔不久，在短短不到半年的时间，三个村的图书

---

[1] 南农实验课题组：《图书馆工程调查分析》。

表4.2　　　　　　　南农实验乡村书屋工程建设情况统计

	欧村	铁场村	上能村
经济发展水平	贫穷、落后	工业较多，经济发达	经济一般
历史传统	典型的家长式村落	历史悠久，可追溯到新石器时代	建村400多年，房族矛盾突出
村庄形态	自然村	行政村	自然村（两个组）
人口情况	41户201人，青少年占25%。在调查的32户中18%选择平时看书。	1514户6345人，其中劳动力3739人。另外来务工人员10000多人	400多户2000多人。村庄内部以老人和妇女为主，青壮年出门外出务工。创业精英较多
经济来源	外出务工和水蜜桃种植	工业、服务业、经济作物种植	外出务工和种植西红柿
图书馆建设	书籍3000多册；报刊10—15份；电脑一台	书籍10000多册；报刊10—15份；电脑两台	书籍1000多册；杂志600多本

馆都走向了没落。半年后的图书馆已经是图书堆放凌乱、大量遗失。短短半年时间前后尽有如此大的反差，问题究竟出现在哪里呢？

此外支教项目是课题组教育训练的另外一个组成部分，主要对象是青少年儿童，师资力量为大学生志愿者，其目的是从小培养孩子的学习兴趣，掌握科学的学习方法，提高语言表达能力，丰富农村文化生活，依据课题组调查，农村孩子的学习兴趣如图4.1所示。

从图4.1中可以看出，大部分女孩都喜欢文艺活动，被调查的20个女孩都表示自己的爱好或特长是唱歌跳舞，有7个女孩同时表示自己也喜欢运动；而男孩则更喜欢体育运动，主要是乒乓球、羽毛球和篮球。从最后一项可看出，孩子们也比较喜欢看电视、玩游戏，总共有11个人表示自己喜欢玩游戏和看电视。除学习外,农村孩子与城市孩子不同的是还要承担大量的家务劳动,主要有烧水煮饭、做菜、喂猪、挑水、洗衣服,遇到农忙时,他们还必须帮忙插秧、收割稻谷和豆、种番薯和粟米、收花生等农活。因此,课题组针对农村孩子的实际情况,科学地设计了寒暑假支教方案,从项目实施过程看,义教活动非常成功。其中欧村、上能村、铁场村分别成立了学习兴趣小组、少儿合唱团、青少年协会。通过义教活动一方面使孩子们的口头表达能力较差,表达形式和内容比较单一的状况得到改善;另一方面实验组也拉近了与村民的关系,取得了村民的理解和支持。

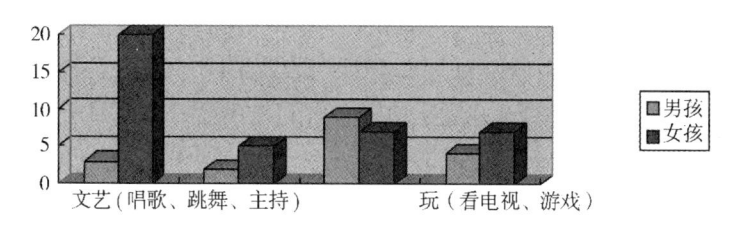

图4.1　农村孩子学习兴趣偏好[①]

方案之三:妇女权益论坛

中华人民共和国成立后,如何把占人口半数的妇女组织和动员起来共同建设新生政权,成为党和国家必须解决的一个重大课题。为此,党和国家再次发动了带有全民性质的妇女解放运动,在政治、经济、文化等方面赋予妇女以平等的权利,从身体和思想上解放妇女。

学术界关于中华人民共和国成立后妇女地位变迁的研究成果颇丰。学者运用政治学、历史学、人类学、社会学等研究方法,研究妇女运动、妇女解放思想、妇女参政、妇女职业、妇女教育、妇女生活及婚姻家庭等层面的妇女社会变迁。然而,由于传统文化的长期积淀,妇女的国家意识、阶级意识、政党意识比较薄弱,文化水平较低,狭隘、落后,缺乏参与意识。然而,妇女作为民主主体的部分是必不可少的,其能力建设与民主的现实密切相关,妇女的能力主要体现在:生育能力、经济能力、社会能力、政治能力。

实验组对四个实验村的观察,南方农村妇女尤其是客家村落中的妇女与内地妇女有着明显不同的地方,一是生育观念相对内地有明显的改善,

① 南农实验课题组：《图书馆工程调查分析》。

一般一个家庭有1—2个子女；二是妇女经济能力强于内地，妇女承担了大量的田间劳动和家务劳动；三是妇女参政议政能力较弱，妇女很少出现在政治场合；四是社会交往能力不高，很多中老年妇女甚至一生都未曾离开过居住地。与内地妇女相同的是南方农村妇女同样有重男轻女的思想，从"吃新丁"文化中就可以窥见一般，吃新丁就是谁家生了儿子，全村人会在一年一度的祭祖活动中给予祝贺。针对妇女权利意识薄弱，实验组设计了妇女论坛的建设方案。2007年2月6日，实验组在上能村文化楼就"子女的成长、教育与就业"及"妇女看村庄发展"两个主题召开妇女交流会。共有50多位妇女与会参与讨论。是该村历史上第一次妇女大会，而且人数众多，甚至超过了该村平常的村民会议。实验组这一举措有效地提升了该村妇女参政议政的能力。

2009年1月6日，广育村举办了第一期妇女学习班，会议由村庄妇女精英钟丽萍发起，在南农实验介入该村之前，广育村历史上从未有过以妇女为主体的相关组织。尤其是在男权主导的客家群落，勤劳善良的客家妇女不仅是农业生产上的主力军，也是家庭生活的主要支柱，笔者感触最深的是每当农田忙碌季节，田间地头大都是妇女在浇水、施肥，客家男人则在家喝茶、聊天。笔者亲身经历的一个事例更加验证了客家妇女权益的弱势，案例如下：

挖鱼塘的客家女

村民黄某与妻子共生育一男一女，儿女全在外打工，由于调研的需要笔者长期居住在该农户家中，村民黄某的农田距离其住所有1000米，其主要农作物有烟草、仙人草、稻谷，在田间管理期间，笔者从未见其丈夫下过一次田，清早其妻子为其做好早饭后就下地干活，中午12时其丈夫骑着摩托车把她接回家做午饭，下午顶着烈日其妻子继续到田间劳作，让笔者惊奇的是他的妻子从未就此指责村民黄某，在她看来客家女人嫁给谁就把整个人交给他了，自己的权益何在就不知道了，村民黄某不仅不参加田间劳动，就连其个人的喜好也要让他的妻子付出辛勤劳动，村民黄某看到别人家的院子附近都有一个属于自家的小鱼塘，他多次告诉妻子他想要一个鱼塘，村民黄某家背靠山坡,门前有一大片空地,于是他就在自家院子前的空地上,丈量出一片鱼塘区,由于路窄,挖掘机开不过来,村民黄某整天为此事烦恼,想请几个村民帮挖,其妻子又怕花钱,看出丈夫的心事后,村民黄某的妻子决定自己开挖丈夫想要的鱼塘,于是乎每天干完农活回来,村民黄某的妻子就抡起铁铲开挖,整整用了32天,村民黄某的妻子终于为丈夫挖出一个自家鱼塘,而其丈夫却从未挖过一次。

从上述案例中,我们可以看出农村妇女权利意识淡薄,尤其是客家妇女根深蒂固的男尊女卑传统,广育村支部副书记钟丽萍对此现象也深有感触,在参加过新型农民培训班后,她主动找到实验组,要求由她负责主办广育村妇女学习班,这种权利意识的觉醒让实验组成员感到欣慰,在实验组支持下,广育村自发组织的第一期学习班,共有22位妇女参加,培训内容为妇女生殖保健,家庭观念转变,妇女参政议政等。

相对于上能村的妇女论坛,广育村的妇女学习班可以说完全是妇女自发组织、自我教育,发起人钟丽萍是南农实验新型农民培训班的学员,之所以钟丽萍有此想法和她的个人经历密不可分。钟丽萍个人综合素质很高,且是党员,多次参与村委干部竞选,然而由于整个广育村是以黄姓为主的典型宗族型村落,因此,钟丽萍多次竞选都未能如愿,最后由村委会集体研究决定,并报上级批准聘任其为女干部,钟丽萍作为广育村妇女政治精英代表,深感妇女政治地位的不高,于是发起妇女学习班,并亲自授课,目前该妇女学习班已经成功举办两届,并形成制度化管理。

(三) 经验

一是代理人的表达能力普遍较低,代理人的表达能力可以通过专业化的政治训练得到提升。

在参加过新型农民培训班后,时任市人大代表的广育村前任书记黄华给该市市委记写了一封意见信,内容是反映该镇退休村干部的养老待遇问题,希望得到上级组织的关心,时隔不久该市就出台了相关政策改善了农村干部的退休养老问题。原因在于村干部兼人大代表的黄华通过政治训练提高了农民辨别自身利益的能力,最终通过非体制内的表达渠道使得问题得到解决。

二是农村文化建设要以农民为主体,农民不喜欢课堂式的教学,也不喜欢通过阅读获得学习知识的能力，农民喜欢一对一的讲解或在解决实际问题中学习知识。

分析其原因主要有以下几点：一是村落文化根深蒂固，传统文化观念尚未消解，现代文化观念尚未建立，尤其是南方乡土文化还保留着浓厚的宗族色彩。生活在山区的农民已经形成了相对封闭的族群文化，他们有着共同的价值取向、生活方式、风俗礼仪，以臣民文化、无字社会、人情面子结构而成的相对封闭型文化圈，很难消解外来文明。二是社会化小农日益理性化，货币压力下的农户需求动机依旧是金钱本位。社会化小农时期，农户家庭的生产、生活已经全方位社会化，农民的吃、穿、住、行以及生产环节的种子供给、信息收集和处理、植保、耕田、插秧、收割、运输、销售已经全方位社会化，生产、生活中的每一个环节、每一个步骤都需要以现金购买服务和商品。① 三是城市化进程导致农村内部文化精英流失。有知识、有文化的中青年大部分选择到城市务工，留守农村的以386199（妇女、儿童、老人）"部队"为主，老人一般不认识字，妇女中部分又被博彩业，如六合彩、麻将等所吸引，中小学生学业繁重。四是管理成本无人分担，乡村书屋无法可持续运营。尽管图书馆项目建设以失败告终，但从现代国家建构与公民文化和公民精神的培育角度来说，乡村文化建设是必然的趋势，是不可逆转的发展方向。如何建设与农民生活密切相关，富有乡土气息，并富有现代文化内涵的新型农村文化是一个值得思考的问题，南农实验的文化建设尝试从反面为我们提供了经验上的准备。

三是妇女表达意识薄弱，参政意愿不强，妇女的表达能力可以通过相应的政治训练得到提升。

通过妇女权益论坛，构造出妇女了解自身权益的公共空间，通过公共意识的培育，妇女参与村庄公共生活的范围越来越大。首先，妇女的主体意识得到提升，激发了妇女对其个人合法权益的重视，妇女开始自觉关心国家政策和法律的制定与实施，把个体的发展同社会发展紧密联系起来，在实践中增强利益表达能力；其次，在基层开办学习班和论坛，为妇女利益表达提供了一个实践平台，有了这样的组织，可以大大提高妇女政治参

---

① 徐勇：《社会化小农：解释当今农户的一个视角》，《学术月刊》2006 年第 7 期。后收录于徐勇教授著《现代国家、乡土社会与制度建构》，中国物资出版社 2009 年版。

与的广度和深度，提高利益表达的层次和影响力。

三 利益联系：从宗族偏好到理性表达

所谓宗族"是由同一祖先繁衍下来的人群，通常与婚丧庆吊联系在一起，并且居住于同一个村庄"。[1] 笔者认为，所谓宗族偏好，系指在同一村落共同体的共同活动中，宗族首领或家族成员利用亲缘性的族群资源去维护或汲取某种公共资源的行为倾向。所谓理性表达，系指居住在同一区域中的全体成员所形成的利益共同体中，共同体成员基于正常的思维，能够识别、判断、评估事实理由以及使个体的行为符合特定目的等方面的职能。在传统社会，宗族在维护村庄秩序中起着重要的作用，族群成员对宗族组织的认同是基于道德力量而形成的家族权威。现代社会是以市场、法治为主导的理性社会，社会成员的认同感基于彼此的利益联系而形成的共同利益感。伴随着市场对乡村社会的逐步渗透以及国家对乡村治理的重组，宗族在村庄社会的影响发生了历史性的嬗变。从宗族偏好到理性表达是私有思想的产物，当下的乡村治理正处于从宗族治理到理性建设的转型期，利益关联是重组宗族个体与理性个体的关键。

（一）问题

南农实验所选择的四个样本村分布于广东省的东部、西部、中部和南部。四个样本村除铁场村已经进入工业化发展时期，传统宗族势力在外来人口的冲击下逐渐消解外，其余三个样本村依旧保持着完整的宗族习性。相对于北方的宗族，南方的宗族保持了相对稳定的发展。这是因为北方最开始是游牧民族，他们过的是飘忽不定的生活，且长期处于战争的状态，南方较少受到战乱的打扰，农民的日常生活保持了相对的安定，由此形成了较为严密、封闭的宗族意识。依据实验组的观察，样本村的宗族问题主要表现在以下几点：一是在村庄内部宗族势力的话语权强于村干部的话语权，宗族表达成为南方农民表达的主要方式之一；二是宗族表达多侧重于维持村庄传统宗法秩序的宗族活动，诸如：修谱、修祠堂、修庙、祭祖

---

[1] ［美］杜赞奇：《文化、权力与国家》，江苏人民出版社1994年版，第82页。

等，较少关注村庄公共事业建设；三是传统宗族与现代村治之间矛盾凸显，复活后的宗族观念容易被大家族操纵，进而对民主选举构成挑战；四是宗族文化传播速度快于现代民主政治文化的传播速度，农民对宗族文化的认同超过民主政治文化。

(二) 方案

方案之一：复活乡绅表达路径

实验组在探索农民的表达能力建设路径过程中发现，乡绅作为一种表达资源可以作为体制外的制度补充，相对于体制内的表达渠道，农民对宗族文化的认同高于体制内的表达机制。依据实验组的观察，四个实验村有三个村庄普遍存在着因缺乏监督而造成的村庄治理混乱，干群关系冲突，欧村主要表现在村务不公开，村长一人说了算；上能村最为突出的问题是上届村干部因财务问题没说清楚而无法开展工作；广育村的主要表现是上届村干部因高速公路补偿款事件不够公开而黯然下台。从现有的自治体系来看，村民自治制度有着完整的监督渠道和相关制度，然而缘何四个实验村普遍存在着因缺乏监督而造成的治理困境？实验组认为现有村治体系的表达渠道不符合农民的日常生活习惯和乡土社会的传统习俗。村民代表会议，就好比立法机关，只是在农村立法变成了立规；村委会，好比行政机关，只不过行政变成了管理；因此，实验组认为复活乡绅力量，引入新的监督资源，这种监督资源需具备一定的认同基础，也就是老百姓相信这种监督是客观、公正的，能真正代表民意。

从现有村庄内部的监督资源来看，老干部、老党员及退休的老教师等老字辈村民符合大家的监督意愿。这些老字辈有着丰富的阅历，而且大都是村庄内家族势力的代表，能形成较强个人权威的大多是家族的长老。群众认为这些德高望重的老者说话最公道。因此，实验组通过与地方纪委合作，让纪委为这些长老提供支持，村民通过无记名投票选举的方式选出相对公正的代表组成村务监事会，就好比司法或者监督机关。由此与体制内的两种力量互相制约，从而有利于民主的推进。以广育村为例，村务监事会成员由各自然村选出一人，从选择结果来看，这些成员大都在所居住自然村有一定的影响力，家族成员较多，其中监事会的会长也是该村祭祖理事会的会长，监事会的选举结果经公示后正式生效。监事会成员有权列席村民大会或村民代表会议，村庄重大事项的决策需要有监事会成员的参与，监事会成员负责召集组织每月一次的干群对话会，如果对现有村干部工作不信任，可以召集过半数村民讨论启动罢免村干部的程序。从产生的效果来看，村干部非常惧怕这种来自宗族内的表达力量，在他们看来宗族长老大都具有一定的说话分量，动员能力强，做事较为公正，而且这些老者大都空闲的时间比较多，关注公共事务的时间充足，因而由其参与监督能产生好的效果，干群之间如果出现误会性事件，可以由这些长老去做解释，村民对长老的话能听进去，因此，长老在中间起着良好的协调作用。但部分村干部对这一新的监督形式仍存在害怕心理，在他们看来普通村民胆小怕事一般不敢表达自己的意见，村庄长老有着家族背景做支撑，敢于监督，村干部又不敢轻易得罪，因此，部分怕被监督的干部开始以各种借口抵制这种被复活的乡绅话语权。

方案二：构建理性表达空间

依据实验组的观察，四个实验村围绕着宗族所展开的活动较为频繁，村民一年当中有数次参与祭祖、念祖、游神等相关的公共精神活动，村民偏好一般都围绕着与宗族有关的精神需求。以上能村为例，该村是以李姓为主的宗族型村庄，该村的族群标志是广镇堂。广镇堂是上能村的村庙，里面供奉的是"康王"，此神的来历还不甚了解，类似的村庙在邻近的村还很多。村庙作为一种村庄"社区记忆"的象征，在村庄社区内，村民都对它有着共同的记忆。村庙是村民日常的上香、求签等活动的场所。在修庙与修路的对比中，可以看出，村民路可以不修，但庙不可以不修。据村人介绍，修路捐钱时，村民们并不是很热心，但修村庙就不一样了，家家户户不管是有钱还是没钱，捐钱都很积极。这种现象并不是可以用村民"迷信"来解释清楚的。对于这样的文化现象，不妨从村民精神需求角度来给予解释。村庙可以说是每一个村民的精神需要，与他们的日常生活紧密相连。这样的需求也有着很大的传统性，据村民说，在一定程度上，"它还是村庄的象征"。修路就不一样了，"反正有路没路都可以过"，对于有些农民来说他不会想到路能带给他更长远的发展，这就是农民的逻辑。

游神、唱大戏是上能村每年必有的新春活动。对于游神，村里老年人都会把它看得很庄重，他们都很迷信神。很多老年人对神很虔诚。他们说,"神能带来平安,能保家运……"许多老人在遇到困难及麻烦时,在很大程度会相信神会降临,但当无法解决时,他们也会认为这是一种宿命,这也许也反映了农民生活的"无奈"心理。游神对于村里的年轻人来说,那只是一个新年的喜兴活动。年轻人只在乎那种游神的氛围,他们参与游神很大程度上都是处于一种"好玩"的心态。由此可见,宗族文化在一定程度上存在着并影响着很多人的,村子里青少年的宗族情感并不强烈,但他们能感受到这种宗族因素的存在,也能感到这个村子里宗族的和谐融洽。当然宗族之间的冲突是有的,但是不多,而且导火线都是小事,其实宗族矛盾是存在的,但大多数时候处于一种隐性状态。

广育村的宗族偏好可以通过广育村的宗族文化来了解。广育是传统的客家村落,自从黄氏在广育开基以后,就有专门的机构负责祭祀仪式和宗族活动,其余姓氏也大致相同。"文化大革命"期间,由于政治原因,所有的宗族组织和祭祀仪式都曾中断。改革开放以后,宗族组织和祭祀仪式才逐步恢复。目前广育村祭祖理事会有三个,分别为黄姓、邱姓祭祖理事会以及黄姓三房的祭祖理事会。黄姓理事会成立最早,影响最大,机构最健全。三个祭祖理事会分别设有会长或负责人。资金来源通常靠宗亲集资或乡贤捐资。祭祖理事会均有固定的活动场所——祠堂,其中最大的黄姓理事会有祠堂两个(五世祖、六世祖各一)。祭祖理事会的活动通常为祭祀和其他仪式性活动。

黄姓理事会设正、副理事长各1名,理事8名。第一届黄姓理事会理事长为黄志聪(现任村主任黄坤荣岳父),2002年由理事会推选,产生第二届理事会会长黄关生。黄姓理事会的成员基本遵从自愿原则,由各房支推选。现有成员10名,其中二房5名、三房4名、四房1名,均为男性。黄姓理事会的主要活动包括一年三次的宗族仪式,以及参与黄姓宗亲的红白喜事等仪式活动,同时也负责一些远房亲族的接待以及族谱修缮工作。这些宗族活动的资金都依靠每次活动前理事会会议临时募集,理事会会邀请一些热心宗亲集会,提出募捐要求,当场募捐。

需要指出的是,在广育村的黄姓祠堂中,除了祭祀,还有一个功能就是黄姓村民办理丧事的场所。在这里,有齐全的设备等,可以安排来奔丧的人吃饭、吊唁等,和尚的超度、唱乐团的唱礼等都是在这里举行,然后火葬回来的途中直接送至山上,有一定经济基础的会选择一定的地理位置，建造一个坟墓进行安葬。黄氏祭祖活动在每年的春分，在农历三月中旬，前来参加祭祖的主要有平远县黄姓、梅县的黄姓以及部分外省来的。祭祖前一般有祭祖理事会的会长以及村长分别发表讲话，祭祀活动中一般都有三鲜，即鸡肉，鱼肉和猪肉。在祠堂行跪拜礼，唱礼，由村里懂得这些礼仪和风俗、唱法的村干部或者是年老而且经验丰富的人主持。此外，还要祭祀一些所谓的神灵（无具体所指），伯公（土地神）。祠堂内有一名主持负责喊礼。除上述宗族偏好外，广育的村民还偏好吃新丁文化，吃新丁活动在每年的正月十五进行，主要是上年本村生男孩的农户在老祠堂内请大家吃饭，生女孩的则不请。请不请自愿选择，请的人要交1000元，有钱的也可以多交，多交的理事会负责表扬，理事会负责活动的组织，请到祠堂吃饭的人主要是村庄内的老前辈、知名人士、村庄内新老干部以及一些德高望重的村庄能人。

综合上述分析，笔者认为，二元结构下的村治空间为宗族复兴提供了相对封闭的自治环境。这与传统宗族文化所倡导的光宗耀祖、遵纪守法、恤贫助学、与邻族和睦相处，甚至有的社会矛盾往往不用通过政府，就可以在宗族内部进行自我调节。如何将这种宗法礼治观念转化为村庄公共事业甘愿做奉献的理性精神？为此，实验组尝试让村委权威介入宗族空间，构建新型农村背景下的理性表达空间，这种理性空间的建设是基于村民利益的一致性，通过利益联系，使得封闭的宗族空间与村委会主导自治空间对接，让彼此以利益为纽带形成新的利益表达机制，自治权威借助宗族权威的强势表达获得更为强大的动员力量。以广育曾坑公路建设为例：

> 曾坑村是广育的一个自然村，有着悠久的居住历史，居住人口有300人左右，该村距离村委会有8公里左右的山路。长期以来由于道路原因，曾坑村民与外界的联系相对较少。数年前该自然村集资8万元希望上届村委会能帮助其打通该村到行政村间的水泥路面，由于种种原因至今没有实现。数年前当地政府曾承诺帮助其完成道路建设的计划也始终没有落实，由此造成了部分群众的不满。新当选的村委会主任经过分析后认为，如果现任村委会能带领大家完成曾坑到南坑的水泥硬底化工程，使得整个广育村实现自然村之间全部通公路，一方面可以瓦解因选举造成的对立面对现在村委会工作能力的攻击；另一

方面将使得大部分现任村委会成员的工作能力得到提升,在此背景下,村委会邀请实验组一起完成该项民心工程。

经过向该县交通主管部门的申请后,交通局要求广育村每公里要集资5万元,只要广育村完成集资款45万元,县里就负责修完从岗坝片到曾坑以及南坑共计9公里的路面硬化。依据课题组对该村的分析,村子里修路款的筹集主要依靠以下几个来源,村民自发捐款(主要依靠宗族组织的力量)、外出乡贤捐赠、烟草公司援助,除此外,剩余的靠县镇两级政府的支持。

有了上级部门的支持后,曾坑公路的工作重心移到村庄内的筹资上,曾坑公路是新当选村委会主任黄坤荣上任后做的第一件大事情,曾坑公路建设的成败关系到现任村委会在村庄内的权威能否建立。在我们的建议下,坤荣书记召开了村民代表会议并邀请相关宗族首领参加,鼓励宗族组织为村庄公益事业做贡献,村委会副主任建议采取成立修路理事会,由理事会来组织动员群众捐款,坤荣书记采取的是"分片筹集资金责任制",由各个片的片长(代表宗族权威)、党员、小组长负责发动、带头捐款,曾坑自然村负责筹集10万元、南坑片负责5万元、岗坝片负责6万元,老屋片随意,因为老屋的路早已经作为新农村建设的示范点修好了。从发动参与的组织力量来看,村委主任的意见是仅仅依靠现有村委会的组织体系,结合广育村村治传统有分片治理的特点,尤其是借助宗族组织的动员能力,而副主任的意见是成立一个专门的组织来完成这一资金募集任务。实验组认为必须尊重村庄的传统、尊重大部分农民的自主选择,最终同意了村委会成员的集体决定。经过各片片长数次的组织动员后,基本完成了募集计划。此外,在曾坑片以宗族长老为首的组织的答谢会上,村委会干部倡导宗族长老继续支持广育村灯光亮化工程,希望曾坑村民能继续合作把路灯搞起来,曾坑宗族长老当场表示两个月内就能发动群众把路灯建设好。两个月后实验组重返曾坑自然村时,一排排整齐漂亮的路灯呈现眼前,每个路灯顶端悬挂着两个漂亮的灯笼。据村民介绍,该自然村虽然不算富裕,但所有住家户经过会议协商后共集资2万多元进行了村庄亮化工程,那些悬挂的灯笼是为了欢迎所有为曾坑建设事业奉献的人们。仅三百人的小山村为了修路集资了10万余元、为了亮化集资了2万多元，而有几千人大村的公共事业却无人问津，巨大的反差显示出吸纳宗族参与表达的重要性。

分析上述事例，曾坑公路之所以成功在于：一是广育村是以黄姓为主的宗族型村庄，该村有着悠久的共同出资组织宗族活动的传统，这得益于该村修建了大量的祠堂等祭祖活动场所，村民每家每户都多少有一定的捐款，一方面是为了表示对祖辈们的尊重，另一方面该村至今仍保持着较为完整的祭祀活动，村民每年都有数次机会参加村庄的公共活动，因此，该村村民的参与意识较强；二是现任村委会干部迫切需要重建权威。村委会主任代表了林字辈家族的形象，其本人渴望建立起魅力型权威，一方面村委主任想尽快让大家认可其工作；另一方面想通过自己的政绩平息华字辈家族因选举问题造成的不满情绪。此外上能村也同样可以看到借助利益联系可以纠正宗族组织的表达偏好，从上能村环村公路修建问题上来看，该村最大老板李上康的动力非常大。因为吴川全市已经形成捐款回报家乡的氛围，如果谁赚了钱不回报家乡就会被当地人看不起，也会被同样外出的同乡老板看不起。其实这就是一种宗族情感因素，宗族文化是崇尚光宗耀祖的，有了钱给家乡出力就是光宗耀祖的最好方式。而且这里还有另外一个有趣的现象，就是一些已经外出多年的老板仍然回来开党小组会议，给党小组捐钱，参与村中事务这些都是宗族情感的体现。但是宗族的行为宗旨是以宗族的利益为基础而不是以道德与法律为基础，如果有关方面对宗族不加控制，宗族势力的扩张很容易成为破坏力量。孙中山先生所言："中国人对于家庭和宗族的团结力非常大，往往为保护宗族起见，宁肯牺牲身家性命。像广东两姓械斗，两族的人无论牺牲多少生命财产，还是不肯罢休，这都是因为宗族观念太深的缘故。"此外，宗族势力的非理性表达还进一步影响了农村基层政权建设。最大的宗族偏好体现在选举上，不少村民常常首先选择自己一房一家的，而不管候选人能力怎样，品格怎样。他们想到的只有自己的利益，本族房的人当选总能提供一些便利。这种狭隘的族房观念正是干部感觉容易得罪人的原因之一。

事实上宗族偏好造成宗族在维护自身利益的过程中出现很多问题，这就涉及了宗族情感的影响，宗族的存在影响着村庄生活，对于公共事务既有推动作用，也有阻碍作用。很显然这种宗族文化是把双面利刃，利弊共存，而且值得注意的是由于村庄的经济发展，这把利刃也正在被削弱。在这样的情况下，我们很难预测宗族的走向，一方面二元体制的存在，政府对于农村的保护政策的不健全就决定了宗族存在的合理性，但另一方面，经济条件的改善，人们利益取向的变化，会削弱宗族存在的基础。

（三）经验

一是从宗族偏好到理性表达需要一定的外部引导，这种引导要以村落共同体的共同利益为基础。传统宗族组织成员固有的习性是基于家族自身利益表达，在宗族理性建设的过程中村委会应当积极主动地引导，通过共同利益将彼此相分离的系统整合成为利益共同体，进而将村庄共同利益表达内化为宗族理性表达，通过理性空间的拓展提高实现利益的能力。二是在农村社会转型期需要建设理性的表达空间。以利益为整合村庄秩序的支点，通过利益共同感纠正宗族的偏好，让宗族表达逐渐转变成基于村庄公共精神的理性表达。三是通过村委会的适当授权，建构科学理性的宗族组织合法性生存空间，宗族组织在获得合法性承认情况下会更加积极主动为村庄公共事业做贡献。例如通过村务监事会制度，村庄长老被吸纳进村务监督体系，从而激发了其参与村庄公共事务的积极性。四是民主化治理与宗族秩序之间存在着一定的互动空间。宗族势力虽然在维护村庄秩序中还有一定的影响，但已经被村民自治大大消解，有了自主权的村民逐渐过渡到理性的村治模式。

四 利益维护：从消极表达到积极行动

利益维护强调的是实现利益的一种行动。利益维护的能力与农民的利益表达意识密不可分。有了利益辨识的能力就会产生对自身利益进行表达的意愿，进而会产生维护自身利益的行动。上述螺旋式利益诉求递增规律体现了农民对于自己权利的认可和对于自己利益增进的自觉。然而，由于几千年来小农经济及儒家伦理的教化，农民从传统中继承到的是"臣民文化"，当代农民的利益表达呈现出无力表达或消极表达，一方面影响到农民根本利益的维护和实现；另一方面非制度政治参与日益增多也影响着社会稳定。分析产生上述问题的原因主要是：利益表达意识的缺失使得农民养成依赖国家或社会权威的习惯,"从中国传统农民的政治情感来看,农民缺乏一种主体参与意识,是一种依附性的政治情感。"[1] 马克思认为农民"不能代表自己,一定要别人来代表他们。他们的代表一定要同时是他们的主宰,是高高站在他们上面的权威,是不受限制的政府权力,这种权力保护他们不受其他阶级侵犯,并从上面赐给他们雨水和阳光。所以,归根到底,小农的政治影响表现为行政权力支配社会。"[2] 所以,恩格斯认为,农民由于自身的局限性,使他们"永远不能从事独立的运动"[3]。

（一）问题

依据实验组对四个实验村的评估调查,实验村村民普遍存在着诸多的利益诉求,例如：广育村因矿产资源的流失而出现部分群众的不满。此外,该村因征地补偿问题引发部分村民上访；欧村的利益诉求主要体现在因欧村合作社引发的宅基地补偿问题；上能村的利益诉求主要集中在上届村委会因财务问题引发的干群矛盾；铁场村的利益诉求表现在如何保护代耕农的合法权益。然而,面对诸多的利益诉求,我们发现村民很少出现维护自身利益的集体行动,村民代表作为村民利益的维护者表现出被动的消极表达,甚至与村民的利益相违背,这一方面说明实验村村民缺乏个体行动的能力；另一方面也说明利益表达渠道无力是造成村民不能维护自身利益的重要原因。

（二）方案

方案之一：事件参与法

如何提高农民维护自身利益的能力,实验组在徐勇教授的指导下采取了事件参与法,由实验组介入到村庄发生的具体事件中,通过实验组的引导,让农民在解决问题的过程中学会利益维护的方式与技巧。

1. 村民的臣民角色——铁矿泥事件的由来

从臣民到村民是对当今中国农村政治文化的一种分层解读,这种混合

---

[1] 江荣海、张学艺:《中国传统农民的政治情感及现代转化》,《中共浙江省委党校学报》2008年第1期。

[2] 《马克思恩格斯选集》第1卷,人民出版社1972年版,第693页。

[3] 同上书,第507页。

型的政治文化在当今农村依然被保留，并指导着当今农民的政治实践能力。依照美国学者阿尔蒙德的分析，这种政治文化，即人口的大部分已经抛弃分散的部落、村庄或封建权威的排外要求，并发展到忠诚于具有专业化的中央政府结构的、较复杂的政治系统的程度。[1] 长期以来由于高度集权的发展模式，在改革开放之前农民的利益诉求被长期压抑，致使其泯灭了对自身深层次权益发掘的愿望，同时也不能掌握表达其一般利益的方法和手段。铁矿泥事件起因于2006年，大黄屋行政村岗背片自然村发现有大量的铁矿泥，岗背片村民小组长在未与本村村民商量情况下，以收取矿主一条香烟的交易条件就把本片的矿产资源承包给开矿方，当矿主铲平山草树木准备开发铁矿泥时，部分知情村民把合同内容曝光，最终引起村民和小组长之间、片长，以及开矿方之间的矛盾。

忠诚于领导权威的村民小组长。铁矿泥事件之所以发生，首先是村民小组长（兼任村民代表）不能正确识别出本群体的利益，从原始合同上看，村民小组长同意开矿方每年支付一万元的资源占有费用，矿山究竟有多大规模，价值多少并没有请相关部门进行估算，有关植被破坏，环境保护也没有相关的技术鉴定，矿山下就是农民的农田和住房，这些潜在的风险，村民没有开会讨论也没有相关的合同约定，从这些方面看，村民小组长违背了村民自治条例赋予其的相关义务。为什么在没有与村民进行协商的情况下，村民小组长就代替村民签字画押，虽然当时也进行了相关公示，其间村民并没提出反对意见，从村民小组长对此问题的解释中，可以看出沉淀在村民的内心深处的臣民意识，村民小组长黄兴是那份合同的签字代表：

  笔者问：听说你代表本组村民与矿主签了协议，请问你有没有征得本组村民同意？黄兴说：村里面有宝藏不开采就是废物，如果有人开采就有点现金，片里面没有钱很难办公益事业，前几年我们片里谁家里死了人连个花圈都买不起。上次铁矿开采共有七个村民小组长，广七、广八、广九、广十四个小组长，坝一、坝二，新建三个小组

---

[1] ［美］加布里埃尔·A. 阿尔蒙德、西德尼·维巴：《公民文化——五个国家的政治态度和民主制》，徐湘林译，东方出版社2008年版，第21页。

长，还有老书记黄华、黄佛、现任书记黄荣。当时矿主请吃饭时，我看他们当村干部的脑子聪明、又做过领导都什么也没说，我们这些小组长能说什么，让签字的时候我们想那些矿不一定能开十年，里面的东西也说不清楚值多少钱。矿主答应给三万元，修路补偿一万元共四万元，我们广七、广八、广九、广十四个组分了一笔钱，放在片长那里保管，片长也是开矿参与者，后来我们签字后也有人来找我们反映问题，我们想了想签字有点不对，过于草率，没有和村民商量。

上述与村民小组长的对话显示，村民小组长之所以在合同上签字，在他们看来村领导比他们有发言权，村领导默许的事情他们不敢反对。国家政权建立后建立的压力型政治体制，压力型体制下国家符号标识于农民生活的方方面面。在这种情况下，农民发展出来的是忠诚于上级权威的臣民意识，这种意识根深蒂固地嵌入到农民的日常生活中，导致其过分依赖来自上级的或传统政治力量的支配。这主要表现在村民小组长普遍缺乏沟通和协调能力，他们并不把自己当作社区的政治活动家来看待，既不能有效地收集民意也不能有效地将自己的立法意见和政策建议通过合法的方式推广出去，没有真正履行代表的职责，不能充分维护选民的利益。

作为观众的村民与作为演员的精英。转型期的中国农民是矛盾和希望的共同体，一方面村民自治的相关法律出台赋予其有管理本地事务的权力；另一方面自治能力的匮乏彰显出自治的困境。从小组长签字后有部分村民找其询问，说明部分村民意识到了自身利益的存在，但并没有转为维护利益的行动，作为利益相关者的团体精英为了让自己的矿山承包更具合法性，除诱迫村民小组长在合同上签字外又导演出一场公开招标大戏，这场大戏是精英之间的默契，普通村民只能作为观者，远远地眺望，依据小组长的回忆，所谓的公开招标，有六个人投标，其实投标的人中有三个是片长（矿主）安排的，另外三个出到5000元左右就弃标了，剩余三人中一人出9000多元，一人出一万元，另外一人不到7000元，这三人都是片长安排的，出一万元的人最后弃标赔了2000元，最后片长用7000多元拿下了承包合同。钱放在片上也就是放在片长那里。

在这场舞台秀中，矿主最先通过请吃饭，送礼，进攻村子里老干部、现任村委干部，然后诱导村民小组长签字，此时的矿主同时兼备两种身份，一种是投资者，一种是管理者。招标的资源占有费用，最后又交到矿主自己手中来保管，面对这一切，村民小组长、村委干部等集体失语。作为现有秩序的维护者，干部精英，尤其现任村委干部，还必须防止其合法性遭质疑，因此，干部精英必须为经济精英的获利行为披上合法的外衣，于是精英之间似乎是形成了天然的默契，当然这种默契是私下的交流、协商，最后走上舞台。在笔者看来，中国特殊语境下的村落政治文化，起因于几千年的农业传统，发展于城乡分割的二元政治结构。这种"分散型村落政治文化"，导致农民对村落共同体的认同高于对国家的认同感，以至于当今的中国农民缺乏公民权利意识，弱小的农民没有意愿也没有能力参与政治。

2. 村民的参与角色——铁矿泥事件的解决

从上述铁矿泥事件的起因中，我们认清了农民的民主能力现状，接下来要思考的是如何提高农民的民主能力，关于农民民主能力的概念界定，笔者认为，农民的民主意识是民主能力的前提，包括利益意识、公民意识、权利义务意识、合作意识、妥协意识、理性意识、法治意识、责任意识、公共精神等。作为现代公民的象征，农民必须学会参与政治，针对该村村民的参与困境，南农实验课题组在该村展开了一系列旨在提高农民民主能力的相关训练，诸如，新型农民培训、妇女学习班、项目参与式民主实践等。通过相关能力建设，农民开始知道如何去影响政治事务和政策过程，农民的民主意识开始转化为民主行动。

利益感与共同行动。经过市场化和城乡流动的现代小农已经有别于传统小农，传统小农多束缚于熟人社会，人与人之间很难为了共同利益去得罪于某个人。现代小农可谓是理性小农，而理性恰恰是实现民主的前提，经过相关能力训练，岗背自然村村民的政治角色已经开始转型。2008年7月9日，笔者正在实验村进行午餐，村民黄祥跑来找我，我招呼他一起吃饭，他站在门口不肯进来。黄祥说：我是代表大家来邀请你的，我们广九、广十两个村民小组召开全体会议，讨论铁矿的事情，我们想邀请你参加，我爽快地答应了他的要求。从村民自发召集讨论铁矿泥的请求中，首先可以肯定的是村民已经从这件事情中发现自身利益受损的事实，这种利益感的存在，已经开始转变为积极的参与角色，传统政治力量所形成的权威已经开始受到挑战，我深信这种利益感会转化为更有力的共同行动。

开会的地点在广十村民小组长家里。八点左右人员陆续到来，由于屋子容不下，最后22人一起坐到大院里。参加会议的有广九、广十村民小组长，三位老者，村委会副主任，以及各户村民代表。一些妇女坐在离会议地点远一些的地方旁观。会议一开始就进行了激烈的争吵，其中一位村民仔细阅读从片长手里拿来的铁矿开采协议后，指着协议第一段第四行说：协议上说经群众同意，我们大家到今天才看到协议，签字的时候组长并没有找我们商量，这个协议无效应当废除。

上述废除协议的要求体现出村民已经开始识别出自身利益，识别利益是维护利益的前提，公民社会的建立离不开公民意识的培育，只有正确辨别出自身利益，有效的公民行动才会开展。徐勇教授认为："民主转化为行动，有利于克服中国民主的先天不足，培养宽容、理性、妥协、规则意识"。[1]

能力感与民主协商。伴随利益感的增强，岗坝片村村民越来越感觉自己有能力解决铁矿泥事件，从之前对矿主的请求转变为对矿主的要求，这种看似细微的差别，却反映出农民能力的提升。岗坝片村民已经从求助者的臣民角色转变为要求者的公民角色，这是公民能力的象征。经过初步的会议协商，大家虽然没有达成一致意见，但普通村民、村民代表、党员、长老们的意见却得到广泛交流，大家纷纷表达出自己的利益主张，尽管有很多分歧但大家一致认为原来那个开矿协议应当废除。此外，由于矿主方派代表参与了会议，村民的利益诉求已经传递给矿主。

就在上次会议后的第三个晚上，岗坝片村民要求继续召开关于铁矿泥的讨论会。这次会议直接开在矿主家里，其目的是直接向矿主施加压力，依旧是经过激烈的吵闹，矿主方不同意关闭开采，只同意协商修改开矿协议。由于矿主方已经为开矿进行了大量的资金投入，面对复杂的利益纷争，村民小组长与村民协商后最终同意修改开采合同，在广大村民的压力下，村民小组长和村民代表逐条查看修改开矿合同，矿主同意增加资源占有费的补偿金额，缩小开矿规模，并通过协议承诺防止水土流失和签订环保责任书。分析这次民主协商行动，有以下特点：一是各种谈判会议通常是在村民家中进行的，没有一场是在村委会进行的；二是各个片一般是独立讨论本片的具体事务，片长在会议的组织与意见的综合汇总方面起到重

---

[1] 徐勇：《田野与政治——徐勇学术杂论集》，中国社会科学出版社2009年版，第215页。

要的作用;三是会议的讨论方式通常是没有秩序的,每次会议都是在争吵中完成的;四是会议的主要参与者是各个村民小组长,片长,部分村民代表,有时会邀请村委会相关人员参加。从这些特点上看,村民自治实行多年来在农村社会内部的确起到了发育公民社会的作用,村民委员会的相关组织体系与村庄传统自发权威相互协商共同处理本片的相关事务。

从上述分析中,笔者认为,当下中国农民的民主能力更多是混合型能力,这种混合型能力主要体现在臣民角色和参与者角色的交织。作为臣民的村民依旧依赖于传统权威,忠诚于上级,他们意识到高度集中且专业化政府的存在,这种传统的臣民文化经历了几千年的沉淀,已经植根于广大农民的生活中,现实中表现出来的就是被动、消极、冷漠的参与意识,农民更习惯于被民主的角色而非积极的参与者。与改革开放前的农村社会相比较,眼前的农村社会处于转型期,40年来的改革开放使得以土地为生的农民经历了市场化、民主化浪潮的洗礼,选举技术在基层民主实践中的成功运用,已经让广大农民不再游离在民主之外,一方面农民越来越关注发生在身边的各种公共事务,另一方面农民逐渐敢于表达利益,维护利益,从消极的臣民角色转变为积极的行动者。

3. "理性—积极性"解释模型

民主的两个基本前提是社会和理性,依据科恩的观点,社会是民主进程的基本结构,在这个结构内,比如假定所有成员至少具有参与公共事务所要求的基本能力。这些基本能力概括起来就是理性。[①] 在笔者看来,理性农民意味着有较好的表达能力、合作能力,能够科学地制订出行动计划,并按照计划去行动。此外,理性农民能够正确识别出自身利益,利益的识别会调动农民的积极性,这种积极性在一定条件下会转化为利益共同体的行动。因此,"理性—积极性"模型可以解释农民为什么会被卷进政治,历时三年之久的南农实验,是以农民能力建设为核心的实验,这种围绕农民基础能力建设的实验,实际上是在建设农民的理性,而有了理性便有利于调动农民的积极性。以表达、合作、参与作为能力建设的实现途径,缘于当前的现代化进程已将农民带入到现代政治生活,现代国家的构建即实现民主国家的图景离不开亿万农民的参与,而参与的首要前提是农

---

① [美]科恩:《论民主》,商务印书馆2007年版,第59页。

民能够正确地识别并表达出利益诉求，其次是通过合作维护和拓展其利益实现的空间。

在实验的推进过程中，实验组发现农民在矿产开发中发生的严重不公等问题，同农民在利益追求能力上的弱势和利益表达渠道、能力的缺失是联系在一起的。农民的利益诉求在改革开放之前被长期压抑，致使其泯灭了对自身深层次权益发掘的愿望，同时也不能有效掌握表达其一般利益的方法和手段。但是，市场经济的深入发展以及多元利益格局的形成，膨胀了农民利益诉求及其与政府之间的张力，而缺乏有理有节的利益表达手段，一方面不能把村落社区的声音有效传达到政府以争取于己有利的政策；另一方面在官民之间发生利益冲突的情况下则扩大了冲突的强度。

方案之二：项目参与法

项目参与法是实验组为了解决农民路径依赖的心理，通过项目参与克服等、靠、要的思想。具体方案是通过有计划有秩序的共同参与，让利益主体学会通过对话协商来协调彼此关注的共同利益，最终产生共同的行动。依据实验组对四个实验村的需求评估，实验组在欧村开展了"公司+农户"形式的欧村合作社项目；上能村围绕水利灌溉、西红柿种植以及环村公路问题展开了农业综合开发项目；广育村选择了曾坑公路项目、自来水理事会项目；铁场村选择了代耕农协会项目等。项目参与法的核心思路如图4.2所示：

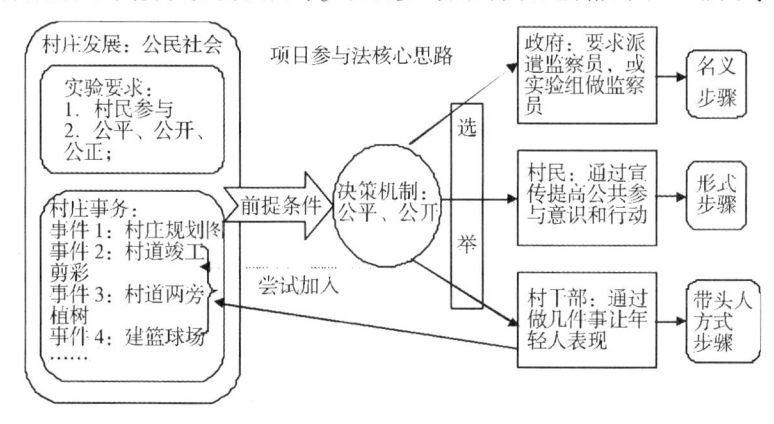

图4.2 项目参与法核心思路示意图

依据上图分析，项目参与法的核心理念在于为实验对象输入"公平、公开、公正、参与"的民主理念。在项目系统内实验组为项目参与者提供了组织平台、制度保障、理论支撑，实验是以村民的普遍参与为前提假设，村民始终是实验的主体。在每个项目实施之前，实验组都会围绕项目设计详细的议事规则，多次召开村民代表会议、干群对话会议等，通过会议讨论的形式锻炼村干部以及普通群众的语言表达能力、利益辨识能力。此外，实验组的每个项目设计都整合了村庄内外的相关资源，把政府作为社会建设引导的主体，以项目为载体搭建政府与民间社会沟通的桥梁，既增强了地方政府的治理能力，也训练出大批的能够与政府对话协商的理性表达精英。

(三) 经验

实验组通过事件参与以及项目参与方法，试图以利益为纽带推动实验村村民表达能力的提升。所取得的主要经验及教训有以下几点：

一是利益辨识是利益主体表达利益思想的前提，表达主体利益意识的觉醒为民主建设提供了内在动力。村级民主的建设需要有相应的社会土壤，利益辨别是发育公民社会的起点，伴随着市场经济的渗透，当前农村利益结构呈现出来的是利益单元个体化、利益主体多样化，个体利益诉求日益增多，利益主体参政议政意愿增强，利益主体盼望自身能够影响到政府，使得政府作出更有利于自身的决策。而民主制度则为日益增多的利益表达群体提供了可以充分表达其利益诉求的制度空间，由此，在利益社会的驱使下民主社会建设获得了进一步发展的动力。

二是文化素质与表达能力成正相关，但文化素质不是农民民主能力建设的决定性因素，农民的民主能力可以在解决问题的具体实践中得到锻炼与提升。文化程度越高，人们的利益辨别意识就越强，利益主张就越多，参与意愿及参与能力也随之增强。现实中农民文化素质确实较低，缺乏专业性的政治参与技术，但绝不能由此得出结论农民不会表达自身利益诉求。笔者认为农民的利益表达之所以弱势，原因在于农民从古至今缺乏自主性的政治参与训练，农民要么习惯于帝王政治的为民做主，要么盲从于疾风暴雨般的政治大运动，由此造成农民政治参与意识淡漠，消极表达，无序参与成为基层群众的隐形表达意愿，农民看不到表达的效果，因此缺乏表达的积极性。

三是熟人之间的信任半径降低，以血缘、地缘结构形成的传统信任网络瓦解；契约精神、合作意识等现代型信任网络尚未形成，农村普遍缺乏对现代社区共同体的认同。农民并非不愿意积极主动表达，而是对现有的制度表达渠道、代理人代理能力等问题产生怀疑，因此，农民更喜欢私下的以家庭为单元的私人关系的协商来表达相关意见，而非制度化的代理渠道。

四是农民利益表达的集体化趋势增加。农民的利益表达由于受到知识水平、表达渠道等条件的制约，加之信息社会对农民的影响，农民越来越借助于集体行动的力量满足其利益诉求。

五是地方政府应当是农民进行利益表达的引导者、建设者。农村自治组织的发展、农民利益表达实现与维护需要国家在场，只有在政府引导下的表达、参与，才不至于失去现有的秩序规则，才能保持农村的和谐稳定。

六是农民利益表达缺乏组织载体及规范秩序。农民的利益表达大多以个体或小范围的形式进行，表达地点多在家中而非村委会，农民会议表达的方式不是有秩序的发言而是在激烈的争吵中进行。在亨廷顿看来，组织是通往政治权力之路，也是稳定的基础，因而也是政治自由的前提。公民有组织地参与政治是现代社会政治发展的一个趋向。[①]

小 结

"利益是人们结成政治关系的出发点"。现实生活中人们不同的需要形成了不同的利益需求，如何协调不同利益主体之间的利益联系？民主是千百年来被人们证明的最有效的方法。然而民主需要民众之间相互协商与合作，而协商与合作的前提是民众能够正确识别出自己的利益偏好，并能够通过一定的途径来表达自己的利益诉求，最终再运用协商等方式来平衡不同利益主体之间的利益差别。因此，可以说表达能力是农民民主能力中极其重要的一种能力，是最先需要具备的能力。只有通过有效的表达并积极地付诸实践，民众才能在民主的秩序范围内将自己的各种需求转化为现

---

① [美]塞缪尔·亨廷顿：《难以抉择——发展中国家的政治参与》，华夏出版社1989年版，第91页。

实的利益。本章通过分析利益、民主和表达三者之间的关系得出，农民表达能力存在以下几点不足：

首先，在传统的依附性思维影响下农民不能有效识别自身利益，需要进行有效的能力训练。

由于传统中国大一统的封建思想的影响，"家国一体化"下长期以来农民的个人利益依存于国家利益，近代民族国家建构，国家利益淹没个人利益。农民大都没有正确认识到自身利益所在，更不能明确地辨认自身的利益。虽然市场经济的发展，使得群众更加关注自身利益，但从另一方面来讲，过于关注个人利益却造成了集体的共同利益被忽视，甚至很多村民不知道哪些公共利益与自身相关。而一旦集体利益被外人侵犯，农民往往通过无序的政治参与方式来阻碍民主的顺利进行。而作为农民自身来讲，他们也非常渴望能够正确识别与自身关系密切的利益，实验组通过直接的政治能力训练，使得农民了解了自己的政治权利和政治义务。通过法律、政策的培训普通村民懂得如何维护自身的各项权利。而后的农村书屋工程又间接地教会农民自己来寻求知识提高认知水平，从农村书屋工程的教训中实验组也明白在经济条件有限的情况下追求精神上富足可能还需要新的途径。最后义务支教项目和农村妇女权益论坛是对农民特殊群体的表达能力的一种有针对性的训练，也体现了课题组对妇女、儿童的人文关怀。

其次，宗族关系可以成为农民理性表达的有效方式，但在现实的乡村社会或是被忽略掉或是由于被视为"封建残余"而受到极大的压制，通过发挥村级组织的引导作用可以将非正式组织与正式组织结合起来。

作为封建宗法关系的遗留，宗族之间的血缘、亲情在农村社会是根深蒂固的。虽然市场化背景下专注个人利益的倾向在某些地域淡化了宗族之间的情感。但是在现阶段，宗族之间的本身所固有的利益联系仍然可以成为构建中国乡村社会共同体充分利用的资源。宗族权威是传统乡村社会的魅力型权威。宗庙、祠堂是乡村社会天然的公共空间，在宗族权威的主导下，宗族成员通过各种祭祀仪式、节日活动来共同地表达自己的精神需求和物质利益需要。通过村庄正式权威——村委会的引导，宗族成员不仅表达了自己的利益偏好，而且在宗族特有的秩序范围内共同完成了村庄的公益事业建设。也正是由于这种不断的参与，不断的情感释放，村民的表达能力不断提升。与此同时，在村庄正式机构对发展方向的把握和调整下，充分利用宗族在乡村治理中的重要作用，如宗法制度的监督功能，村民对家族的感情等，使得过去注重情感的表达方式逐渐转化为注重理性的表达方式，实现村庄宗族自治与民主自治之间的有效衔接。

最后，农民利益维护的主动性、行动的一致性不够，外部力量的压力与村庄内生力量的结合在一定程度上激发了村民的共同体意识，进而使其行动更加一致。

正如前文所分析中国农民长久以来善分不善合。在利益辨识中对于自身的利益比较关注，而对于共同利益则漠不关心。当外部力量进入村庄侵害集体利益的时候，村民的共同体意识在外力的促使下释放出来，在外力激发下，村庄内部形成了一致行动来维护集体利益，在维护集体行动的过程中，部分起重要作用的农民又容易受到分化，最终导致行动失败。铁矿泥事件的合理解决说明当村庄内部正确识别自身利益之后，可以通过主动性的合作共同行动起来维护集体利益，最终达到农民的表达需求理想的预期效果。实验组认为，以利益为基础，通过恰当的能力训练，充分发挥村庄内部的传统资源和村级组织的有效引导是提高村民维护共同利益的主动性和达到集体行动一致性的重要途径，也是提高农民表达能力最现实的选择。

第五章　民主方略第二步：农民的合作能力建设

当前学界关于农民的合作能力认识主要有两种观点：一种是农民善分不善合；另一种是农民并不缺乏合作的能力。曹锦清在河南经过历时半年的调查，提出农民善分不善合、农民合作难的结论。徐勇教授认为："中国农民并不是天生的'善分不善合'，一切取决于时间、地点和条件构成的农民利益。在利益的驱动下，农民既善分也善合。我们不必低估农民的合作意愿，也不可低估农民的合作能力。低估农民的合作意愿和能力，很容易产生'合作狂热'，以外部力量推动或强制农民合作。这种外部性的整合的结果是农民一切听命于上，大大弱化农民之间的有机联系和自我整合能力。对于农民的合作，只能是'水到渠成'，要有足够的信心和耐心。"①

从历史上看，中国农民存在以宗族文化为基础的血缘、地缘型合作，在生产相对落后的村落封闭区间内，逐渐形成以家族组织为依托的内生性合作力量。农民借助宗族等功能性组织，满足了村落共同体内的互相救助、兴办公益、共御外侮等方面的合作需求。1949年后，在高度集中的计划经济体制下，农民由初级的互助组再到高级的合作社，逐渐被国家强制整合到人民公社体制内。改革开放以来，中国乡土社会由从传统走向现代，以村民自治为标志的自主性空间的建立，使得农民的合作有了内生性力量，转型期的中国农民的合作路径以及合作条件都有了新的发展，农民正在从以血缘为基础的传统合作过渡到以契约为基础的现代合作。本选题以南农实验为观察平台，进入实验现场，通过考察实验村村民合作能力如

---

① 徐勇：《如何认识当今的农民、农民合作与农民组织》，《华中师范大学学报》2007年第1期。

何形成、农民合作过程遭遇哪些困境等来分析转型期的中国农民合作能力提升的可能性路径。

一 从宗族组织到理性合作

(一) 问题

"合作"一词源于拉丁文,其原意是指成员之间的共同行动或协作行动。在现代汉语里解释为,为了共同的目的一起工作或共同完成某项任务。传统社会的农民合作局限在一个封闭型的合作空间内,即以宗族组织为合作基础,国家权力难以渗透到乡村社会。士绅、族长等在国家权力的庇护下,维护着乡村社会秩序,由此造成村落区间内高度自主自治的共同体。在村落共同体内,村庄公共事务依靠宗族组织来承担,宗族组织依靠传统力量建构起村社伦理与规则,并通过村庄公共舆论促成村民合作。中华人民共和国成立后,以政权下乡、政党下乡等方式,开启了国家整合基层农村的进程,以实验地蕉岭县为例:"1949 年全县党员总数为 122 人,截至 1988 年已增至 9287 人,其中分布在农林水方面的由 1949 年的零人增至 4510 人"。[①] 实验村广育村发展党员最早起源于 1955 年,但是直到 1957 年,才成立广育村党支部。1960 年前广育村有 20 多个党员,多为 1956—1958 年发展的,1959—1964 年近五年的时间村里并没有再发展党员,1965—1966 年又大力发展了第二批党员,吸收入党的共有近二十个,此后党组织的活动又陷于停滞状态。由此可见,通过人民公社化运动,传统宗族组织对乡村社会的控制被打破,亿万分散的农户被强制合作进国家组织。这一时期的农民合作从宗族主导过渡到国家主导。伴随着人民公社体制的解体,以市场理性为标志的现代化进程将农民转变为利益的主体,农民的生产、生活和社会交往进入社会化时期,这一时期高度集中的计划合作模式解体,传统宗族组织的合作秩序被打破,乡村治理进入无序状态,农民既缺乏合作的意识又缺乏合作能力。

以制度重组农村为标志的"村民自治"成功实践,为乡村治理提供了新的路径。这一时期的宗族组织在相对自主的空间内得到一定程度的复

[①] 资料来源:《蕉岭县志》,广东人民出版社 1992 年版,第 391 页。

兴。从对四个实验村的观察来看，四个实验村中普遍存在着以宗族认同为基础的祭祀组织，比如，祭祖理事会，祭祖理事会在实验村中具有超强的组织动员能力，社区成员普遍接受并参与该社区内的祭祖活动，祭祖理事会有着完善的组织机构、管理制度，除了承担传统的祭祖活动外，祭祖理事会还常常参与村庄公益事业建设。然而由于宗族组织固有的传统偏好，宗族力量主导下的合作大多倾向于提供与宗族有关的公共物品，如实验村广育村在黄姓理事会的主导下，重修了本村的四个主要祠堂，并为传统祭祖活动募集了不少的资金；上能村外出老板为该村公益事业的捐款，也倾向于与宗族有关的庙宇建设。由此带来的问题是，农民虽然存在着合作需求，诸如成立专业经济合作社、住房改造、公共卫生设施、土地互换或转包租赁、信息共享、农机购买等，但却缺乏新型合作组织的带头人、组织者。因此，笔者认为当下的农民合作能力建设迫切需要外力的引导，需要将以宗族组织为主导的族性合作转向以农民为主体的理性合作。

(二) 方案

方案之一：项目引导

关于农民理性与否的认识存在着两种截然不同的观点。一种认为，农民是缺乏理性的；另一种认为，农民是"愚、弱、贫、私"等非理性的代名词。马克斯·韦伯认为，农民具有不求利益最大化而只求代价最小化的传统主义劳动特征；马克思、恩格斯从生产关系分析古典小农和宗法小农后认为，农民由于无法抗拒自然"弱质性"以及受剥削的"依附"地位使得他们变得麻木和愚昧，他们的行为是非理性的，是需要改造的；舒尔茨提出，农民并不愚昧，他们已经在现有的约束条件下实现了资源的最优配置，传统农业是"贫穷但有效的"；徐勇、邓大才认为，传统的经典小农学派已难以充分解释现代农民的动机与行为模式，需要建构新的小农理论范式。当今中国农村和农民处于一个社会化程度高、经营规模相对较小，且将长期处于"社会化小农"时期，它有别于传统小农、商品小农和理性小农。这一时期是农户内部急剧变化，农民打破思维定式、突破身份歧视、冲破地域束缚，演化成为社会化、公民化的国民体系成员，获取国民待遇的关键时期。"社会化小农"的性质、时期、形态定位将为政府对农民国民待遇的制度安排、农村社会化服务体系建设等政策选择提供充分的理论依据。

实验组认为,假设农民是理性的,农民可以运用自身所处的环境以及所掌握的信息来选择一个最适合自己的行为选项,该选项不仅与农民的兴趣偏好有关,与农民所处村落传统习俗与规则也有关,依据生存理性法则,经济利益最大化显然是农民追求的主要目标。如何引导农民科学理性地建立现代合作模式,让农民从宗族组织主导下的被动合作过渡到市场理性驱使下的主动选择,实验组认为,项目介入是培育农民合作能力的有效路径,通过项目引导,让农民合理配置自身有限的资源,从极度热情的参与宗族活动中转移到参与村庄公共事务中来。

项目介入法是实验组引导实验村村民从族性合作走向理性合作的尝试。以广育村为例,该村由3个姓组成,黄姓占60%,邱姓占30%,杨姓占10%。黄姓的祭祀活动是农历的八月初三,邱姓的是八月初四,杨姓是八月初八。该村共有两个总祠,一个是黄姓总祠堂,一个是邱姓总祠堂,杨姓的由于人口数量太少,且为外来迁移人口,所以没有设置特定的祠堂。黄姓在广育村流传下来的一共有三房,分别是二房、三房、四房,共同的祖先是永泰公。族谱是黄氏当地子孙繁衍的来龙去脉,1996年通过相关人员的收集、调查、考证写出《大黄屋族谱》。据《大黄屋族谱》记载,8世祖纹深公在明朝正德元年(1506年)写有黄氏枝序,至今经502年传到26代,平均每代28年,另有世祖振明公碑记于清道光二十一年(1848年)至今7代160年,平均每代23年,按这样算一世20多年符合世代规律。依本地族谱记载,大黄屋6世永泰公开居,约1460年,传21世,由于地少人多,田少,生产生活受到很大制约,因此人口一多,只有另辟天地。到了七世分为三房在坝里,岗背开居。尔后汝沐公在石角开居,汝有公在南坑,汝聪公在赖公塘开居,十九世运福公通嗣在岗子岌发展。自此黄氏在广福的老屋、坝里、岗背、大坝、石角、南坑、合水子、野猫坑、春凹、赤竹坑、河唇等处落地生根,最终形成有400多户1300多人的广福大族。

黄姓的祭祀活动有一个"念祖理事会"主持,内设主任、副主任和干事等职务,一共有8—9人,负责对祭祀活动的筹集、主持和活动过程的安排等工作。宗族组织在广育村庄秩序维护中扮演着重要的角色,然而依据实验组的观察,广育村整个住家户几乎每年都要围绕宗族活动承担额外的生活开支,这种开支有时没必要甚至是一种破坏,比如"吃新丁"时,生男孩子的家庭比赛谁家放鞭炮最多,这既污染了环境,也助长了村民之间的相互攀比心理,好面子造成村民不得不被动承受不必要的生活开支。依据评估调查,该村村民最迫切需要的是公共基础设施的改善,例如:公路、自来水、路灯、垃圾处理等,然而村民宁愿为了祭祖承担高昂的生活成本,也不愿意为公共基础设施出钱、出力。村民有村庄公共物品的需求,却没有通过共同合作提供公共物品的能力。针对上述情况,实验组采取了项目介入法,以村民最迫切需求的公路建设、灯光亮化为切入点,引导宗族组织为村庄最迫切的公益设施做贡献。

整个广育村由曾坑、南坑、老屋、岗坝四个自然村组成,除曾坑自然村不通公路外,其余自然村都已经完成道路硬化工程。曾坑自然村距离广育村委会有近8公里的山路,曾坑是整个大黄屋的分支,村民迫切需要修建一条通往外界的道路。经过调查评估,实验组认为,选择曾坑公路建设项目,可以纠正宗族组织的活动偏好,培养自然村之间共同协商合作的意识,引导村民通过理性合作满足自身需求。在曾坑公路项目开展以前,广育村的宗族组织只承担与宗族有关的祭祖活动,几乎不参与村庄公共基础设施建设,村庄的公共物品一般由村委会负责提供。曾坑公路很久以前就有规划,但由于村委会无法整合村庄内部资源,一直搁浅,课题组进村后发现,广育村的宗族组织具有较强的内部动员能力,但由于派系房族等原因,村委会很难渗透到宗族组织活动中。以曾坑公路建设项目为契机,实验组首先进行了新型农民培训,培训对象主要有村委会干部、村民代表、农民合作组织成员,并邀请祭祖理事会成员参加,尤其是邀请了四个片的片长,该村的四个自然村分别有四个片长,片权是该村独特的政治生态,过去的片长大都由村庄长老指定候选人担任,成为片长要具备一定的威望,片权就如同传统的绅权,负责本片区的公共事务。由于片权的存在,传统上村委会与片权之间存在着较深的矛盾。通过新型农民培训,传统宗族组织对现代乡村治理有了新的认识,另外也为将来的项目开展奠定了基础。除集中培训外,课题组还采取了差异化协调,建立起村委会与宗族组织的对话平台。依据实验组的建议,村委会负责体制内沟通协调,主要任务是负责与当地政府进行沟通,争取政府对曾坑公路项目建设的支持,祭祖理事会尤其是各个片的片长则主要负责动员村庄内的资源,发动村民为曾坑公路捐款，历史上，各个片区只关注本片的公共事务，通过有计划的培训，实验组汇聚了体制内外两种不同的村庄力量，利益共同体的建立，使得村民有了利益共识，这其中主要得益于村委会与宗族组织之间的对话交流，吸纳宗族精英为乡村建设服务。从项目的实施效果看，在村委会与宗族组织的共同努力下，广育村用不到一个月的时间就筹集到30万元，在村委会以及各片片长的带领下，该村不仅顺利完成曾坑公路建设计划，而且各个自然村通过民主协商，先后完成了本片区的灯光亮化工程。这其中一方面得益于宗族力量受到相关培训以及村委会的重视后激发出的理性合作的潜能；另一方面得到实惠的村民重新建立起对村委会的信任，增强了村委会的权威，这种合作共赢的结局是农民理性建设的成果。

方案之二：事件介入

事件介入法是实验组为解决由于宗族活动的非理性行为而采取的一种理性合作疗法。在村庄的公共活动中，尤其因选举引发出的宗族之间的纠纷日益增多，且严重影响了乡村治理的稳定。以广育村为例，选举后村庄进入严重的派系斗争中。该村分为两派，一派是支持前支部书记的，一派是支持现任书记的，两派的支持者相互攻击。支持前任书记的大多数是华字辈的，支持现任书记大多是林字辈。三年前这个村里很平静，选举也没有那么激烈，竞选的时候可以说大家都是相互谦让的，2008年的选举是村史上最激烈，而且选举结果是最具争议性的。争议的原因一方面是现任书记挑战了前任书记的权力；另一方面，这次选举牵涉到高速公路征地款的问题，村民都因为涉及自身利益而关注村子里发生的各类公共事务。老书记属于二房，二房在广育村有500多人。新当选的书记属于三房，三房在广育村700人左右，四房有100多人，此外广育村还有邱姓等其他杂姓，占据的比例很少。

实验组进村后发现，因选举造成的宗族之间的裂痕极深，选举后的村庄政治生态极不稳定。林字辈与华字辈之间不停地暗中较量严重干扰了村庄正常的生产、生活秩序。由此，实验组采取了理性疗法，疗法的第一步是找出不同派系双方的主要利益关切，林字辈是胜选方，迫切需要村庄尽快恢复秩序，村民迫切希望落选的华字辈能说清楚高速公路补偿款的事情。华字辈主要的利益关注是怕因落选造成自身现实利益被侵犯，同时希望林字辈不要再拿高速公路补偿款做文章。实验组作为第三方身份的介入为两大家族提供了一个可以隔空传话的平台,实验组认识到自身利益所在是双方对话沟通的基础,在传达了两派之间不同利益关切后,双方一致认为只要对方有所退让就能达成相互合作,在实验组看来,纠纷的关键首先是要让整个广育村村民能理性接受高速公路征地款事件的处理意见。在村庄内部的权力斗争中,媒体扮演了一个重要的角色,选举前的曝光无疑加深了村庄的派系斗争,也使得两派的支持者都浮出水面。如何让村民回归理性,首先要有第三方的独立调查,经过县纪委的专门调查,广育村村民很快看到了最终的调查结果,村民在半信半疑中逐渐开始理性思考自己的行为。此后,实验组多次走访双方的派系并传达彼此消除疑虑的决心,最终让水火不容的新老书记坐下来对话,消除因选举造成的矛盾。通过一系列的沟通协商,使得不同派系之间认识到了只有合作才能共赢,这种疗法的关键是让派系之间理性看待自身的利益所在,并通过相互合作去实现自身的利益,最终消解派系纷争,派系之间的矛盾在实验组的调解中日趋理性,这种理性建立在共同利益意识基础之上。分析整个广育村的选举事件,2008年广育村的选举过程很像一部现实版的戏剧,乡村民主的实践和价值体现贯穿于这幕戏剧的序幕、发展、高潮和结局之中,其情节跌宕起伏,结果发人深思。从选举之前村民意愿的表露,到选举之中村庄派系的对立和斗争,再到选举之后村庄的分裂和重新整合,无不体现了村民自治中村民的民主意识和治理智慧,其中体现的内在逻辑和现实意义尤其值得我们去认真思考。

(三) 经验

从宗族组织到理性合作,实验组采取了项目引导、事件参与等方法来培育农民的合作能力,从实验的结果来看,取得的经验教训主要有以下几点:一是只有合作才能共赢,合作的前提是农民能够科学理性地辨识自身利益。从宗族组织主导下的"伦理人"到市场理性驱使下的"经济人"的转变需要农民具备辨别自身利益的能力。二是从个体理性到集体理性需要外部力量的引导,这种引导需要现代权威与传统习俗的融合。解决个体理性与集体理性之间的冲突,一方面需要有相应的制度安排作保障,例如建立对话沟通机制;另一方面需要积极发挥传统宗族组织的聚合作用,通过体制内外不同力量的融合引导农民从个体理性上升到集体理性。三是项目引导、事件介入是培育农民理性合作的有效途径。通过项目引导农民合作将有着明确的目标指向，在共同利益目标的促使下培养农民的理性合作行为。农民合作行为的产生是意愿与能力的统一。合作意愿主要是指农民能够理性地识别自身的利益需求；合作能力则取决于农民自身的综合素质能力以及良好的外部合作环境等。因此，合作意愿是理性农民合作行为产生的前提，通过具体事件介入可以观察农民真实的合作意愿，并在事件解决中提升农民的合作能力。

二　从圈层合作到社会化空间

传统小农的合作行为遵循圈层逻辑，农民以户为单位构成圈层合作的基础性单元。在户圈内农民的生产、生活呈现出自给自足、紧密联系的特点，农户的合作选择建立在血缘伦理基础之上。现代小农的合作行为建立在市场理性之上，自给自足、相互隔离的生产、生活方式逐渐被市场理性、社会理性左右，农民与市场、社会之间的联系越来越密切。伴随社会化空间的逐步扩大，圈层合作的生活逻辑渐渐不能满足农民日益扩大的市场以及社会交互需要，以利益合作为取向的现代合作理念正在以圈的方式由内到外扩张农民的合作半径，如何引导农民由圈层合作过渡到社会化空间，并在此过程中提升农民的合作能力成为实验组思考和关注的问题。

（一）圈层困境：社会化小农的合作能力问题

圈层，最初是地理学上的概念，后被引用到社会学和经济学领域。圈层理论的创始人是德国经济学家杜能，他在研究工业生产布局理论时，以城市为中心，根据农业耕作序列，从近到远将产业布局分为六个圈层：自由农作、林业、轮栽作物制、轮作休闲制、三区农作制、畜牧。[①] 杜能从产业布局的角度考察了农业生产过程中的圈层协作行为，但尚缺乏对农业生产过程中农民所处的社会关系的分析。随后施坚雅将圈层理论引入农村

---

① 约翰·冯·杜能：《孤立国同农业和国民经济的关系》，商务印书馆1997年版，第20—190页。

研究领域,她用市场圈、婚姻圈和交往圈来分析农村社会结构和社会关系。①学者杜赞奇在驳斥施坚雅的市场圈与婚姻圈、社交圈不一致的基础上,提出了文化网络的概念。杜赞奇认为:"婚姻圈、社交圈并不一定会与基层市场吻合,农民的商品交易行为、婚姻选择范围与社会交往的半径嵌入在文化网络中,农民在文化网络共同体中买卖商品、选择配偶、相互交际、参与组织及其他社会活动"。②费孝通提出"差序格局"概念,在他看来"社会关系是以己为中心,一圈圈推出去,愈推愈远,也愈推愈薄"。③弗里德曼在研究中国东南的宗族组织时对费孝通的观点提出了质疑,建议以"宗族圈"为单位研究汉人社会及乡村关系。邓大才在研究社会化小农时将时间变量纳入圈层理论,在他看来"随着时间的推移,主导小农生产、生活和交往的圈层依次为市场圈、就业圈与投资圈……小农通过市场圈、就业圈与投资圈逐步走向社会化"。④

上述等人的研究从圈层角度考察了农民生产、生活中的习惯路径。传统农民的合作行为受地理环境、文化传统的约束,形成了以村落结构、家户结构、文化结构为依托的圈层型合作,人们以圈层为半径建立起彼此的信任关系,在圈层内部人们的兴趣偏好、利益偏好趋同,人们的合作行为是基于熟人社会之间的信任联系,圈层外的社会空间是陌生而带抵触心理的,在陌生和不确定的圈层外部空间人们之间的合作行为减少。然而,生活在现代社会中的农民生活方式发生了历史性的转变,随着现代性要素对农村的流入,农民生产资料的获取、生活方式的选择以及生活目标的实现都被卷入进社会化体系中,农民的衣食住行都要与外部世界发生联系。以圈层网络为基础的合作行为难以满足农民的生存需要,农民需要适应扩大后的社会空间。由于路径依赖法则以及农民自身素质较低的原因,当下农民的合作能力还不能适应扩大后的社会合作空间,农民既缺乏与陌生世界交往的能力,也缺乏现代合作所需具备的契约精神。依据实验组的观察,四个实验村的村民依旧依赖于圈层合作的习惯,不同村落之间的圈层合作

---

① [美]施坚雅:《中华晚期帝国的城市》,中华书局2000年版,第3页。
② [美]杜赞奇:《文化、权力与国家》,江苏人民出版社2004年版,第14—15页。
③ 费孝通:《乡土中国》,上海人民出版社2006年版,第25页。
④ 邓大才:《"圈层理论"与社会化小农——小农社会化的路径与动力研究》,《华中师范大学学报》(人文社会科学版)2009年第1期。

行为主要有：宗族圈、市场圈、婚姻圈、人情圈、文化圈、选举圈、信仰圈、精英圈等，在组织不同圈层之间应对社会化所带来的共同挑战时，实验村村民表现出既缺乏组织合作的动力，又缺乏组织合作的能力，这其中不同圈层之间缺乏信任是最关键的问题。

（二）圈层互动：社会化小农的理性选择

1. 市场圈的合作选择

基层市场构成农民生产和生活最基本的圈层生活空间，传统小农在基层市场空间内完成了彼此间的社会联系。以生存空间划界的基层市场圈是农民的理性选择。因为农民对基层市场圈非常熟悉，信息充分，而且基层市场能够提供基本的商品交易平台，农民在基层市场内活动可以节省诸多的交通、谈判、信息、契约等交易成本，而且交易、交往活动受到乡村社会伦理（"熟人社会"）的支持，降低了受骗、被欺诈的风险。[1] 现代小农面临的是现代化的外部市场环境，所处的市场圈是扩大化的市场，以实验村上能村村民的西红柿种植为例，上能村村民的西红柿主要通过外运的方式销售，销售地集中在东北、珠三角以及湛江，运往北方是最重要的途径。这和整个湛江的情况一样，北运菜占大部分。由于交通工具的飞速发展以及市场信息渠道的畅通，上能村村民的市场圈已经超越原来的基层市场，市场外部环境的扩大带来更广阔的市场空间，与之相应的是农民的合作能力也面临更多的挑战。在上能村的西红柿销售中有两大主要问题：一是价格波动；二是被中间商压价。从价格波动看，比较高的时候是七八毛钱一斤，很少超过这个价，低的时候两三毛，最低甚至到了八分钱。而且，由于最近几年蔬菜北运越发困难，销售价格整体呈下降趋势。这样一算，村民每亩的利润就在两三千块钱。如果再把运输成本考虑进去，村民的利润空间会更小。分析其原因在于，本地销售量有限，只能通过中间商外销，而村民又没有联合起来，中间商通过各个击破的方式压价成为价格较低的首要原因。如何解决上能村村民面临的市场难题，实验组认为，一是可以提升西红柿品质。通过改良土壤，改进种植方式，进而提高产品的

---

[1] 邓大才：《"圈层理论"与社会化小农——小农社会化的路径与动力研究》，《华中师范大学学报》（人文社会科学版）2009年第1期。

竞争力。二是引入农业企业。蔬菜北运变得困难的主要问题在于，因为技术提升以及资金的大规模投入，北方已经有不少反季节蔬菜。湛江蔬菜的时间差优势难以体现。如果能够引入农业企业，以大资本开展西红柿深加工，由专业人才跑销售，则更有可能提升西红柿种植的利润空间。三是倡导农民合作。分散的村民面对高度组织化的社会，劣势非常明显，而农业企业面对分散的农户很可能望而却步，因为交易成本太高。如果能够在购销方面合作，一方面可以培养村民的谈判能力；另一方面可以提高村民的合作意识。

依据上述分析，实验组在上能村成立了西红柿种植协会，协会的主要功能是整合种植圈的集体资源，将分散的种植户组织起来，增强其与市场进行谈判的能力以降低大市场所带来的风险，比如种植户可以以价格联盟的方式开展合作。从生产成本的角度来看，因为利润空间比较小，农民不一定愿意。而如果以价格联盟的方式，以每个农户有1万斤，每斤增加5分钱计算，农户就可以增加500块钱，利润增加空间比较大。而且，这种合作的形式比较简单，农民更愿意接受。与基层市场圈不同的是社会大市场信息更加多变，农民的交易成本更具风险性，因此，成立专业性的市场合作组织有利于加强不同圈层之间的对话沟通，在扩大化的市场空间内，合作起来的西红柿种植户可以与销售环节中的运输商、经销商、肥料供应商等不同圈层进行良性互动，这种有组织的圈层互动模式不仅增加了农户的利润，也锻炼了农民的合作能力。与上能村村民所面对的问题一样，另外一个实验村欧村同样面临市场的问题，欧村每家每户都种植水蜜桃，少则30多棵，多则600多棵，平均每家有120棵左右，总种植棵数有5000多棵。以往的水蜜桃销售大多采取个体的方式，这不仅增加了销售成本也面临市场扩大的压力，针对欧村的实际村情，实验组采取以合作社的方式加强不同圈层之间的联系。具体做法有：一是邀请相关的农技专家对水蜜桃的栽培、保鲜技术进行讲座，研发成本合理的保鲜技术；二是向农民讲解市场营销知识，引导他们了解市场活动规律；三是结合当地实际情况，向农民宣讲规模化、集约化经营的好处，并试点成立"鹰嘴桃专业合作社"。

在四个实验村中，铁场村的现代化程度最高，工业化发展非常迅速，基层市场圈中的合作场域远远无法满足与现代市场紧密联系的合作需求。

以铁场村的代耕农为例,由于本地农民基本不种地,大面积的耕地目前多出租给来自广西、清远、韶关等的农民。依据实验组的需求评估调查,代耕农面对的市场风险主要有:一是假肥料、假农药等问题;二是获取信息的途径有限。铁场村代耕农的数量约有 1000 多人,这为成立统购合作协会提供了数量基础,也为它的规模发展提供了可能。从代耕农的意愿来看,有 76% 的农户表示想加入统购合作协会,有 12% 的农户表示想先了解再做决定。另外,当被问到是否愿意与他人合作成立统购合作协会时,有 68% 的代耕农表示愿意合作,有 20% 的人表示想先了解再做决定。尽管历史上铁场村并没有这样合作组织的先例,但是建立代耕农统购合作协会是完全有可能的,因为伴随现代市场的冲击,以家户为单元的基层市场圈难以把握社会化市场带来的信息量增大风险。从调查结果来看,有近七成的代耕农对此支持。针对上述情况,实验组引导代耕农成立代耕农协会,并协助其建立与现代市场进行信息沟通的渠道。具体运作模式如下:

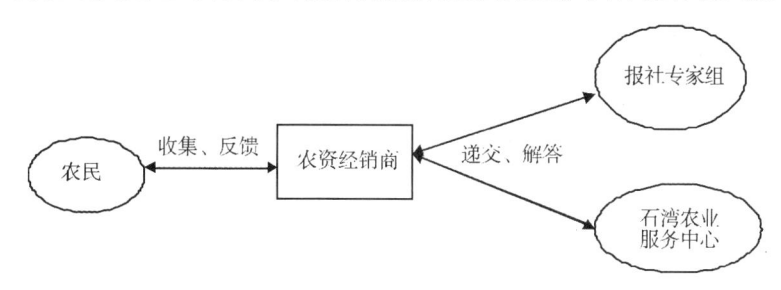

图 5.1　代耕农信息沟通渠道

上述设想的提出,源于南农实验课题组在铁场村做新型农民培训调查期间发现的问题。实验组在调查过程中发现,铁场村的代耕农对各种信息有着强烈的需求,特别是与其农作物相关的市场信息、农资信息等。实验的构想,是希望利用该村的农资经销商作为信息员,信息员收集附近代耕农的信息需求,同时记录下来给南农实验志愿者,志愿者通过找《南方农村报》、当地农业服务中心等单位解决信息需求,然后反馈给信息员,信息员再发放给代耕农。实验组希望通过这次实验,建立种植圈与信息圈的互动,通过有效的信息指导能给农户解决实际问题,此外还能提高农户对农业信息追求的主动性,并培养起他们对信息的分辨能力,最终使农户形成主动获取信息以维护自身利益的意识。

2. 宗族圈的合作选择

宗族圈是以血缘、亲缘关系为纽带联系起来的农村生活圈子，最直接的表现就是熟人网络。宗族文化是中国几千年来自给自足的自然经济和长期封闭的社会环境的产物。宗族文化起源于儒家思想，最初是一种礼，是为封建阶级服务。1949 年后，尤其是人民公社时期，乡村传统宗族社会的组织基础被瓦解，人民公社解体后，农村进入以家庭联产经营承包为主的农户分散经营机制，家庭成为各自的利益中心。由于利益关系直接化，冲突矛盾也就不可避免。而政府在处理农村社会冲突上存在一定的盲区和迟滞，这种城乡二元化的体制导致宗族的复兴。而且宗族观念在聚族而居的农村社区本来就根深蒂固，一旦政府控制稍有放松，就会重新复苏。

这种复苏在南方社会的表现最为明显。宗族组织之所以有强劲的生命力，在梁漱溟看来："中国传统社会中是没有个人与社会的，因为个人往往是依附于血缘和地缘的关系纽带之中，社会更多的是依附于以血缘为纽带的家族社会"。[1] 费孝通先生认为："家族是扩大化了的家庭，是中国乡土社会的基本社群。它本身在中国乡土社会就是一个事业性群体，依靠亲属伦常来运行，具有明显的社会圈子的性质"。[2] 学者费正清先生更是将宗族组织比喻成微型的邦国，在他看来"村子里的中国人直到最近，还是按照家族制组织起来的"，这种家族制组织是"自成一体的小天地，是一个微型的邦国"[3]。依据实验组的观察，四个实验村中除铁场村现代化程度较高，宗族意识淡薄，其余三个实验村的宗族意识强烈，宗族文化完整，宗族组织在村庄的公共活动大多围绕祭祖、祠堂等传统习俗开展，然而与以往乡村不同的是现代乡村所处的外部环境已经变化，尤其是新农村建设的时代背景下，如何引导宗族组织与国家、社会进行良性互动成为实验组对宗族圈的一个疑问。

据实验组的观察了解，四个实验村的宗族组织大都存在着不同的派系，这些派系以各自房头为中心形成相对封闭的利益圈，不同房派之间大多因村庄选举等公共事务集聚了诸多矛盾，派系间的纷争既影响了村庄共

---

[1] 梁漱溟：《中国人：社会与人生——梁漱溟文选》，中国文联出版公司 1996 年版。
[2] 费孝通：《乡土中国》，上海人民出版社 2006 年版，第 32—36 页。
[3] 费正清：《美国与中国》，世界知识出版社 1999 年版，第 25、22 页。

同体之间协商合作又破坏了乡村社会的稳定。宗族的存在对于公共事务的开展是有一定的作用的，但是宗族的作用在一定的程度也是有限的。农村分散经营以后，家庭成为各自的利益中心，这是宗族再次复兴的基础，但其作用也受到限制。在古代，宗族强而有力是因为古代生产力水平低下，单个个体的利益是个人无法保障的，必须依靠团体来保障，所以宗族才更有力量。然而在现代社会，大部分人的利益都自己保障，自给自足，宗族内部的往来也减少，而且宗族中贫富悬殊现象普遍，还存在着富人看不起穷人的现象，富人接济村里的公共事务，而较少接济村里的穷人。这样的以小家庭为单位的格局，削弱了宗族内部的联系，大家平时也不常往来。有共同利益关注时才会加强联系，如选举、修路等，但是这样的大事并不时时存在。这样宗族内部的联系相对于古代少了很多。正由于以上原因，宗族在一定程度上表现出了参与无力。例如：上能村困难老人林永华，他的困难情况干部是知道的却不予理会，而宗族内甚至整个村子其他人都没有对他进行照顾。这是一种宗族参与无力的体现。个人的利益得不到宗族群体的保护或者帮助，使一些村民产生对于宗族的不信任感。实验组认为，宗族的无力是由于经济原因造成的。正由于经济的好转，使村民受教育情况也得到了改善。受教育越多其宗族观念就越淡薄，而且年龄越小宗族情感就越淡薄。个人的利益越能把握在自己手中，那么宗族存在的必要性必然会被削弱，削弱了的宗族势力又不能再保障宗族内部人员的利益，这样对宗族产生不信任感是很普遍的。宗族其实是一种相对封闭的群体结构，在这里很多年轻人都有出去闯闯的想法，宗族人员的流失也相对削弱了宗族力量与宗族情感。

依据上述分析，宗族的存在影响着村庄生活，对于公共事务既有推动作用，也有阻遏作用。正因为宗族情感的存在，本村的老板才会出资支持家乡的建设，而且由于宗族情感的狭隘利益观念使得公共事务的开展不顺利，某些个人为了各自的利益而做出了损害公共事务、公共利益的事。很显然这宗族文化是把双面利刃，利弊共存，值得注意的是由于村庄的经济发展，这把利刃也正在被削弱。在这样的情况下，我们很难预测宗族的走向，一方面二元制度的不改变，政府对于农村的保护政策的不健全的存在就决定了宗族存在的合理性；但另一方面，经济条件的改善，城市环境的进一步开阔，会逐渐削弱宗族存在的基础。针对不同派系之间的合作困境，实验组采取了组织疗法、对话疗法。

其一，组织疗法。在实验村上能村，实验组发现，该村村民最为迫切的需求主要有：一是环村公路建设；二是灌渠硬化工程。村庄公共事务的建设需要村庄共同的合作，然而上能村的合作动员力量主要掌握在该村外出经商的精英手中，这些外出打工的乡村精英分布于不同房派，精英很关注本村的发展，宗族派系间常常暗自较量，导致村庄公共事务建设缺乏共同合作的意识。在上能村，既包括活跃在乡村政坛上的地方干部，也包括活跃其间的乡村精英人物以及普通民众。这三者的互动关系在某种程度上构成了一种复杂的乡村政治发展模式。精英人物对村庄的影响与角色扮演在乡村治理中起着至关重要的作用。然而，无论是干部、民众还是活跃其间的精英人物，个人的私情也牵涉其中，而且这种私情也在以一种微妙的方式影响着村庄的治理，并使之复杂化，这种复杂可以从外出精英对乡村的控制来观察，上能村是个自然村，然而却有四位村长。这样的安排主要是为了平衡村庄里的派系关系。在每次的选举中，每一派代表的背后都有一个经济精英在背后支持，从而形成了典型的"工头政治"与"老板政治"。

村里走出去了很多老板，这些老板虽未掌握村中的权力，但他们在村里有着很重的分量，特别是在年轻人当中。他们是村里很多年轻人外出的榜样。他们对村社区的某些反馈行为，在一定程度上刺激着村社区内的其他人的行为或心理反应。这里还有另外一个有趣的现象，就是一些已经外出多年的老板仍然回来开党小组会议，给党小组捐钱，参与村中事务这些都是宗族情感的体现。能否将外出精英的宗族情感转化为村庄社会空间内的共同一致的行动？经过细致的观察后，实验组决定采取组织疗法，即成立一个专门的协调组织来整合村庄不同派系间的力量，第三方组织的介入为不同派系之间搭建了一个沟通的平台，将每个派系的力量都吸纳进组织。实验组最初成立上能新农村建设理事会（以下简称理事会）。其主要成员由部分老干部及热心村民共6人组成。它实际上相当于一个由村小组干部领导的工作组。工作组因年纪普遍都比较大且没有年轻人参与，加上因财务、能力问题而对现任干部的不信任。这种背景下，外出乡村精英很快提出反对意见，并随即在深圳召开了大会，成立主要由外出经商务工的年轻人及部分在家干部组成的理事会。村内的旧理事会只能停止运转。从上述转变情况来看，上能村的宗族组织选择了外出精英即"工头政治"为主导的合作选项，这种合作行为的产生缘于现代市场支配下的社会化现象，随着基层市场圈的外延，村民与村庄外的联系更加紧密，对外部资源的依赖性增强。新选出的上能新农村建设理事会共有理事36名，主要由外出经商务工的村民组成。现任村小组组长、会计、新勇村支部书记（该村村民）三位干部被选为理事，该村在吴川市镇两级工作的几位村民也被选为理事。理事会下设执行委员会，有执委5名，负责处理日常工作。定位上，理事会提出要全面统筹村庄工作，执行委员会及村小组干部负责落实。这实际上是对现有村民会议及村民代表会议制度的突破。从理事会的人员构成来看，既有外出精英为代表的宗族圈，又有以村干部为代表的政治圈，不同圈层组合而成的理事会汇聚了多方合作的资源。从效果来看，2007年年底实验村先后完成了环村公路工程以及灌溉渠硬底化工程。

其二，对话疗法。在实验村广育村，实验组采取了对话疗法来解决不同圈层间的合作问题。该村现有两个完整的老年组织，分别是退管会和老年协会。退管会的全称是广福镇广育村退休管理干部小组，其成员以及村民都习惯于称之为退管会；老年协会的全称是广育村老年人协会。退管会是隶属于广福镇退休干部管理委员会，是县政府为了方便退休干部管理而成立的正式组织，是政府机构在村级单位的分支机构。虽然是官方机构，但是其功能已经彻底民间化，由于其与老年协会的历史渊源问题，所有日常活动都同村老年协会同时进行，是同老年协会一样的老年人自我服务组织。退管会成立于1988年，当时蕉岭县为了管理退休干部，成立了退休干部管理委员会，县以下的各级政府对应成立了相应的机构，乡镇级别称为退休干部管理组，村级单位则称为退休干部管理小组。广育村退管会隶属于广福镇退管组，设正、副会长各一名，出纳一名。会长黄新生，退休前是镇中学老师；副会长邱寿昌，退休前也是镇中学老师。退管会共有成员37名，其中退休的国家公职人员有23名，主要是退休干部、老师，还有14名社会老人，主要是五保户等社会优抚对象。

老年人协会是纯粹的民间组织，最早成立于2005年。当时广育村共有老人200多人，占总人口的12%左右，却没有相应的老年人组织。在退管会部分成员的倡议下，成立了广育村老年人协会。成立当初，老年协会与退管会是两块牌子，一套人马。同年，吸收了一批自愿交纳会费的会员，一起开展活动。2006年，镇政府考虑到经费问题，建议两个组织分开，而村退管会也有这样的考虑，所以两个组织正式分开。广育村老年人协会正式成立，有了独立的组织和成员。老年人协会设会长一名，出纳一名。现任会长黄寿华，出纳王莲香。现有会员36名，其中妇女23人。分开后的两个组织各自开展自己的活动但也造成了彼此间的不合，在老年协会看来，退管会有上级政府的补贴，他们害怕增加自己的负担所以才把老年协会独立出去，在村委会看来一个村庄存在两个老年人组织增加了村委会的开支，因为每年村委会都要支付两个组织一部分活动经费。随着分开后的组织成本的扩大，两个老年组织的活动越来越少，从圈层理论分析，退管会属于体制内的老人生活圈，该群体大都有着较高的文化素质，老人协会则是体制外的老人生活圈，该群体的文化程度偏低。针对两个组织的特点，尤其是外部援助资金如何分配的问题，实验组分别与双方进行了座谈，并倡导两个组织重新组合，在与双方充分交流的基础之上，两个组织最终达成合作共识。重新组合后的老年协会更名为："南农实验广育村老年人协会"，该协会设会长1人，副会长兼出纳1人。本会的最高权力机构为会员代表大会，会员代表大会须有2/3以上的会员代表出席方能召开，其决议须经到会会员代表半数以上的表决通过方能生效。通过上述对话疗法，双方消除了彼此的顾虑，处于体制内外的不同圈层有了共同的利益认识，最终形成了有效的合作。在对话疗法的引导下，广育村的民间组织已经从原来的3个发展为6个，加上正在筹建中的福育爱心社，广育已经有了近7个民间自治组织，其具体情况见下表。

表5.1　　　　　　　　广育村民间组织发展状况统计表

组织名称	成立时间	成立背景	资金来源	数量、结构	定期活动	主要功能
祭祖理事会	1980年	大黄屋长者推动	男丁家庭份钱、临时募捐	理事长1人，财务1人	宗族仪式	修缮族谱，维护传统

续表

组织名称	成立时间	成立背景	资金来源	数量、结构	定期活动	主要功能
老年协会	2005年	退管会推动	会员会费、村委会补贴	会长1人，出纳1人，36名会员	学习会（两月一次），春秋游一年各一次	维护老年人利益，为老年人提供公共空间
退管会	1988年	县退休干部管理委员会的下属机构	会员会费、政府补贴、村委会补贴	正副会长各1人，财务1人，37名会员	同老年协会	同老年协会
妇女学习班	2008年	乡村实验推动	实验资助	负责人1名	每月一次学习交流	维护妇女权益、促进妇女发展
村务监事会	2009年	县纪委试点	纪委资助	正副会长各1人，5名成员	两个月组织一次干群对话会	监督村委会运行状况
自来水理事会	2009年	村委会推动项目	村委会补贴	正副会长各1人，成员6人	定期水管维护、协定水价	维护全村水资源供给

从上述分析可见，从圈层合作到社会化空间是小农生产、生活社会化的必然结果。在社会化空间内人们的合作需求增多，过去以基层市场为依托的圈层合作已经不能满足社会化小农的合作需求，社会化空间为不同圈层之间的合作提供了充足的资源，不同圈层之间只有进行良性互动才能形成有效的合作。除此外，从圈层合作到社会化空间对农民的合作能力也提出要求，在社会化空间内小农面临的未知风险增多，只有不断增强自身的素质才能应对生产、生活社会化带来的新风险、新挑战。

三 从外生到内生：合作主体的选择

（一）道德救村的尝试：欧村合作社

"欧村合作社项目"是由欧村外出青年所提出的"农户＋合作社＋企业"新型农村发展模式的实验性探索。最早提出者与推动者，是欧村外出青年企业家谢松峰，谢的设想是希望通过亲身参与，充分借助各种外界力量，吸引工业资本回流，进而盘活村庄现有资源，在自己的家乡建设一个美好的社会主义新农村的可供复制的模式。2006 年 3 月底，为了完善发展思路，谢辉腾（谢松峰的弟弟、欧村实验的主要策划负责人之一）、冯善书等赶赴北京，拜访了部分"三农"领域的专家教授，同时与农业部和团中央等有关部门的负责人进行了交流，进一步坚定了在欧村开展新农村建设实践探索的信心。4 月中上旬，欧村村民谢明贵代表欧村与《南方农村报》以及华中师范大学农村问题研究中心在"南方报业集团"签订了正式的三方共建书面协议。此后，"欧村实验"开始代替"欧村模式"成为欧村探索新农村建设的主题语。

2006 年 5 月 6 日，欧村农民经济合作社在连平县上坪镇西坪村欧村屋成立，整个自然村的 42 户农民代表出席成立大会，在章程后面签名并按上手印，正式成为社员。接着，在南农实验欧村项目组 14 名志愿者的帮助下，社员们严格按章程规定的民主程序，公开对理事会和监事会的候选人进行投票。结果，谢振任、谢妙哉等 8 人在社员的广泛参与下脱颖而出，当选为理事和监事的成员。随后，当选者召开了第一次工作会议，就合作社的发展问题进行规划和磋商。虽然本次经济合作理事会、监事会成员均采取了民选的方式，但从候选人提名到投票选举、监票、唱票、计票都纳入了规范的选举程序当中。然而，过于强大的宗族权威主导了本次选举，欧村经济合作社理事会监事会候选人由社员大会统一提名，被提名者均有一定资历，并且与村民保持较稳定的联系。尽管部分村民强调理事会监事会成员管理组织能力的重要性，且建议聘请外部管理者，但在村民大会上，却无人提及这一建议。这说明欧村村民的表达能力尚存在诸多障碍。原本属于大家的权力交到了少数社区精英手中。随后的运营过程中，更加暴露了诸多弊端，合作社成立后的第一届理事监事会会议中，以民主投票方式当选的理事长以自己能力有限为由试图把决策权转移给村长。由此可见，欧村的经济合作社只实践了民主的程序却无民主的实质，最终为欧村合作社走向衰败埋下伏笔。

成立后的欧村合作社很快制定了《广东省河源市连平县欧村农民经济合作社章程》，该章程详细规定了社员的权力与义务，规范了财务管理制度，并在机构设置中增加了监事会、理事会，同时注明了欧村合作社的结社原则为：不改变农民身份、不离开土地、不脱离农业、不破坏环境资源、让农民平等参与土地增值利益的分配。坚持以农民为主体，由理事会直接管理，体现社员集体决策的优势，让社员民主管理，根据权责对等原则行使决策，利益共享、风险共担，社员享受平等权利、入社自愿、退社自由。

经过调查研究，欧村合作社把住房改造、水蜜桃项目作为合作社的工作重点。2006年7月26日，合作社理事会在南农实验课题组成员彭大鹏、赵晓峰的协调下，召开会议并最终确定了一个操作性强的改造方案。同年8—9月，合作理事会多次开会沟通协商，落实住房改造项目方案的具体内容。9月底，住房改造正式启动。外出经商青年谢丛峰、谢飞腾投入60万元，20户同意建房的村民也筹集到14万元。新房样式为两户一房，户均6.5万元左右。2007年5月，第一期18户共19栋房屋全部封顶。每栋地基面积76.5平方米，实际造价为6.5万元，第一期住房改造基本结束。

欧村一期住房改造项目可以说是在外出青年强势主导下的道德工程，这个项目的选择采取了非市场化的逻辑，可以说充满了过多的情感色彩。农民的主体性地位被忽视，企业家救村的道德冲动将农民置于被参与者角色，主要问题有：一是从资金投入来看外出青年到底能够投入多少一直被村民怀疑。这实际上影响了村民参与的热情。大部分村民靠借才拿到1万元的自筹资金，并为此背上了债务。二是宅基地调整问题。主要有两个问题：一是有的村民有三个即将结婚的儿子，理事会只分配一套76.5平方米的宅基地，这其中有五个房间，还要除去放杂物的，这种住房设计确实让部分群众不满意；二是已建新房的人减少了或者增加了面积，45元/平方米的补偿标准较低。三是住房方案设计问题，不符合农村实际情况，所有的住房都按照同样风格设计，楼梯设计占用空间太大，客厅上方的空间浪费了一个房间，卫生间设计过多。四是管理权限不清晰。住房改造从性质上说是合作社的一个项目，外出青年只是借钱给合作社，由合作社再分配。但作为决策机构，理事会的部分成员又是外出青年企业家的员工，监事同时具有村委会主任的身份，同时又是外出青年的父亲。这些关系让住房改造项目的决策非常复杂，有的决策由外出青年做出，有的由理事会做出，有的则是监事长做出，有的甚至还分不清楚决策人。

从上述分析中可以看出，欧村住房改造项目忽视了农民的主体性，农民被置于被参与角色。一期项目改造后项目就陷入无法推进的境地，先是部分农户对宅基地调整不满意，部分稍微富裕的农户不满意同一模式的住房设计甚至脱离合作社自己盖起新房子。在此过程中，实验组可以观察到部分农民理性地表达着利益抗争，有这样一个农民拒绝参与的经典案例：

> 欧村在住房改造过程中，房屋承建方把村民为自己房屋投劳以25元/天算工钱计入房屋造价，如果村民愿意为自己建房子就可以按天领取建设工资，但是奇怪的是，当村民了解到外面有30元/天的零工做，村民宁愿到外面做也不愿意在家为自己建房子。

任何违背科学规律的乡村建设都将以失败收场，从外出企业家的动机看他们充满着建设一个宏伟新村的美好愿景，但外部资源的强势让合作社走向组织农民合作的道路，而非真正的农民合作组织。最终欧村农民因建新房背上了债务，包括人情债。与住房改造遭受同样命运的还有欧村水蜜桃项目。水蜜桃项目是合作社成立之后，理事会与监事会讨论决定的，由合作社成员进行收购、销售，村长在外跑销路，对象多为政府的领导，且是本县、市级领导，也有少量收购商直接进村子采摘。具体经营方法是村长找到销路后，购买者下订单订货，合作社根据订单的要求收购水蜜桃，本村桃子满足不了需求，到其他村收购，把收购回来的桃子包装后再卖出去。此项目从2006年7月初开始到当月的20号终止，扣除成本以及工作人员的工资，共赢利600元。这个项目的运作暴露的问题主要表现在：一是前期准备不足。二是市场问题。主要依靠监事长在市、县两级政府体制内的关系和欧村外出精英的私人关系进行，不能形成长期稳定的市场。三是财务问题。合作社虽然因为这个项目实现了几百元的盈利，但是却有高达4000多元的拖欠款项。四是管理问题。一是负责开拓市场的欧村外出青年相互之间没有明确的分工，彼此缺乏沟通，导致信息向下传递不畅通；二是合作社内部缺少固定的拥有最后决策权的人专门负责协调水蜜桃的收购与销售，参与这个项目的人员彼此之间也存在信息来源的不统一。①

这种外出精英主导模式下的农民合作组织与欧村的经济合作社有着共同的组织背景，这种外部资源主导下的农民合作忽视了农民的主体性，其结果往往走向衰败，与欧村合作社相比，上能村新农村建设理事会整合了更多的资源，也取得了一定的成绩，但农村内生性力量缺失，导致自治组织缺乏建设主体的支持，上能经验再次提醒我们，农民合作组织的主体应当是农民自身，农民应当是农民合作组织的主导者而不是被主导者，任何试图颠覆这一科学论证的尝试终将面临被颠覆的命运。截至目前，当笔者重返该村访谈时发现，该村的新农村建设理事会已经基本瘫痪，村庄公益事业无人管理，甚至村委会的工作也处于停滞状态，相比两年前充满活力，一片繁荣景象的上能村，如今的上能的未来在哪里？

（二）精英主导的合作：上能综合开发

上能村农业综合开发项目，是一项旨在鼓励农民进行合作参与的项目。该项目位于吴阳镇马宵村、上能村以及那良村，这三村分属三个不同的村委会。项目投资总额为500万元，包括政府财政投入以及村民自筹。项目主要是投入在村庄灌渠硬底化工程上，上能总投入为75万元，政府投入61万元，村庄需自筹14万元。根据南农实验课题组于2006年4月份对上能村做的第一次预调查和初步的需求评估，了解了该村排涝方面的相关情况是：325国道路基抬高以及涵洞设计上的缺陷导致排水不畅，当然河道淤积也是易遭水涝的重要原因。据村民描述，每逢雨季国道附近的农田就浸在一片汪洋之中，给农业生产带来巨大损失，仅西红柿种植而言每年的损失大约有247.55万元，农民要求解决排涝问题的呼声较高。从需求动机上来看，农业综合开发符合上能村民的生产需要，实验组希望通过发动村民筹资投劳来带动村民积极参与村庄建设，提高村干部的动员能

---

① 南农实验课题组：《欧村水蜜桃项目调查分析》。

力，挖掘村庄内部优秀的组织人才。

让实验组感到困惑的是整个村庄内给人以参与无力感，项目虽然得到确立，但却没有人来组织发动，干群之间缺乏信任，村委会的合法性遭质疑，眼前的现状是村委会根本无法主导此项工作。为了不失去本次农业综合开发的机会，项目组先是几十次到吴川市农业局以及吴阳镇政府，为争取本次项目进行积极的游说工作，官方的态度是只要农民筹资达到14万元就会支持配套资金61万元。在村庄内，实验组先是同部分精英商量如何发动群众筹资投劳，村委会干部的意见是只要上级政府先投入资金把灌渠硬底化工程展开，农民群众看到实际效果后，就容易被组织起来，但这样一来实验组的工作就面临双重压力，政府与村庄内的意见很难达成一致，在部分村庄人士的建议下，实验组决定召开村民代表大会，经过一个多月的组织发动，主要是入户做思想工作，发送传单，张贴海报，发动精英起带头作用等方式，最终在全村代表大会上确立了一期灌渠硬底化工程的实施方案，农民义务投劳人数为300人，投劳时间为2天。筹资达1万多元，部分村庄内权威建议课题组要多向上级政府送点礼以换取政府全部资金的支持。

实验组认为如果全部由政府买单，村民的合作参与精神将无从培养，一万多元的自筹资金与政府的14万元要求相差甚远。为了促使项目得以展开，实验组又多次与相关政府部门进行沟通，最终达成意见是，政府先投入部分启动资金，随后看村庄内筹资投劳情况再分阶段实施该项目。2007年12月17日，轰轰烈烈的政府出资，农民投劳的上能灌渠硬底化工程开始了，政府官员、媒体记者纷纷到场指导、鼓励，300多名农民手持工具开始进入施工现场，一个上午就开挖渠道达500米，自人民公社解体以来，这种义务出工的投劳场景在农村很难看到。实验组先是一番惊喜，随后而来的场面却十分令人尴尬，当媒体记者、政府官员离开后，原本两天的义务投劳计划很快在当天下午就中断了，与上午热火朝天的现场相比，这好像是农民、官员的一场表演秀。由于灌渠工程的直接受益者并非所有参与投劳的全体村民，组织动员大家的村内精英找到实验组说下午村民不愿意参加了，要求以外包的方式把灌渠工程进行下去，这一转变是实验组始料不及的，虽经过多方动员无果，最终还是选择了外包的方式。政府方面的态度随之也发生了变化，要求灌渠工程压缩，在完成两条主渠建设后，该项目就被迫终止。

关于农民筹资投劳，实验组的反思主要有：一是社会化小农面临货币需求压力，农民的金钱本位思想严重；二是干群之间信用缺失，村庄制度不完善，干部缺乏监督，村民不相信干部，干群之间很难就筹资达成一致；三是乡村精英外流，有能力、有文化的年轻人大都外出，剩下的386199（妇女、儿童、老人）"部队"，很难成为建设的主力军；四是还有农民的依赖心理。等、靠、要始终是困扰中国农民发展的障碍性问题，传统计划经济体制下的资源配置模式深深地在农民心灵上打下烙印，农民遇到困难第一个想到的就是找政府。伴随市场经济的深入，传统村庄共同体的凝聚力逐步瓦解，以往维持村庄秩序的道德权威逐渐衰败，以村民自治为治理转型的现代民主治理体系尚未完全建立，由此看来，受诸多客观因素制约下的农民参与能力建设还有漫长的路要走。

小 结

"少数服从多数"是民主的原则，这一原则要求民主的程序需要民众之间相互协作达到某一特定的目标。长久以来随着社会利益的不断分化，个体利益的特殊性，团体利益的多元化，不同的利益主体之间产生了不同的利益需求，团体之间需要通过竞争来解决冲突，要想使得整个社会保持良好的秩序，必然需要群体之间的合作。通过合作来增强团体的力量以达到约束少数人的目的。中国乡村传统社会的封闭性，使得传统社会农民的交往范围有限。以个人或家族为中心形成了一个个小圈子、小阶层，圈与圈之间缺少交往与互动。面对资源有限的村庄，圈与圈之间必然会发生碰撞，这与民主化的治理趋势要求是不相符合的。所以本章主要讨论了对抗性的宗族组织和宗派之间是如何走向理性合作达到共赢的、社会化小农是如何突破圈层之间的界限来抵御市场风险，以及如何改变精英主导的合作为以农民主体的合作。

首先，宗族组织、宗派文化既是农民合作的"合力"又是"分力"，需要外力引导使农民从情感合作走向理性合作。

宗族合作与对抗是建立在血缘关系之上的乡村社会形态。宗族内部的权威与信任关系在宗族成员的合作中起着重要作用。宗族利益也是一种团体利益，这种团体利益使得宗族内部的向心力要远远高于宗族之间的引力。这使得宗族内部的合作活动诸如修祠堂、祭祀等活动展开的成本较小，易于达到行动的一致性。而宗族之间却存在着资源占有分歧、血缘亲情疏远、彼此之间猜忌等原因，致使宗族之间的合作难以开展，结果是民主选举中宗派纷争不断、民主管理中村庄范围内公益事业无人问津、民主决策中互相扯皮难以达成一致、民主监督中互不信任村干部权威缺失。因此可以看出农民天然的合作是在宗族内部的一种非理性的合作方式，这种合作方式是一种狭隘的以宗族情感为出发点的一种小团体主义。民主需要团体之间的竞争更需要更大的范围内（至少是村庄层面）的合作，因此培养农民的合作意识必然要打破这种团体的限制，使村民能够理性地认识到整体的利益所在，实验组的项目引导以村庄公益事业建设为载体，通过建立合作平台，为不同片域的宗族领袖提供一个协商共赢的机会，领袖之间通过相互交流、相互妥协最终达成一致意见，再由宗族领袖发挥自身的组织动员优势，使得荒废的村庄公益事业重新开展。而事件介入更是通过外部力量的协助消除了选举对抗中的宗派主义，使得村庄民主选举秩序得以顺利进行，同时培养了不同派别协商共赢的合作能力。

其次，传统圈层格局是市场化背景阻碍农民合作的重要因素，打破圈层束缚是提高农民合作能力的必然要求。

从起源上来看，由于原始社会单个个体为了生存才需要协商合作来增强抵御风险的能力。家庭是最简单的合作组织形态，然后血缘关系扩展到家族，逐渐演变成为较大范围的合作组织形态，村庄也会形成一定的合作形态。一层层的合作形态使得整个社会形成了不同的圈子和层级。圈子内外、层级之间的交往活动有限，这成为农民合作能力提高的束缚。圈层理论解释了农民通过不同圈层之间的合作来对抗市场化风险并获取更大的收益。随着市场化不断发展，农业生产逐渐被卷入社会化大生产中，农民也不得不面临着各种市场风险。市场的开放性原则要求商品只有在市场内部自由流动才能实现价值最大化。实验组通过组织各类性质的农产品协会，组织农民合作，使缺乏信息的农民学会如何通过组织的力量来获取信息和资源。而宗族圈、婚姻圈等乡村社会传统的圈层在现代社会也随着人们的交往范围不断扩展，这些圈层的不断扩展使得圈层（包括同型圈和异性圈）之间的合作显得非常有必要，而这种合作是以农民的共同利益为基础，因此也可以说是农民的现实需要。项目组通过组织疗法和对话疗法，让圈层之间形成良好的互动，有力地解决了村庄公共事业面临的诸多问题，提高了农民的合作意识和合作能力。

最后，农民的主动合作的意识欠缺，被组织进合作社的农民难以提高自己的合作能力，需要发挥合作主体的积极性，提高合作主体对组织的信任感与认同感。

农民合作组织不是新生事物，近代国家建构中曾经出现过不同类型的合作组织，例如：供销合作社、人民公社，但是正如前文所述这些组织都是出于国家为了整合农村、稳固政权的需要，而强制性地将农民整合进合作组织。农民缺少参与合作组织的主观意愿，违背了合作组织的真正内涵："入社自愿、退社自由。"因此，从欧村合作社和上能村综合开放两个案例中可以发现，尽管合作社组织机构的成立程序符合选举规则、理事会的章程也是比较完备的，但是农民的主体地位被忽略，农民参与的积极性不高、对组织者的信任度缺乏是导致合作成本过高的重要原因。缺乏合作主体主动参与的合作，要么被置于"被参与"的角色；要么处于"旁观者"的角色。因此，要培养农民主动参与合作的意识及能力。

第六章 民主方略第三步：农民的监督能力建设

现阶段我国的乡村治理模式，主要采取乡镇政府指导下的乡村自治形式，村委会的权力来源于两个方面：一是上级政府的委托和授权，这是由国家正式权力机构赋予的行政管理权；二是在村民自治的背景下，通过民主选举而获取的全体村民赋予的村庄公共权力。从这两种权力的来源和分配上看，其运行和发挥作用都需要权力赋予者给予必要的监督。但现实中，权力赋予者的监督却往往难以有效发挥作用，失去监督的权力在村庄肆虐，对农村的稳定和发展造成极大的危害。因此，"在村民自治活动的'四个民主'环节中，着重于民主选举和民主监督，以此带动民主决策和民主管理。在现阶段，对于村民群众来说，最重要的是加强民主监督，特别是加强与村民利益最为密切的财务监督。通过民主监督，可以促使村委会干部的决策和管理活动尊重民主，尊重科学。"[①]

针对近年来我国村民自治中出现的村级民主监督乏力、村官腐败频发等问题，实验组一方面与新闻媒体合作，将新闻媒体引入进村务监督体系；另一方面实验组与广东省蕉岭县纪委联合探索了旨在加强村级民主监督建设的"村务监事会"制度，经过三年多的实践，这一制度已初步成形。蕉岭的村务监督经验，为我国村民自治和乡村治理提供了有益的借鉴。为了发掘和总结村务监督过程中的实践创新的内在价值和宝贵经验，本章将从村级民主监督的核心问题出发，将新闻媒体对村务管理的介入以及"村务监事会"制度进行介绍和分析，并进一步探讨现阶段在我国村民自治中如何加强民主监督建设、提高农民监督能力等问题。

[①] 徐勇：《中国农村村民自治》，华中师范大学出版社1997年版，第228—229页。

一 涉农媒体对村务监督的介入及功能

党的十六届五中全会作出战略决策，建设社会主义新农村，这一举措进一步明确了未来农村改革发展的方向。建设新型农村，一个重要课题就是让民主在农村扎根，民主选举、民主决策、民主管理、民主监督是最重要的四个具体体现。这其中民主监督是最薄弱也是最容易出问题的环节，解决此问题，一方面要发挥政府部门行政力量的优势；另一方面新闻媒体尤其是涉农媒体更应该走在前列、引领方向。新闻媒体作为信息社会的重要获取工具，已经成为现代民主政治的助推器，它不仅可以成为联结国家与社会的桥梁与纽带，同时又兼备凝聚民心、监督政府的双重职能。基于新闻媒体特有的社会监督功能，实验组将合作方之一的《南方农村报》引入进实验现场，对实验村展开最为直接的介入式观察。从新闻媒体的角度来看，这是一场以民主监督为理念，以多方资源整合为支撑，以培育农民监督能力为目标的建设性实验。

（一）对于现状的反思：媒体监督缺位的成因

当前，国内新闻媒体的数量非常庞大，但如果从建设性的角度来考察，则凸显不足。具体表现为，新闻媒体要么热衷于追逐一些具有刺激性和冲突性的社会热点，对事件、现象或问题的报道流于表面，不能深入到核心去挖掘问题的根源；要么甘愿做政府的传声筒，对社会进行动员说教或发号施令，不能真正满足社会市场对新闻媒体的客观需求。上述两类媒体的共同之处，就是将媒体凌驾于社会之上，要么肤浅地批评社会，要么生硬地指导社会，对社会缺乏真正的建设性，对基层社会的监督更是少之又少。

新闻媒体作为重要的监督力量之一为什么会出现监督缺位？笔者认为主要有以下几个原因：一是制度性藩篱，传统意义上的新闻媒体，不论是报纸、电视还是广播，在体制上都隶属于党委或者政府部门，这种体制上的隶属关系，使得新闻媒介无法完全发挥其实质性监督的功效。在缺乏自主独立的隶属关系中，新闻媒体的权威性公信力受到质疑；二是内部结构性障碍，这种内部结构性缺陷主要是来自新闻媒体自身的原因，以报纸行业为例，从信息采编到信息见报，要经过好几个层级的考察和验收，记者先进行实地采访，然后根据采访内容写出报道上交编辑部，编辑审核通过后，方经（副）主编同意印刷见诸于读者，这种纵向的层级结构，使得新闻见报的流程增多，每道流程都可能为了某种需要扭曲事实真相，尤其是在遇到压力或诱惑时，缺乏职业精神理念的媒体人极有可能影响新闻的真实性；三是社会约束。除了制度、自身原因外，来自社会的阻力因素也是不容忽视的。一方面是法治环境不够规范，尤其当新闻媒介的报道触犯了利益集团或是邪恶势力时，当事的新闻媒体人面临被打击报复的危险，这会干扰新闻媒体坚持正义的信心；另一方面是受资金周转的影响，市场化媒体的生存需要与社会企业建立联系，经济上受制于人就可能沦为相关行业传声筒而忽略自身应有的角色功能。媒体经济人的行为追求，势必会影响监督社会、维护正义职责的履行。

如何摆脱诸多束缚让新闻媒体的监督更具建设性，南农实验为媒体介入基层社会提供了实践空间。该实验的出发点就是力图通过多方力量的参与，增强农民能力建设，为村庄民主建设奠定基础。在经济和社会条件相对较好的地区进行农村发展道路的探索与实践，一方面起点较高，有利于观察和检验实践中变量的真实作用；另一方面通过积极探索、总结规律，或许可在将来实验成熟后，为其他大规模展开新农村建设的地区提供有益的经验借鉴和理论支持。

（二）媒体在村务监督中的角色分析

新闻媒体通过南农实验介入到村务管理当中是史无前例的，在南农实验之前，还不曾有过文献记载。众所周知的农村社会实验，都是由政府、乡绅或者学者参与和推动的，而媒体总是自觉地将自己定位为报道者，即站在中立的位置上去观察和报道，通过媒体平台或其他方式，将自己了解到的真相传播出去，以引起社会和决策者的注意。这也可看出我国目前新闻媒体的功能。从一般意义上而言，新闻媒体包括信息传播、舆论导向、社会监督及文化传承等多项功能。《南方农村报》作为涉农媒体的代表在南方农村地区有着广泛的影响力，作为实验的合作参与者，《南方农村报》的记者在对村庄的调查了解中发现实验村广育村的村庄纠纷复杂，派系间围绕着以往不够透明的村务信息相互猜疑，矛盾丛生，于是在村民最迫切关注的高速补偿款分配事件上，农村报采取了介入式引导，以信息披露的形式引导村民理性监督，同时也希望在与地方政府、当事村干部以及相关事件的参与者一道求解有效监督的路径。该事件的主要经过如下所示：

> 实验组进入广育村后，村民黄某拿出一份名为《我们的诉求，请求调查高速公路征地补偿费104万元等问题》的书信。这是一份落款为广育村共产党员和村民的联名信，全村诉求人签名有300多人，后附本次事件最初爆发的一份证明。当时镇里要求现任书记黄坤荣写一份征地总补偿费用104.8163万元的发放证明，而当时村委只收到10.6345万元的林业补偿款，其中拨付老屋片8万元。此事件被实验组成员邵铭记者掌握后，刊载于4月17日的《南方农村报》，标题为：《10万？104万？更大的数目？——蕉岭广育村征地补偿疑云重重》。此事件遭公开曝光后在当地引起了巨大反响，村民围绕该问题不断上访，地方政府虽然做了具体的说明与解释，但仍然无法平息舆论带来的风波。

《南方农村报》在介入村务监督后，其媒体的作用也在慢慢发生改变，不再像先前那样只是重视新闻理论，而是开发过去传媒不具有的隐形功能，开创了把新闻理论和社会理论两者结合的先河，整个舆论导向都由批评社会转向批评与构建社会相结合转变。批评容易建构难，这样的转变，无疑是新闻媒体宣传理念的进步。通过对南农实验的报道，涉农媒体不仅提高了媒体的功能和价值，也拉近了媒体和基层社会的距离，让整个基层社会更直观地了解媒体文化、把握媒体理念，这也无形中创新了社会参与监督的机制，通过社会各界力量监督资源整合，共同培育基层社会民主监督的理念，同时也在举国建设新农村的今天，围绕村务公开呼声日益增多的基层社会现实，为广大农村提供了可以借鉴的监督经验。如何认识媒体对村务管理的介入，在笔者看来，媒体在村务监督方面的功能主要有以下几个方面：

一是社会细碎化，政府公信力下降，新闻媒体填补空缺。新闻媒体参与社会实验的现实背景是社会的碎片化状态。李强认为，"当今中国社会，利益变迁十分迅速，各个社会利益群体正在分化、解组（disorganization）、重新整合（reintegration），因此，使用地位相对稳定的阶级、阶层概念不太符合中国的实际情况。"他形象地把中国社会阶层结构的这种不稳定性称为"被切割的无数片段"或社会"碎片化"[①]。中国的农村同样出现了碎片化的现象，除了李强先生阐述的上述原因外，农村青壮年外出务工，传统宗绅力量的瓦解和村民自治组织的半行政化，都使得这种碎片化变得更加突出。在此情况下进行新农村建设，谁能发挥社会整合的功能？政府的公信力已大不如前，企业难以规避利益瓜葛，非政府组织基本尚未发育，学术机构则缺乏动员能力，涉农媒体在农村地区具有强大影响力，或许可以弥补上述机构的不足，起到社会整合的作用，尤其在基层社会监督方面，在尚缺乏透明、公开的村务信息面前，农民更愿意接受由第三方诸如报纸等刊载出的政务、财务等信息。在广育村高速公路征地款曝光的事件行为中，农民对报纸提供出的信息信任程度明显高于由国土资源部门以及县纪委提供的相关信息，村民的监督意识在涉及村民自身利益面前被空前提升，农民开始主动并积极思考围绕自身身边发生的公共事务。

二是参与社会实践，监督权力运用。早在1974年，美国联邦最高法官P.斯特瓦特在演讲中，根据新闻媒介在现代社会的重要作用，从法学的角度提出，宪法所以保障新闻自由，其目的就是保障一个有组织的新闻媒体，以监督政府，防止政府滥用权力，发挥制度性功能。在中国特色的体制下，新闻媒体，特别是属于党委机关报（台）系列的媒体，一方面具有所谓的社会监督职能；另一方面，它又是"党和人民的喉舌，一定要坚持新闻工作的党性原则，坚持团结稳定鼓劲，正面宣传的方针，牢牢把握正确的舆论导向，努力营造昂扬向上、团结奋进、开拓创新的良好氛围"[②]，这就决定了新闻媒体与政府，特别是党委机关报（台）系列的媒体与所属地的低层级政府之间，只能是既监督又合作的关系，这也是新闻媒体参与社会实验的理论基础。作为第四权力的代表，南方农村报就是这样一个在广东农村地区具有广泛影响力的媒体，它是广东省委机关报

[①] 李培林、李强、孙立平等：《中国社会分层》，社会科学文献出版社2004年版，第33、61页。

[②] 胡锦涛：《在全国宣传部长会议上的讲话》，2002年1月11日。

《南方日报》的第一份子报,以监督基层政府闻名,深受广大农民的喜爱和尊敬。由它来参与农村社会实验,农民欢迎,政府支持。

三是开发隐藏功能,引导信息传递,提升监督能力。《国民经济和社会发展第十一个五年规划纲要》中提出坚持统筹城乡经济社会发展的基本方略,按照生产发展、生活宽裕、乡风文明、村容整洁、管理民主的要求,扎实稳步推进新农村建设。如何让党的战略规划走入寻常百姓家,媒体作为信息传播的重要载体,应当扮演传播者的角色。从传播学的角度,媒体是决策者向民众传达其政治信号的重要工具,同时,也是公众向决策者传递利益要求的主要工具。与作为官方的工具相比,以市场为取向的现代媒体信息传递速度快、量大而直接,越来越多的现代公民依赖于现代传媒的信息传递渠道和舆论压力效应。现如今,公众关注较高的公共议题,大部分是通过媒介传播进入决策过程,成为政策议题的。2005年,顺应中央建设新农村的战略布局,《南方农村报》提出了"新农村推动力"的口号,并将其作为自己的办报理念。它具有二重内涵,第一层是聚合精英力量,凝聚共识,参与社会,推动政策;第二层是新农村建设是在科学发展观指导下的,以人为本,全面协调可持续性的发展战略。与旧时期的以社会"救亡图存"为目标的乡村建设相比,如今的新农村建设有了现代民主国家构建的理论背景,南农实验正是一场以提升农民民主能力为核心的政治型实验,它的价值在于探索现代民主国家构建所需要的民主能力,而《南方农村报》的参与使之成为了这一历史的见证者,并通过传媒的力量使之公之于众。

(三) 媒体在社会实验中的作用和价值

纵观整个实验的过程,及时深入的报道使得实验在当地产生了良好的社会效果,以"蕉岭模式"为代表的阶段性实验成果,标志着介入村务监督后的媒体有了新的功能,开创了新闻媒体在农村事务管理中新的运作模式。《南方农村报》在"南农实验"过程中实际发挥作用的经历,以在蕉岭县广福镇广育村中表现最为曲折,也最有研究价值。由于人力有限和工作安排的原因,实验初期,南农实验课题组对广育村并未给予太多关注。随着南农实验主体项目"农民合作能力和表达能力"的展开,实验课题组将重点放在了广育村。之所以做出这样的选择,与《南方农村报》

在蕉岭县的巨大影响力和号召力是密不可分的。《南方农村报》在该县有1万多份的发行量，在广育村就有近200份的发行量，远远超过其他3个实验点，在当地拥有无可比拟的影响力，这种影响力为实验的顺利开展奠定了坚实的基础。

但是坚实的基础未必就能形成成良好的氛围。在南农实验课题组入驻广育村进行调研之时，《南方农村报》头版头条发表了《蕉岭广育村征地补偿疑云重重》[①]的报道，披露了广育村委会和政府有关部门在天汕高速公路征地和补偿款发放过程中存在工作不透明等问题，导致村民对个别村干部和有关官员是否廉洁起了猜疑。此报道如平静湖面中投入的一颗巨石，立刻在当地引起了巨大反响，震动了从县领导到普通村民的广大干部群众，甚至引起了村庄内部分别以新村主任和旧村主任为代表的两派力量的公然对立。随后记者根据县领导和有关部门负责人的解释作了一个追踪报道6，结果一波未平一波又起，不仅让民意更加汹涌，也使村庄内部的裂痕进一步加大，有关领导由此甚至开始怀疑记者的用意，"到底是想平息事件还是把事情搞大？"在追踪报道刊发的同一期，《南方农村报》还在第4版刊登了一个整版的蕉岭县盗伐林木的报道7，这同样引起了巨大的震动，接受采访的广福镇政府有关负责人为此受到了领导的批评，以致他说了这样的气话：搞南农实验真是引狼入室，《南方农村报》来这里到底是做实验还是搞批评？

尽管在南方农村报社看来，进行舆论监督和参与农村实验这两种功能是可以分开的，但对地方政府来说，两者只能二选一，也就是说"监督可能是合作的前提，但合作也许意味着监督的终结"。至此，"南农实验"一下陷入僵局。在此情况下，参与主体间的相互沟通就显得弥足轻重，《南方农村报》在这个僵局的沟通和疏导中树立了良好的形象，在实验陷入被动的情况下，实验组与《南方农村报》一起拜访了蕉岭县纪委书记卢尧生，表达了南方农村报社希望蕉岭政府支持广育村建设的意愿，良好的沟通和积极的疏导收到了实效，南农实验取得当地政府新的支持与信任，广育村的工作也从此步入正轨。

如何评价媒体在参与社会实验中的作用与价值？在笔者看来媒体参与

---

① 邵铭：《蕉岭广育村征地补偿疑云重重》，《南方农村报》2008年4月17日。

社会实验是新闻媒体更具社会建设性的体现,其主要意义有以下几点:

首先,媒体参与社会实验是一种体制创新。应当承认,新闻媒体直接参与并推动农村经济发展、推进新农村建设进程,确实是一种体制创新,因为它通过行使舆论监督权,既可以改变低层级政府在新农村建设上的不作为,也可以预防政府在这方面的乱作为。媒体与政府权力之间应当是相互制约与平衡的关系,作为权力的载体,媒体服务于权力。但也要看到,这种体制不具有复制性,因为不是每个地方都存在这样的媒体,即使存在,也未必愿意去从事这项工作。尽管如此,它参与和推动社会实验的意义仍不容否定,以南农实验为例,这项实验的成果已经在当地得到了验证,并且具有可复制性。而通过媒体的报道和传播,实验的成果更是为国内外众多的机构和个人所知悉,有可能应用于实践,推动农村社会的进步。

其次,媒体参与社会实验是一种理念创新。传统媒体的理念置身于社会之上,扮演社会的教育者和引导者,启蒙公众、引导视听,但是伴随着南农实验的开展,媒体的功能和作用也得到了提升,媒体已经不再局限于一个宣传者的定位,而是更多地以一个参与者、实践者、监督者的身份亮相,纵观整个南农实验,媒体在其中的作用不可忽视,一方面参与整个活动;另一方面又监督后续发展,这样的双重职责都使得媒体摆脱了政府传话筒和扰乱社会视听的"喧哗者"的形象,更加忠于事实,忠于真相。

最后,媒体参与村务监督是一种机制创新。一方面它颠覆性地创新了新闻媒体的参与机制,相对以往的封闭式的传媒运作,《南方农村报》办报更加具有开放性,依托南农实验的背景,新闻媒体的参与和报道都创造性地扩大了参与的范围,延伸了公众参与监督的内涵,不论是前期的采访,还是后期的制作编排,都是在媒体自身的亲自参与下,并结合当地群众和参与第三方即学术机构的意见,综合发表意见。这种机制的创新让实验村民切身感受到了主动监督的必要性,村民的主动监督意识在涉农媒体的介入下得到不同程度的提升。从涉农媒体对村务监督介入后的效果看,相对于那些媒体没有介入过的村庄而言,媒体参与过的存在的村民监督意识明显增强,监督内容以及监督能力都明显高于别的实验村。

二 地方政府对村务监督的引导及创新

民主监督的基本内容包括监督主体、监督对象、监督途径等,因此,对民主监督进行深入分析,主要是对民主监督的几个核心问题,即"谁监督""监督谁"以及"如何监督"进行分析。对这三个核心问题的不同回答,决定了学者对民主监督的不同理解,也决定了基层民主实践中不同的实践方式。

一般来说,民主监督针对的是公共权力,谁掌握公共权力,谁就应该成为被监督的对象。具体到农村,这种监督对象就应该包括掌握村级公共权力的村干部、涉及权力运行的公共事务等。因此,在对"监督谁"这一问题的理解上,无论是学界还是基层政府,都有比较统一的认识。而在对村庄民主监督的"谁监督"和"如何监督"等问题在认识上,却存在一定的差异性。

(一)"谁监督":明确村务监督的主体

首先,"谁监督"和"监督谁"直接决定着"如何监督",即对监督主体和监督对象的界定,直接决定着在村民自治中采用什么样的方式来实现民主监督,决定着民主监督的实现途径。因此,界定监督主体,即如何回答"谁监督"的问题,是深入理解村庄民主监督的关键。

其次,对"谁监督"这一问题的回答,大致有三种观点,一是村民"自治",村民作为监督主体的观点;二是国家"主导",国家权力作为监督主体的观点;三是国家和社会结合,国家权力和村庄内部力量共同作为监督主体的观点。依据上述不同监督路径,在现阶段我国农村民主监督的实践中,涌现出了对民主监督的不同探索方式。从理论上看,这三种观点都是从国家—社会关系框架出发,但是其侧重点不同。第一种观点侧重于村民自治中倡导的公民社会、民主意识,强调村民的"完全自治",主张国家权力退出乡村社会,依靠民众的力量来对自己的自治组织进行监督;第二种观点坚持认为在现阶段我国公民社会仍处于成长阶段、村民民主素质普遍不高,而国家处于相对强势的条件下,村庄民主监督只有依靠国家权力的主导才能真正得到实现。比较这两者观点,前者更侧重于民主监督的"合法性"和"民主性",这种主张符合我国政治民主发展的趋向、符合基层治理中"自治"的总体精神,也符合《村民委员会组织法》中规定的依靠村民自己来治理的基本精神。后者虽然在合理性和合法性上存在一定的不足,却具有很强的现实性。在现阶段我国村民自治的民主监督乏力的条件下,由国家权力来主导村庄监督,具有简单易行、直截了当的特点。从实践上看,浙江温岭的"民主恳谈会"制度是第一种观点的主要代表,怀化"村级纪检员"制度则代表着第二种观点在基层民主监督中的实践。"民主恳谈会"制度通过发动群众,通过民主对话、民主参与等方式达到监督的目的,将民众的参与作为实现监督的主要途径,这种实践方式充分体现了基层民主的力量,但是在实行上却具有一定的局限性,就现阶段我国基层治理现状来说,成本偏高,而且受基层民众民主素质的限制。"村级纪检员"制度由上级纪委直接委派人员,进入村庄充当独立的村级监督角色,这一制度具有简单、直接的特点,也便于领导,容易在短时间内发挥作用,但是其弊端也是显而易见的,即有干预村民自治之嫌,同时,由于村级纪检员是上级派出,他们能否保持公正、能否融入村级社会,真正起到监督作用等,都是值得怀疑的。

张静教授在对国家—社会这一理论框架进行解释时,提出了"社会中的国家"这一概念,即研究国家与社会相互影响和创造并互为条件的互动。[①] 徐勇教授在阐述村民自治理论框架时,则提出了城市与乡村二元政治结构理论和国家与社会互动论。[②] 因此,在国家—社会这一分析框架下,对"谁监督"这一问题的第三种回答,就是实现国家和社会的结合,将国家权力和村庄内部力量共同作为监督主体,在促进基层民主发展的基础上,结合国家权力和村庄社会自治力量,探索一条实现有效的民主监督、促进村民自治和乡村治理的道路。

(二)"监督谁":蕉岭"村务监事会"制度的基本内容

蕉岭"村务监事会"制度是在国家—社会这一分析框架下,对"谁

---

① 张静:《政治社会学及其主要研究方向》,《社会学研究》1998年第3期。
② 徐勇:《非均衡的中国政治:城市与乡村比较》,中国广播电视出版社1992年版,第6—10页。

监督"这一问题作出的第三种回答，即结合国家和社会力量，将国家权力和村庄内部力量共同作为监督主体，通过一定的制度设计来实现村庄民主监督。国家和社会的互动，国家权力和乡村内生力量的结合，是蕉岭"村务监事会"制度实践的主要理论依据。具体而言，这一制度的核心内容包括："一个机构"即"村务监事会"明确监督主体。监事会组成人员由村民代表会议民主推荐产生，由本村的党风廉政建设监督员、农村老干部老同志、县镇人大代表等各类有较高威信的村民5人组成。村干部及其配偶、直系亲属和村财务人员不能进入监事会。"两个明确"规范监督职责，即明确监事会不参与村务决策与管理，只参与对村务的监督与检查，参与监督村级重大事项的决策；明确监事会的监督内容为村务公开、财务收支、重大事项、政策落实、意见处理等。"三个定期"规范监督程序，即定期收集汇总群众的意见、建议向村委会反映；定期召开监事会成员会议研究布置工作；定期向镇纪委反映监事会工作开展情况。"四个渠道"保障监督效果，即监事会代表村民监督村干部"合适"，监事会成员利用自己的威信监督村干部"合情"，监事会自身处事公正、实事求是来监督"合理"，监事会通过法律制度等正规渠道来解决问题"合法"。

如图6.1所示，通过创造性地制度设计，"村务监事会"在村级民主监督中发挥着有效的作用。

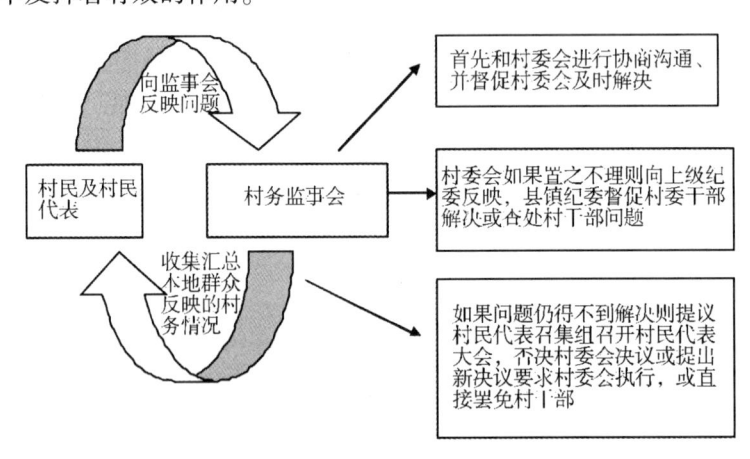

图6.1 监事会监督流程图

从国家—社会互动、国家权力和乡村内生力量结合这一思路出发，蕉岭"村务监事会"制度创造性地回答了民主监督中的"谁监督""监督谁"和"如何监督"等问题，为这一制度的实践和不断完善奠定了理论基础。

首先，国家权力支撑监督主体。在实际的农村权力结构中，履行民主监督职责的主要包括上级纪检部门、同级监督组织和村民，但现实中这三者起到的监督作用都十分有限。村民通过民主选举将村庄公共权力赋予村官，但是却不能对这种授让的公权力进行有效的监督，于是各种腐败和滥用权力的现象时有发生。村庄集体事务涉及每位村民的切身利益，"公平、公正、公开"是村庄公共权力运行的基本要求。当这种基本要求得不到保障，村民该如何实现自己的监督权呢？村民告不倒村官成为常态，也无法承担到县、市等以上机关上访的种种成本。

在蕉岭"村务监事会"制度的实践中，蕉岭纪委充当了"第三方的监督制度机构"。在诸多国家权力机关中，蕉岭纪委介入村级监督有其现实因素和偶然因素。从现实因素来说，由纪委来推动村级监督，体现了当前村级监督缺乏真正强有力的推动者。蕉岭纪委的介入表明危害基层治理的贪腐行为已经引起了基层纪检部门的高度重视。当前我国村民自治中存在的制度不完善，村民民主法制观念不强等问题，使村级民主监督的实现仍需要国家权力机关的介入。从偶然因素来说，蕉岭县纪委书记的个人素质和改革精神，以及"村务监事会"在实践中的不断完善等，都是这一制度创新取得成功的关键。

2009年5月，中纪委下发了9号、10号文件，即《关于加强地方县级纪检监察机关建设的若干意见》《关于县级纪检监察机关办公办案装备配置标准和实施办法的通知》，明确提出了县级纪委需要扩权、扩编，要扩大县级纪委在预防、惩治基层腐败，维护农村稳定等方面作用。蕉岭纪委的这一实践，可以看作是纪委在基层防腐反腐上的先行，纪委的介入不仅为村级监督提供了较强的组织者，也体现了国家对乡村治理困境的思考。

其次，明确监督对象。对监督对象的界定，是决定民主监督出发点和落脚点的另一根本问题。村民自治中的"民主监督"，体现的是民主性和群众的参与性。民主监督至少包括以下内容：一是根据法律规定，听取村委会工作报告；监督和评价村委会工作；评议村干部工作、业绩、作风及其他行为；对村委会及其干部的工作进行奖励或惩处，依照法定程序罢免不称职和违法乱纪的干部。[①] 二是对村民自治的其他主要内容，如民主选举、民主决策和民主管理的实施情况进行监督。概括而言，村民自治中民主监督的对象主要包括对"人"（掌握村庄公共权力的村官）、"财"（村集体财务收支）、"事"（村庄公共事务的决策、管理）的监督。

在当前村民自治的民主监督中，更加注重的是对"人"和"财"的监督。对"人"的监督有上级党政机关、纪检部门、普通村民对村干部的监督，对"财"的监督有民主理财小组等，然而对"事"的监督（如"一事一议"），在当前的民主监督中却或流于形式，或缺乏操作性，没有起到很好的作用。实际上，决策和管理上的不民主带来的失误，以及由此造成的对村民利益的危害程度绝不低于腐败。因为一旦涉及村民利益的公共事务的民主决策、民主管理得不到保障，将对村民的利益带来更严重的损害。

蕉岭纪委对监督对象的界定上，将对"事"的监督摆在了更加突出的位置，即通过权力结构和制度设计，加强了对在村庄公共事务处理中公共权力运用的监督。将村务监事会的监督行为贯穿于整个村务处理的事前、事中和事后。通过对"事"的监督监督"人"、监督"财"，对村干部的权力运作进行全面监督，力图为村里构筑了一套不易腐败、不能腐败的机制。使村干部既"不敢"也"不可能"利用手中的权力来牟取私利。

最后，转变监督方式，从主导到引导。蕉岭纪委的"村务监督模式"探索，采取的由纪委"引导"，村民参与，即"国家引导、社会参与"的模式。根据《中华人民共和国村民委员会组织法》规定，村民自治是村民根据自己的意愿对村庄进行管理，实现民主选举、民主决策、民主管理和民主监督。因此，从法律上来看，国家权力对村级民主监督的介入不能和村民"自治"相冲突，即不能由国家力量强行介入村庄，干涉村庄的民主选举、民主决策、民主管理和民主监督。这也决定了蕉岭县纪委的实践采取的是"引导"或"指导"村民通过某种方式组织起来，对村庄公共权力进行有效监督，维护自身利益。实际上，这种"引导"的方式，体现的是一种国家权力和社会力量的互动，尤其是蕉岭纪委在实践中注意利用了村庄社会中有威信的"三老"（老干部、老党员、老模范）来参与

---

① 吴新叶：《农村基层非政府公共组织研究》，北京大学出版社2006年版，第150页。

监督，更是实现了一种社会力量与国家力量的良性互动。

通过对村级民主监督几个核心概念的界定，蕉岭"村务监事会"制度奠定了实践的基础，它将国家权力和村庄社会力量共同作为监督主体；将涉及村庄公共利益的"人""事""财"作为监督对象，将监督贯穿于整个村庄公共管理的过程中；通过"村务监事会"这个功能明确的监督机构，为村级民主监督探索出了一条值得借鉴的道路。

(三) 监督难："村务监事会"制度困境

通过三年多时间的实践和探索，蕉岭县纪委推行的"村务监事会"制度已经初步完善，对试点村产生了重大的影响，收到了比较明显的效果。目前，这一制度已经在蕉岭县8个镇共24个情况各异的村得到了推广，据笔者的实地访谈和查阅相关资料，这些村在推行这一模式之后，尽管大多数都出现了群众上访率降低，干群关系缓和的现象，但是却仍然存在一些问题：

其一，现实的困境：如何推广？"村务监事会"制度在推广中面临着两个方面的现实困境。首先，在这一制度的推广过程中，作为党监督机关的纪委无法绕开村干部（尤其是村主任），直接将这一模式移植到村庄。实际上，这一制度在蕉岭县其他村的推广过程中，绝大部分是在村干部的考察和学习之后、由县纪委提议，并经村干部同意才开始在该村实行的。而该县的部分"问题村"和"难点村"，县纪委虽然向村干部（主要是村主任）提议过实行这一制度，但却屡被婉拒。这种制度推广取决于一人或几人的情况，实际上反映的是在现阶段我国基层"人治"色彩依然存在的前提下，国家的民主法制建设如何推行的问题。其次，由选举带来分裂的村庄，或者问题较多的村，往往由于利益冲突的存在，"执政"和"在野"的势力很容易利用某些公共事务进行明争暗斗，如何避免监事会制度成为利益斗争的工具，确保这一制度在推广中的初衷不会得到改变，是这一制度面临的极为现实的困惑之一。

其二，理论的困境：能否持久？蕉岭"村务监事会"制度的实践，本质上来说，仍是国家权力机关在村庄行使管理权，对乡村治理的一种干预，尽管这种干预带有强制的色彩，但却是一种积极的干预。从目前来看，这种积极的干预不仅必要，也很有效。然而，在这种村民自治的创新过程中,"村民自我管理与基层政府之间关系紧密。一旦缺少了基层政府的推动,这种模式的创新很可能会举步维艰。"① 对于这一模式来说,如何处理好国家管理权与村民自治权之间的关系,仍然是需要进一步探究的问题。国家权力是加强对村庄的介入,还是在建立监督模式之后,逐渐退出乡村社会,依靠乡村社会的内生力量来实现监督? 从现阶段的实际情况来看,前者似乎更有必要,但是从村民自治和基层民主的发展来看,后者似乎才是正途。正如有学者担心,"如果上级政府力量退出,这种治理模式能否靠农村的内生力量顺利运转? 这依然是'蕉岭模式'必须经历的一个考验。"②

其三,操作困境:监事会的独立性。从监事会的角色定位来说,需要厘清监事会与县镇纪委、与村党支部、与村委会、与村民的关系;从监事会制度的完善来说,需要对其监督权力、监督效果、监督方式以及自身建设做进一步的探索。因此,监事会的核心问题包括如何保证自身的中立性和监督的有效性。根据2009年的一项针对村民调查问卷的分析,村民认为监事会成员应该具备的条件按重要性依次为:有责任心、有威望、有知识。因此,如何从农村选出具备这些条件的人,是保证监事会自身中立性和监督效果的基础。一条可以考虑的途径是,在村民选举产生村委会成员的同时选举产生监事会成员,以确保监事会成员由村民民主选举产生,能真正代表村民的意志对村干部进行监督。此外,监事会成员由村民选举产生,因此也必须向村民负责,可以考虑让监事会向村民代表大会定期汇报工作,村民代表大会如对监事会的工作不满,可提出重新选举监事会等惩戒性的措施,来避免这一制度流于形式。

由上述分析可见,"村务监事会"这一制度仍然存在的一些问题。首先,从国家政策法律层面来看,蕉岭县纪委推行的这一模式还只是一种实验探索,并没有得到相关部门强有力的支持,而现阶段乡村治理的法律,如《中华人民共和国村民委员会组织法》,也没有这种制度实践和推广的法律依据;其次,如何协调国家管理权和村民自治权二者的关系,摆正乡

---

① 姚忆江:《村庄"纪委"防止村官腐败——广东蕉岭"草根式"权力平衡样本观察》,《南方周末》2010年2月25日。

② 同上。

村治理中国家权力机关和村民自治组织的位置,是这一制度在实践中必须经历的一个考验;再次,在实际操作层面上,这一制度还有很多问题需要完善。

2009年12月22日,《村民委员会组织法修订(草案)》首次提请全国人大常委会审议,其主要针对的是:"中国村级直选和村民自治在经过20年的实践后遭遇三难,即'罢免难''召开村民会议难'和'落实民主监督权难'。"根据修订草案的内容,针对"罢免难"的问题,修订草案建议降低"罢免"门槛,针对"召开村民会议难"的问题,修订草案完善村民代表会议组成和议事程序,针对"落实监督难"的问题,修订草案规定增加村务监督机构。毋庸置疑,法律上的认可,将为蕉岭纪委的探索提供更加广阔的空间。而随着外界的广泛关注,这一模式也正在受到有关部门,尤其是对村级监督问题感受深刻的纪检系统的关注,可以预见的是,在进一步的推广过程中,国家权力的作用将更加明显,因此,如何完善在实际操作中的细节问题,如何在更强有力的国家权力介入的前提下有效地发挥乡村社会自身的力量,或者在国家权力逐渐退出的前提下保障村庄民主监督的有效性,是这一模式面临的困境和主要问题。

三 村民自治中的草根式权力平衡与民主能力培育

巴伯在《强势民主》一书中主张以参与式民主弥补代议制弱势民主的不足。与上述等人观点不同的是萨托利的多元民主理论,他在其代表作《民主新论》中重点探讨了民主理想与民主实践的关系,在他看来积极的公民参与可能会导致政治体系不稳定,即少数精英的积极参与和多数民众的政治冷漠、不参与是政治稳定的主要保障。徐勇、项继权提出了民主化治理是乡村治理的必然走向的观点。他们认为:"在现代国家建构中,国家权力的集中与权力对社会渗透的成效很大程度上取决于国民的认同,即所谓民主合法性问题。因此,我国乡村治理的社会基础尽管仍然很传统,但也需要走向民主化治理。"[1]

---

[1] 徐勇、项继权:《现代国家建构中的乡村治理》,《华中师范大学学报》(人文社会科学版)2007年第5期。

(一)"村务监事会":受监督的权力更有力量

"村务监事会"的创新和实践,在很大程度上是南农实验与蕉岭县纪委共同努力的结果。蕉岭县纪委的介入,并没有将国家权力的作用无限地扩大,相反的是它们在实际需要的基础上有所克制,走的是一条"国家引导,充分发动村庄内部力量"的道路,将加强村级民主监督的主要力量放在村庄内部,从而受到了较好的效果。这一经验反映的是一种在国家权力机关引导下还权于民的乡村治理模式,同时也体现了以民主监督为突破口的前提下,乡村治理模式的创新。监督的作用不仅能够防止权力的滥用,而且还能在很大程度上使权力的运行更加透明,增加公共权力行使者的公信力,从而使"受监督的权力更有力量"。蕉岭县纪委从加强监督权入手进行的乡村治理探索,不仅在惩防基层腐败上成果斐然,更重要的是这种模式在实现还权于民的同时,又增强了基层群众对党政机关的信任,将诸多干群矛盾化解在了萌芽状态。

(二)"村代会召集组":草根式权力平衡的样本

在我国村民自治的权力结构中,村民会议和村民代表会议是农村最高权力组织,它在重大的村务决策中应该发挥有效的监督作用。然而从目前情况来看,村民代表会议缺乏实体组织的职能和作用。蕉岭县纪委为加强村级民主监督而进行的乡村治理,具有一定的创新性,它与近年来国内涌现的诸多村治经验既有相似之处,也有不同之处。笔者将国内几种较具代表性的村治模式进行了总结和比较。如表6.1所示。

由表6.1可以看出,"青县模式"建构了在党直接领导下的村级权力结构,重新整合了村级现有的权力资源,将决策权归属于党组织,村民代表大会将党支部的决策转换为具体的村民意志,而村委会只负责具体的行政事务。但是伴随着农村的不断变化,这种权力配置模式面临着一些新问题。如当前农村普遍存在的村主任和村党支部书记"一肩挑",村委会成员同党支部成员交叉任职等现象,遇到这些情况,如果没有厘清决策权与执行权的关系,那么民主监督很难得到实现,同时可能阻碍整个村级权力的正常运行。

"民主恳谈会"一方面将群众的力量充分调动起来,鼓励群众充分参

表 6.1　　　　　当前国内较具代表性的乡村治理经验比较

乡村治理探索经验	发起者、时间	主要实践方式	推广范围	主要特点	实现民主监督的途径
河北"青县模式"	青县县委书记 2003年	构建以党支部为领导核心，村民代表会议做主，村委会办事的权力结构。	河北青县	党支部"抓大放小"，领导核心作用到位；村代会"由虚变实"，决策监督作用到位；村委会"二线变一线"，权力职责到位，逐步形成了以制治村，积极配合、合理制约的治理机制。	有效建立起职责明确、权限明确的村级组织分权制衡机制，使权力运行始终处于民主监督的环境中。由外力强制变成了内在机制，各种偏私腐败失去了空间，有效遏止和预防了农村干部专断专权、以权谋私、铺张浪费等行为的发生。
浙江温岭"民主恳谈会"	温岭市宣传部科长 1999年	村民参与村务，民主选举监委会，对村级财务、政务和村干部进行监督。	浙江温岭	村监委会与村党支部、村委会一起，并称为"三驾马车"。延伸到镇一级，则是镇人大参与地方预算。	民主沟通，发挥民主代表大会的决策、监督、协商功能。
广东蕉岭"村务监督"模式	蕉岭县纪委书记 2007年	构建村委会、村民大会（召集组）、村务监事会的权力结构。	广东蕉岭	成立村民代表大会召集组，确保村民大会有效发挥作用；将监督权分离出来，并通过成立监事会这一实体机构来保障村民监督权的实施。	村代会、村监事会、村委会分别掌握村庄决策、监督和行政权，村务监事会对村委会的工作进行事前、事中、事后全面监督。

续表

乡村治理探索经验	发起者、时间	主要实践方式	推广范围	主要特点	实现民主监督的途径
湖南怀化"村级纪检员"制度	怀化市委、市纪委2009年	由上级纪委向村派出"村级纪检员",对村级事务和村干部进行监督。	湖南怀化	上级纪检部门向行政村派驻"村级纪检员",防止个别村官侵害村民利益,将反腐的前线延伸至农村基层。国家权力直接介入村级民主监督。	村民直接向"村级纪检员"举报,纪检员向上级纪检系统负责,将收集的问题进行汇报,由上级纪检机构进行处理。

与,以民主协商的方式来解决群众所关心的公共事务;但另一方面,"民主恳谈会"虽然能偶尔在一定程度上让群众做决策,但在实际运行中却缺乏可操作性。"村级纪检员"是在考虑到村级民主监督缺乏的前提下,由上级国家机关直接派出纪检人员进村,取代其他监督主体执行村务监督的职能。相比较而言,这种监督模式简单易行且可操作性强,如果上级派驻的纪检员可以保持中立、公平办事,则更容易达到公正监督。然而,由上级派驻工作人员来代替村民对村官进行监督,似乎有妨碍村民"自治"之嫌,而村级纪检员作为村庄的外部力量,缺乏村庄内生资源的支持,加上驻村人员待遇较低,工作成本过高,工作人员的积极性降低,因此这种村务监督模式有一定的缺陷。

与前三者比较而言,蕉岭"村务监督模式"也有其优缺点。设立监事会作为专门的监督机构,使监督权能够独立的行使;建立村代会、监事会、村委会的权力平衡体系,使村级决策权、执行权和监督权得到更好的实施。但监事会成员能否真正代表民意,如何动员农民通过监事会来自觉监督村干部,这些仍然是值得我们深入思考的问题。从上述几种乡村治理模式来看,无论是蕉岭的"村务监事会",还是温岭的"民主恳谈会",它们选择了不同的村级权力结构模式,建立了"草根式权力平衡"体系,在取得成绩的同时,也面临着一些问题。如何突破村务监督面临的困境,将这些有意义的尝试完善成为有推广价值的宝贵经验,是包括"蕉岭模式"在内的诸多制度创新要走的一条更为漫长的道路。

(三) 民主能力培育:"蕉岭模式"的率先突破

随着现代民主技术的不断发展,相对落后的中国农民被冠以"民主素质低,不会民主"的帽子。王欣堂认为:"民主是需要经济基础的,目前,我国农村很多地区的经济条件还不能满足村民自治的需要,民主在贫困经济的'挟持下'不得不低下'高贵的头',村民的民主意识被贫困的经济状况所左右,才会出现'贿选''家族控选'等不和谐的现象。"[①]农民是否有能力实现民主监督?"蕉岭模式"的出现为我国村民自治提供了这样的启示:在现阶段,村民自治中某些方面的推动,包括显性的村庄制度建设和隐形的村民能力建设,都在一定程度上需要外力(尤其是国家)的介入,而且这种介入是有一定条件的,是需要在一定程度上进行限制的。最好的乡村治理模式,应当是在满足村庄发展的实际需要、解决乡村治理所面临问题的同时,不增加额外的乡村治理成本,也不妨碍基层民主的发育。

蕉岭县纪委对"村务监督"的探索,更着重的是对一种制度的设计和实践,而这种制度设计,恰恰表现的是一种外力即乡村社会之外的国家权力对乡村社会的介入,与国家权力直接介入乡村社会的管理不同,这种外力采取的是一种合作的方式,即尊重乡村社会的内在力量,发挥内生力量的作用。然而,这种对乡村社会内生力量的重视却只是仅仅在于利用乡村社会的"三老"等人物,而没有注重对整个乡村社会村民能力的培养。这不能不说是蕉岭纪委在民主实践中还不够完善。针对学者提出的"如果上级政府力量退出,这种治理模式能否靠农村的内生力量顺利运转?"等问题,提高村民的监督能力、培养村民的民主意识、培育公民社会,无疑是回答此类问题的最佳答案。

[①] 王欣堂:《提高村民自治能力 促进社会主义新农村建设》,《宁夏党校学报》2007年第3期。

小 结

本章围绕农民的监督能力展开讨论,分别从涉农媒体对村务监督的介入、蕉岭纪委的实践探索以及民主主体能力培育三个角度探讨了如何提升农民的监督能力。从实验的角度来看,上述有关村务监督的大胆探索为村级民主发展提供了宝贵的经验,这种"草根式民主能力培育"蕴含着丰富的内涵和价值,通过对实验过程的分析,本章得出以下结论:

其一,新闻媒体是培育公民监督意识的助推器,接受公开监督后的公共权力更有力量。

新闻媒体对村务管理的介入是一种机制上的创新,一方面它填补了地方政府公信力缺失的空间,增强了村民对监督成效的信心。从监督主体的角度来考虑,政治权力的合法性基础包括:"意识形态基础,即民众在观念、认知、感受等方面对政治权力的信仰和认同;制度基础,即政治权力在获得程序和具体运作上遵循宪政制度;有效性基础,即政治权力在执政过程中取得的成就。"[①] 失去监督的权力容易危害权力获得程序和使用程序的正常运行,损害权力合法性的制度性基础;容易滋生腐败和危害民众利益,削弱了权力合法性的有效性基础。而一旦民众对国家权力的制度性和有效性都失去信心,作为权力合法性基础的意识形态也将受到怀疑,进而危害到国家的统治基础,危害到整个政治体系的稳定和社会发展。新闻媒体的介入为行使公共权力的行为主体提供可以解释自身权力合法性的中立空间,与失去监督的权力带来的危害性相反,"受监督的权力更有力量"[②]。接受媒体公开监督后,最明显的效果就是权力运行更加透明,更为村民所信任。以往在监督过程中,常常侧重于对事后的分析和纠正,大大降低了监督的时效性和权威性。

其二,权力制衡是实现民主监督的有效途径。

孟德斯鸠曾说过:"要防止权力被滥用,就必须加强监督,而最好的

---

① 王庆利:《政治合法性问题的国内研究现状述评》,《岭南学刊》2005年第4期。
② 第五届中国农村发展论坛蕉岭共识:《让基层民主有力运转起来》,《南方农村报》2009年11月9日。

监督方式，则是用权力来制约权力。"① 分权与制约的方式不仅仅在西方政治体制的设计中得到全面的运用，在社会主义国家制度设计中，也得到了充分的体现。一般来说，一个完整的政治权力体系包括立法、行政、司法三个方面，具体到村庄，主要包括决策、执行、监督三种权力。这三种权力之间的关系，是整个村级权力架构的基石。在当前我国的村级行政单位中，公共权力体系中的主体主要包括：村党支部、村委会、村民代表大会（包括村民大会）、其他监督组织（如理财小组等），现阶段一般村级权力结构形式如下图所示：

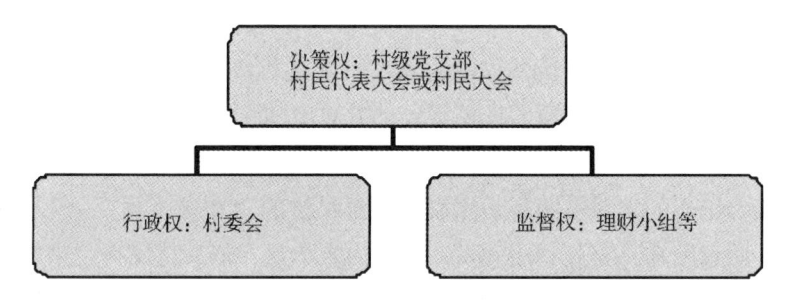

图6.2　村级权力结构图

从上图我们可以看出，掌握决策权的主要是村级党支部和村民代表大会，然而现阶段乡村治理中出现了一些新情况，主要包括：(1)很多地方采取村主任和村党支部书记"一肩挑"的方式，党委成员兼任村委会成员的现象十分普遍，因此，党支部掌握的决策权实际上就相当于村委会掌握着决策权；(2)村民大会很难召集起来，村民代表没有发挥应有的作用，且容易不负责、被收买，难以真正代表村民的意志参与到村级决策中来；(3)民主理财小组只限于对村级财务收支的监督，监督作用十分有限。综上我们可以发现，在现阶段的村级权力结构中，本应该是负责执行的村委会，实际上既是决策者，又是执行者，甚至在很多情况下是自己的监督者。

造成这种现象的原因，根本上在于当前村级权力结构中的相应制度仍不完善，其中的关键环节，如村民代表大会、监督组织等机构没有发挥有效的作用。因此，完善这种权力结构、增强这种权力结构中各个环节的可

---

① ［法］孟德斯鸠：《论法的精神》（上），商务印书馆1988年版，第184页。

操作性，成为了国内基层涌现的基层治理改革创新的主要聚焦点。蕉岭"村务监事会"的实践，体现了在村治中权力制约的可行性和有效性。在村党支部的领导下，村代会、村委会、监事会分别掌握村庄这个政治体系中的决策、行政和监督权，并且都各有界限，保障整个村庄公共权力的正常运行。蕉岭的权力制约实践收到了较好的效果，村民大会"召集组"①使村代会的决策权得到了保障，"村务监事会"使村民的监督权得到了保障，而村代会和监事会的有效发挥作用，实际上监督了村委会的工作，保障了村民的利益，对预防村级腐败、发展基层民主、促进村庄的发展产生了重大的影响。

其三，强化村民自治过程中的国家引导是村级民主发展的必然选择，现阶段乡村内生监督资源的挖掘需要地方政府的在场，只有政府引导下的村务监督才更加规范，更能保障监督的效果。

蕉岭纪委的实践虽然属于国家权力对村治的"积极干预"，但是其内在的本质意图却是充分利用和发动乡村内生力量，依靠村民自身来实现村庄的"自治"，这种国家权力的干预应该是值得肯定的，而其对村治的干预途径和取得的效果，则更是体现了合理组织和引导乡村社会内生力量的价值。实践证明，这种在国家权力的引导下，发动农村社会内部力量进行监督的模式不仅可行，而且有效，为解决我国村民自治中民主监督问题提供了宝贵的经验。

在村民自治的背景下，民主监督终归是村民"自己的事"，因此，发挥村庄内生力量的作用尤为重要，但内生力量的挖掘需要地方政府进行主导的引导。在蕉岭的实践中，在县纪委的组织引导下，选择"农村'三老'（老党员、老模范、老干部），县镇人大代表，遵纪守法、公道正派、有一定文化、财会知识和议事能力，在本村村民中有较高威信的村民"作为监事会成员，代表村民对村官和村庄权力运行进行监督，这种监督方式，一方面体现了乡村具有进行民主监督的内生力量；另一方面也反映了现阶段这种内生力量的自发组织和动员能力不强，且缺乏得到国家承认的

---

① 笔者注：村民大会"召集组"是蕉岭纪委"村务监事会"制度的补充，其目的在于保障村民大会或村民代表大会有效发挥作用。具体内容包括：从村民代表中选举3—5人作为村民大会或村民代表大会的召集者，执行《中华人民共和国村民委员会组织法》赋予村民代表大会的权力。实际上，召集组可以被理解为村民代表大会的一个常设机构。

正式权威。蕉岭纪委实践的村务监事会制度，实际上是对乡村内生力量的成功组织和利用。村务监事会监督权力可以从两个方面得到保障，一是监事会成员是由村里公正、有权威的人担任，村干部因为对监事会成员的"敬"（尊敬）而愿意被他们监督；二是监事会掌握一定的能对村干部进行惩戒的监督权力，让村干部感觉到"畏"（畏惧）而不敢不让他们来监督。在这种情况下，一旦国家权力机关对这种乡村内生力量进行组织引导，这种乡村非正式权威就获得了一定的政治合法性，他们参与到正式的乡村治理之中，很容易发挥有效的作用。蕉岭"村务监督模式"通过事前、事中、事后的全程监督使得受监督后的权力运行摆在老百姓的眼前，不仅克服了事后监督造成的损失大、追责难，而且，受监督后的权力获得老百姓的信任。这种通过国家权力引导和支持，发动农村社会内部力量来进行事前监督的模式，不仅化解了基层矛盾、融洽了干群关系，而且扩大了民主参与渠道、提高了村委会的公信力。被监督后的权力得到老百姓的信任和拥护。从实践效果看，受监督的权力组织动员能力得到增强，领导和发展经济的能力得到改善。

第七章　基层民主研究新视角：一种研究路径的转换

依照诺思的"路径依赖"理论，制度变迁如同技术演进一样，也存在着报酬递增和自我强化机制。这种机制使制度变迁一旦走上了某一条路径，它的既定方向会在以后的发展中得到自强化。所以，"人们过去作出的选择决定了他们现在可能的选择"①。沿着既定的路径，经济和政治制度的变迁可能进入良性循环的轨道，迅速优化；也可能顺着原来的错误路径往下滑；弄得不好，它还会被锁定在某种无效率的状态之下。一旦进入了锁定状态，要脱身而出就会变得十分困难，往往需要借助外部效应，引入外生变量或依靠政权的变化，才能实现对原有方向的扭转。"南农实验"的出现则打破了"路径依赖法则"，为发展基层民主提供了新的研究平台。首先，"南农实验"提供了民主理论与民主实践相结合的参与型研究机制；其次，"南农实验"实现了从制度建设、组织建设到能力建设的重心转换；最后，"南农实验"以能力建设为基础与制度规范、组织强化相结合构成了巩固村民自治的"三角支架平衡系统"②。本选题的研究价值就在于以"南农实验"为观察平台，通过参与式实验型研究破解基层民主发展所遇到的制度、组织、能力困境，这种实验型研究的可贵之处在于它采取了新的研究路径，这种研究路径的转换是建立在对既有路径怀疑的基础之上，而大胆的怀疑恰恰是发展和创新现有理论的开始。

---

①　[美]道格拉斯·诺思：《经济史中的结构与变迁》，上海三联书店1991年版，第1—2页。

②　笔者注：详细介绍请参阅本书的第二章，第65—66页。

一 从民主制度到民主能力的转换

中国的民主历程与西方的民主制度有着截然不同的历史轨迹。在西方以雅典民主为标志的民主建设所体现出的是民主制度与民主能力的同步发展。而在中国，民主的制度建设先于公民的民主能力建设，呈现出民主制度与民主能力非均衡发展。雅典民主的发展过程，在某种意义上就是公民演变成熟的过程，公民素质的好坏是决定民主发展程度的一个重要标准，从掷豆子、陶片放逐、抽签再到公民大会、500人议事会、陪审法庭等雅典民主在不断的实践中塑造出一个成熟的民主制度体系。在民主制度与民主能力的同步发展过程中，雅典公民的民主意识得到普及，进而奠定了雅典民主的思想基石，在此基础上，民主制度的创设使普通公民获得了制度的保障，在不断的民主实践过程中，雅典民主由此成为社会现实。

在比较中西民主不同的建设历程时徐勇教授指出："在中国长期的历史上，只有皇权、绅权、族权，而无个人作为主体的民权。农民只是臣民、小民、草民，而不是主权者的公民，因此处于政治之外。政治自然也只是上层的'建筑'。20世纪初的辛亥革命，促使民权进入中国社会，但并没有下沉到乡村。只是由于激荡的革命才使传统的乡村政治结构发生了重大变化。但是，剧烈的革命主要是变革传统的政治权力结构，农民的政治活动更多的是基于改变自己命运的动员式参与。以公民权利为主体的政治还没有在乡村社会生成，也不可能构成乡村研究的对象。只是到了20世纪80年代末90年代初，为适应家庭承包制的新经济体制，国家在农村实行村民自治，并于1987年通过和颁布了《村民委员会组织法（试行）》。村民自治制度建立在农民作为中华人民共和国平等的公民，并享有管理本村公共事务权利的基础上，是农民公民权的具体体现，因而被称为最广泛的社会主义民主实践"[1]。

由上述可知，从民主的历史记忆中我们寻找不出公民社会发展的痕迹，近代中国的民主政治建设是在学习西方民主制度的基础上逐步深入和发展的，因此，自上而下的制度规范先于公民社会的培育，这种由国家力

---

[1] 徐勇：《田野与政治》，中国社会科学出版社2009年版，第4页。

量先行引导再到基层民主治理创新的发展模式极容易出现"水土不服"等问题。乡土社会的传统因子深深植根于农民的日常社会生活中,这种外部诱导型的制度变迁模式极易因地方性知识而宣告中止。再加上由于缺乏内生性民主资源的支撑,民主制度的运行成本过高,制度的现实效应也会减弱,因此,基层民主的建设过程即要注重制度性的供给,又要把农民的民主素质尤其是基本的民主能力纳入到制度化的体系当中,从而使基层民主的发展路径拥有能够不断自我调整的基础性能力。最终实现从制度推动基础民主的外源性力量到能力推动民主的内源性力量的路径转换。

(一) 村民自治实践过程中的制度困境

在进行"南农实验"以前,笔者所在的"中心"就曾在湖北黄梅县开展过以制度整合农村的"水月实验",在实验的过程中发现,虽然在基层社会中嫁接国家制度、植入新型组织,但是缺乏乡村内源性的发展力量,无法将外源性的发展契机与内源性的发展动力结合起来,无法将外在的制度推动与乡土社会的内在机理有效对接,其结果仅有制度推动下的基层民主建设出现了诸多的困难与障碍。

困境之一:直接民主还是代议民主?村民自治是依照宪法规定在农村建立起的基层群众性自治组织,由农村基层群众直接行使民主权利。农村基层群众行使民主权利的最直接体现是村民会议,依照《村民委员会组织法》第十八条之规定:村民委员会向村民会议负责报告工作。村民会议每年审议村民委员会的工作报告,并评议村民委员会成员的工作。然而现实中,从实验组对四个实验村的观察来看,村民会议与村民代表会议的平均召开次数为七次,甚至部分村庄一年只召开一次村民会议,选举后的村委会的日常工作转向依靠村民代表会议进行。从"南农实验"对观察样本采集到的数据分析看,村民代表大多只代不表,甚至村委会付款才愿意参加由村委会召集的各种会议,这就造成村级民主在实践过程中出现诸多问题。一是由村民直接行使民主权利的村民会议被村民代表会议"置换",直接民主变成间接民主;二是村民代表的素质相对较低,议事能力不高,造成基层民众间接行使民主权利的效果大打折扣。此外,《村组法》的现行制度设计造成"村两委"间的权力重叠现象,《村组法》第三条规定:"中国共产党在农村的基层组织,按照中国共产党章程进行工作,发挥领导核心作用；依照宪法和法律，支持和保障村民开展自治活动、直接行使民主权利。"《村组法》第二条又规定："村民委员会办理本村的公共事务和公益事业，调解民间纠纷，协助维护社会治安，向人民政府反映村民的意见、要求和提出建议。"由于《村组法》并未详细列举两者之间的权力边界以及各自负责的具体事务，由此造成村支部与村委会之间相互争权的治理难题。

困境之二：只有选举前的民主无选举后的民主。民主选举为村民带来最为直观的民主体验。尽管《村组法》对民主选举、民主管理、民主监督、民主决策有着明确的规定，但由于规定过于原则和抽象，且存在诸多漏洞，致使选举后的乡村民主治理依然存在较多的困难，依据"南农实验"对样本村的观察，选举政治存在的主要问题有以下几个方面：一是候选人提名不够科学，选民大都对候选人的基本信息了解不多，由此造成部分能力欠缺的村官当选；二是选举乱象丛生，贿选事件频出。选举原本应该公开、公正地进行竞争，然而由于缺乏有力度的惩戒制度以及村民选举意识淡薄，由此造成部分乡村精英通过请客、送礼、甚至直接购买选票的行为发生，从群众形象比喻："选举一到，夜夜狗叫"中可窥见一斑。选举后的村庄民主回归生活常态，人们逐渐从选举视线回归正常的生产、生活，此后村庄的民主化治理进入乡村精英主导时期，村民自治变成"村主任"自治。首先表现出的村务公开的时间、地点、内容等由村干部说了算而不是村民说了算。其次村干部以各种方式将村民代表换成自己信得过的代表，村务监督逐渐沦为村干部的自我监督。再加上村民的民主意识淡薄、民主能力不高等因素，由此造成民主选举一马当先其余民主相对滞后的治理困境。

（二）基层民主建设重心的转换与深化：从制度建设到能力建设

以农民民主能力建设为主体的"南农实验"创新了基层民主的研究路径。南农实验在吸收前两次实验的基础上，提出以能力建设为核心，以制度化建设为目标，以组织化建设为桥梁的基层民主建设模式，并由此构建出可以深化村民自治的"三角支架"平衡系统。既有所侧重，又有统筹兼顾，系统全面地推进制度、组织与能力建设。从现有的理论研究来看，研究者大都从国家层面关注民主治理的成效，从宏观层面探求民主化的道路，对基层民主的研究，基本都停留在村民自治制度本身的研究，对微观层面，尤其是自治主体农民的民主能力却很鲜少有人关注。

从"南农实验"的整个过程来看，农民的民主能力与基层民主建设是密不可分的。民主制度是基层民主建设的前提，民主能力则是基层民主建设的基础。在实验中我们发现，虽然基层社会已经具备了相应的利益表达机制、合作机制、监督机制等，但由于村民的文化素质较弱、民主意识薄弱等因素，农民尚不具备支撑相关民主制度产生实效的能力。在经过"南农实验"相关能力建设提升后，实验组发现，虽然农民的民主素质薄弱，但其民主能力可以在不断的民主实践中得到训练和提升。提升后的民主能力成为村民积极参与政治的一个重要因素，民主能力的提升也促进了基层民主政治的完善和发展，例如实验组与蕉岭县纪委共同探索出的"蕉岭村务模式"就是监督能力提升后村务监督制度得以深化的结果。

从制度建设到能力建设的路径转换为深化村民自治的治理成效提供了有益的探索。从早期的民主实践到近代发展民主有关尝试，农民的民主能力一直是困扰基层民主走向深入的根本性问题。尽管民国时期的乡村建设运动曾大力推动过以教育为主体的素质提升实验，但几千年来的儒家传统已经结构于乡村社会，并沉淀为地方性的思维习惯，因此要建设农民的民主能力还任重道远。孙中山先生曾言："民权何由而发达？则从固结人心、纠合群力始。而欲固结人心、纠合群力，又非从集会不为功。是集会者，实为民权发达之第一步。然而中国人受集会之历禁，数百年于兹，合群之天性殆失，是以集会之原则、集会之条理、集会之习惯、集会之经验，皆阙然无有。以一盘散沙之民众，忽而登彼于民国主人之位，宜乎其手足无措，不知所从，所谓集会则乌合而已。是中国之国民，今日实未行使民权之第一步也"[①]。孙中山先生深刻认识到了民众素质弱使得民众无法成为民主的主人，民众缺乏练习民主技巧的机会是造成民主政治建设缓慢的重要原因。从当下的基层民主发展现实来看，村民自治为基层民众提供了可以尝试民主的制度化平台，然而农民的民主能力远远滞后于民主制度的供给，基层民主制度规定了一系列农民的民主权利，诸如公共事务的决定权、私人财产的权利、言论结社自由等，但普通村民却呈现出参与的

---

① 孙中山：《建国方略》，辽宁人民出版社1994年版，第270页。

无力。

综上所述,民主制度建设与民主能力建设密不可分。民主制度设计了一整套的权力制衡机制,为民众的政治参与提供制度保障,民主能力的增强则又增加了公民参政议政的积极性,只有实现民主能力与民主制度的良性互动,才会最终巩固和完善民主制度。"南农实验"从制度建设到能力建设的大胆实验和探索,使得基层民主化治理更加规范化、可操作化。但如果要使制度创新内化为村民生活的一部分,成为村民的一种日常习惯和生活方式,村民能力的培育是制度良性运行的关键。由此,现有政治科学必须创新已有的研究范式,从注重民主制度、理念的政治学转向注重科学层面、应用层面的政治科学。从制度建设到能力建设的路径转换拓展了政治科学的研究视野,多维角度思考基层民主发展的可能路径,必将为政治科学的进一步发展提供新的增长点。

二 从民主客体到民主主体的转换

主体是与客体相对应而存在的,主体主要包括经济主体、政治主体以及以它们为前提的历史主体。主体经济的基本问题是资本和劳动的关系问题,即劳资关系问题;而主体政治的基本问题是公民和国家的关系问题。建立在经济主体和政治主体基础上的历史主体的基本问题是经济基础和上层建筑的关系问题。本选题要讨论的是民主主体,民主主体是对"主体"的限定,即把"主体"概念的解读限定于民主政治领域。在民主政治领域,民主主体与客体间的关系的变化主要体现在国家与公民关系变化上;在基层民主建设实践中主要体现在国家与农民之间的关系问题。从早期的民主实践到近代发展民主的尝试,再到当下人民民主主体地位的确立,民主主体与民主客体之间即国家与农民之间的关系呈现出不同的发展特点,农民主客体间不同身份的转换体现出中国民主政治特有的成长逻辑,即先有农民民主主体的形式再有农民民主的实体,国家能力强于农民能力,农民虽然有了民主主体的地位和法治基础,但却缺乏行使民主主体权利的能力。"南农实验"有关农民民主能力建设的尝试是对农民民主主体地位的建设性尝试,这种建设性主要体现在让农民有能力行使自身的主体权利。

（一）历史视野中的主客体关系

历史是由活动着的人有目的注释而形成的，农民作为历史活动的主体始终生活在历史积淀下来的现实世界，分析农民的主客体地位变化离不开重回历史的场域，只有运用历史分析的视角才能科学认识农民民主主体的过去、现在和未来。自从有了人类社会，原始民主便以最初的"自然形成的民主制"的面貌随之而出现。伴随人类认识自然改造自然的能力不断增强，人作为历史主体的理性思考开始运用民主工具改造社会，民主对社会的介入主要服务于利益分配的需要。伴随利益主体的扩大，"民主"一词最终发展成为"人民的统治"的政治制度。从民主的起源来看，原始社会时期就已经存在民主性的管理方式：如氏族议事会、部落议事会、部落联盟议事会等。进入奴隶制社会以后，从古希腊的"城邦制度"开始，民主政治成为一种制度而存在，诸如执政官制度、元老院制度、公民大会制度、陪审团制度、五百人议事制度等。上述制度起源构成现代民主制度的雏形，充分显示了民主主体创造民主制度的伟大作用。

与西方社会的原始民主不同，中国早期的民主实践可追溯到上古时期的（尧、舜和夏、商、周三代）的宗教政治观。这种宗教政治观以"民本"思想为代表，其中的民主因子主要体现在：一是"民为邦本"的重民理念；二是"举贤任能"的人才观；三是"立君为民"的平等观等。这种原始民主理念尽管孕育出诸如保甲制度、乡老议事等突出个体主体性价值民主形式，但这种价值与君本思想、官本思想的现实政治体制间存在冲突，最终中国早期的原始民主形成了以国家为主体、民为客体的封建社会结构。在西方文明的冲击和现代化浪潮的席卷下，自鸦片战争后部分思想先进的中国民众开始诉求民主的现代进程，从魏源等人对西方民主的赞叹，康有为、谭嗣同的改良尝试，孙中山的民主共和方案，到"五四运动"的民主呐喊等，可以说近代以来的中国历史是一部追求民主的历史。中华人民共和国成立前，旧民主主义的实践探索主要有："君民共主""开设议院""君主立宪""民主共和国"等民主建设方案的尝试；中国共产党创建民主政权时期的尝试有："工农民主共和国""抗日民主政权"等。此外，民国时期，以梁漱溟、晏阳初为代表的各类乡村建设运动的尝试也大都取向于民主政治建设，诸如村民会议、村学乡学、公民服务团等。然而从当时社会所处历史形态来看,近代以来发展民主的有关尝试大都以"救亡图存"挽救国家政权为目的,其对民主政治建设的追求依旧是以国家为主体、以民为客体的价值理念,这一时期的农民群众所经历的不外乎把民主当作挽救国家的工具,农民群众成为被民主的客体,由此才出现所谓的号称"乡村运动而农民不动的"社会现象。究其原因在于农民的主客体地位的颠倒,农民并非真正意义上的民主主体。

中华人民共和国成立后,中国的民主化道路进入新的发展历程。建国后通过地权的重新分配,迅速推翻延续数千年之久的封建土地所有制,建立起以人民为民主主体的土地所有制。在中国共产党的领导下,从建国前的土地改革运动到建国后的人民公社运动,农民先后经历了从"农民土地所有制"到"集体土地所有制"的历史性转变。这一时期的民主政治建设呈现出:初效、曲折、重创、恢复等几个发展阶段。为了应对当时复杂的国内外形式,这一时期的民主化道路进入国家为主体、主导的计划民主阶段,民主成为国家治理的一种工具,通过垄断性的资源配置体系,建构出以国家为主体,农民为客体的高度集中的政治体系。这种身份的转变扼杀了以农民为主体的个体自由的进一步成长,农民参与建设现代民主政治的积极性降低。

(二) 主体形式的确立与主体实质的异化

主体与客体之间的关系是相互制约与相互转换的,当民主客体制约民主主体的发展时,民主主体的主观能动性就会开始起作用。20 世纪 70 年代末以来,安徽省凤阳县小岗村 18 位农民签下"生死状",将村内土地分开承包。开创了家庭联产承包责任制的先河。至此,中国农民以自己的改革实践,向高度集中的计划经济体制发起冲击,不仅对农村社会变迁产生了重大影响,而且使农民的主客体关系发生了深刻转型,家庭联产承包责任制的最大贡献在于确立了农民的经济主体地位。经济基础的变化决定上层建筑的变化,1980 年,随着人民公社的淡出,广西宜山(现为宜州)等地的农民自发地组成村民群众自治组织,农民共同管理公共事务。人民群众的自发性创造是农民主体意识的觉醒,后来的村民自治经过国家法律的确认和规范,成为农村基层民主的重要实践形式,也标志着以农民为民主主体的政治建设的开启。

村民自治的出现确立了以农民为主体的基层民主政治建设的价值取向。在徐勇教授看来："村民自治的最重要的价值就是在民主化进程中，建立起一系列民主规则和程序，并通过形式化民主训练民众，使民众得以运用民主方式争取和维护自己的权益，从而不断赋予民主以真实内容。一旦仪式固化为习惯，成为日常的生活方式，民主才是真正不可逆转的。随着经济文化的发展，民主化的外部条件日趋成熟，民主化进程便可以顺利实现由形式到实体的转换。"[①]

然而，从村民自治的现实实践情况来看，尽管国家以法律的形式确立了农民作为民主主体的形式，但在实际的政治生活中农民的主体地位却出现了主体异化的现象。这种异化现象主要表现为：国家层面只注重制度的不断供给却忽视了这些制度与农民日常政治生活的适应性。分析其原因在于，基层民主建设是在原有制度框架基本未变的情况下村民自治制度的"单兵突击"，农民的制度环境依旧处于后发现代化国家下的压力型行政体制内，农民的主体性建设受到政府目标多样化和选择化的制约，如果政府不主动培育民主主体的自治能力，基层民主建设走向深入是非常困难的。基层民主建设所存在的体制悖论是显而易见的：一是县乡政府是基层民主建设的重要推手。在贺东航教授看来，当农民权益受到政府侵害之时，村民的自治权很难对抗政府的行政权。政府可以借"坚持党和政府的领导"这种"排他性权力"来对抗"村民自治性"，村民自治权利就可能被悬空，而基层民主建设就可能会陷入内卷化[②]；二是农民的文化素质偏低、民主意识淡薄，再加之宗亲社会以及地方性思维，农民在学习起现代民主起来相对困难，在民主能力困境下农民从制度型的主体外壳异化为无力型的民主客体。从现有学界的推动力量来看，研究者大都从国家层面、制度层面关注民主治理的成效，虽然学界理论推动了民主主体的制度形式不断完善，但对民主主体的实质即农民的民主能力却很少有人关注。因此，本选题有关农民民主能力建设的研究，为解决农民民主主体的异化现象提供了新的研究路径和解决方案。

---

① 徐勇：《中国的民主之路：从形式到实体——对村民自治价值的再挖掘》，《开放时代》2000年第11期。

② 贺东航：《中国村民自治内卷化现象的思考》，《经济社会体制比较》2007年第6期。

(三) 社会化小农下的主体压力与动力

理解基层民主建设过程中的主体与客体关系变化离不开对国家与社会关系的探讨。认识农民主体意识的觉醒以及主体能力建设的必要性，需要将现代农民置身于现代环境中去考察。社会化小农理论的提出，则为理解从民主客体到民主主体转换提供了新的理论诠释。徐勇、邓大才教授认为：当今小农受货币支出压力约束，以货币收入最大化为行为伦理，"支"、"收"、"往"都源于"社会"，农民生产、生活、交往都被卷入"社会化"大分工网络，属于"社会化小农"。这个概念，既是对当今农民特性的基本抽象，也是"再识农户"的基本视角，更是以农户为基点研究"三农"的分析框架。[①]

依据上述理论所做的解释，当今农民生活在高度发达的现代化组织体系中，在生存理性的驱使下农民不得不卷入被市场功能放大了的社会交互空间，在货币压力的支配下，农民不得不积极主动地寻求与村庄外部的利益联系，这使得作为基层民主政治建设主体的农民热衷于村庄外部的经济活动而较少有动力参与村庄内部的政治活动，由此带来民主主体的参与压力。是选择不能直接满足利益需求的村庄公共事务，还是选择能带来直接利益的外部市场，显然社会化小农的理性选择是热衷村庄外的市场。从实验组在上能村发现的"工头政治""老板军团"再到其他村庄发现的"386199"留守村庄现象，无不显示出乡村建设精英的大量外流，这种现象说明社会化小农的民主政治建设遇到主体压力的艰难选择，农民作为经济主体的意愿强于作为政治主体的意愿。从利益与民主的联系来看，利益走到哪里民主就会延伸到哪里，然而依然固化的"城乡二元"结构体制是民主政治建设暂时尚无法突破的障碍，由此村级民主的生成和发展只能局限在"半民主"[②]空间内，农民的民主主体地位的充实和巩固还尚需时日。

"南农实验"在民主建设过程的实践中发现，尽管社会化小农面临

---

① 徐勇、邓大才：《社会化小农：解释当今农户的一种视角》，《学术月刊》2006年第7期。

② 笔者注："半民主空间"的概念详情参阅本书前面的论述。

着主体选择的压力，但货币压力下的社会化小农也产生了追求民主的动力。这种民主主体的动力意识主要表现在：一是利益感的增强，促进了人们追求主体的意愿。从广育村民追求自身利益的铁矿泥事件中，并在事件中提升了表达能力、议事能力、合作行动能力等行为中可以观察到社会化小农追求民主主体的动力；二是经济主体向政治主体的回归。社会化小农在追求经济自由并获得经济主体能力的同时，这种被满足后的经济主体意识开始关注自身所在村庄的公共事务，从上能村外出"老板军团"争相攀比为家乡捐款以获得自身在村庄的公共权威，再到欧村合作社过程中谢家父子为家乡修建别墅，以便换取对村庄秩序的掌控等行为中，说明社会化小农在面临经济主体压力的同时也产生了成为民主主体的主动需求。

从上述分析来看，从民主客体到民主主体的转换是农民获得经济地位独立后的必然选择，也是基层民主政治建设进一步获得发展的关键。"南农实验"从实验之初便就农民的主体性进行了明确的实验设计，从实验主体的选择再到项目实施的规划，以农民为主体，科学、理性地引导农民提升自身的民主素质，并将之转换成为可以行动的民主能力成为实验的显著特点。

三　从民主价值到民主技术的转换

村民自治作为基层民众体验现代民主的一种价值理念，经过30年来的民主社会实践已经逐渐成为农民日常政治生活的一部分。"南农实验"在探索基层民主发展道路的过程中发现，农民的民主能力是制约村民自治走向深入的一个关键性问题，由此带来笔者对技术民主的关注和思考，并在实验中予以尝试。长期以来有关基层民主发展路径的研究大都集中在对村民自治制度层面的探索，在制度实践遭遇操作困境时，部分学者则开始将研究视角从价值层面的民主转向技术层面的民主。从现有的研究来看，"技术哲学中对民主技术的研究主要是着眼于当代技术已经日益与民主理想相冲突，技术在许多方面已经无法与自由、平等的民主目标相调，如何更有效地控制技术，甚至避免技术的负面后果的产生，从而走向技术的民主控制成为民主技术的中心话语,也就是说通过民主来控制技术"。① 政治学视域中的民主技术,主要着眼于如何通过制度安排、机制和具体的手段方法来实现民主的原则和价值,其核心是民主的操作问题,也就是通过技术来保障和促进民主。"单纯从政治学视角,民主技术又存在着两种界定方向,一个方向是将民主作为一种制度、程序和技术,这种理论将民主作为一种技术手段来研究。"②

本选题着重探讨的是政治学语境中的民主技术。在"南农实验"的实施过程中,实验组发现,尽管有了较为丰富的民主制度,但村民的民主意识还很淡漠,更不懂得民主带给自身的价值与意义,民主制度虽然早已上墙,但还远未走进农民的内心世界。民主作为解决公民、正义问题的一种手段缘何难以被中国农民所接受?从对实验的观察来看,民主能力欠缺、技术民主滞后是制约农民把民主当作一种生活习惯的重要因素。由于缺乏技术的规范,基层民主制度常常流于形式,如选举乱象、监督乏力等现象,农民在民主实践中没有充分体会到民主带来的好处,因此加强基层民众民主技术方面的训练,并以此提高农民的民主能力才能不断巩固现有的制度安排,最终才能实现民主的价值。

(一) 民主技术有助于提升农民的民主能力进而实现民主的价值

与西方社会发展成熟的技术民主相比,我国的民主技术应用程度偏低,民众既缺乏学习现代民主技术的动力也缺乏相应的学习能力和学习条件。从雅典城邦用抽签、投豆子、陶片放逐等民主方法,到近代代议制民主的出现,再到当代参与式民主、电子民主以及协商民主思潮的出现,都体现了人类对民主技术的探索。③ 然而,在我国传统政治中,儒家思想政治观强调的是以帝王权术政治为代表技术官僚哲学,这种官僚科层制注重的是帝王的统治技术的挖掘,而对农民强调的则是以"礼治"为代表的教化服从,由此沉淀到乡村社会中的是"臣民"文化的烙印,农民逐渐养成了对权威的绝对服从和依赖的政治心理,农民普遍缺乏对现代民主规

---

① 张慧敏:《当代西方民主的技术思想研究》,东北大学出版社2006年版。
② 王焱:《民主的技术对其价值目标的修正》,《政法论坛》2007年第5期。
③ 王海稳:《民主技术:内涵、功能及价值》,《甘肃理论学刊》2008年第4期。

则、程序、方法等技术政治的掌握和运用。

尽管在我国当前的民主政治建设实践中，发展出一定程度的民主技术手段和具体做法，比如不少农村采用了"海选""直选""公推公选""公推直选""两票制""联选制""定位定职选举制"等具体做法，[1] 但由于不同地区民主发展程度的差异，农民在掌握和运用上述技术手段时还有很大的差距。从实验村的情况来看，农民依旧习惯于村庄传统的政治生活习惯，诸如开会地点选择在村民家中、开会方式缺乏严格的议事规则等。实验组针对上述情况展开了以技术引导提升农民民主能力为主体的项目训练：一是利益表达技术的训练。这些训练主要有新型农民培训、妇女权益论坛、乡村书屋工程等；二是合作技术的提升。合作能力建设主要有合作知识培训、合作组织建立等；三是监督技术强化。主要有村务监事会、民主示范区等。通过上述技术性训练，一方面有助于培育村民的民主意识，让村民在民主实践中学会运用民主工具解决现实问题；另一方面表达能力、合作能力、监督能力的提升又强化了对民主价值的认同。实验结果表明只有借助民主技术的强化学习才能将追求民主价值的理想转化为民主的现实。

（二）信息民主技术的引入有利于培育农民的民主意识及规范村务管理

现代社会是信息型社会，与传统政治社会对信息的绝对垄断相比，随着媒介的日益发达尤其是互联信息时代的到来，农民已经不再隔离在信息之外。农民对外部信息的获取意愿及获取能力都得到很大的发展。因此，重新理解信息与民主政治的发展之间的关系不仅可行而且必要。现代政权的合法性问题已经与信息传播密切联系在一起，权力行使者对政治信息的收集、占有、发布、传播方式已经关系到授权者对其信任程度。在上述背景下，"南农实验"将涉农媒体引入到村务管理当中，通过与新闻媒体的合作探索信息技术对基层民主政治建设的影响。

从实验的效果来看，实验村村民普遍信任由新闻媒体提供的相关政治

---

[1] 史为民、操小娟等：《中国基层民主政治建设发展报告》，中国社会科学出版社2008年版，第329—351页。

信任，如在广育村高速公路征地款事件中，村民对地方政府公布出的调查结果和事实真相普遍持怀疑态度，并继续以上访的形式表达自己的政治观点，后经新闻媒体介入披露后村民逐渐接受了该事件的客观现实真相。由此看来，新闻媒体对村务管理的介入不仅有利于培育村民的民主理性意识，也有利于减轻地方政府的治理成本，公开、公正的信息披露更有助于地方政府合法性的建立。在随后的对广育村森林乱砍现象的报道中，新闻媒体详细介绍了乱砍现象的原因、危害以及村庄现实管理的难题后，一方面，引起了上级政府的高度重视开始进行了有力的整治；另一方面，村民认识到乱砍滥伐现象会造成水土流失等损害自身利益的后果后，开始自觉规范自己的行为。由此看来，信息技术的引入提升了村民的民主意识，塑造了强大的公共舆论空间，这对培育理性的民主空间起到重要的作用，同时也规范了村级事务各项管理更加民主。

（三）监督民主技术是提升农民监督能力行使有效监督的最有效手段

监督难、难监督是村民自治走向深入的现实困境。如何破解监督难题？"南农实验"尝试从监督技术训练着手取得了良好的监督效果。从实验组对实验村的观察来看，监督意愿不强的主要原因有：一是农民文化素质偏低，农民不知道如何监督最有效果；二是村干部刻意回避监督，村干部习惯了"一言堂""口袋账"等暗箱政治带来的便利，因此常常以各种方式阻挠监督；三是宗族社会结构而成的关系网络冲淡了村民的监督效果，村民害怕得罪熟人而出现不好意思监督；四是缺乏上级政府的支持以及相应强有力的法律惩戒措施。在上述环境下实验村普遍呈现出监督乏力的局面。

"村务监事会"作为"南农实验"技术监督的尝试一经出现就收到了很好的监督效果，如芳心村就运用它解决了重大工程招投标问题、广育村则解决了矿山纠纷问题等。此监督方式的好处在于其权力制衡机制以及将民主技术与地方性习惯的有效结合。技术规则的引入和消化需要与当地的村庄文化传统相结合才能发挥出其监督的合力，例如针对南方社会宗族势力活动能力较强的特点，实验组将德高望重具有公益心的长老引入进村务监事会中，并以民主选举的形式确保其权力来源的合法性，村庄长老既有能力又有时间来参与监督这大大提高了监督的效果。此后又取得地方政府纪委权力的有力支撑，在设计严格的村务监事会条例下村务监督难题得到很好的化解，由此形成后来的"蕉岭村务监督"模式。

综上所述，从民主价值到民主技术转换体现了我国民主政治建设理念正在不断走向成熟。选举民主技术、信息民主技术、监督民主技术不断完善为破解村民自治出现诸多困境提供了技术上的支持。只有从细节上逐步完善村民自治相关法律、法规，从民主技术和民主能力上确保农民的民主意愿得以落实才能创造性挖掘相关民主资源，推动基层民主政治建设不断向前发展。

小 结

综上所述，农民的民主能力研究切换了基层民主研究的现有视角，这种研究视角的切换主要体现在：从以制度为主体到以能力为主体；从把农民作为客体到把农民作为主体；从着重于民主理论到着重于民主技术。上述研究视角的转换标志着基层民主研究进入新的发展阶段，这种发展主要体现在从民主形式到民主实体的重心转移。

农民的民主能力研究以农民的日常政治生活作为研究对象，例如农民的政治行为何以发生、政治体系如何建立、政治文化如何变化等，这些都是探求基层民主发展规律的重要场域。基层民主60年来的建设历程是以现代国家构建为指向，国家主导下的外力整合成为基层民主60年发展的显著特点。这一时期以政党下乡、行政下乡、政策下乡、法律下乡、服务下乡等作为国家治理农村的主要方式，这种强势的外部整合先后为农村社会植入规范农民政治生活各种民主制度，被植入的制度大都把农民当作被民主的客体来对待，农民的民主主体性丧失，这一时期有关基层民主的研究也大都停留在对民主理论的探讨上，对相关民主技术理论的研究近乎空白。因此，对农民民主能力的探索不仅创新了基层民主研究的现有视角，也为进一步深化村民自治提供了可以参考的经验。

结　论

通过上述的考察和研究，本书的基本结论是：中国传统社会长期以来的专制传统、近代民族——国家建构与民主——国家建构的非均衡性，民主主体的主观能动性受到抑制，使得中国的民主进程步伐缓慢甚至出现反复。现阶段，我国的基层民主发展面临新的困境，作为民主参与主体的农民参与积极性不高是其首要原因。基层民主发展的现状也表明农民的民主能力建设滞后于民主制度建设与组织建设，实践表明三者的同步建设是村民自治良性运行的关键。通过提高农民的民主素质，充分发挥民主主体的表达、合作、监督等能力是破解基层民主发展困境的有效途径。

第一，农民文化素质偏低对基层民主发展造成了一定约束，但文化素质高低不是实现民主的必要条件，在具体的民主实践过程中，农民可以通过训练、学习、参与等方式逐渐提升农民的民主能力，进而实现民主的价值。

"南农实验"的实践证明，从总体而言，我国农民已具有发展民主的强烈需求和初步实践民主的基本能力，但农民的民主能力尚处于"学步"的初级阶段。"知识、能力、情感、态度、价值观"等是构成文化素质的基本要素，评价上述要素强弱的最好方式是看受教育程度，从对实验村的观察情况来看，相对发达地区的农民文化素质依然偏低，由此可见整个中国农村的文化素质普遍不高，但不能就由此得出"农民文化素质低，不会民主"的结论。从实验变量的前后对比来看，发展基层民主是一个从形式到实体、从量变到质变、从不熟悉到较为熟悉、从不会操作到较会操作的渐变式学习过程。文化素质高低会影响基层民主的发展，但不是实现民主的必要条件，不能指望农民文化素质提高后再去实行村民自治制度，制度与能力一样需要有一个建设的过程，只有让其同步发展才能在具体的民主实践中落地生根，很显然当前农村遭遇到的民主困境显然是制度建设先行于能力建设，加强农民的民主能力建设是进一步深化村民自治的必然选择。

第二，文化、制度、习惯、心理等要素构成了影响农民民主能力的历史变量。在历史习性的作用下从古至今中国社会表现出的一直是"家庭能力""国家能力"强于"个体能力"的非均衡性发展。具体表现为：臣民型的政治能力、启蒙型的政治能力、依附型的政治能力。

历史制度主义是当代西方以经验为基础的政治科学的主要分析范式之一，其主要从宏观层面关注国家制度的作用，从其研究视角来看，中国传统制度主要依靠的是儒家文化的传承。儒家文化建构出的封建统治制度强调的是帝王统治的力量，并把被统治者规训成为臣民型的政治能力，最后发展为家国一体的家庭政治能力。受历史惯性的作用，传统农民在封闭的血缘结构中，以共同道德来维持乡土秩序，这种缺乏约束力的道德同盟体限制了农民共同行动的能力。近代士绅政治的出现，使得绅权成为国家权力与社会权力的同时享用者，这种具有相互制约性质的权力架构，延伸出乡村政治相对独立的自治空间，这种自治精神的培育开启了农村社会建设的第一步，虽然这种社会建设的服务对象依然是封建国家，但在士绅阶层的培育下，农民逐渐学会了一定的组织技巧，后经五四精神的洗礼成长为启蒙型的政治能力。中华人民共和国成立后，农村民主政治的发展开始围绕国家政权建设展开，通过地权的重新配置，延缓数千年之久的封建土地所有制被瓦解，并建立起高度集中的计划经济体制。通过私人资源的国家性建设，农民的个体意识被国家意识强制建构，农民的主体性丧失，形成依附性的政治能力，至此形成家庭能力与国家能力强于个体能力的非均衡性，农民的民主能力天然受制于历史传统的习性。

第三，制度建设、组织建设、能力建设构成村民自治的"三角支架"平衡系统。村民自治进一步深化的关键在于能力建设，依赖于"人"的主观能动性而非制度或组织因素，"人"的因素是内源性力量，也是民主政治建设的动力来源。

人是历史活动的主体，也是历史的创造者，就如同马克思所言："最蹩脚的建筑师从一开始就比最灵巧的蜜蜂高明的地方，是它在用蜂蜡建筑蜂房以前，已经在自己的头脑中把它建成了"①。由此看来人具有主观能动性，人的因素是事物发展的根本，而发展的关键在于实践。人的因素是内源性因素，人的内源性力量是可以通过后天的训练加以提升，这实质上是一个不断实践的过程。村民自治为亿万农民提供了实践民主的政治舞台，但在具体的实施过程中也发现诸多的问题，在生于斯、死于斯的地方性知识的限制下，自上而下的村民自治制度在实践中常常遭遇各种"水土不服"，仅一个民主选举就出现诸多的"乱象"，民主监督更是在重人情轻契约的熟人社会中艰难前行。出现上述问题的原因在于，仅有制度的支撑等于只用一条腿在走路，很难保持村民自治发展的平衡。从制度设计者的角度来看，制度、组织都是为主体者"人"而设计的，只有民主个体有能力学习制度、参与组织并使其得到均衡发展，才能让制度、组织、能力三者之间做到有机的联系，进而支撑村民自治制度稳定地运行。

第四，"利益是人们结成政治关系的出发点"，利益表达能力是农民民主能力中极其重要的一种能力，是最先需要具备的能力，只有通过有效的表达并积极地付诸实践，民众才能在民主的秩序范围内将自己的各种需求转化为现实的利益。

传统中国在大一统的封建思想的影响下，农民的个人利益依存于国家利益，在近代民族国家建构中，国家利益淹没个人利益，农民在长期的国家利益至上的理念中逐渐泯灭了对个人利益的思考和挖掘。农民大都没有正确认识到自身利益所在，更不能明确地辨认自身的利益。进入现代以来随着市场力量的强势介入，农民首先是以家庭联产承包经营的形式确立起个体经济的主体地位，随后以村民自治为标志的民主实践又为农民提供了作为自治主体的政治空间。至此中国农民有了独立的经济能力和自由的政治空间，农民利益意识在政治的重新整合中开始自觉，并有了发展民主实现利益的价值追求。利益表达是现代民主政治建设的起点，农民只有学会辨识自身利益，并将之表达出来才能在民主带来的权利中实现自身的利益，因此农民的表达能力建设是基层民主发展的起点，也是村民自治价值的最好体现。

第五，宗族关系可以发展成为农民理性表达的可选择方式，但在现实

---

① 《马克思恩格斯全集》第23卷，第202页。

的乡村社会中或是被忽略掉或被视为"封建残余"而受到极大地压制，通过发挥村级组织的积极引导作用可以将非正式组织与正式组织有效结合起来，进而推动基层民主不断发展。

宗族关系是传统社会中人与人之间因血缘、地缘关系结构而成的文化网络，作为封建宗法关系的遗留，宗族之间的血缘、亲情在农村社会是根深蒂固的。虽然市场化背景下专注个人利益的倾向在某些地域淡化了宗族之间的情感。但是在当下相对独立的乡村空间，宗族组织出现了不同程度的复兴。在"南农实验"的实施过程中发现，现阶段的宗族关系已经有别于传统社会的宗族关系，今天的农村在科技、交通、信息等方面已经有了日新月异的发展，宗族组织已经不能置身现代社会之外，在现代性的建构过程中现代因子已经不同程度植入进宗族组织的复兴理念中，在当下宗族网络本身所固有的利益连接，仍然可以成为构建中国乡村社会共同体可以充分利用的资源。而宗庙、祠堂等宗族活动的集散地显然可以引导为天然的公共舆论空间，通过村庄正式权威——村委会的引导，各种祭祀仪式、节日活动可以用来表达本社区成员的精神需求和物质利益需要，通过不断地参与，不断地情感释放，村民的表达能力可以得到不断地提升。同时在村庄正式权力机构的科学引导下，充分利用宗族在乡村治理中的重要作用，如宗法制度的监督功能，村民对家族的感情等，使得注重情感的利益表达方式逐渐转化为注重理性的表达方式。

第六，传统圈层格局是市场化背景下阻碍农民合作能力的重要因素，从圈层合作到契约合作的转变是小农生产、生活社会化的必然选择，在社会化的过程中，以利益合作为取向的现代合作理念正在以圈的方式由内到外扩张农民的合作半径。只有不断提高农民的合作能力才能应对社会化带来的新风险、新挑战。

传统社会人们生活在以基层市场为活动半径的市场圈中，并由此发展成围绕基层市场圈的各种依附性圈层网络。由于中国乡村社会的封闭性，使得中国传统社会农民的交往范围有限。以个人或家族为中心形成了一个个小圈子、小阶层，圈与圈之间缺少交往与互动。面对资源有限的村庄，圈与圈之间必然会发生碰撞，这与民主的和谐价值观是不相符合的。随着生产的不断扩大，农民的生产、生活逐渐由村内走向村外，从家庭走向社会，形成了生产、生活的社会化空间，在从熟人社会向陌生人社会的过渡过程中，农民不得不面临着新的风险。由于现代市场的开放性原则要求商品只有在市场内部自由流动才能实现价值最大化，因此农民只有通过不同圈层之间的合作，并学会与陌生人社会建立契约型合作关系，才能对抗市场化风险并获取更大的收益。实验组通过组织各类性质的农产品协会，组织农民合作，使缺乏信息的农民学会如何通过组织的力量来获取信息和资源。此外，项目组通过组织疗法和对话疗法，让不同圈层之间形成良好的互动，有力地解决了当前公益事业建设面临的诸多问题，提高了农民的合作意识和合作能力。

第七，民主监督意识薄弱是村级民主出现监督难的重要原因，培育农民监督意识、提高监督能力，探索与地方性知识相结合的权力制衡机制是实现民主监督的有效途径，只有接受公开监督后的公共权力才能更有力量，在此过程中需要强化国家及新闻媒体在村民自治过程中的引导。

民主监督是村民自治四大民主中的老大难，谁监督、监督谁、怎样监督似乎成为村民自治过程中难以破解的一道难题。造成上述现象的原因主要有：一是当前村级权力结构中的相应制度仍不完善，其中的关键环节，如村民代表大会等机构没有发挥到有效的作用；二是农民的监督意识薄弱，既没有监督的能力又担心监督不起作用；三是村干部的阻力，村干部担心自身权威被削弱，不愿意被监督。"南农实验"在与蕉岭县纪委的共同探索中找到了解决上述问题的办法，蕉岭"村务监事会"的有效实践，体现了在村庄治理中权力制约的可行性和有效性。在村党支部的领导下，村代会、村委会、监事会分别掌握村庄这个政治体系中的决策、行政和监督权，并且都各有界限，保障整个村庄公共权力的正常运行。蕉岭的权力制约实践收到了较好的效果，并总结成为"蕉岭模式"加以推广。这种在国家权力介入、新闻媒体积极参与的治理模式，不仅培育了农民的监督意识，农民的监督能力在不断地实践过程中也得到提高。实践证明民主监督并不会削弱村干部的权威，受监督后的权力运行因被信任而更有力量。

第八，基层民主研究需要有新的研究视角。"南农实验"建设农民民主能力的尝试则提供了制度与能力、客体与主体、价值与技术之间的视角切换，并由此创新了发展基层民主、深化村民自治的既有路径。

从现有的研究情况来看，当前学界大都从制度、价值的层面关注民主化治理的成效，对基层民主的研究也大都停留在对村民自治制度的研究，对自治主体农民的民主能力研究却较少有人关注。依照现代国家建构理论所提出的民主性概念，现代民主的发展是以人为主体的发展，个体自由、个体能力、个体价值的实现是现代性的核心体现。"南农实验"从以制度建设为主体到以能力建设为主体；从把农民作为客体到把农民作为主体；从着重于民主价值到着重于民主技术的研究转型，拓宽了基层民主的研究视野，突破了村民自治在实践过程中的制度困境，实现了从民主形式到民主实体的重心转移，确立了以农民为民主主体的建设思路。这不仅创新了既有的研究路径，也为基层民主研究提供了方法论上的支持。

主要参考文献

著作类：

[1] [美] 萨托利：《民主新论》，上海人民出版社 2008 年版。

[2] 刘瑜：《民主的细节》，上海三联书店 2009 年版。

[3] [美] 罗伯特：《罗伯特议事规则》，上海人民出版社 2008 年版。

[4] 陈明明、何俊志：《中国民主的制度结构》，上海人民出版社 2008 年版。

[5] [美] 蒂利：《欧洲的抗战与民主》，格致出版社 2008 年版。

[6] 王绍光：《民主四讲》，生活·读书·新知三联书店 2008 年版。

[7] 景天魁：《底线公平：和谐社会的基础》，北京师范大学出版社 2009 年版。

[8] [美] 阿伦特：《极权主义的起源》，生活·读书·新知三联书店 2008 年版。

[9] 魏凤莲：《古希腊民主制研究的历史考察》，山东大学出版社 2008 年版。

[10] 费孝通：《江村经济：中国农民的生活》，商务印书馆 2001 年版。

[11] [美] 赫尔德：《民主的模式》，中央编译出版社 1998 年版。

[12] [丹] 诺格德：《经济制度与民主改革：原苏东国家的转型比较分析》，上海人民出版社 2007 年版。

[13] [美] 福克斯：《公民身份》，吉林出版集团有限公司 2009 年版。

[14] [美] 雷森伯格：《西方公民身份传统：从柏拉图至卢梭》，吉林出版集团有限公司 2009 年版。

[15] [美] 查尔斯·蒂利:《民主》,上海人民出版社2009年版。

[16] [美] 巴伯:《强势民主》,吉林人民出版社2006年版。

[17] [英] 安德森:《绝对主义国家的系谱》,上海人民出版社2000年版。

[18] 梁漱溟:《乡村建设理论》,上海人民出版社2006年版。

[19] 毛泽东:《湖南农民运动考察报告》,《毛泽东选集》第1卷,人民出版社1967年版。

[20] 马克斯·韦伯:《儒教与道教》,江苏人民出版社1993年版。

[21] 孙立平:《总体性资本与转型期精英形成》,中国社会科学出版社2002年版。

[22] 郑杭生:《社会学概论新修》(第三版),中国人民大学出版社2003年版。

[23] 恩格斯:《论权威》,《马克思恩格斯选集》第三卷,人民出版社1995年版。

[24] 朱新山:《乡村社会结构——变动与组织重构》,上海大学出版社2004年版。

[25] 丹尼尔·W.布罗姆利:《经济利益与经济制度》,上海人民出版社2006年版。

[26] 祝彦:《"救活农村":民国乡村建设运动回眸》,福建人民出版社2009年版。

[27] 费孝通:《乡土中国》,上海人民出版社2006年版。

[28] 翟学伟:《人情、面子与权力的再生产》,北京大学出版社2006年版。

[29] [美] 阿尔蒙德:《比较政治学:体系、过程和政策》,曹沛霖等译,译文出版社1987年版。

[30] [法] 谢和耐:《中国社会史》,江苏人民出版社1997年版。

[31] [美] 斯科特:《弱者的武器》,郑广怀、张敏、何江穗译,译林出版社2007年版。

[32] 徐勇:《非均衡的中国政治:城市与乡村比较》,中国广播电视出版社1992年版。

[33] [英] 安东尼·吉登斯:《民族—国家与暴力》,生活·读书·

新知三联书店 1998 年版。

[34] 黄宗智：《长江三角洲小农家庭与乡村发展》，中华书局 2000 年版。

[35] ［美］福山：《国家构建》，黄胜强、许铭原译，中国社会科学出版社 2007 年版。

[36] 徐勇：《徐勇自选集》，华中理工大学出版社 1999 年版。

[37] ［美］科恩：《论民主》，商务印书馆 2007 年版。

[38] 徐勇：《现代国家、乡村社会与制度建构》，中国物资出版社 2009 年版。

[39] 黄辉祥：《村民自治的生长：国家建构与社会发育》，西北大学出版社 2008 年版。

[40] 王铭铭：《村落视野中的文化与权力：闽台三村五论》，生活·读书·新知三联书店 1997 年版。

[41] ［美］马克·格兰诺维特：《镶嵌：社会网与经济行动》，罗家德译，社会科学文献出版社 2007 年版。

[42] 孙中山：《建国方略，民权初步》，华夏出版社 2002 年版。

[43] ［美］马克斯·韦伯：《儒教与道教》，江苏人民出版社 1993 年版。

[44] 于建嵘：《岳村政治》，商务印书馆 2001 年版。

[45] 刘重来：《卢作孚与民国乡村建设研究》，人民出版社 2007 年版。

[46] ［美］加布里埃尔·A.阿尔蒙德、西德尼·维巴：《公民文化——五个国家的政治态度和民主制》，徐湘林等译，东方出版社 2008 年版。

[47] 费孝通：《乡土中国·生育制度》，北京大学出版社 1998 年版。

[48] 李伟中：《20 世纪 30 年代县政建设实验研究》，人民出版社 2009 年版。

[49] 徐勇：《田野与政治——徐勇学术杂论集》，中国社会科学出版社 2009 年版。

[50] 任宝玉：《财源政治——"财政下乡"视角下的财政合法性研究》，中国社会科学出版社 2008 年版。

［51］邓大才：《土地政治：地主、佃农与国家》，中国社会科学出版社 2010 年版。

［52］施坚雅：《中华晚期帝国的城市》，中华书局 2000 年版。

［53］梁漱溟：《中国人：社会与人生——梁漱溟文选》，中国文联出版公司 1996 年版。

［54］费正清：《美国与中国》，世界知识出版社 1999 年版。

［55］张慧敏：《当代西方民主的技术思想研究》，东北大学出版社 2006 年版。

［56］道格拉斯·诺思：《经济史中的结构与变迁》，上海三联书店 1991 年版。

［57］约翰·冯·杜能：《孤立国同农业和国民经济的关系》，商务印书馆 1997 年版。

［58］詹成付：《中国村民自治的现状和未来的基本走向》，张明亮主编：《村民自治论坛》（第一辑），中国社会出版社 2001 年版。

［59］熊月之：《中国近代民主思想史》（修订本），上海社会科学院出版社 2002 年版。

［60］［法］孟德斯鸠：《论法的精神》（上），商务印书馆 1988 年版。

文章类：

［1］徐勇：《最早的村委会诞生追记——探访中国第一个村委会：广西宜州合寨村》，《炎黄春秋》2000 年第 9 期。

［2］徐勇：《村民自治：一场"静悄悄的革命"》，《人民论坛》，2008 年第 17 期。

［3］徐勇：《民主：一种利益均衡的机制》，《河北学刊》，2008 年第 3 期。

［4］江荣海、张学艺：《中国传统农民的政治情感及现代转化》，《中共浙江省委党校学报》，2008 年第 1 期。

［5］徐勇：《如何认识当今的农民、农民合作与农民组织》，《华中师范大学学报》，2007 年第 1 期。

［6］邓大才：《"圈层理论"与社会化小农——小农社会化的路径与动力研究》，《华中师范大学学报》（人文社会科学版），2009 年第 1 期。

［7］张静：《政治社会学及其主要研究方向》，《社会学研究》，1998年第3期。

［8］王欣堂：《提高村民自治能力 促进社会主义新农村建设》，《宁夏党校学报》，2007年第3期。

［9］徐勇、邓大才：《社会化小农：解释当今农户的一种视角》，《学术月刊》，2006年第7期。

［10］徐勇：《中国的民主之路：从形式到实体——对村民自治价值的再挖掘》，《开放时代》，2000年第11期。

［11］王庆利：《政治合法性问题的国内研究现状述评》，《岭南学刊》，2005年第4期。

［12］王海稳：《民主技术：内涵、功能及价值》，《甘肃理论学刊》，2008年第4期。

［13］徐勇、项继权：《现代国家建构中的乡村治理》，《华中师范大学学报》（人文社会科学版），2007年第5期。

［14］贺东航：《中国村民自治内卷化现象的思考》，《经济社会体制比较》，2007年第6期。

调查报告类：

［1］南农实验课题组：《南农实验调查报告》。

［2］南农实验课题组：《铁场村问卷统计分析》。

［3］南农实验课题组：《农民合作能力与表达能力建设项目需求评估调查》。

［4］陈敏玲、唐丽勤：《欧村合作社筹备问卷调查分析》。

［5］南农实验课题组：《欧村问卷统计分析》。

［6］南农实验课题组：《欧村住房改造问卷统计分析》。

［7］南农实验课题组周伦府：《上能文化调研：变迁中的村民精神需求及行为表达》。

［8］南农实验课题组：《图书馆工程调查分析》。

［9］南农实验课题组：《欧村水蜜桃项目调查分析》。

附 录

南农调查记事

《南农调查记事》是笔者在驻村工作期间的日常笔记。其主要内容是按时间顺序记载的，有关实验的调查访谈经过、材料来源及感受。南农实验与以往的社会实验相比，其特色之处是众多的志愿者行动起来，参与到农村社区建设中。这些志愿者来自全国上百所院校，主要集中在华中师范大学、华南农业大学、中山大学、华南理工大学、中南财经政法大学、广东外语外贸大学、北京大学、广东商学院、华中科技大学等。从学科背景上看，这些志愿者专业背景丰富、遍布工农文理，志愿者扎实的专业技能、优秀的服务品质，成为行走在田间地头一道亮丽的风景线。从志愿报名到集中培训、从繁华都市到贫瘠的山村，一个个志愿者怀揣着和谐、优美的新村愿望，扎入田野、追逐梦想，在志愿者走过的土地上，汇聚了来自城乡文明之间的对话、碰撞。由于篇幅限制，本部分只节选了笔者的部分笔记，这些笔记是笔者驻村工作期间最真实的生活记录，从四年来与农民同吃、同住的志愿者生活细节中，或许能揭示出经过40年改革开放的洗礼，农村社会变迁的原始面目。在这里，读懂了真实的农民，就读懂了真实的中国！

2008年4月30日

早起6点多我们开始动身前往深圳宝安区，下午4点在宝安区召开吴川市上能村村民代表会议。新当选的村主任和村民代表就村庄近期的工作计划做表决。下午4点我们准时赶到开会地点：一个房地产开发商的办公室。由于村民代表比较多，大家便分散于不同的办公室聊天，其中最大的会议室坐着10来个年轻小伙子。

笔者问：上能村离深圳宝安区还有好几百里地，他们为什么跑到深圳召开本村的村民代表会议？

廖说：他们新当选的村长是在深圳跟老板做司机和保镖，没时间回去。该村新农村建设理事会的成员也大部分都在这里，村子里的事情没有他们拍板搞不成，所以老板出钱他们就来到这里开会。对我来说这是第一次见到这样的村民代表会议，出于好奇我决定好好观察本村的代表会议。

下午等到将近7点还没见他们开会，我实在是有点纳闷。后来得知他们在等村主任，村长开车和老板去香港了，所以等到现在，后来其他几个搞房地产的老板决定先去吃饭然后再开会。由于人太多，我们和代表分两次被送到一个上能人开的酒店。吴川的老板果然都很有钱，载我们的车一辆是进口奔驰，一辆进口宝马还有一辆越野车，一大堆人浩浩荡荡开往饭店。席间年轻人坐在一起，我们和老人坐在一起，那几个老板坐在一个单独的包间喝酒。村子里的老人还是保留着他们原来的生活习惯，菜刚上来就被迅速地吃光了，席间大家也都没有谈论村子里的公共事务。饭后大家就商量这么多人去哪里开会比较好，我提议可以就地取材，因为这里比较宽敞，只要将卫生打扫一下就可将饭店当作临时会议室来用。经过服务员的一番打扫，饭店就成为了我们的会议召开场所。

正式开会了，会议由一名现任村组长代言人主持。他是县教委一名干部，也是本村事务的主要推动者。会议先由现任村支部书记讲话。书记说：本次到深圳开代表会议，主要是就本村未来做三年发展规划。他首先感谢各位理事会成员为本村筹资几十万元，然后提出新一届代表需要解决的问题。新村长委托人许亚罗发言：在上能村几届干部的一致努力下，我村村庄建设取得了很大的变化，并且选举产生了新一届村委会。就本村的未来发展，他提出以下几点：一是抽沙基地问题已经投产，资金问题能不能以卖地等方法解决；二是土地标准要规划；三是如何搞好市场管理，解决好厕所问题（公共厕所没有）；四是公路问题；五是南农提出的意见大家要考虑；六是水沟、猪窝、风水、搬迁等问题；七是教育问题，上能村小学占地规模50亩，建初中大概要几百万元，初中能否建成问题；八是农副产品方面，农药技术等；九是群众对待公共事务比较消极问题。与毗邻村相比，本村环境不如别村，原因主要是在解放思想，共同合作方面做得不够好；十是公共服务实行三年一小变，五年一大变，甚至十年一大变。此时有代表提议，建议实行干部责任制，由村干部带领村民实行。

此外，在本村的卫生问题及革命史料整理方面要争取老板支持；公路问题要大家一起集体讨论。此时，有位老人代表插话说，还要加强对偷盗问题，治安问题的管理。老副村长林永春说："做村长历经十二年，感到副村长非常难做，常常面临资金问题，欠债问题，清账问题，这些问题的困扰实在令人头疼"。另外一个副村长李宝成说："我觉得应该关注教学问题，另外市场问题要老板支持，公路问题也要老板支持"。另外两个副村长分别就干部之间的信任问题与村干部之间的联系问题发表了意见。这时两位老板插话说："大家要敢于提出问题。"一个副村长回应道："要确定土地划分标准。如果土地划分没有统一的标准，以后还会引发很多的问题。"这时，另外一个老板插话说："我认为村干部分工很重要，第一个是教育问题，要提高工资，还有生活质量问题，要弄清楚解决的处方在哪里。再有抽沙建鱼塘，建公路的欠款如何还？建篮球场大概需多少钱？关于建篮球场，我听说有一位老板力主建一个星光篮球场，他捐款10万元，而且要求专款专用。这时村长代言人提议，能否先筹资10万元回村，争论先搁置，大家举手通过。一位年轻的老板说：'我二年级没读，从小到大我都有心为我们上能村做贡献，希望路通、水通、思想通，这样才开心。'关于资金问题，这个老板认为，老板与乡村的紧密联系起决定性作用。他提出要开发村子里100亩水塘，用作宅基地流转，然后再用卖地钱搞建设。这时大家开始纷纷发表自己的见解。反对者说：'有钱的能买到宅基地，那没钱的如何办？'在我看来，反对者已经将讨论引入公平与正义等利益均衡问题以及对保护弱者方面的思考上来。"

这次会议是由在教育局工作的乡贤代表与新当选的村长先发言，然后让大家对本村公共事务问题发表意见。由于大家意见各异，当晚并没有拿出一个决定性的成果。促成本次会议的是村子里的一位积极活动者阿超和一位在深圳的老板。他们在会上并没有太多的发言，只是最后时刻那位老板站起来说了几句寄希望的话语。本次开会的所花费用由这几个老板共同筹钱支付。观察整个会议过程，这场会议约有35人，基本上都是村里的老者和几个干部在发表意见和争论，年轻人并没有主动表达自己的观点。几个出过钱的新农村建设理事会的老板也并没有太多的言论。这个村是宗族观念很强的村，那些老板虽然为村庄公益事业出过钱，但并非愿意在公众场合表达意见。最大的老板甚至一句话都没说，据听别人讲，在重大事情上，他们无疑仍是幕后的主导。

2008年5月3日

与课题组成员商议后，我于今天赶往广州南方报社与陈主编和毛主任商议我们近期的工作计划，主要是广育村那里的关系如何重新建立。由于陈主编在开会，我就在新闻部与毛主任见了个面，开会结束后我和陈主编简单交流下。廖斌告诉我，毛主任说如果有需要他近期去蕉岭县和当地的政府沟通下。毛主任相约我们晚上一起吃饭，晚上我们住在珠江酒店附近的一个旅店，晚上7点左右毛打电话说他要值班到晚上8点半。课题组成员都很饿了，我们决定先去吃饭，吃完饭课题组相约下次再和毛一起吃饭。第二天我们还要赶往河源市欧村，去观察那里正在进行的村委会选举。晚上课题组简单开了工作会议就休息了。

2008年5月4日

从广州到河源市都是山路，路上我们乘坐的客车坏在国道边一个加油站附近。经过一段时间的修理，我们又沿着国道前行。下山的路很陡，沿路不断有警示牌提醒：多处路段有重大交通事故，最严重的路段一次就死了15个人。这也难怪，路那么窄。下山的盘山公路又有很多的S形弯道，稍有不慎就会出事的。下山的时候，也许是司机对路况熟悉的缘故吧，或许是由于经常在这种山路上行走，他已经产生了高度的适应性，以至于他开车开得很快，但对初来乍到的我们来说就不同了，我们感觉很不舒服。为了大家的安全，我们提醒他开慢点。或许是我们的提醒起了点作用，或许是司机在开车的时候注意到了我们的感受，将速度放慢了下来。就这样，经过几个小时的颠簸，我们终于到达了连平县。

我们赶到的时候已经快5点了，欧村新当选的村主任谢妙哉在县里一个酒店等我们。来这里之前，我早已久闻这个在网络上被宣传得沸沸扬扬的谢家父子。见到谢妙哉的第一眼，其给人的感觉像一个大老板。他虽已经年过50岁，但由于很注意外在形象的保养，头发都是经过认真护理过的，看起来比实际年龄要年轻得多。谢见我们没吃饭就安排我们到酒店对面的餐馆先就餐，餐后我们在房间和谢妙哉进行了座谈。在座谈期间，连平县法治办的一个副科长也参与其中，他是我们课题组另外一个成员的好朋友。

来之前我已经看过欧村的资料，欧村谢家父子曾轰动一时地打造"广东第一村"的计划目前已经陷入困境，欧村的经济合作社已经瘫痪，欧村的住房改造在进行了第一期后也已经停止。带着诸多的疑问，笔者开始咨询眼前这位大名鼎鼎的哉叔。

笔者问：谢妙哉（我们统一称他为哉叔），久闻您的大名，您为村里做了那么多的事情，也是欧村的现任主任，请问您对村子里事情有什么感受？

哉叔说："现在村民素质是太低了，我出钱给他们修路，3.2米宽，路基8公分厚，需用木头地方的木头是我自己家里出的。我让村民帮我搬木头，我不给钱他们就不搬，我出了钱他们才搬。后来我出去了几天，还有村民把木头给偷走。你说说看，好像是我有钱该给他们。"

笔者："农民现在缺乏公共参与的热情与动力，想来可能是分田到户后村庄集体利益逐渐失去了其组织基础，农民更加关注个人利益需求的缘故吧！由于不再依赖集体资源去生存，因此，他们的行为更加被个人的利益所驱动。"

哉叔说："自古以来穷山恶水出刁民，农民就是贫穷、愚昧、落后、野蛮的代名词。现在村子里的住房改造第一期，我已经完成了19套。我自己要了两套，共21套。现在剩下的家庭矛盾多，有的是老的不愿意做，有的是儿子不愿意做，还有其他的原因。现在农民就是谁有钱，谁有能力就支持你。我要不是有钱，给他们做了许多实事，他们也不会让我高票当选，比如现在村民种的水蜜桃不好卖，你能帮他卖个好价钱，他就呼你为万岁；卖不出去他就要甩你。现在村民真没法管，给自己建房子，我给自家投劳的算25元一天，他们到毗邻村做30元一天，就不给自己做25元一天的，你说这素质。从和哉叔的交谈中明显感觉到他对村民的失望，但村民的不合作引起了我思考，这种不合作是村民个人原因还是参与者的无力造成的？这是一个值得思考的问题。带着这些疑问，我急于赶到欧村去看看这个只有240多人的村庄所发生的故事。或许从这些故事中，我们能得到些意想不到的收获或启示。"

2008年5月5日

9点左右,我们和哉叔一起乘车前往欧村。路上他指着县里一家大酒店说:"这个酒店我正和儿子商谈,让他买下来给我。"司机说这个酒店价值800多万元。20多分钟后,我们来到欧村,在入村的公路上,哉叔说:"这条路就是我的,这条路刚修好。"事实上我们也是知道的,这条路妙哉叔只是捐了几万元,其他的费用是政府出的。入村前排就是欧村新建的楼房,所有的房屋都是按照统一的户型设计的。大部分房屋在那里闲置,只有少数的几户正在施工装修。哉叔把我们的行李放到一个农户家后就去寻找适合我们居住的闲置房屋。过了一会儿,居住的房子就找好了。我们被安置在叔伯公家,他儿子在外面打工没回来,我们就住他的围屋里。吃饭被安置到谢方福家,他孩子都在外面打工,家里只有夫妻两个人。福哥以前在县里做过厨师,所以在他家里吃饭比较合适。

晚上福哥做了四个菜,我们边吃边聊。由于福哥和他弟弟都同时进行住房改造,他的房子刚盖好,门窗什么都还没装,福哥就住进了弟弟家里。听福哥介绍,村子里第一批住房都是统一设计的,共有19户参与进来,每户缴纳1万元。剩余的由谢妙哉的儿子出资垫付,三年以后计算利息开始还款。由于村民太贫穷,很多人1万元还是找别人借的,所以现在19套房子盖好了,能装修的没几家。于是,很多人就这样先住进来,等有钱了再装修。我本来也没钱装修,可是孩子们都说让我先借钱装。我简单装了装就要3万多元,我这3万多元全是借的。说完福哥就带我去参观他的住房。他说现在的住房最让他不满意的地方,就是没有放东西放杂物的地方,而卫生间又太多了,有3个,要不了那么多的。现在所有建房子的最担心的是下水道问题,没有下水道,这些大楼再好看住进去也生活不好,因此他希望我们帮助他们解决下水道的问题。另外,有部分住房存在渗水问题也是村民所不满意的地方。福哥说第一期结束后很多村民不愿意建第二期就是因为矛盾太多:主要是宅基地补偿问题,还有就是大多数担心建房后背上债务,怕还不起,怕欠人情。

2008年5月6日

今天课题组成员在欧村我们的住处召开了工作会议,廖斌介绍了欧村项目实施的背景。2006年谢妙哉的儿子谢松峰找到《南方农村报》的冯善书，谢松峰说出了他的欧村项目的初步设想：在家乡搞"公司＋农户＋合作社"一条龙生产模式，此后他们先后走访了华中农业大学，以及北京方面的相关专家，探讨这种生产方式的可行性。在廖看来，谢家也有其商业利益的考虑，他们是想通过村庄公益事业的兴办获得地方政府的支持，让地方政府对其进行政策上的倾斜。欧村住房改造计划于2006年开始启动，这是欧村计划的一部分。该计划的具体实施是通过村民以土地的经营权入股，采取"公司＋农户＋合作社"方式运行。

2006年7月由于承诺资金没有到位，村民不信任感增加，村庄内议论纷纷。2006年10月住房改造正式启动，此后在房子建设过程中时有中断。由廖了解的信息看来，主要是对资金的不信任问题。谢妙哉说钱是借的，又有人说他儿子谢松峰说将来不用还等。刚开始时，旧房计划全部拆除，但后来有部分村民不赞同谢家为全村量身定做的统一户型，还有存在宅基地大小补偿以及两个房头等因素，致使住房改造计划没有完全实现。鉴于以上问题的存在，我们课题组对今后如何在欧村开展工作的情况进行了探讨，首先是通过调研评估，了解村民的实际需求；其次是协助村委会将住房改造工作继续进行下去。

2008年5月7日

今天的工作安排主要是访谈本村关键人物谢明贵。他是住房改造的财务总管，也是合作社理事会成员。我们主要是想通过与他的沟通了解欧村的现状和问题。吃过晚饭后，我们约谢到我们住的房间喝茶。关于住房改造方面，我们与他进行了交谈。

笔者问：欧村一期住房改造已经建好，依据我们了解的情况，二期住房改造很难开展，请你介绍下住房改造的相关情况？

谢明贵：在欧村的住房改造问题上，村里一部分人支持，一部分人反对，问题主要在于缺乏资金。合作社由于其运营经费之需，它规定1万元的贷款利息为60—70元，很多村民担心将来还不起所借之钱，由于存在这种顾虑，所以他们不愿意拆房。在谈到村子里最需要什么的问题之时，谢明贵说：一个是帮村子里争取项目。让报社主编出面和当地政府沟通一下，村子里现在的下水道有问题，生活排水困难。关于村子里的矛盾，谢说住房改造问题主要是宅基地大小补偿问题。我们现在定的标准是一个平方40元钱。而有些农民就是不要补偿金只要宅基地，比如我们现在统一的住房面积是76.5个平方米，有的村民的旧房比这个大就要给他补偿。在分房的问题上本来想采取抽签的方式，但在我们第一期住房改造结束后，就搞成谁想住哪里就住哪里，理事会成员最后挑。

笔者问：群众为什么不愿积极参与村庄公共事务？

谢明贵：主要是思想意识问题。修路搞路基需出劳动力，但村里只去了六个人；另外也存在找人难的问题。现在在家里的都是老人、妇女和孩子，劳动力少。在聊到住房改造二期计划问题时，谢说：二期很多村民不愿意做，一怕欠人情；二怕吃亏。当初合作社开会的时候，全村的人都同意了，也都按手印了，后来他们又反悔了。为了建房子的事情搞得我筋疲力尽，尽管我个人认为这是个千载难逢的好机会。谢松峰给我打电话时也表示有点心灰意冷，说人心太散了，村民态度冷漠。我们村子里有四房，二房最大，四房只有两家。我们建房子的时候并没有房族界限。当我们问到村子里的不参与情况是否可能跟妙哉主任的工作方式有关时，谢说：有可能是耐心不够，农民认为我们的设想不可能实现，主要还是有很多人担心将来的还债问题。我们追问谢明贵的家庭经济状况，他说：他做小学教师，一年的收入有1万多元钱。他一个月的开支是：煤气要120元、电话费100元多点、50元的人情世故、300元左右的吸烟钱，加上买菜吃饭等费用，一个月的工资有时还不够用。

在我们聊天过程中，谢明贵还介绍了欧村两个由生产队转变过来的合作社：欧一合作社和欧二合作社。1981年欧村分田到户，当时连山地也分了。1990年水田调整过一次，此后就没再变过。现在两个合作社已经不起什么作用。关于村子一期住房改造情况，谢明贵还给我们介绍了两户退出合作建房、自行建房的两户人家。其中谢明玉主要是对住房结构不满意，加上自己有家庭副业经营，相对来说比较有钱，就自己建了一座比我们统一住房更大的楼房；另外一户是在外面打工的，他主要是担心将来还债、欠人情，就自己盖了楼房。最后我们谈了一下欧村的山林经营情况，其实在我们白天到山林观察时，我们就考虑到这样一个问题：欧村山林经营权虽然20年前就已分林到户，为什么此地的山林依旧是荒山？我们很想了解一下谢的看法，并就此询问了谢。谢明贵的解释是：他小的时候山上还是有很多树的，后来村民用木材建房子等就砍光了。

2008 年 5 月 8 日

依据分工，今天我负责做村民代表问卷、整理资料和做饭。谭启帅去镇里找人大代表谢主席商谈做人大代表问卷的事情。发威负责去买菜。廖斌去做两个不愿意合作建房子农户的访谈工作。依据分工安排，我把 8 份村民代表问卷整理好后交给谢明贵老师，并交代问卷一定要让学生带给家长填写，一个家庭只能有一个人来填写，并给每个做问卷的家庭赠送小礼品一份。明贵老师很愿意完成这个工作，一早就骑着摩托车到学校找学生去了。随后我就开始整理影像等资料。

根据分工，上午廖斌去另外一个村参加选举观察，我留在欧村观察选情。上午 9 点多，欧村祠堂里围了一帮人，选举就要开始了。这次是选村委委员，共有 3 个候选人，选出两个。妙哉叔正在人群里坐着，很容易便可以看出，在欧村他就是权威，这次选举观察果然显出妙哉的威力。从我看到欧村祠堂开始选举，到最后选举结束总共用了 10 分钟左右。从选民登记本上看，欧村有 100 多位选民。从祠堂参加投票的人看只有 10 个人。昨天给我说要上课不参加投票的谢明贵也出现在祠堂中，他一个人拿了几十张选票在他自己的摩托车上填写，另外两沓选票被另外两个人集中填写。5 分钟后，所有的选票递交给妙哉叔后投入票箱。我问谢明贵为什么只有几个人投票，谢说很多人不在家，都是家里人代写的。依据我的观察，村子里还是有很多人的。跟着妙哉叔的年轻人一直不停地给围观的群众发烟抽，就这样不到 10 分钟一场正式的选举就结束了。这次选举给我的感觉是，整个选举掌握在谢妙哉手中，选民的参与意识让我担忧，由此我也开始怀疑妙哉叔告诉我的高票当选的过程。妙哉叔还告诉我镇里只给了他 300 元的选举经费，这些钱是不够用的。

2008 年 5 月 9 日

根据前几天我们的观察，目前村庄留守人员大多数是妇女和儿童。针对项目培训计划，我们初步定为进行妇女相关能力方面的培训。为了了解村子里妇女所关注的主要问题，以及本村计生方面的状况，我于晚上 7 点多走访了该村计生专干谢文习，他也是欧村唯一的一个赤脚医生。

我向谢文习谈了谈我们开展工作的想法，请他介绍一些本村妇女常常向他咨询的问题，以及本村计生工作开展的情况。谢文习说：妇女健康等方面问题一般到镇里做检查。一般妇女经常问的就是上环不舒服等事情，我一般带她们到镇里去做检查。在计划生育方面以前搞抓人、拆房子、株连，现在都不搞了，官方规定超生一个罚款2万元，事实上一般交1000元就可以上户口了。剩下的可以慢慢还，事实上一般没人再还款。

按照规定要办婚育学校，每次五期。镇里计生领导、还有村主任都要讲课。由于没有场地，我们总共只办过两次。一般对象是49岁以下的育龄妇女，主要有新婚期、哺乳期、更年期、产后期等课程。带环后出现不舒服我一般带其到镇里免费做B超，妇女们大都不关心村子里公共事情，只管种好田，照顾好孩子。谢说：我们这里思想意识差，重男轻女思想严重，不生个男孩子一般不会愿意结扎，因此计划生育是天下第一难。我们整个镇两个最头疼的问题就是计划生育和社会稳定。关于我们何时开展培训工作，谢认为最好是农闲季节，平时她们不会参加的。随后我参观了谢的私人诊所，简陋的房间内散放着一些简单药品，谢笑着说：我初中毕业后只在乡卫生院做个三个星期左右的护理工作，随后就回来开了个诊所。合作医疗定点由于要参加正规的考试，我也就没参加。

2008年5月10日

为了详细了解欧村妇女的各个方面的情况，我就到村里小河边找那些正在洗衣服的妇女，和她们唠唠嗑。一个40岁左右的妇女纳入了我的访谈视线。我走过去先是和她打了个招呼，她对我笑了笑，然后我用普通话询问，她摇了摇头说，"萌动，"我估计她是说听不懂，加上平时几个妇女都是这样的交流，我决定放弃这样的交流方式。

正在我郁闷回房间的时候，等候在门口的一帮孩子们激发我的思考。我想我为何不设计个问卷，让这些孩子拿着问卷去问他们自己的妈妈。于是我让他们在房间看电视，我很快就设计好19道题，问题主要考察的内容为：妇女文化状况、计生政策了解状况、家庭子女情况、知识需求倾向、村庄集体事务参与意向等。随后我将这些问卷分发给已经和我非常熟悉的孩子，或许是出于好奇，他们纷纷向我要这些问卷。我给他们讲明不能代替妈妈回答，这关系到妈妈以后的幸福。我开玩笑说，如果妈妈们接受了先进的知识就不会再打骂孩子,而且我要求谁做得最认真就奖励他们奖品。随后,孩子们很高兴地把问卷拿走了。晚上我到一个农户家做客,谁知刚到他家里就看到小孩子正拿着问卷认真访问她的妈妈。山里的孩子还保留着山里人的质朴与率真,让我着实很感动。

晚上9点多左右,我已经收到所有已经做好的问卷。我仔细检查了问卷的质量,每个问卷都做得很认真。我给每个做问卷的孩子发了一个自动铅笔,孩子们坚持不要,在我多次劝说下他们才接受了。这些孩子大部分都是四年级以上的学生,还有两个初中生,但他们普遍都很瘦小,个头也很矮。我询问他们一个星期吃几个鸡蛋,孩子们说很少吃,有时一个月也吃不上几个。这让我感到很心酸。整理问卷时,问卷所答让我很为吃惊。几乎所有的问卷都好像商量过似的,回答都是她们不愿意接受以上课形式进行的培训。

需求知识方面大部分是子女教育和如何增加收入问题。在回答是否认为妇女也可以当选村主任时?所有的问卷回答是不可能。从问卷的作答中,可以想见这里妇女知识相当匮乏,但他们又拒绝接受培训,这让我感到很不理解。或许更为现实的是经济问题吧。我问孩子们他们父母为什么不愿意接受培训,有些孩子说妈妈没文化不好意思上课,有些孩子说妈妈要挣钱没时间。如何拿出一个好的方案来,唤起这里妇女的意识觉醒,激发起她们的参与热情,增强她们的表达能力、参与能力乃至合作能力,还需要我们坐下来认真进行思考。

2008年5月14日

依据原来的行程计划,我和小陈直接赶赴广育村。5天前,南农课题组的另外成员以及志愿者廖斌、张清杰、孔娜三人已经赶到蕉岭县广育村。怀着一份急切的心情以及对调研之旅的深切期待,早晨6点50分,我与课题组的小陈一起到达了作为调研点之一的广育村。

梅州是一个以客家人为主,地方语言和文化特色颇为浓郁的南方城市。只有充分了解梅州的市情与地情,才能方便我们日后的调研,于是,我决定当天留在梅州市和当地的好友沟通一下。席间我们就梅州的风俗礼仪进行了交谈,对梅州地方风俗人情有了一个概略的了解,这为我们日后深入梅州农村,了解民情做出了一个很好的铺垫。正缘于此,我对这块原本陌生的土地也平添了丝丝的亲切。这种亲切感激起了我对这片土地的兴趣，使我颇想尽快了解这片土地以及基于这片土地上的人和物乃至其浓浓乡情。于是，回到酒店后，我迅速整理了行李，开始认真学习和了解前期南农试验进展的状况，并为下阶段工作的展开进行了细致的思考。

2008年5月15日

早起六点半我收拾完行李，急欲赶往本次调研所在地广育村，到了该村所在镇广福镇，这是我第一次看到大山中的小镇，乍一看来，它与我们平原地带的镇乡有着截然不同的感觉。或许是复杂地形带给我知觉上的敏感吧，也许是由平原到山区所产生的强烈地差之故吧，这种印象来得特别深刻，颇让人感觉有点"刻骨铭心"。纵然是这样，我还是无暇细细品味这种深刻，就急忙打电话给广育村主任。

到达广育村，只见刚修好的环村路非常整洁，村民大部分环公路而居，路的分叉又特别多，因此，我们需要不停地问询才不至于迷失方向。在小谭的迎接与陪同下，最终我们来到了一座本村最气派、也最豪华的民宅前，这就是现任书记黄坤荣家。黄家的房子四周环山，由两层小楼一个大院组成，大院颇有点欧式风格。从外观上来看，让人有种浑然天成之感。这真是让人不禁由衷赞叹山村的巨大变化，下车后，女主人首先跟我打了招呼。

男主人也从厨房出来迎接，围巾还系在腰上，看来出门之前他还在忙着给我们准备午餐。一番寒暄之后，我们开始共进午餐。席间，黄书记给我介绍了他的房屋修建情况，房屋的格局全是他个人的设计安排，这让我颇感惊诧，在这荒僻山村竟然也有如此能工巧匠。经过细细的交谈，方得知，他任职前是个木工，这座房屋于2004年落成，耗资16万元左右。黄坤荣是今年4月新当选的村书记，广育村是个行政村，由4个自然村组成，其中一个以邱姓为主的村落居住在山上，其他4个居住山下。

据说邱姓村落历史上曾有村民杀了三个黄姓的人而致使邱黄两家结怨，断绝了一切来往。两姓之间通婚交往是在"文革"之后恢复的。中午时分，廖斌给我拿来了前天《南方农村报》的一篇报道，据报道中所言，广育村目前是梅州社会关注的焦点。由于该地区高速征地补偿金和林权纠纷问题被南方媒体连续曝光，致使目前广福镇和蕉岭县对我们课题组产生很大的抵触情绪，他们不再相信我们课题组是中立者，对我们的实验也不愿意配合。广育村黄坤荣书记现在也因本次事件搞得和镇里的关系很紧张。了解此事后，我感觉到课题组在此地工作的压力很大，如何才能重建彼此的信任关系？中午我被安排居住在书记家，按天适当扣除一定的补贴给黄夫人买菜做饭所用。安顿下来之后，我就开始着手下午的工作安排。

下午两点半左右，我们约了广福镇退休干部管理协会的副会长、广育村退管协会小组长黄新生。下面是有关访谈的详细内容：

笔者：请您谈谈退管会是何时成立的，它现在的状况是怎么样的？

黄新生：退管会是1988年成立的，它是由县总工会发起的。就目前的广育村而言，其有成员37人，规定加入者年龄必须在60岁以上，每人每年会费为60元。在年费中，其中36元是正式会费，24元为互助会费，这笔会费主要是作老人过世后吊唁、礼品之用。一般地，我们在生病时去看病的时候，通常是这样作费用安排的：到镇里看病给病人50元，到县里看病给100元，到市里看病给150元，到省里看病给200元。

笔者：您日常都有什么活动安排？

黄新生：一年旅游两次，旅游时另外收取费用。在日常生活中，退管会成员经常在一起读读报纸，每天还分片就近读书讲故事。所读书的内容大部分是养生知识还有些台海知识，此外他们还经常一起吃饭。

笔者：除了退管会内部事情，您还有没有参与村庄其他活动？

黄新生：退管会是由干部、工人、教师组成。平时，我们都积极关注村中的集体事务，这些事务可以概括为"山、水、田、烟、路"，也就是积极号召保护村里的山水农田，关注村里的道路建设等，比如上一次森林大火，那就是我们退管会的一个副组长发现并敲锣号召灭火的，正是因为他发现得早，再加上大家伙儿的共同努力，最后才得以及时扑灭山火。此外，我们还注重发挥老年人的优势，比如调解家庭纠纷，给村委会提意见等，但也有很多事情我们老人也管不了的，比如偷树的事情就很难管。

笔者：除你们的会费，政府有没有对你们有补贴？

黄新生：整个广福镇有160多个会员，政府每年补贴8000元左右，具体到广育村只有800元左右。此外，村委每年也给退管组大约1500元的经费。

笔者：您村里有没有老年协会组织，如果有，这个组织和你们有什么区别？

黄新生：有老年协会，这个组织在2007年成立，以前是和我们退管会合在一起的，后来由于政府为了减免负担就给分离出去了。老年协会目前有23个人，老年协会的会长是黄寿华。两个协会相比，我们退管组大部分是由有知识、有文化的人组成，老年协会大部分则是由没文化、素质不高的妇女等组成，所以他们对村委还有整个村子的影响并不大。

笔者：您对村子现状有什么想法？

黄新生：村子里丢荒比较严重，山田几乎全部抛荒。村田、水田也由于农民青壮年外出打工，只有老年和小孩子留在在家而出现部分丢荒。此外，农业投入成本高也是其中原因之一（主要是农药，肥料贵）。

当天傍晚，我去村子小卖部买东西，就和一帮村民聊起了天。其中店主人告诉我，他原来也是老年协会的成员，后来由于忙没有时间就退出了；另外一个老人说，他想加入，但老年协会不让加入那么多人。问其原因他也没说，有关这两个协会的故事引起了我的关注兴趣，我计划近日再次走访两个协会的负责人。

2008年5月16日

入村第一天，项目组的廖斌就给我介绍了广育村的两个焦点问题，一个是天山高速公路征地款的问题；一个是林权问题。下午两点左右，一个名叫黄增辉的年轻人来到黄书记家找我们了解问题，黄一坐下来就向我们谈起了有关新农村建设的很多形象工程问题，例如征地问题群众就有很多意见。针对前几天的《南方农村报》记者邵铭报道的天山高速征地事件，黄说：如果干部没有问题为什么不愿意记者报道？关于目前征地补偿金的问题，群众希望新班子查清楚，要把原始单据拿出来。目前媒体报道后，除了镇里有个简单的说明，其他相关单位还没有说明，不作为。

在了解基本情况后，黄又给我拿出一份名为《我们的诉求，请求调查高速公路征地补偿费104万元等问题》的书信。这是一份落款为广育村共产党员和村民的联名信，全村诉求人签名有300多人，后附本次事件最初爆发的一份证明。当时镇里要求现任书记黄坤荣写一份征地总补偿费用104.8163万元的发放证明，而当时村委只收到10.6345万元的林业补偿款，其中拨付老屋片 8 万元。关于本次具体事件，我们从 4 月 17 日《南方农村报》的一份报道中，标题为：《10 万？104 万？更大的数目？——蕉岭广育村征地补偿疑云重》，可以详细了解，这篇报道是《南方农村报》邵铭记者报道的，邵铭记者是《南方农村报》的专职记者，也是南农项目课题组成员，蕉岭广育村征地情况被报道后给当地政府带来巨大压力。于是，我从梅州市赶到广育村没有见到镇领导任何影子，从几天来的了解可以感觉出来，由镇到县的相关领导好像都在回避我们南农课题组。

蕉岭广育村原定是我们南农实验项目实验村之一，本次负面报道给我们课题组工作带来巨大的压力。从我当天走访的村民来看，村民好像认为记者的报道并没有得到实际的回应，他们把我们课题组和报社联系在一起，甚至还有村民要求把我们赶出去，说我们是和当官的站在同一个立场上。在这种被动的状态下，我和廖斌商量急需与镇有关领导沟通我们课题组的目的与立场。最后我们决定，最近两天立即赶赴镇里去做工作。当天我一直在想，从媒体的角度来看，本次报道是遵循了媒体的价值观，但从我们课题组角度看，本次报道有可能导致我们以后的工作无法继续。

2008 年 5 月 18 日

在"罗生门"事件没有得到平息之时，另一事件在广育村再次成为焦点。《南方农村报》一篇题为《"全国林业生态建设先进县"蕉天汕高速公路蕉岭段广福隧道附近某山坳岭的护林困局》。上述两个新闻报道，在蕉岭县引起巨大的反响，连续两次的负面新闻确实让县、镇领导对我们课题组产生了严重的误会，他们在有意回避和我们课题组的一切接触与合作。关于征地款一事，县纪委、国土资源局的有关领导还专程到南方农村报社做了有关说明。

2008 年 5 月 20 日

下午两点多，一个人没事做，我散步来到广育村小卖部。经过我原来多次调研经验的积累，我发现每个村庄的小卖部都是村庄信息的集散地。来到小卖部，我先是粗略看了一下这个店面：店面是一间套房，一个玻璃柜台，商品大部分是简单的生活用品，而且品种单一。然后，就迈步进去向店主买烟。店主有65岁左右,见我是陌生面孔,他就主动问:你是从哪里来的,来做什么?虽然说的是半普通话,但我还是听懂了。我说我是华中师范大学的学生,来这里做调研。老人听说我是武汉过来的,就示意我坐下来喝茶。客家人以茶待客是远近闻名的,就连这样一个小卖部都有一个小茶座。老人先用热水烫完杯子后就斟满几杯茶水端上。于是,我们就边喝边聊起来。不一会儿就有几个村民围了过来,他们纷纷打量、咨询我们到来的目的。这同时也给了我一次了解民情的机会,我趁机问道:你们目前最关注村里的什么事情,一个村民说,现在我们最关注的是村子里高速公路征地款的补偿问题和吃水问题,这里自来水经常断水,吃水不是很方便。继而,我又将话题转入我前几日关注的兴趣上,于是就问店主,问其有没有加入老年协会。店主说:加入了,后来又退出了。我追问退出的原因,他说:主要是看店没时间,再说每年还要交几十元钱,没什么意思。另外一个老人主动说:我想加入,可他们不要我,他们规定的有人数限制,要不了那么多人,所以我加入不进去。我问他们知道不知道老年协会的主要功能,他们都表示说很清楚:一年两次旅游,平时看书、读报,谁家有老人过世了,还一起去吊唁。

晚上7点多,我们几个课题组成员在村主任书记黄坤荣家洗漱完毕计划今晚继续展开我们的访谈。7点30分左右,我和廖斌商议一起去访谈广育村另外一个农民自发组织老年协会的会长黄寿华。黄寿华是老年协会的现任会长,也是老屋片的首任片长。由于广育村是分片居住的,因此片长在这个客家村落有着实际的权力和威望。由于出门没带手电筒,从黄书记家一出来就感觉到眼前一片漆黑。漆黑之中,顿感山里的夜晚是那么的静谧与诡秘。于是,我带着几分恐惧一路轻步慢行。突然,点点亮光落入了我的视线,仔细打量,原来是路边纷飞的萤火虫在闪。那或明或暗、飘逸闪烁的亮光好似在举行欢迎晚宴,欢迎我们这些远道而来的客人。看到那可爱的萤火虫,顿时消除了我第一次走山路的恐惧感。有萤火虫作伴,很快我就来到老屋片集中居住区一个村池塘旁边的小商店。

老屋片虽然人数只有600多人,但这里的小卖部却有大概四家左右。廖斌在门外接电话,我一个人走到小卖部里面就问道:"请问你是黄寿华老人吧。"老人点了点头,示意我坐下,没等我开口他就说你是南农的人吧,我说是。他说他估计也是,这几天村子里挂了条幅欢迎南农课题组成员，所以就猜是南农的人。老人很高兴地请我做下来喝茶，黄会长听到我要了解老年协会的事情就主动讲道，老年协会是 2007 年从退管会分离出来，一方面政府不愿意承担过多的人在退管会的负担；另一方面，烟草公司认为举办老年协会很好，就捐款 4000 元用于刚开始的活动。此外，我们老年协会每人一年还收 60 元，其中 30 元用于会费，30 元用于花圈、吊唁等费用。

笔者问：平时你们都开展些什么活动？

黄寿华说：一年两次旅游，两个月开次会。关于资金来源，黄说，村委会、沙场老板各捐资 1000 元，自己儿子赞助 200 元，其他渠道捐款 2000 多元，政府去年给了每个老人 300 元，目前老年协会设一个会长，一个会计。

笔者问：你们老年协会如果要加入有什么条件限制吗？

黄寿华说：参加我们协会年龄要在 60 岁以上，80 岁以下；身体要基本健康，不能有大病。此外，还要能缴纳 60 元会费。

笔者问：你们协会现有会员多少人？男女比例多少？

黄寿华说：目前我们有会员 23 个人，男人 3 个，女性 20 人。

笔者问：你们是否参加村委其他活动？

黄寿华说：是的，比如打扫卫生，参加村委会的各种大会，家里有不养老人的去劝说下，一般村委会给点钱的。

就在我们的访谈进行过程中，以前见过面的黄兴胜走了进来，他是上任老屋片片长，也是本村的赤脚医生，同时兼任大队的广播员以及老屋片最大祠堂的管理员。现任村主任黄坤荣曾提及过此人，说他是老牌高中生，是个酸秀才。黄兴胜此时是老屋片活跃分子，广育村刚卸任的黄永华书记和他关系密切，他多次强调有人故意借高速公路征地之事搞掉黄永华书记的。从我个人的观察中可以感觉得出，黄永华在任期间很是重用这个人。

笔者问：最近我们广育村出了很多的事情，你是什么看法？

黄兴胜："刚刚农村报报道的山林砍伐问题，现任书记黄坤荣应该负有主要责任。当时每一个村委干部都是分片干部，黄坤荣是村委副主任，分管岗坝片的工作。你看现在我们老屋片的工作没有乱，而岗坝片的工作却很混乱，森林被盗砍严重，这其中的原因我认为是干部失职，尤其是管片干部失职。另外我认为现在的农村民主选举,选出黄姓派别,乃至出现所谓的黄派现象,姓与姓之间,大黄、二黄之间发生矛盾,人与人之间的关系都受到了很大影响。黄兴胜激动地说:我们中国的民主不同于西方的民主,我们要有中国式的民主,我们不能脱离政治民主去生活。现在农村民主实行的是西方民主,现在我们村三大黄姓,比如南坑这个自然村的姓丘,但由于他们人口少,放到我们这个行政村就不可能被选上,按说应该给他们一个干部,现在西方式民主没办法让他们选上,因此,我觉得还是要有中国式的民主。我个人认为民主集中制度好,有时候专制还是需要的。"

笔者问:能说说你的这些民主知识是从哪里获得的吗?

黄兴胜:这些都是高中时代学习毛主席著作的影响,平时我也喜欢看报纸、听新闻等。

笔者问:山林砍伐那么严重,为什么你们没有及时阻止砍伐?

黄兴胜:干部怕得罪人,看在眼里,怒在心里,干部不作为,自前年岗坝村把水切走就导致水不正常,自来水被破坏,没人管,下雨的时候水的质量差,还经常出现停水现象。

笔者问:听说你过去做过片长,你对片长的作用有什么想法?

黄兴胜:我们这里分为四个自然村也就是四个片,每个片都有片长。我们老屋片下面有六个村民小组,各个小组长去管事,共同建设,每年片长都要召开会议。如果有公共事业要大家做就号召捐款。我后来辞职不干了,主要是因为我女儿上大学需要用钱,我们当片长的是没有工资的。我们村里有护林队,2003年成立的,是村委下设的一个单位,经济来源由村子里面、上面拨付一点、烟草公司给一点,还有罚款,有专门的独立财务。现任书记黄坤荣是队长,黄关生是副队长,主要工作是护林、救火,后来之所以工作没做好,主要是领导不作为。经费主要用于摩托车、值班费等。此外,我还担任我们黄姓念祖理事会理事,是其中五个主要工作人员之一,还兼职广播员,月薪是20元,后来50元一个月。现任书记说让我支持他的工作,我说一个月100元就干。星期一的时候坤荣说一个月100元太高了,就这样村子里的广播停了下来。关于村里的问题黄兴胜还说道,在新农村建设过程中,我们老屋片片长黄关生没有公开财务,所以现在我们想推出新的片长,让新的片长带领大家去看护山林。

笔者问：你们这些片长历史上是怎样产生的？

老片长黄寿华说：我退休前培养了黄兴胜，对他考察是通过老人们参考推出，不用选。会计、财务，大家同意直接指定，因为大家都知道你的人格、能力就直接推荐。如果各个组长认为他的能力不行就把他选掉。

黄兴胜说：我们片长做什么事情都要带头奉献，我一共干了七年，我培养黄关生是由于我负担很重。为了减轻负担，我就叫过来六个小组长选其中一个组长来接任，我提出来大家没意见就通过了。首任片长基本上也是以类似的方式产生，大家认为我有公德心就推选我了。以前大家没钱时却也很团结，主动参加公共事务，首任片长时间是1983年开始到1992年结束。关于老年协会的事情黄会长补充道，年终时候邀请老人，村干部一起坐坐。老人们一般给个水瓶做个纪念，再给20元钱。会谈结束时候，黄会长有感于现在民风低下而说起一首黄氏教子诗，内容如下：

> 骏马登程出异乡，任从随处立纲尝。
> 然深外境逐吾境，日久他乡即故乡。
> 晓夜莫忘视命语，晨昏须荐祖宗香。
> 预言苍天犹庇佑，三七男儿永炽昌。

2008年5月26日

经过几天的讨论、策划，下午3点课题组在村委办公室召开了14人座谈会。这14人中有6位是村委干部，有4个片的片长、一个村民代表、3个课题组成员。讨论的主题是广育村的生产如何发展以及具体的培训方案。作为课题组一方主要是想把握村庄的实际需求，不同类型的村庄精英对课题组的态度。

会议由廖斌主持，我首先做主题发言。面对这些在基层有着丰富经验的乡村精英，由于缺乏有关农业生产方面的理论和实践经验，一时不知道说什么才好。经过多日对村庄的观察和思考。我认为，农业生产离不开农业三要素的参与，也就是土地、劳动力、资金，而目前农村的现状是"一占二流"：一占指的是土地被占用；二流指的是劳动力和资金外流。三者如何结合才能激发农村内部潜在的市场潜力？这是个值得思考的问题。我个人认为以前进行产业结构的调整是为了适应市场经济的发展，当下的农村仍然需要进行产业结构的调整,其主要目的是贯彻落实科学发展观建设新农村。

从2003年至今,农村已经进入历史性跨越的新阶段,农村的发展已经进入以工业反哺农业的历史性机遇期。在这种情况下,衡量乡村建设成功与否的标准可谓有两个:一个是经济指标;一个是政治指标。经济指标方面指的是农民由生活必需品消费进入文化提升型消费;政治指标方面是农村基层民主的生长和发育。从广育村的实际情况分析,该村产业结构单一,水稻、烟草、农副产品不丰富,比如该村从过去到现在很少有成规模的养猪尝试。在种植结构调整方面,该村一直是以烟草为主,烟草是本地政府的主导产业。邻近村庄有人率先尝试过有机稻米的种植,产生了良好的经济效益。从本村的土地分布情况看,由于田地比较分散,很多农户在农田护理方面浪费了很多的财力、物力,至今该村村民还从未进行过通过土地交换或调整,使土地集中经营以节约种田成本的尝试。

接下来廖斌介绍了南农试验的背景以及四个村的工作进展情况。在听完廖斌的介绍后,南坑片片长钟片长发言说,我养过猪后来没搞好,主要原因是养猪怕犯病,做养殖大户怕风险,还有水、地问题(要求水源要好,排污要好),技术缺乏的问题,此外,资金也成问题。关于种植结构调整问题,钟片长认为,如今菜很贵,可以尝试大棚蔬菜,反季节蔬菜。尽管烟草的价格由烟草公司的人控制,但烟草公司也没有规定非种植烟草不可。在谈到南坑自然村公路问题时,依靠省交通厅下达的指标,每公里要集资5万元,上面已经批了4.5公里的资金,还有4.5公里的资金正在争取。曾坑那里的公路前几年开始集资修路,2002年筹资2万元,现在修路要筹资5万元。

老屋片片长黄关生发言说:我当片长是上任老片长让我做的,现在四个小组长想罢免我,不让我做,焦点问题在于征地问题、理财问题。我现在还是念祖理事会会长,我认为新选片长要到祠堂口选。目前在自来水使用上存在的问题是,自来水设施是由大家捐款搞成的,最初有30户人家自发想搞自来水,后来有70多户参与进来,但吃水投钱成问题。也就是说,收的钱被个人吃掉,剩下的是烂摊子。这里咱们就村民所反映的问题来简单说一下,在1993年时,村里就把自来水钱收过来了,自来水没搞成,后来也没有将钱退还。另外,还有集资款专项资金没到位,到现在没有专职的管理员，资金不明白，账务没公开等。其实，在此问题上，我也找了一个人管的，一般是晚上关小，早上开大，后来水不够，各个用户相互关开关，以致演变成私自接自来水管的局面，造成管理越来越混乱。为此，我认为要对自来水问题重新进行商议，成立自来水公司。如何解决其中存在的问题由黄书记来亲自抓，比如再投入后，要加强内部管理，建立用水公约，超用一立方水多收钱等。此外，还可以考虑成立自来水协会，将管理权限给予协会，也可给予个人承包。

2008年5月27日

下午3点多我们赶到广福镇镇政府，这次与官方接触的主要目的是想消除当地政府对课题组的误会。由于当地政府曾经受过两次负面报道，从我们入村以来就感受到当地政府对我们开展工作的警惕，镇长、副镇长及相关的政府人员都在有意回避我们。我们多次打电话给镇长、副镇长、书记，要求一起探讨课题组以及新农村建设的相关合作问题，并表达想就两个负面报道问题进行解释的愿望，但地方政府领导都以最近很忙为借口不愿意接受我们的拜访，以至于我们有关乡镇人大代表的问卷因找不到代表来沟通而无法作答，几乎所有的地方政府人员都不愿意再和课题组有所接触。最后我们让广育村黄坤荣书记给镇书记打电话，书记还是同样拒绝了。

我和廖斌决定做最后一次努力，给镇党委书记打电话。我们单刀直入，直接谈两个负面报道问题。这样做的目的就是想让双方交换底线，看能不能继续合作。如果不行，就让南方农村报来与领导沟通。最后一次电话起了效果，镇书记答应今天下午4点接见我们。到了镇政府，我们在会议室见到了镇书记。书记年近40岁，他见到我们时，表情是非常的严肃。他招呼我们坐到会议室后，我们首先明确说明了我们来访的目的。我说我代表项目组另一方华中师范大学中国农村问题研究中心，我们想以最真诚的态度来沟通相关事宜。

书记沉思了半天说，之前邵记者入村的时候并不是以报社或记者的身份来进行采访的，他和我们沟通的时候也是以课题组成员的身份进入的。后来他在没有经过我们审核的情况下，又把很多事情不分清楚地给予报道，这给我们的工作造成很大的压力。你想想看，我们现在很多人都不愿意接触你们课题组成员，是因为他们害怕你们。我们一个副镇长现在都得抑郁症了，因为你们没有征求他的同意就把他的名字搞到报纸上了，这对他来讲多么影响他的政治前途，所以我给你们讲，你们现在来，是没人敢和你们说话的。听到书记的叙述，我意识到了这件事情对当地政府的影响是很大的。

我思考片刻后说：关于以前的报道，我们华中师范大学那边确实不知情，针对这个问题我们会安排专人和报社沟通，我们南农的立场是绝对中立的，我们只做合作、共赢的事情。我们今天就是抱着消除双方误会的目的来的。同时，我们也想请地方政府支持我们一起开展工作。书记说：这个现在我们已经很被动，听说《南方农村报》还有一篇报道没发出来，你们要好好沟通。我们纪委、县委针对上次的报道已经到南方农村报去和陈主编沟通了。镇长见今天的会谈很尴尬就说：你们这次到来，我们接待不周到的地方请多多包涵，因为这个事情对我们的影响太大了。镇书记见此场面也说，你们要不急走就明天中午来我们政府食堂一起吃个饭。我和廖斌感觉要消除误会还是需要双方领导出面，就言谢后离开了政府。

2008 年 7 月 19 日

经过几天的准备，课题组商议分开驻村。在最后一次工作会议上，徐勇教授就课题组未来工作的方向提出了要求，他认为课题组应当围绕农民公共参与能力进行充分的讨论，并以此展开具体的日常工作。梅志罡就南农试验先期成果以及我们后续工作的延续性、借鉴性提出了要求。黄辉祥就财务管理以及我们课题组驻村的方式做了指导。

带着各位老师的期待，我和志愿者小夏再次踏上了前去梅州的火车。来之前，我的工作计划是依据上次课题组的需求评估做出的。上次我们课题组以村展开调研，走访了大量的群众，但上次评估也没有发现和课题相关性很强的项目。廖斌侧重于经济方面的项目，想以此来带动或迅速改变农村，这并非科学和实事求是的做法，而且带着大家过于频繁快速地流动，从而错过了许多发现和探究问题的良机。上次对欧村的观察给我最大的感受就是，南农前两年和村委经营搞了很多虚的项目，比如欧村图书馆，作为南农实验的亮点，也是岳东经验的照搬。而我实地看到的却是图书馆布满灰尘，一年前沸沸扬扬的图书馆如今门可罗雀。孩子们已被沉重的教学课本压得缓不过气来，哪来的闲情逸致光顾图书馆？他们对图书馆明显缺乏热情，但在我的劝说和引导下，还是不情愿地把图书馆打扫了一番。此外，村庄的留守人员缺乏文化和学习能力的支持，可以想象这样的项目就是面子工程，短暂的喧哗留下的是深思与审视。

住房改造项目也因为过于快速和不切合实际的设想而陷入困境，作为南农实验的前期项目，我所考察到的是决策的非科学性。为什么不因地制宜，为什么不循序渐进，为什么不实事求是，为什么一个个问题项目要照搬和移植？对此，我在进行认真反思。本次再次到广育村，我原本的工作计划是围绕养殖协会开展，但事实上，从各种渠道了解的信息来看，生猪市场的价格在走下坡路。尽管政府不断加强对生猪养殖的刺激与鼓励，但此时选择这样一个项目在广育村开展工作，既不能真正增加农民的收入又不能对农民的公共参与精神和能力有所培养，于是我在疑虑选择这样一个项目的意义何在？广育村究竟在现实上更需要什么，这才是我本次驻村所要深入了解的。

2008年7月20日

早晨6点40分我们准时到达梅州。刚到梅州天气就阴沉沉的，突然而来的台风搞得我们满脸灰尘，我们急忙打了一辆的士，谈好价格就直奔黄书记家。一路上电闪雷鸣，风雨交加。山区这样的雷雨天气我还是第一次遭遇，雷雨天气导致了我入村的成本提高了两倍。到了黄书记家，黄书记已早早在门口等我们。原本我们课题组是住在黄书记家的，后来由于村庄复杂的人际关系以及黄和上任书记的矛盾导致我们此次无法在他家居住。依据我的提议，我要求住在村委会。黄书记考虑生活上不方便就联系了黄永红家。在黄书记的大厅里面我们谈了很久，黄书记详细地介绍引发我对村庄问题的思考。

在我们离开广育村的一个多月的时间里，黄书记说广育村发生了很多事情。4月23号我开着车走到村池塘附近，黄新民故意碰撞我的车，然后装作受伤倒地。我原来和他是很好的朋友，他居然这样做我不知道为了什么。我下了车询问缘由，黄新民却执意要我说清楚他的问题。他认为垃圾场一万元的事情是我说的，其实我并没有说。他是受人指使来为难我，果然不一会就来了几个和我平时有矛盾的人，他们纷纷指责我，说我村上开车撞人还打了110。到了医院他说这里痛那里痛，医生检查说没病，后来他说要做头部检查，这时黄书记的爱人插话说："我给黄新民说如果做检查有病，检查费全部是我的，如果没病，费用就要由他来拿。"黄听了后就没有做了。后来这个事情给了他400元解决了。

事实上黄新民是广二小组的组长。前不久针对高速公路征地款补偿事情，县纪委两个同志邀请我们村委两个干部还有黄新民当场说清楚关于弃土场补偿问题，一万元补偿是给广二小组的，黄新民被纪委同志调查，所以他认为是黄书记告的。最终黄新民选择了堵车以迫使黄书记给他解释证明他没问题。针对这个事情我感觉虽然是明显的人为事件，但这个事件反映出了广育村的村民日常表达利益的方式。村庄内隐藏的纠纷是这个事件的诱因，村庄内缺乏有效的利益诉求和沟通渠道。这些暗藏的矛盾有些无法提到台面上去讨论的，尤其是在这样一个受宗族影响的客家人村落。上任书记是大黄家，在村庄内的影响是很大的。

在这样一个无法用法治和正常调节渠道去消除纠纷的熟人社会，这种依靠制造人为事件去表达利益诉求的行为，在这样一个村庄有着重要的作用。这是一种变相施压和宣泄，这可以定义为农民参与公共事务能力的非理性行为。这种缺乏制度支持的利益表达方式是村庄传统文化的一个缩影，农民以人为的这种非常手段的施压或许更能让这个村的目前最高权力行使者就范或某方面受到损伤。我想南农在以后开展农民参与公共事务能力建设方面，由黄新民事件可以透视出村庄传统农民是如何参与公共事务的，尤其是在其手段的选择及其效果方面值得研究。

介绍完黄新民事件，黄书记又说了他刚刚完成的一个大项目。黄书记说，前段时间围绕自来水纠纷闹得更加激烈甚至发生打架事件。为了尽快解决用水纠纷，我借了两万多元钱，新拉了一条管道，暂时解决了村民的用水纠纷问题。我要让村民看看我黄书记借钱也要给农民办实事。

问："黄书记，上次我们来的时候就已经感觉到水利纠纷的严重性。用水与农民生活密切相关，农民的抱怨和期待也就最多，我们很高兴看到这个问题能够解决。那现在的自来水是由谁来管理呢，是承包给个人还是村委管？"

黄说："承包给个人是不行的，村委管村民也抱怨，这得想办法。"他问："你有什么好的办法。"我说："暂时通过拉水管矛盾缓和了，但这些水利设施要有人维护，还得征收费用。如果没有专门的组织，就会有下次的矛盾。我的想法是由村委出面，可以请村民代表作为理事进行监督，成立专门的用水理事会，然后由理事会成员专门维护水利和征收水费。"黄书记一听，说这是好主意。黄书记说："我们村民代表平时不起什么作用，也不管事情的，没什么能力。"听到这里我突然想到徐勇教授教导的项目参与法，心想要改变我原来设计的养殖协会项目计划。因为，两相比较，成立用水理事会更能观察广育村的公民社会发育情况以及农民在用水问题上是如何参与到村庄内公共事务的：首先，每个村民都要用水，利益的一致性使得村民有关注这个事件的动力；其次，村民代表在用水理事会中的作用是衡量村民代表行使自身权力的一个重要平台；最后针对黄书记所说的村民代表没有什么作用，我们正好可以通过用水理事会发挥村民代表的作用上做文章。这也为我们南农项目组介入提供了一个契机，我们可以通过项目培训计划，通过用水理事会的筹建和相关人员的培训来检验村民代表参与公共事务的能力。

2008 年 7 月 21 日

今天一早起收到一条短信，内容是这样的：您好马博士，我是黄增辉，我今天身体不舒服，你能不能到我家来坐会儿！我给他回短信说我中午有事情，我到晚上过去。黄增辉是我们来村之前经常跟我们联系的一个村民，他对我们充满期待。他以前在上市公司塔牌水泥厂打工发生纠纷，要求我们帮助他，他已经上诉了好几次都没有结果。在他看来，塔牌水泥厂的老板是全国人大代表，他不可能斗得过他们。事实上依据他提供的情况，我们也没办法满足他的意愿。依据平时的接触，得知黄是村内的上访精英，广育最大的焦点。

高速公路征地补偿款被媒体曝光的事情有他的直接参与，直至我们这次到村的前两天他和另外两个村民还在上访。虽然国土资源局、县纪委等单位已经张榜公布了处理结果，但这个结果让部分村民不满意，因此围绕这个高速公路征地补偿的事件仍在继续。依据我的分析，黄增辉并没有真正生什么病，这次他邀请我们去他家的主要原因，或许是他认为我们有某种权威，我们到他家可以提高他在村民中的威望；其次上任书记的朋友圈在他家对面住，黄增辉和上任书记家势力处于对立状态。在他看来，我们去他家增强了他的力量。

经过一番思考,我决定在去他家之前,要先到上任书记黄永华哥哥家坐会儿。黄永华的弟弟开了个小卖部,这个小卖部所在的位置正好对着黄增辉家。下午我提了几斤香蕉到了小卖部。黄寿华老人也就是黄永华的哥哥,一见到我们就表现得很激动,我们还没来得及说话,他就要赶我们走。上次我们来他好像还没那么多意见,见他情绪如此激动,我说我们只是来聊聊天,村里的事情我们不管。他的儿子示意我们坐下,还没等我们开口,他儿子就说我们南农的记者乱搞,没根据就报道,他说这是一个阴谋。他要求我们不要老住现任村支部书记家,他还给我们推荐了一户人家。黄寿华儿子说,无论你住哪里可以听但不要当回事,住得久了你就明白怎么回事了。如果是三年前的话,你们住哪里都是天下太平。住哪家都说好,但现在就不同了。你们两个是工作人员,我们不求广育村有多大进步,我们只求保全广育村原来的产业。黄新民事件,就是因为选举的时候他没有投黄坤荣的票,黄坤荣就要打击他。黄新民说如果你撤掉我,你书记也可以撤掉。如果黄坤荣书记你有本事你可以去上面搞点钱,不要窝里斗。七一建党节,黄坤荣书记把会场搞得乱七八糟,他没有心胸。如果有心胸的话,大家一样支持他。你们来了能帮助我们解决问题就解决,不能解决就不要乱写。

在黄寿华的小卖部待了一个小时左右,我们应邀来到黄增辉家。黄增辉打开大门示意我们的摩托车停到他家院子里。他现在住的是弟弟家。弟弟家盖了两层小楼,黄增辉自己住的是祖辈传下来的围屋。弟弟不在家时,为了照顾弟弟的三个孩子,他就住弟弟家。一番寒暄过后,黄增辉首先询问我们的工作计划。我把自来水协会的想法给他讲了讲,他给我们介绍了目前村子里的相关情况。黄增辉说自己在镇上杀鸡,平时老婆在那里卖。他说前不久刚刚上访回来,也不知道这样的上访有没有结果。在他看来,高速公路征地款处理得还不合理,所以他还要继续上访。谈起黄新民的堵车事件,黄增辉认为,黄新民很早就有预谋。黄坤荣书记要到镇里开会,就要从黄新民家门前过,黄新民故意搞麻烦想让黄说清楚他的一万元问题。黄新民是广二小组的组长。5月23日,广二小组召开了家长会,黄新民出具了当初处理弃土场补偿款一万元的全体授权书,黄增辉也出具了一份授权书,他说黄新民的是伪造的。但是他这份授权书与黄新民的一样，都没有项目部的印章。

我问黄增辉为什么总为村里的大小事情去操心。他说：这些年我损失的不光是金钱、精力，比如我在塔牌的维权斗争，我知道不会有结果，但人要争一口气。即使争取不到，我心里也有一杆秤，维权很重要。我要担负很多的责任，我老婆说我不现实，办得好也得不到大家的认可，尤其是集体的事情老婆不要我管。但我想在共产党的领导下，要是政府能公开、公平、透明的话，上访事件也就不会发生。正在我们交谈的过程中，他的父亲从外面回来，经了解，其父亲是支援越南抗击美国的退伍军人。从他的谈话中可以感觉到他对村子里的事务评价还是很客观的。

总结今天访谈的总体感受为，广育村大致可以分为两派，一派是支持前支部书记的；一派是支持现任书记的。两派的支持者都相互攻击对方。三年前这个村里很平静，选举也没有那么激烈，选举的时候可以说大家还都相互谦让着。在上次的选举中，黄坤荣书记甚至还主动放弃了选举。唯有最近一次的选举是村子里历史上最激烈，最充满争议的。争议的原因一方面是现任书记黄坤荣挑战了前任书记黄永华的权力；另一方面，这次选举牵涉到高速公路征地款的事情。村民都因为涉及自身利益而关注村子里发生的各类公共事情。黄永华书记的落选也和征地款事情有很大的关系。在这个村庄内部的权力斗争中，媒体也就是《南方农村报》扮演了一个重要的角色。选举前的曝光无疑加深了村庄的派系斗争，也使得两派的支持者都浮出水面。黄永华老书记属于二黄，二黄在广育有500多人。黄坤荣属于三黄，三黄在广育村700人左右。四黄有100多人，此外，广育村还有邱姓等其他杂姓，占据的比例很少。村中有一个大祠堂供全村黄姓祭祖用，另外还有不少小祠堂供部分黄头祭祖用。从访谈中，我了解到同一房头并不是总罩着自己家族的人。一般而言，亲情、友情、关系不错的相互支持，人情更重于宗族的影响。

2008 年 7 月 22 日

在黄增辉的推荐下，我们晚上 7 点左右来到邱学森家。黄给我们介绍说，邱 1952 年出生，1968 年开始做赤脚医生，1970 年参加过援越抗朝，他对村里的集体事务很是关注，黄希望我们能去拜访邱一下。邱学森是广育村小姓家族，他是从南坑迁到老屋片的，依村里的话讲就是倒插门到黄姓的。老屋片是广育村的权力中心,也是四个自然村的村委会所在地。历届村委干部大多是由老屋片片区产生,黄增辉此次邀请我们去拜访邱学森,一方面是邱学森和黄私交甚好;另一方面是在最近的上访人员中,有黄永红的老爸黄义彩,还有黄志聪(现任书记的岳丈)。就上访之事经过大概是这样的,他们说:"我们到了梅州市纪委,信访室的林主任接见了他们,在上次市长接待日黄国林去梅州了,市长就在当天将材料转到纪委了,纪委同志说他们会督办,目前还没有什么消息,我们当初还在纪委那里做了相关登记。"谈到最近几年的变化,邱说这些年村里真是发生了翻天覆地的变化,补助也很多,一亩地60元。就近年来大学生做村官事宜,他说还不甚如人意,不能和农民打成一片。他建议不如办一所培养村干部的学校,让村干部经过培训后再去做干部工作。

谈到目前村里的用水问题,邱说,由于原来用水不方便,他早先就自己接了水管,后来还被别人破坏了两次。我说成立组织统一收水费怎么样啊,他说,这是不可能的。他带我们看了一下他厨房里的用水设施:他家接了两个管子,一个是经过水表的,一个没有。没经过水表的实际上是偷水用的。他说这种情况在村里很普遍,很多家都这样做,因此邱建议按照居住点安装水表,四户共同装一个总表,然后各家再分别安装分表,总表那里要有一个人负责管理。这样谁偷了水就可以查出来。在谈到村里的经济发展方面,邱说:在20世纪60年代,村里开始种植烟草,现在每斤有15元利润。这15元利润中烟草公司拿8元,农民拿7元。他们也没有进行有没有更好的种植项目可以选择的尝试。

谈起村里的选举问题,邱说:"选举时,前任书记是恐吓、威胁、拉选票什么手段都用上了,但是不管他再怎么样,村民立场还是坚定的,就不理睬他那一套。"针对目前村内的矛盾,邱说:"以前我们这里的经济不行,但治安却很好,村民也团结,现在经济好了,但却没有以前稳定了,村民之间也不那么和睦了。"

今天的访谈使我对农村问题有了更深一层的感悟:村里的集体事务管理问题与村民的文化素质有一定的联系,经济的快速发展使村民更加关注其个人的利益,人性的自私在经济发展的过程中愈加彰显。当经济的发展还没有达到足以脱离个人,让集体拥有足够的资源可以用于村中的公共事务时,村民在这个过程更加关注的是自己门前那一片土地。偷水行为背后有两个原因，一个就是村民都想尽量节省自己的腰包；另一个就是村民对村里的用水管理有些失望。据我所了解到的，为开发水源，村民也曾经对村里的用水改造投资、投劳，是后来村干部在用水管理上的私利行为使其在民众中丧失了公信力，因此，村庄公共事务的管理是极其重要的。

2008 年 7 月 23 日

在永红大哥家吃过饭后，我们就开始闲聊起来。永红大哥说："这次来村里调研，你们如果要住在黄书记家，另外一派人就会心生不满。在我这里住挺好的，我天地人神啥都不管，就是天天爱喝个酒。不瞒你们说我是个酒鬼，只要有吃有喝就好，我也不想争什么。我们这里的农民生活就像电脑程序一样，每天就是吃饭、睡觉、干活。别看我没钱，我照样喝酒，我女儿这样说我，说我死了买个大缸把我用酒泡着。"

问："你们这里贫穷的原因是什么？"

永红大哥说："我看哪有两方面的原因，一是没事做；二是镇里不管，村委也没什么发展意见。要我说呀，你们两个研究生来这里也没什么用，对我们也不会有什么影响和改变。我只是希望你们能够解决一下人与人之间的矛盾，尤其是人与人之间的钩心斗角问题，没事的时候啊，能陪我喝喝酒就行了。能陪陪我喝酒啊，我们的距离就会小些，不喝酒啊，距离就会大些。感没有感觉到，我们的谈话好久没有这么投机啦，呵呵！"

反思永红大哥的话，我感觉还真有点道理，村里有太多我们想管的地方，可是实际操作起来，我们却又是管不了什么。一个用水问题就困扰了村庄好多年，村庄就在不同交织的矛盾中生存着和发展着，这里有民风的凋敝，有市场经济的潮起。传统秩序与现代管理在这里交汇交锋，矛盾共生。面对农民参与无力而且软弱，村干部管理混乱而且矛盾横生，一种莫名的忧患意识顿生在心头。我不知如何从这复杂乱象中理出一个解决问题矛盾的头绪，而且这两天我经常喝多。或许是永红大哥神仙般的喝酒生活让我陶醉吧，再或许就是喝酒能麻痹我对这个村庄的关注与思考，才来这里 3 天，我与永红大哥两人就把他泡的 3 斤多药酒给喝光了。我心里暗暗估量了一下，永红大哥每天大约要半斤高度白酒，这样一来，我至少也与他有同样的酒量了。嗨，这时我感觉自己真想是个外星人，能让我有一种特异的功能一下子改变这个村庄的面貌。

2008年7月24日

下午我约了村委会副主任黄红增，他是村里的二把手，也是村内黄姓派别中与上任书记走得较近的一派。前几天在坤荣书记家我们了解到，前不久他们两个人之间因公章之事发生过矛盾纠纷。事情是这样的，坤荣书记不想将村委会公章放到红增副主任那里，就把公章拿走了。后来红增副主任到镇里告状又把公章给拿回来了。于是，为了村委会以后的团结，坤荣书记也不好说什么，后来也就同意放在红增副主任那里了。至于这个副主任，我们课题组来了两次都没见到，所以很想会会这个厉害角色。

下午3点多，红增副主任应我邀请骑着摩托车来到我所住之处——永红家里。凭直觉，我感到这个人好像对我们不太欢迎。我们谈话时，他似乎也做保持高度警惕状不与我们正眼交流。为了让他放松，我打趣说："副主任你这大官好忙啊，我们想见你几次都见不着啊！要不我们晚上一起吃个饭？"

他和黄新民关系不错，黄新民是5月制造撞车事件的主角，黄新民刚刚被换掉广二小组组长，是原来黄永华书记的亲信，在这个村庄目前的权力角逐中，黄红增副主任和黄新民组长都扮演了重要角色。为了听听他们对村庄治理的意见，我想借吃饭之机疏通一下和他们的关系。由于高速公路征地款被曝光一事，上任书记黄永华及其家族势力一直都对我们持有意见。媒体曝光并非是出于我们的真正意愿，我们课题组是中立的，我想让村庄内这些相关利益参与者能够真正理解我们的立场。而与他们沟通成功与否的关键就在于这场饭，在于这场饭能吃成与否。和红增副主任聊了一会儿，我感觉他对我的敌意才略略有所松懈。永红，作为现任书记的支持者，估计是察觉到我们聊天的矜持，感觉不便就走开了。我也想借机缓和一下我们之间的紧张，击破红增副主任对我们的最后设防，就对他和气地说："如果你觉得在这里聊天不方便，我们可以到你家聊一聊。"红增一听，说："好啊！我请你到镇里吃饭"。我说："你邀请下黄新民，"他说："可以啊。"他问我要不要叫上黄坤荣书记，我说不用叫。我断定他肯定是故意这样说的，如果我叫了黄坤荣书记，他肯定到那里没话说，反而认为我和坤荣书记是一派。他一听我不同意叫上坤荣书记很高兴，就开始给黄新民打电话联系。黄新民一听有我们南农课题组的就不愿意和我们一起吃饭，后来我让红增对他进行劝说。在红增副主任的劝说下，黄新民才最终同意和我们一起去镇里吃饭。

五点左右，我和志愿者小夏、黄新民、黄红增四人来到友谊酒楼。我说今天这顿饭我来请，红增坚持说他来请。就这样相持一会儿后，我们就关起门来开始聊天。我问新民："你为什么不愿意见我们啊！"黄新民笑着说："我怕啊！我以为你们是戴着手铐来抓我啊！"我说："为什么抓你啊？"他说就他和黄坤荣发生的那件事情。我说："我们是'南农课题组'的成员，我们是没有权利抓你的，再说就那件事情也不至于抓你啊！"

听我们这么一说，黄新民立即应声说道："那好，我们就喝酒，别的什么都不谈！"来之前我就听说黄新民很能喝酒，今天这一见，果然不错。他们要了一瓶白酒，一瓶红酒。红增和志愿者小夏两个人喝红酒。为了活跃气氛消除误会，我决定和他喝白酒。黄新民将白酒倒了两大杯，我们两人每人半斤。黄新民说，"就拿弃土场旁边的土地来说吧，高速公路征地时，高速公路部门把弃土场所征的土地送与了我和永华书记。于是，我就在那里种上了桉树，他们有授权书给我的。现任书记想搞我就是为了那里的桉树。黄增辉也搞了个授权书，但他那个是假的。我说这两个都没加盖公章，村民可能哪个都不会承认。"我问黄红增副主任是否知道这个事情，黄红增说以前的事情他一概不知，不了解其中原委。从他的回答可以看出这个副主任非常精明。从他和黄新民的关系看，他说不知道是不可能的，这也说明了问题肯定是有的。黄新民说，上次黄坤荣书记想开车撞死他，要不是他命大早就死了，事实上那次撞车事件并不像他说的那样。

黄新民说他和黄坤荣书记两个人原来是一起做木工的，两个人原来还是好朋友。黄红增说："你说村民小组长他们说选谁就能选谁吗？那次村民小组要换掉黄新民，不让他继续留在村委会做事，我听说他们为此还要打架，我就去村委会。我到了之后，那些村民就不敢说话吵嚷了。说实话，现在村民的矛盾就是钱的矛盾，大家想分高速公路的那一万多元钱，分不成就有矛盾产生了。原来是有8户人分了钱的，他们有田地在那里种。他们的田地被占用，所以他们8个人理所当然就分到了钱。我就说他们，这里是村委会，不是你们想怎么搞就怎么搞的，在村委会是不能乱来的。然后，我就给村民说，你们有意见就一个一个来说，晚上快10点了，他们又说没什么意见,我就让他们散会走了。"黄新民说:"4月2号选村主任的时候,我没有选黄坤荣,他就扬言说我没选他就搞死我。这次撞车就是想搞死我。"黄红增说:"就是我没被当选,我一样也请不选我的人吃饭,他让我知道我还有做得不够好的地方,这是好事,正好可以让我进步啊。"

黄红增说:"原来永华书记让我入党,当时我没有入,那是因为我当时没有做干部,现在我出来了,我就要入党啊。为什么我党课上了,我现在还没有发展成为党员?不过说实在的,我还真不想做这个干部,平时事情很多,比如说建学校,我一下子就捐了1000元,那是我好几个月的工资啊,我现在不做干部还好些呢。七一建党节之时,黄坤荣就应该发展我为党员的,但他们就是硬没让我加入。本来上次盖章我原是不想盖的,黄坤荣书记这个人小农意识比较强。我不知道他是这种人,以前我给他提过有关入党的问题,黄坤荣问我入党申请写了没有,我说写了,他当时说没问题,于是我也就没再问这个事情。此时黄新民还说,黄坤荣书记的一个亲戚,在我们村什么入党的资料都没查到,但现在还是个党员。"黄红增说:"我要不是做干部的话,我的声望比他还好。我现在做干部还没有半年就处理了很多事情。说句实在话,我这个人怎么想就怎么做。在广育,很多他做不来的事情我都可以做。在县里面我也认识很多人,我和黄坤荣说,我们俩拧成一股绳,一块儿合作把经济搞上去。关于修路的问题,我们两个是有分歧的。我想全村一起搞集资,他却要搞分片集资,这我不能同意。于是,他说我认识的有钱的很多,就让我去找钱,我当然不去了。我说别人有钱就该出啊,我要是村主任的话,他们给一两万元都可以,可我不是村主任啊,况且,他又不同意我的观点,所以我是不会搞的。"

2008年7月25日

中午在黄新民的邀请下我们来到他家做客。黄新民是广育村宗族势力两派中的一派,他代表着上任书记黄永华的势力,属于华字辈家族。广育的另外一大家族是林字辈。在他们眼中,他们认为我们南农课题组和现任书记黄坤荣走得近。对黄新民的邀请,为消除误会起见,我们认为还是不做推辞的为好。黄新民是广育村的焦点人物,不仅仅因为他是上任书记的亲信,是撞车事件的故意制造者,他还是现任书记黄坤荣很好的朋友。因此，对他的了解有助于我们课题组更好地融入这个以黄姓宗族为主的村庄。黄新民的家住在老屋片附近，他住的是平房。和大部分客家人的家庭相比较，住平房相对住围屋而言已经前进了一步，毕竟在这个村庄内盖楼房的并不多。由于到了中午，我们刚坐下，这家人已经把饭菜准备好了。他们做了一大桌子的荤菜来招待我们，这与我们经常被招待的饭菜并无二致：这里招待客人是不喜欢做素菜的，而且他们好像约定俗成的一样。这或许是因为历史上村民们生活都太苦了，也或许是山地种植结构的原因，我们几次吃饭都是满桌子的肉。

关于这里的饮食笔者还发现，客家人吃的肉类比较多，在农村比较常见的吃狗肉、兔肉、老鼠、鸭子、猫肉、鸡、鸽子等。与中原饮食文化相比较而言，其最明显的差异就在于这里无论是吃狗肉还是猫、羊、兔肉都是用拔毛的办法，也就是杀后用开水烫皮毛，然后拔毛。客家人认为，如果把这些动物的皮剥掉一方面是造成严重的浪费；另一方面是剥掉肉皮的肉不好吃。他们认为皮很好吃的，比如我们刚到村的第二天，黄坤荣书记就把他们家刚出生一个多月的小狗给杀了，而且他把狗的毛给拔掉，做了几大碗带皮的小狗肉。一看到这种情况，我们课题组的志愿者小夏吓得都不敢吃。

在河南、河北、湖北等地，人们吃这些动物肉的时候一般都是把皮剥掉，直接食肉，而且中原文化中猫肉是不适宜吃的，也不能用来招待客人。比如说，你到一个河南人家里做客，他绝对不会杀只猫给你吃，他们认为猫肉既不好吃又脏，如果招待客人会被客人看不起的。而在广育村的集市上，到处可以看到卖猫肉的人们，只要你花上 20 元左右就可以买到一只被拔过毛的猫。村里人给我介绍说，猫肉在俗语中被称为虎肉。当地的一道名菜叫龙凤虎斗，而且吃这道菜特贵，要花上好几百元钱。它是将毒蛇、猫、鸡放在一起做出的。此外，在广育村我们是很难看到老鼠的。听村主任介绍说，当地的老鼠被吃尽了。村长年轻时每天都吃老鼠，如今老鼠已经很难寻觅。听说该村现在还有一位老鼠专业抓手，将老鼠抓到后卖给别人。从当地的饮食结构来做分析推知，历史上当地村民的生活物质相当贫乏，为此，山里人对可食用动物等上帝的馈赠相当珍惜。直至今日，贫困山村还依然保持着这种独特饮食文化，其在当地的村民生活中影响是比较深远的。

在黄新民家吃饭的还有上任书记黄永华的侄子、村委会副主任等。刚开始吃饭时，也许是我没意识到这次吃饭时对方的心情，我还没来得及动筷子，黄新民就拿来一个装满散装白酒的可乐瓶子，他说这个酒有50多度，他拧开瓶盖，将酒倒入三个大杯子之中，这一倒下去，可乐瓶中的酒就少了一半。小夏不能喝白酒，一见这阵势，我赶忙替小夏解释。于是，他们就打开瓶啤酒给了他。黄新民说：我们这里是见酒说话，不喝酒就不说话，你先把酒喝了，说完他们举起杯子一起敬我，我喝了一口感觉有点辣就把酒停在嘴边，黄新民和其他几个人一起上来要求我将酒喝完。不用多说，在这个场合，对方是把我看成与他们对立的一派。凭直感我判断他们邀我的目的有两个：一个是试探一下我到底是帮助谁的；另外一个目的是想我喝多了，今天所谈内容也就什么也记不住了。

为了能取得对方的信任，我举起杯子一口喝下了近有四两的白酒。他们见我接受了他们的考验，就开始让我吃菜。也可能是被我的举止有所震慑的缘故，自我饮下这杯酒开始，他们也纷纷开始畅怀痛饮。席间，可能是酒精作用的缘故，广育村家族势力较大的黄永华书记的派别开始纷纷指责现任书记存在很多问题。副主任黄红增主要指责黄坤荣没有上任书记有能力，不能为村里搞来钱，而上任书记却在这方面做得比较好。他说现在的村民只认钱，除了钱不说话。据我们了解，上任书记业务能力的确强些，就连黄坤荣本人也承认。黄永华关系门路多，还能说会写，能搞到钱。黄的朋友黄永红在一次吃醉时也告诉我们说，黄永华比黄坤荣能力强些，但却缺乏公正心，这次竞选失败就是因为村民认为他不够正义。这时，黄新民插上话来，谈起上次的撞车事件。不说则已，一说他就开始骂黄坤荣，说黄坤荣想弄死他，就是因为黄选举时没有投他票。为了化解矛盾，我提示他，黄坤荣和他原来是很好的朋友，今天这种局面的形成是有很多原因的，希望双方能找个机会好好谈一次，相互宽容一下就结了。新民说他原来是经常去坤荣家里的，但就这个事情以后他再也没有去过。由于酒越喝越多，我担心自己等下无法骑摩托车。于是，在我还有意识能确保安全回去时，我开始与新民家里的所有朋友举杯告别，并相约以后再聚。

2008年7月26日

傍晚，大黄屋祭祖理事会的会长黄关生以及部分村民来找我聊天。这次座谈让我了解到很多当地祭祖文化的细节。其中，黄氏族谱就是关于当地黄氏子孙繁衍来龙去脉的记载。为做到有谱可查，1996年，承世祖林叔公收集、调查、考证写出了《大黄屋族谱》，族谱按房分脉，排列有序。

据《大黄屋族谱》记载，8世祖纹深公在明朝弘治十九年（1506年）写有黄氏枝序，至今经502年传到26代，平均每代28年。另有世祖振明公碑记于清道光二十年（1848年）至今7代160年，平均每代23年。按照这样计算，一世20多年符合世代的规律。

依本地族谱记载，大黄屋6世永泰公开居，约1460年左右，传21世，由于地少人多，田少，生产生活受到很大制约，因此人口一多，只有另辟天地。到了七世分为三房在坝里、岗坝开居。尔后汝沐公在石角开居，汝有公在南坑，汝聪公在赖公塘开居，十九世运福公通嗣在岗子岽发展。自此黄氏分布在广福的老屋、坝里、岗坝、大坝、石角、南坑、合水子、野猫坑、春凹、赤竹坑、河唇等处落地生根。最终形成有400多户1300多人的广福大族。

广育村的祭祖文化现在主要是由祭祖理事会承担。祭祖理事会的现任会长黄关生介绍说：大黄屋祭祖理事会是从祖辈祭祖活动中演化而来的，现有一个会长，三个副会长以及五个理事。如今随着祭祖文化的发展，广育祭祖理事会上面还有蕉岭祭祖理事会，梅州市祭祖理事会。在日常开展活动中，上级理事会与村级理事会有一定的联系。

去年台湾同胞来祭祖的有二十几个人，县市祭祖理事会都派有专人负责接待，然后到村里祭祖。如今村庄内一年两次最热闹的民间活动分别是吃新丁和黄氏祭祖节，而且吃新丁和祭祖活动有一定的联系。吃新丁在每年的正月十五，主要是由上年本村生男孩的在老祠堂内请大家吃饭，生女孩的则不用请。一般地，决定请不请客是由当事人自愿选择的。决定请客的人要交1000元，有钱的也可以多交，多交的会受到理事会的表扬。整个活动的组织则由理事会全权负责，被请到祠堂吃饭的人主要是村庄内的老前辈、知名人士、村庄内新老干部以及一些德高望重的村庄能人。去年正月十五之时，广育村一共吃了7个新丁。

在吃新丁活动中，前来吃饭的客人在进池塘时也要上红包以作捐赠，这些捐款要上红榜公告。吃新丁后节约的费用，由祭祖理事会统管，为理事会以后的活动开支作备用。在吃新丁活动举办之前，祭祖理事会一般会提前给那些有男孩子的家庭联系，就要不要搞活动征询他们的意见。待确定后，祭祖理事会就会召开大会，就当年的物价等确定大致的开支，还要就请哪些人来参加祭祖活动做出相关安排。黄氏祭祖活动一般定在每年的春分，也就是农历三月中旬。前来参加祭祖的主要有平远县里黄姓、梅县的黄姓以及部分外省来的人员。

隔壁文福镇墓地最大，再到蕉岭县祭祖，人口最集中，也是黄氏开祭祖。一般前来祭祖的黄姓先去文福那里祭祖，然后中午再回到广育村祭祖吃饭。吃饭的钱一般是由平原县和梅县的老板出的。每逢祭祖之时，这些老板会争着出钱，因为他们认为这样做会有福气和名气。祭祖吃饭的费用一般是人均大约10元，做饭的由广育祭祖理事会的人员请本村的人来帮忙。一般外地来祭祖吃饭的有400人左右。祭祖前一般先由祭祖理事会的会长以及村长分别发表讲话。祭祖时祠堂内会有一名主持负责喊礼，喊礼人目前主要有两位老者，一位叫黄育才，一位叫黄寿华。喊礼时他们口中会念道："一上香，代代书香；二上香，子孙满堂；三上香，家家都出状元郎。"上午喊礼完毕，吃过中午饭后就各自回去。

正月十五吃新丁前先行祭祖，然后一大堆人马要在整个大黄屋绕一圈。上午先到虎形祭祖，在虎形有新丁的家庭就开始进行鞭炮比赛。大家先把自己的鞭炮准备好，主持一喊开始就要将鞭炮放到祠堂里面的桌子上，比一比谁家买得多，谁家的大，就奖励一个大概一百元左右的红包。比完后就在各个祠堂里放鞭炮。这时放鞭炮也就不再是简单的放了，而是将鞭炮放在一起燃烧，由于鞭炮数量太多，这种燃烧要持续将近一个多小时方可。要是不用烧的办法，放鞭炮是要持续很长时间的。有的有钱的家庭为了显示面子要放好几千元的鞭炮。谈到这个风俗，黄坤荣书记说："这是民间的陋习，每年因为吃新丁污染环境不说，还引发了好多次森林火灾。上午比完鞭炮，下午还要送新灯，也就是由祭祖理事会组织的送灯大队，开始到有新丁的家庭送灯"。

行走路线主要是依据当年添有新丁的家庭而定，大队人马敲锣打鼓，舞者盘龙、打着灯笼奔向新丁家庭。在去新丁家的路上，沿途经过的家庭要放鞭炮迎接，因为在他们看来，如果迎接有新丁的家庭就预示着将来自己家也会添增新丁，也就是说将来自己的家族也能生男孩。到了新丁家里，前来送灯的人员就把两个灯笼挂在有新丁的客厅大门口两边，新丁户要放鞭炮迎接。然后采摘一片挑灯笼用的竹子上面的竹叶，将它放到自家供神像用的祭坛里，这预示着福气、吉利！一般而言，当年第一个出生男孩家庭的叫新丁头，祭祖团队首先要到达的就是该家庭。然后从新丁头家里向回折，最后返回祭祖用的老祠堂准备吃晚饭。晚饭时祠堂被打扮得很漂亮，挂着各种彩灯，大家一边吃饭一边赏灯。这是当地一年中最热闹的一天，这天各家各户都会出来赏灯。

2008 年 8 月 1 日

为了缓和南农课题项目组与当地政府的误会，我于10天前约了《南方农村报》的毛志勇。此次邀请的目的是希望他能到蕉岭代表南方农村报与蕉岭县相关人员进行相关沟通。自广育村高速公路征地款被农村报曝光以后，蕉岭县和广福镇的官方以及广育村上任书记一直对南农课题组怀有很大的意见，他们拒绝与课题组进行任何相关接触。蕉岭县纪委书记卢尧生和国土资源所的所长还一起到《南方农村报》说明原因。为了使课题组的工作能够继续进行下去，我邀请毛志勇到蕉岭县与当地领导交流一下，以期能缓和现在的紧张局面。我们7月31日在县政府对面的一家宾馆住下。当晚我即准备了一份课题组近期的工作报告。

带着这份工作汇报，我和毛主任一起前往县纪委卢书记的办公室。我准备首先将这一时期在广育村开展工作的具体情况做一下相关说明，同时表达这次邀请毛主任一道前来是想与县里相关部门进行协商，以便能够消除误会增进理解。另外，我们这次与县里的协商还带有一个重要的任务，那就是受村委会主任的委托，负责向县里有关部门呼吁，争取其对广育村道路建设的支持。

事实上，有关广育村曾坑公路段的修路之事，曾坑自然村几年前就已经集资8万元想修好那段7.5公里的道路，至今由于种种原因仍没有实现。新上任的黄坤荣书记经过多方筹集已经筹有资金近20万元。按照县交通局每公里要集资5万元的要求，广育村要完成集资款45万元，县里方可负责修完从岗坝片到曾坑片以及南坑片共计9公里的路面硬化工作。后来经过坤荣书记与交通局相关领导的沟通，县交通局同意只要广育村完成集资20万元，他们就开始动工修路，剩余的25万元款项可以慢慢来还。就在前几天，县交通局又以物价上涨为由要求广育村必须完成集资45万元。对于剩余25万元款项的筹集，黄坤荣书记实在是拿不出办法。他首先想到的是到相关部门沟通一下。县农业局局长和交通局局长是堂兄弟，而且农业局局长原来是广福镇的党委书记，于是坤荣书记首先找了农业局局长去和交通局局长说情。由于这些想法都没有达到应有的效果，最终坤荣书记就寄希望于我们课题组，希望我们课题组能帮他做点工作。

为了能顺利达成此行的目的，我就村里的实际情况跟毛志勇首先交流了一下意见。8月1日上午将近9点我们赶到了卢书记的办公室，卢书记很热情地招待我们喝茶。我向卢书记简单介绍了一下最近的工作情况，然后表达了希望卢书记能向有关方面反映一下南农的工作问题并给予我们支持的意愿。毛志勇主任接着就上次报道的事情做了正式的解释。卢书记一边认真看我们的工作报告一边说：由于上次报道之事，地方官员很害怕你们。事实上，我也认为南农实验是一件好事，能为国家有关部门积累一定的经验。我本人对农业也很感兴趣，自己也一直在做这方面的探索。其实我感觉我们农村民主选举做得还差不多，其他三个民主，民主管理、民主监督、民主理财做得不好。我刚刚在芳心村做的干群对话会效果挺好，我打算进一步试验，然后在全县推广。

笔者问："你们干群对话会举办了多少年，每一次的规模有多大，多长时间举行一次？"

卢书记说："我们干群对话会举办将近有一年的时间了，每次大概有三十几人参加。与其他地方不同的是，我们干群对话会有我们的纪委权力作后盾。百姓们之所以喜欢参加，就是有我们纪委在后面作支持，纪委在百姓心中还是有很大的影响的。"

毛主任说："干群对话会这种方式挺好，我们可以以此作亮点，在农村报留个版面做报道。"

卢书记说："好啊，我现在就叫宣传部主任过来和你们谈谈。"说完卢书记就打电话叫来了宣传部刘主任。卢书记说每次座谈都是由刘主任负责的，下次召开大概在本月10号左右，到时你们联系一下到现场去看看实况。

谈到曾坑公路的事情，卢书记当场就给交通局局长打了电话。他们说的是客家话我没有听懂，事后，卢书记告诉我们说交通局也有很多困难，曾坑公路不属于行政村属于自然村，省里目前还没有这方面的预算。"这个事情我会找交通部门再谈谈，同时也找下广福镇的领导看看他们有什么办法，我的想法是可以先修着，一边修一边找钱"。

听卢书记讲话完毕，我就向他述说了一下广育村的实际情况：主要捐资方一方是曾坑自然村，它集资8万多元；一方是岗坝自然村，它集资6万多元。如果按照交通局所言，广育村只集资20万元他们就只修一半公路的话，那么广育村现任书记黄坤荣就担心两个自然村会对他施加压力。以他之言，得罪任何一面都会要他的命。如果政府这次不修这条盼了好多年的路，曾坑村村民的情绪很大，他们计划组织大规模的集体上访。卢书记说曾坑公路的事情他会认真办，并约定于8月3日到广福镇与新上任的镇政府黄书记见面商谈有关事宜。经过四个多小时的交谈，卢书记给我们留下了深刻的印象。

言谈之中可以看出，卢书记是一个务实的领导，他很关心农村的事情，也在积极探索新农村建设的相关经验。他虽然只有中专学历，但仍通过刻苦自学考取了水利方面的工程师资格。他在基层担任过镇党政一把手，做过蕉岭县水利局局长，如今他已经是县委常委、纪委书记，同时他还兼任广福镇新农村建设的挂片领导。通过这次交谈，我和毛主任真正体会到了卢书记真诚和善意的一面，另外我们也深深佩服其丰富的实践经验和深厚的理论素养。

为了以后工作的顺利展开，我们向卢书记请示，看他能否给我们指定一位县里面的专职人员以方便日后联系。卢书记很热心地把我们带到新农村办公室。在这里，一位30岁左右的副主任接待了我们。经过简单地相互介绍之后，我大致询问了一下蕉岭县最近的一些惠农政策。这位副主任像是在为领导做工作汇报似的对我们做了回答，内容乃是千篇一律的数字概念以及一些大的宏观设想。我们相互留下了联系电话，中午时分卢书记在酒店安排我们共进了午餐。从今天与卢书记将近五个小时的会谈收到的效果来看，农村报毛主任的到来的确为课题组消除前期误会起到了重要作用。

在媒体介入当地政府生活的问题上，县镇两级政府的意见是高度一致的，那就是希望媒体尽量多做正面报道，少做负面报道。而作为南农实验的参与者，媒体面对的现实遭遇是，只有与地方政府达成理解才能换取他们对课题组开展工作的支持。媒介在中国这样的独特社会结构中所占据的角色位置更加多变，一方面它可以作为党政的喉舌为政府行为摇旗呐喊；另一方面媒体也可以在乡土社会扎根发芽，成为老百姓利益的代言人，和老百姓以同一个声音说话。在我看来，《南方农村报》的成功秘诀一方面在于它对基层社会的深入关注引起了普通百姓的心理共鸣；另一方面其面向农村社会的专业风格也为基层政府提供了一个观察农村社会变化的晴雨表。

2008 年 8 月 3 日

吃过晚饭后，黄坤荣书记、黄关生片长、黄书记夫人、永红夫妇和廖斌干事，我们大家一起在永红家边看电视，边聊天。这两天晚饭过后，时常有村民到我所住的永红家找我聊天。由于不想中断与两位热情村民的畅谈，昨晚我们聊到两点半才睡觉。也许是我平常爱逗乐子、比较幽默，也或许是我的特殊身份给予了他们表达自己利益诉求的机会的缘故，在这里想和我见面聊天的村民很多，但白天闷热的天气以及过大的信息量让我很难满足村民的要求。

虽然入村已经有 10 天有余，但还有很多事情没来得及去完成。坤荣书记每天都要来这里找我，而村里黄坤荣的对立面却是很难来我这里，在他们眼中，坤荣书记安排我住的地方是坤荣书记的势力范围。我和坤荣书记闲聊了一会，他主动问起我明天要和县纪委卢书记会谈的事情，看来他今天主要还是为此事而来。会谈之事是这样的，我们课题组约了卢书记，希望他明天能到广育村和镇里新来的黄书记商谈广育的事情，其实主要还是广育村修路的事情。就在我们闲聊的房间里，坤荣书记顺手翻看了一下我的蕉岭县志，这时他突然发现，县志里面明确记载 2000 年广东省已经完成了广育村至曾坑公路的路面硬化项目，具体资金是 127.5 万元，动工时间是 8 月 10 日，省里验收时间是 12 月 24 日。项目具体负责领导是交通局黄清桐局长。而事实上，这段公路根本没有完全进行硬化。

据村民反映，当时为了获取上面的支持，相关领导竟然授意当时的村委会把牌子挂到曾坑村。曾坑村当时不是行政村，上面考察结束后才把村委会的牌子换回到村委会所在地老屋片。这一突然的发现证实了村民传说的真实性。如今广育的村民最关注的就是这段 7 公里左右的公路问题。

送走黄坤荣书记,我就和永红大哥聊起家常来。我问他作为村子里相对有较高的有文化人,为什么不参加村里的干部竞选?他回答说不感兴趣。永红大哥居住在广育村的岗坝片,这里有着广育最丰富的矿产资源。但是令人可惜的是,这些资源被岗坝几个能人左右着。谈起村里最近刚刚动工的铁矿开采,永红大哥说:"那些小组长都是傻子,做事不知道衡量利弊得失,那些老板就请他们吃顿饭,每人发两包好烟,送一个红包就打发了。一个红包也就才200元钱,结果这些没有头脑的小组长连和村民商量都没有就把那份采矿协议给签字了。等到将来水土流失淹没了他们的水田,看他们后悔不后悔。"听他这么一说,我就随即问道:"这些事情也涉及你的利益,你为什么不找那些组长说说理?"永红大哥说:"那些小组长没文化,都是傻子。再说了,不涉及我个人的利益,我干吗说呀,我就不说。如果将来把我的农田搞坏了,我就找那些老板赔我钱。再说了,那个铁矿也有我弟弟的一点股份,我现在不管。"

永红大哥的弟弟叫永胜,在岗坝片,只要有外来老板来开发资源,都离不开他的参与。要来这里开发资源,没有他们这些村民小组长是搞不定的。另外岗坝片还有一个关键人物就是黄红增,永红大哥告诉我,上任片长不干后,上任书记黄永华就劝说黄红增出来管事。现在黄红增已经是村委会副主任,他已经不再担任片里片长一职,但在好多事情的处理上还是需要他来进行协调。这是因为该片的村民认为这个人在县里有很多关系,各个方面都混得比较熟。而且,在广育村他和上任书记黄永华有密切的利益联系,甚至连现任书记黄坤荣想在岗坝片做点事情都离不开他的参与。经过这多日来的驻村观察,我也隐隐察觉到这个人在岗坝片的力量,作为现任村委会副主任,他行使着合法的正式权力,作为本片传统权力片长的经历又让他在传统权威中扮演着重要角色。但我现在还尚不清楚这种传统权威在他身上是怎样形成的,但黄红增与黄永胜对岗坝片秩序的掌控却是不可怀疑的铮铮事实。

2008年8月4日

入村以来,每早到镇上集市买菜已经成了我的一种生活习惯,因为每天我都要做中午的饭和晚饭。由于我做的菜比较好吃,永红和他夫人每次都让我做,这是因为,一则是担心他们做的菜不合我的胃口;二则是他们经常到外面做农活比较忙，照顾不上我。今天一早我又来到集市买菜。就在刚挑了些青菜之际，县纪委卢书记的电话就打来了。

本来我们和他相约好今天一起到广福镇找现任镇政府黄书记聊聊的。卢书记电话中说："我本打算今天下去看一下新上任的黄书记，但黄书记和邱镇长今天上午一起到蕉岭县来找我，既然他们来了，我就不下去了，我会和他们谈一下曾坑公路的事情的，谈完后我会及时把所谈情况告诉你。"于是我就电话中回话说："那好吧，卢书记，我等你谈完后再约镇里的领导沟通一下广育村的具体事情。"

另外我给他说起有村民在蕉岭年鉴里面看到了蕉岭县志里面明确记载2000年广东省已经完成了广育村至曾坑公路的路面硬化项目，具体资金是127.5万元，动工时间是8月10日，省里验收时间是12月24日。项目具体负责领导是交通局黄清桐局长。为什么现在曾坑公路还是没修？卢书记电话里说："马博士啊！这个你误会了，县里面有些部门喜欢搞虚夸，那是新农村建设三大会战中部分领导到处搞虚夸的结果。"下午卢书记打电话给我说，他已经和广育镇政府协调好了，他们一定会尽力协调曾坑公路的事情的。镇里领导也决定下午约个时间找我见个面。经过预约，我下午3点来到广育镇政府，接待我们课题组的是邱镇长。我们简单介绍了一下入村后的情况后递交了一份工作报告。邱镇长说："黄书记到蕉岭县召开远程教育工作会议去了，你们这次到村我们先前也不知情，对你们工作支持不够，招待不周，在此道个歉！"邱镇长停顿了一下又说："曾坑公路的事情，我们会同有关部门协商，具体的事情让黄坤荣书记直接给我们谈吧。目前重要的是保稳定，稳定才能发展嘛。尤其是在农村，维持稳定工作最重要。广育的问题其实我们也很清楚，到现在还有人在上访，这些上访的人中还有现任书记黄坤荣的老丈人。不是我们镇政府不支持你们的工作，我们是担心你们在这里又搞出什么乱子。说真话，没有我们的支持你们课题组也很难在这里开展工作。"

我说："邱镇长，多谢你的理解与支持。在此我对以前给你们造成的不便表示歉意，我保证我们课题组在今后的工作期间不再给当地政府惹麻烦。同时我们也希望能彼此之间消除误会，以后在工作上相互支持。"邱镇长说："你们生活上有什么问题我们可以支持，你们提出的要求我都会认真考虑，但你们一定不能再对广福镇有什么负面的报道。上次的事件对我们领导干部影响很大，包括你交给我们的工作报告都不能落到村民手中，你们的资料不能让村民看。那些村民什么都不懂，搞不好又会上访乱说话。"这次会谈的中心议题是围绕曾坑公路的事情以及镇政府对我们课题组的误会问题。在整个会谈中，邱镇长都时不时地用眼睛看着地面。从他的角度看，一方面是他对镇里保持一致意见疏远我们，感觉有些不好意思；另一方面又担心交谈中说错什么加深误会。依我的感觉，镇里对我们态度的变化是受到纪委方面卢书记压力以及广福镇又刚换了镇政府一把手的缘故。镇里表示愿意为曾坑公路做各方面的协调工作，但同时也在对我们课题组做试探性的观察。这次的接触并不能直接消除有关领导对我们的误会，但相比以前来说则有了一定程度的缓和。

2008 年 8 月 5 日

经过昨日我们与镇政府的一番商谈，镇里答应就修路问题做相关的协调工作，但在具体问题上要让黄坤荣书记直接给他们谈。今天中午，黄坤荣书记就前往镇政府找镇长商谈村子里的问题，当然主要还是在曾坑公路修建一事上争得镇政府的支持。此时恰好广福镇政府也在召开农村远程教育工作会议。中午从镇上回来后，黄坤荣书记看上去略带点酒意。他主动向我述说了上午在镇里的情况，而且对邱镇长的表态也非常满意。

自从上次南方农村报报道了两篇有关广育村的负面新闻后，镇里一直对这个新当选的村长保持高度警惕。由于我们从中斡旋，这种僵硬关系方才有所改善。黄坤荣书记说，由于镇里很忙，他只和镇长谈了大约 10 分钟。坤荣书记说："虽然谈话只有 10 分钟，但我把我的全部想法都向镇长表达出来了。曾坑公路的修建还是要一次完工，让镇里给想点办法，剩余的钱我们先欠着交通局，每年制订还款计划，同时我也尽快想办法多筹集资金。镇长说我的想法很好，对我表示全力支持。对村里的维稳工作，我表态说只要曾坑公路修好，村子里的其他矛盾都可以慢慢化解。此外，镇长还询问有关村里上访之事，我向他明确表示以后会多加注意这方面的问题，但这里有个人我不好出面做他的思想工作，你们课题组帮我给他谈谈，让他在村子修路期间不要再搞那些事情。至于我岳父，我一定好好做他的思想工作。由于看到有我岳父参加上访，镇里领导一直对我有看法。其实我这做书记的，肩上挑的是全村人民的担子，我必须对全村人民负责,只有路修好了我才能对村民有所交代。"坤荣书记的话着实让我有点感动,我当即表示我会努力去做黄增辉的工作。

下午两点多,我送课题组成员廖斌回广州。廖斌在走之前想去拜访一下上任书记黄永华,但到他家,黄永华的亲人说他不在。通过我们这几天与黄永华的接触与交流,我感觉他对我们课题组,对南方农村报的报道,以及对现任书记还存在有某种抵触情结,现任书记挑战了他在村里的权威,这让他很难释怀。现任书记是他曾经培养起来的,南农课题组是在他的任期内引进到广育村的,而最令其想不通的是南方农村报的两个负面报道,这是促使他下台的主要原因,为此,课题组在某种意义上就成为其最不受欢迎的人。

2008 年 8 月 14 日

为了坤荣书记和广育村民这次外出募钱成功,今天上午我把提前拟好的《致广育乡贤的一封信》到镇上打印店打印了出来。依据黄坤荣书记的要求,我们又复印了 15 份,尽管事实上并不需要那么多(12 份左右即可)。信中所言不知能不能说服外出的乡贤慷慨解囊,让其给村里以支持尚且还是个未知数,抱着试一试的态度开始向乡贤发出积极为自己家乡建设募捐的呼吁。我们想,即使这封信收到的效果不大,但至少在增加乡贤对村委会的信任上还是可以发挥一些作用的。

晚上 8 点左右,我们开始前往岗七组小组长家里,还没走多远,就迎面碰上了黄坤荣夫妇。我一点也没有感到意外,因为差不多每天他们都要到我这里来看望一下的,这对他们来说好像已经形成了一种习惯。但我此时已经计划好要去访问岗七组的小组长,我就示意他们到永红家等我,我会尽快回来。

刚到黄海新家,邻居家里的大狗就狂吠起来,就在这时,有人出来将狗唤了回去。由于不知道我们要前来拜访,黄海兴一个人在家里看电视。一见我们到来,他匆忙站了起来。我虽然不认识他,但他却一眼就认出我来。他说:"你们是住在我们岗七组的那两位吧,本该我早去看你们的,却叫你们先来了,真是不好意思!可这家里没人,白天干活,夜晚还要看门,我脱不开身哪。"据村民介绍说,20 年前黄海兴家里很穷,他老婆把粮食卖了买了些吃的,黄海兴就骂上她几句,她想不开就喝农药自杀了。

这距今已经有20年了。黄海兴现在一个人生活，儿子女儿都出门在外打工。儿子在惠州，两个双胞胎女儿在广州。这次来访我也是深思熟虑过的，因为岗坝小组长在经历过很多风风雨雨的磨炼之后，已经成为联系村委会和村民之间的重要桥梁，他对广育基层民主的发育发挥着重要作用。因此充分了解小组长的功能，将有助于我们对广育基层民主的发育状况的研究。

问：你怎么看待最近你们岗坝片发生的森林几乎被砍光事件？

黄海兴：5年前，我们广育村被评为生态先进村，评比后还获得很多钱的奖励。这些钱都用在村里面的开支上了。那时候，村里面还有6个护林员，所以生态保护工作做得比较好。为什么现在森林却几乎是被洗劫一空了？我们认为是县里面、镇里面对此不够重视。在对待森林乱砍滥伐事情上他们是一手抓、一手放。甚至有些部门开车把砍树的村民抓到后说他们两句就完事了，然后他们就把这些树拉走卖掉了，你说这样处理森林乱砍滥伐现象能禁止得了吗？再有就是我们镇与福建交界，那里的树比我们这里的多，但他们没有多少木材厂。而我们镇里则有好几家大的木材厂，加上各个村子里还有小老板，总共大概有几十家。我估计一下大约有50家，由于存在市场需求，在这里一立方木料可以卖到近800元。一些力气小的妇女上山扛个15公分的树还能卖到15元，一天砍几棵就能有60元的收入。有力气的男的一天能搞200多元。主要是松树，前几年越砍越乱，刚开始是几个农户去砍，后来部分村民也眼热，看到别人砍，自己也跟着砍。一些护林员感觉自己受身份限制不能像其他人一样自行去砍树，就纷纷退出护林队跟着砍。村民看到护林员都砍了，自己再不砍就没有树了，于是就有70%以上的农户纷纷上山砍树。你说，就这阵势，树能不被砍光吗？

问：作为小组长你有没有劝过你本组的村民？

黄海兴：劝过，以前因为劝说别人还挨过打呢！这个都过去了，咱不说了。就砍树问题，当时我们党员、组长、村委会干部也都一起商量想了办法的。一开始，抓到砍树的我们还给他讲道理，进行说服教育，什么没有树木我们的水源就没有保障，将来也会影响到我们子孙的生存，让他们连累受穷等，还贴了海报进行森林保护宣传。我们方法用尽，甚至连钉钉子的招都想过。我们从村委会支了300元买来铁钉，把岗坝片的每棵大树都钉上钉子。我们想，加工厂的那些老板收了我们这带钉子的树，在进行木材加工时，机器就会被钉子损坏，这样他们就不敢收我们这里的树了。可没想到，我们会钉钉，有人会拔钉。那些老板就请来小工，让小工每天专职拔钉。这招不奏效，树木还是被砍光了。现在倒好了，由于媒体曝光，再则所剩树木也已不多，去砍树的也就很少了。至于砍树无法制止的原因，我也想过，主要有以下几个方面：有些人是职业砍树者，他们以砍树为生，不砍树他们就没法生活；另外一个原因是后来有黑势力参与，管事的经常受到他们的打击报复，结果使得无人敢管。我以前挨过打，甚至还有人将玻璃放到我的稻田里面对我进行暗中伤害，再有就是老屋片那里有两个水池，他们怕砍光了那里的树没水喝，靠近他们的树木没得砍，以至于他们就砍我们的。

问：作为一名老组长，你对这届村委班子和上届村委班子有什么看法？

黄海兴：黄永华书记任了两届六年。以前我们的村委会是一穷二白，我们小组长的开会误工补助都发不下来。但永华书记很会来事，能从上面争取到钱，没几年我们村委会的境况就好多了。黄永华书记的特长就是比较擅长交际，能从上面各个部门争取到钱。他在任期间还成立了党员基金，基金发展到上万元的规模。以前广育村没有这个机构，县里领导来察看的时候认为这个做法好，经验值得提倡，就奖点钱鼓励。一开始，钱是发动党员由党员捐款做底垫的，后来由上面发起基金，广育村就成立了护村队（而广福镇就没有），在整个蕉岭县境内发生了森林火灾我们村护林队都要前去扑火。以前，由于永华书记的业绩突出，我们非常信任他，后来由于高速征地款事件的发生，他在大家的心目中的威信就降低了。村干部之间也由此发生了矛盾，就连时任副主任的黄坤荣也不清楚高速公路补偿款的来龙去脉。我们广育征地面积比大坝村、乐干都大得多，但由于征地款不明，村民并没有从中得到什么实惠。

问：你们岗坝后山正在开铁矿，听说你作为村民小组长代表本组村民与矿主签了协议，请问你有没有征得本组村民同意？

黄海兴：村里面有宝藏不开采就是废物，而且片里面没有钱也很难办公益事业。如果有人开采就会有一定现金收入，何乐而不为呢？前几年，我们片里谁家死了人连个花圈都买不起。现在永胜有关系，他认识外面的人，能给片上弄点钱，情况就好多了。上次铁矿开采共有7个村民小组长，广七、广八、广九、广十四个小组长，坝一、坝二、新建三个小组长，另有老书记黄永华，黄佛佑，还有现任书记黄坤荣。坤荣书记没吃饭就走了，吃饭之时有永胜、黄增柱、黄红增在，佛佑脑子聪明，做过领导，都没说什么，我们这些小组长能说什么。签字的时候我们想，那些矿不一定能开10年，里面的东西也说不清楚值多少钱。矿主答应给3万元，加上修路补偿1万元共4万元。我们广七、广八、广九、广十四个组分了一笔钱，放在黄永胜那里保管。黄永胜也是开矿参与者，后来我们签字后也有人来找我们反映问题，我们后来仔细想了想，是有点不对路，没有和村民商量就签字是有些过于草率了。

问：有村民反映你们拿了矿主的红包，还有礼品，请问这是真的吗？

黄新兴：红包我没有拿，烟我拿了。贪点小礼，这个我做得不对，以前永胜开那个废弃钨矿时候，村民也说我们没有公开。为此，我们后来进行了公开招标，共有六个人投标，其实投标的人中有三个是黄永胜安排的：一个9000多元，一个1万元，一个7000多元。那个1万元的最后弃标赔了2000元，另外三个出了5000元左右就排除了，最后永胜用7000多元拿下了承包合同。钱现在还放在片上，也就是放在永胜那里。

2008年8月20日

晚上七点半，我来到岗坝片片长黄新辉家里。我住到岗坝片后就一直想前去拜访这位片长的，但一直没有找到合适的机会。昨晚在他们片上的夜晚座谈会上，我们约定今天到他家做客。永红大哥的夫人怕有狗咬我，坚持要送我去。路上经过一个大型的烤烟房时，大嫂告诉我这是黄新辉家的。她说黄新辉这个人很能干，做了很多事情。不一会儿，我们走到一片田地中间，黄新辉家就位于此地。从外观上看，黄新辉家的这个院子很大，这个平房构筑大概有10间左右，院墙修理得很漂亮。与中原农村建筑相比是有所不同的：这里的庭院都特别大，而且大部分院子都是水泥地坪，院墙做得很低。与以往客家人集体居住的围屋结构房相比，如今的客家村落则更为向往独立自由的生活空间。黄新辉家是在水田中间建造的，像是远离村庄的度假山庄。女主人见我们到来，就热情地邀我到客厅喝茶。由于语言障碍，她讲的客家话我听不懂，通过询问大嫂方才得知黄片长正在冲凉。由于客厅没有加隔热层，女主人就建议我们坐到大院子里一边喝茶一边等候男主人。

由于客家人白天大部分时间都在忙于农田管理和外出做工，于是我的访谈时间一般都定在晚上7点后进行。连续一个多月的夜晚工作，累得我腰伤又犯了，由于腰疼，傍晚走路颇感不便。但昨天有约在先，我不想失约，心想无论如何要坚持完成今天的采访。寒暄几句过后，我就按照我预先拟好的提纲开始访谈：

问：听人说你很能干，房子收拾得也很漂亮，你一年的全部收入很高吧？

黄新辉：我是这个片最大的烤烟种植大户。此外，我还养了16头猪，但下半年行情不太好，要不是这样，我的收入会更可观些。利用养猪，我和我父亲两家还挖建了沼气池，政府一共补贴我们两家1400多元。现在我用的燃气都是靠这个，自己用不完，周围又没有邻居，如果有我还可以卖给他们点，这样收入还会多些。

2008年8月24日

晚上五点多，村子里的联络员黄增辉打电话告诉我，他已经约好南坑片的小组长和财务员，希望我晚上能去那里坐坐。南坑是一个以邱姓为主的自然村落，由于整个广育村以黄姓为主，整个政治经济文化中心也在大黄屋一带，南坑村被称为遗忘的角落。历史上邱姓和黄姓之间有着深仇大恨，两姓之间不通婚，不交往。

此次能到南坑亲自看看那里的情况，我感觉很惬意。晚上七点我们骑着摩托车赶到南坑，我们就在南二小组长邱东岳家进行座谈。南一小组长钟志金、南二小组长邱东岳、南三小组长钟云芳和村民黄增辉一起参加了这次座谈。这里，我先就整个南坑片做个简单介绍：南坑片共有四个村民小组长、四个村民代表、五个党员，共计80多户居民。会议开始之前，大家先寒暄了几句，唠了一下家常。随后，邱东岳把他儿子介绍给我们认识。他儿子在河南洛阳外国语学院读军校，学的是小语种越语。由于我老家在河南，于是我们一下子就找到了话题，并就此拉近了我与这户人家的距离。

邱东岳介绍说，在以前干部下乡时，群众有什么意见就可以反馈给领导,如今工作队不到村子里来了,生产方面没有人指导,有意见也不能反馈,可以这样说,不是群众不关心集体,而是集体忽视了群众。钟云芳是南坑会计,在问及村子里的矿产资源开发之事时,她介绍说,南坑最大的矿产资源是铁矿,原来以3万元承包给了私人,如今合同已快到期,到期了他们就不能那样续签合同了。这时另外一个小组长插话说:"是啊,如果那里还有矿产资源的话,我们可以以参股形式入股去开发。"在谈到广育村新农村建设的前景时,钟会计说:"看到老屋片路灯亮了起来,我们也很羡慕那里的生活,眼下能先把我们的路修好就行了"。这时黄增辉发言说:"南坑是我们这里被遗忘的角落,没有人关心他们的生活,以后你们课题组要多来这边看看。"关于本次选举我问及他们有什么看法,老片长说:"在广育,大部分村领导都是由黄姓人当的,我们南坑人少,到现在还没有人当过村主任。如今虽然加了一个邱姓聘任干部,但我们还是希望村委会里面能有我们的正式村干部。"

也许是在人员多的场合很多人都不愿意说真话的缘故吧,我们聊了很久他们也没谈及这里较为敏感的问题。我原本计划11点左右结束谈话返回岗坝片,但是我每隔一会儿抬头看看他家墙上的闹钟,闹钟指针一直是指向11点多,后来我就问他们是不是闹钟坏了。他们一看手机已经1点多了,我就说这么晚了你们要休息了吧。谁知憨厚的村民们竟然说不要紧,可以再聊会儿。我明天还有事情要做,为了不影响明天继续工作,我决定先行告辞,并相约下次再来拜访。

2008年8月25日

午饭时候,村民黄增祥跑来找我,我就招呼他一起吃饭,他站在门口不肯进来,只是郑重说道:"我是代表大家来邀请你的,我们广九与广十两个村民小组要召开全体会议讨论铁矿的事情,我们想邀请你和小夏参加,晚上我来接你们。"对于这一突然的要求,我是一点思想准备也没有,但我还是爽快地答应了他的要求。

晚上七点多,黄增祥提着矿灯准时来到我的住处,我收拾好一切就跟他一起前往会场。开会的地点在广十村民小组长家里。8点左右人员陆续到来。参加会议的有广九与广十村民小组长,三位老者,村委会副主任,以及各户村民代表。共有22人,由于屋子坐不下那么多人,最后大家就一起坐到大院子里。一些妇女则坐在离会议地点较远一些的地方旁观。

会议一开始就进行了激烈的争吵,其中一位村民从片长手里拿过铁矿开采协议仔细看。然后指着协议第一段第四行说:"协议上说是经过群众同意的,而我们大家到今天才看到这协议。签字的时候组长没有和我们商量,此协议无效,应当作废。"大家听后议论纷纷,纷纷表达自己对所签协议的不满。此时作为副主任的黄红增突然看到我的录音笔和相机,他瞪着眼睛说:"你们是谁派来的我都不知道,不能拍,也不能录音,这是我们家族内部的兄弟会议"。村民听到他要制止我们参与,就都纷纷开始指责他。黄志伟站起来指着他说,他们是我们邀请过来的,关你屁事,为什么不让他们拍照,录音,这些都是证据。黄说的是客家话:"这些人是谁派来的你不知道,你们说的话传出去你们都不知道。"看到他们激烈的争吵,我把录音/相机就收起了放进包里了。

黄红增见大家对他反对激烈就站起来叫了一个会议参加者到外面偷偷去商量什么,此时我真有点担心他会对我们施加报复。但这次自发形成的民主协商会实在难得,我决定还是继续参加下去。大家的意见是,要停止岗坝片的铁矿开采,原因是整个片上的7个村民小组长没和群众商量就把矿山给卖了10年。而且十年就只拿到3万元的开采费,生态方面也没有承诺给予相应的保护措施,而且连最起码的山林补偿等都没有,更让大家极为恼火的是,群众对协议的签订根本就不知情。这次我们被邀前来参加这个会议,是村民给予了我们较强的期待,是想让我们给予他们帮助。大家争论了半天也没有拿出什么好的办法。最后他们让我谈下我的看法,我拿着协议首先谈了一下这个协议的合法性问题。没有群众的授权,此项协议的签订在程序上明显是属于不规范操作,同时我还说片上开矿也有其必要性,因为岗坝片上没有什么其他资源,片上的公益事业需要钱,比如这次曾坑公路岗坝坝片上的6万元募捐任务就无法完成,所以通过开矿获得一定的收益还是很有必要的。但这次村民小组长没有和群众商量就私自与他们签订了协议,这种行为不对。既然他们都已经承认了错误,并坦白自己收了一条烟,是矿主分头拿着协议签字的。我们课题组的意见是,为了集体的公益事业发展矿山是要开发,但这份开矿协议要村民小组长重新征求群众的意见,在尊重群众意愿的基础上找矿主进行谈判!

听到我们的意见后,村民就问,如果矿主不同意,那我们怎么办?我说矿山是大家的，不同意就多加商量。其实，在群众不同意的情况下矿是很难正常开采的，农民有其自己的行为逻辑。我们还提议，在此问题上要集思广益，村民小组长可以拿着已签订的合同上村民家征求意见，将村民的意见要求记录下来。然后再召开会议，就重要问题进行集体讨论，然后再去同所谓的矿主进行谈判，这样做肯定会有效果。

此时黄增祥开始站起来说话了，他说如果搞不定老板，他们就去上告。我说："为时尚早，先别考虑告状之事。我们能内部解决就内部解决，不要动不动就找政府，相信我们能自行处理好问题。"但我还是拗不过他们，总有人坚持问我如果不行去哪里上访好。事实上，此时我也不甚方便表态，那些矿主的朋友也在这里。于是我就说道："大家在法律政策方面有什么需要咨询的，我们可以以后找机会单独聊，这样好吧。"然后我就借故先行离开了。

2008 年 8 月 26 日

今天中午，我到副主任黄红增家里。就上次参加群众自发组织议事会之事，他好像对我有很大意见，今天我特意来是意欲减轻他对课题组的误会。黄红增见我登门来访很是高兴，他拿出最好的灵芝茶招待我，并邀请了一个南坑片的老片长一起聊天。闲聊了一会儿后，他回房间拿了一份签名让我看。这份签名是由他亲自组织的关于片长选举的一份公示书，老屋片作为广育村最大的片区，可以说是整个广育村的政治经济文化中心，也是新农村建设的示范点。

农村现代化的标识之一，路灯是从这里开始亮起，广育村历届村支部书记也是大部分由这里产生，村中两大宗族势力的领头人也产生于这里，因此，老屋片的管理在广育是最为困难的。自从广育村换届选举结束后，老屋片的传统宗族权威也发生了变化。原任片长黄关生就是被三个老屋片的村民小组长张贴公告宣布废除的，进而他们又另行选举出新的片长黄钟泽。黄钟泽是老片长的大儿子，也是上任书记黄永华的大侄子。当时三个小组长张贴公示出他们新选的片长后，黄关生以及村委会并不接受这个片长。黄关生是现任村委会主任黄坤荣的好朋友，也就是说黄关生是站在现任村委会主任黄坤荣的一方的，黄钟泽则站在上任书记黄永华的一方。就在前几天，黄坤荣和黄关生为曾坑公路寻求乡贤帮助去深圳等地期间，现任村委会副主任黄红增还借机组织召集五个村民小组长开会，并再次签名推出黄钟泽做老屋片的片长。

黄关生片长从珠海回村后给我开玩笑说："马博士我给你讲一下，他们这些人趁我不在偷偷选片长，实际上就像在泰国发生的政变，他们搞就搞呗。说句实在话，我也累了，谁想当就让谁当去。你看看那五个村民小组长，三个是亲戚，一个是我弟弟，我弟弟是被他们逼着签字的。"这时，黄红增副主任从家里拿出那五个小组长的签名给我看。他说上次他们三个组长的签名没有效，现在有五个就完全可以生效了。他们现在是在等村主任回来，只要村主任回来看看就可以了。

针对这个事件，我是自始至终亲眼目睹了其整个过程。我个人对此作出了以下分析：首先，老屋片片长的争夺实际上是村中两派在经济利益和政治利益上的角逐。整个广福镇只有一家广育石场，而其就在老屋片。这也是广育村正在开发的最大的矿产资源。在这里，石场的老板主要有两个，一个是黄宗泽，一个是上任书记黄永华，这两个人还是叔侄关系。对于在选举中落选而丧失政治权力的黄永华来说，他迫切需要有人来维护其在石场的利益。尤其是他承包的石场开采合同已经到期，而新的合同又没有续签。要是按照老合同每年支付给老屋片6000元开采费的话，对村委会来说并没有增加任何收入。而石场每年还都要经过年审，这在以前，黄永华是不会心存一点顾虑的，因为石场的合同等都是尊重他的意愿在其安排下进行的。而现如今却不得不担心现任书记黄坤荣会不会从中作梗，会不会轻易满足其在石场的利益要求。

其次黄宗泽和黄永华一派代表着广育第二大家族。第二大家族在失去黄永华村支部书记权力庇佑之后，迫切需要在政治舞台上有其新的利益代表产生。出于政治利益和经济利益的双重诉求，老屋片最终上演了"中国乡村版本的泰国政变"。这个政变选择是在两个村权力的掌控者同时不在村庄内时发生的。尽管这种不太光明的操作让人感觉颇有点滑稽，有点混淆视听的味道。但这次政变还是在我国欠发达的农村山区以一种非正常的方式取得了所谓的"成功"。一方面，它取得了过半数的村民小组长的同意；另一方面，老片长和现任村委会主任也默认了这种"生米已经做成的熟饭"。不用多言，也不用多想，老屋片片长的更替乃是两大宗族势力斗争的必然结果。老片长属于林字辈、新片长属于华字辈。

林字辈虽然人数最多，但没有掌握老屋片的经济命脉。华字辈人数虽然相对较少，但却掌握了老屋的经济命脉。正所谓经济基础决定上层建筑，华字辈基于其在经济上的优势在这次斗争中获胜也就成必然的了。村委会副主任的一番话也印证了我观点的正确性。黄红增说："我这样做出安排事实上是有考虑的。这样村委会的工作可以说更具有代表性，可以同时照顾到两大家族的不同利益，两大家族的利益发展可以由此安排达成某种均衡：大黄屋华字辈的沟通协调我负责，而林字辈方面则有黄坤荣书记。这样才有利于共同发展嘛。"对他的话我不置可否，但通过这些天来的观察我也有自己的深深体会，即广育是一个有其独特政治生态的村庄。

在这里，尽管民主的智慧也或多或少地在这里闪光，但你依然可以在这个略具现代性发展的乡村社会当中看到完整的家长制治理方式与理念。可以说，它展示在你眼前的是带有浓郁传统色彩的权力运作场景，一幅生动的历史画卷。传统宗族权威与现代行政体系相互交织形成一个独特的政治生态，传统的组织动员系统与现代行政体系之间形成一种张力，它在深深影响着、同时也在某种程度上阻碍着村委会现代权力的正常行使。让我感到非常困惑的是如何才能让两者形成一种合力，共同作用于这个七零八落而又耐人寻味的村庄。

四个片区的"各自为政"冲淡了广育村本应该有的内聚力，这在某种程度上加大了村委会工作的难度，成为目前村委会面临的重要难题，各片有各片的片长、出纳；在资源占用上，各片的自然资源又分属于各片独有，村委会无法将其集中起来用于集体经济建设。然而，让人略感欣慰的是，村民的自主意识在不断萌生，他们已经不再满足于目前的资源开发模式，他们希望能早日打破目前资源开发方式。两次的调研中，我跟各个片的片长都结下深厚的友谊。而且这些片长大部分又都是这里的经济能人。如何利用我与他们间的友好关系来整合各个片的力量，让他们为自己的村庄建设贡献聪明才智？这是我一直以来在思考的问题。就此问题我也和现任书记黄坤荣交谈过多次，但目前任凭我如何绞尽脑汁、冥思苦想，还真想不出一个比较好的方法与策略。原曾有过的想法，即让片长从村民小组长中产生，这样的片长事实上也已经产生，但它依然经不起现实的磨砺，未能达到整合村委会权力与各个片长权力的预想效果。

我向黄副主任索要由他主导的这次"政变"的文字资料。也许是他担心我把这些透露给别人，也或许是彼此间的信任度还不够，他让我拍照但却不同意我把资料带走。他向我应承说等事情落实好了再给我复印件。黄喜欢收集文字资料，而且收集了好多。我正要开口说要翻看一下呢，这时黄说要带我到整个南坑走一下，要我好好了解一下南坑的情况。

在黄的陪同下，我们沿着南坑唯一的一条半硬化的路面向村子里走去。他指着脚下的路说，这路基是原来片里的老领导修的，原来很宽，后来由于一直没硬化，边上就被部分村民占了去。这条路，他们原本是计划修到荒山上的。这样既可以方便人们开发荒山，也不用再费力挑水灌溉。我们边走边聊，一路上碰到好些人，而且不停地有人向我打招呼。于是，我就走上前去向与我打招呼的人递支烟问个好，其中还有上次一起座谈的几个小组长。当我们走到一栋豪华住宅面前时，黄红增示意我停了下来。黄说他跟这家人关系很好，让我进去喝点茶。房主人就是南坑人，他儿子在珠海开工厂，建这房子是给他父母养老用的。

这栋楼房有两层，门前有个大院，里面还有花园、水池，整个院子的造型设计比较优美。走近房间，老人家正在午睡，见我们来了就起身穿衣给我们泡茶。就在房主人泡茶的一瞬，我环视了一下这个农家客室，只见客厅对面墙上挂着一副巨大的牌匾，上面书有"邱府恭义：令郎松生先生华夏落成致庆"的字样。落款为广育村党支部与村委会2003年贺。我料想这房主人肯定非一般之人。于是，我就饶有兴趣起来，就上一楼餐厅观看了一下，这里墙上也悬挂一幅写有"广福镇政府贺"的牌匾。我就问黄红增副主任为什么大家都送牌匾给他，黄说："松生经常给我们村子里捐款，就连我们镇政府的大门修建时松生还捐了两万哪。"我想，人家有贡献，也难怪是这样。但我依然经不起好奇心的驱使，建议到二楼看看。二楼客厅的装饰甚是豪华，真皮沙发、立式空调，和大城市别墅别无二致。这里，我们还看到了松生先生的一个荣誉证书，这是他给广育村慷慨捐款4000元的光荣见证。看着这近在眼前的所获殊荣，心中不由得对站在眼前的他产生丝丝的敬意。正在对此仰慕间，红增俯我耳边低声告诉我南坑有钱人还多着哪！于是，我们就在别墅门前合了个影留作纪念。然后又前往观看另外一栋尚在建设中的别墅。我们是一路上在这高低不平的狭窄小道行进，也不知道究竟拐了几道弯儿，才终于看到了红增所说的那栋别墅。也许这就是中国乡村的典型村貌吧，无论是这里的乡村还是中原的村庄对我都有着殊同的感受。虽然村子里有上好的建筑，但道路的规整却无人问津。村民们所关心的只是自己院内那块土地，他们漠视院外的世界，任凭其何等的荒芜。集体意识与公共精神匮缺的农村现状使我感到非常的茫然。这种现状如何改、怎样改？在这栋豪华别墅门前的泥泞小路上留下了我的深思，也打上了一串串深深的问号。

走访过南坑的村落，黄红增副主任又带我到以前修好的水泥路边，南坑片以前有关集资捐款的情况就刻在这路碑之上。他说你看看黄坤荣在没当书记的时候就从未捐过款，如今一当书记了就一下子捐那么多钱，这种人就是这样的。你看看我，他指着近旁的流芳亭说那里的捐款流芳牌子上还有他的名字。我看了一下，路边流芳亭里面确实有黄红增的捐款记录500元，上面镌刻着修路捐资人员名单，私人单笔最高的是5000元，有两人捐款最多，其中之一就是松生，此外还有县里相关部门的捐资情况。

自流芳亭归来，我和红增一起又来到广育村委会。我们来这里主要是看看我下次来住什么地方合适。黄建议我不要住在黄坤荣书记安排的人家里，就住村委会。他说一年就在村委会开两次会，平时没人去。他晃了晃手中的钥匙说，这是他第一次来开村委会的门。进了村委会，他指着墙上的职务分工给我说，马博士啊，你看看这个分工合理不合理？我一个副主任要分管11项之多的村务，村子里的事情几乎都被我负责了，我哪有那么大的精力呀，是他们几个在故意整我。你看看，这里还有以前村委会的分工安排，副主任就只负责4项左右。你看看我的，再看看村委会其他成员，有的什么都不负责。这不明摆着是在算计我吗？

2008年8月27日

今天中午，在我偕同红增一起前往他家的时候，路上正好碰到富友书记。红增问我认不认识他，我摇了摇头说不认识。红增就霉气地对我说："来了这么久了，连他你都不认识，真是太失败了"。听他这么一说，我连忙给富友书记打了个招呼。富友书记正在干活，他挥了挥手说："现在正忙着，找个时间我们再聊吧。"也许是在路上碰见富友书记的缘故吧，到红增家里我们就聊起了一些关于富友书记的事情。这一聊，我不由得心中暗暗惊叹，这个书记的确是不简单，村子里两大宗族势力对他的评价都相当好。看来红增说的话确实是有道理的，从入村以来到现在还没有见到富友书记的确是我最大的疏忽。不过从内心来说，由于每天大量信息充斥脑中已经难以应付，我真是无暇顾及。目前南农试验的专职人员只有我和廖斌，这四个村子里的信息量更是难予消化。

晚上7点多，现任书记来到我的住处，说要带我去见见富友书记。今天也真巧，副主任、主任都要求我去见富友书记。可能是上天有意安排吧，我也正有此心，于是便爽快地答应了他的要求。这时，黄关生片长前来说他和老书记关系好，执意要求代替黄昆荣书记陪我前往。我们两个准备好后就骑摩托车赶往富友书记家，还没来得及下摩托，富友书记的夫人已经在开门欢迎我们。富友书记夫妇虽然都已年过60岁，但看上去只有50多岁。他们家住的是平房，客厅和大部分客家人的设置一样。客厅正墙上挂着一些领导视察广育的照片，其中有当时的广东省委书记。那时富友还正担任广育的书记，如今的富友书记还担当着广福镇居委会主任。我先把村民对老书记的良好评价述说了一番，夫妇两人听了之后都很高兴。富友还拿出当地最贵的五叶神香烟给我抽，我以嗓子不舒服为由进行推辞。但关生非要让我抽，估计是怕影响今天的沟通效果。在他的一再坚持下，我还是把烟点上了。

老书记一旦打开话匣子，就像是泄了洪水的闸门一样，先是谈他人民公社时期当了四年老师，1989年开始当选村主任，1990年当选支部书记，岗坝片的第一个水库建设就是他们搞起来的，他还是烤烟基地的主要推动者等。他说当时省委书记谢非在考察当地的经济建设和交通设施时，还参观了这里的烤烟生产基地。

谈及村里的村务管理情况，他认为现任村干部的素质不够好。他说："如果你不做事公平公正，那群众怎么信服你呀。"在富友书记看来，现任书记黄坤荣为人还是较为公平的，但对外社交能力不太强，缺乏魄力，而前任书记黄永华则与其恰恰相反。此外，他还谈到经济发展方面，他认为广育除了继续保持烤烟产业发展外，应当积极探索发展其他高效农业，比如仙人草种植等。

2008年8月28日

下午黄书记告诉我，今晚要在岗坝片继续召开关于铁矿协议修改的讨论会。这对我来说确实是一大喜讯，因为铁矿事件可以采取参与法来观察普通村民参与公共事务管理的典型事件，这也是我有意介入其中的主要原因，而且也可以借此考察基层民主在这个村庄发育的程度。在获悉铁矿事件以来，短短的几天之内他们就已经组织了三次集体讨论会。参与的对象主要有村民小组长、村民代表、部分党员、片长、村委会干部、普通村民与家族长者。今天晚上在片长黄新辉家里主要是讨论协议如何修改的问题。

鉴于上次黄红增拒绝我录音和拍照，我就与黄坤荣书记商量让他帮我，也许是长期相处消除了黄书记对我的警惕吧，他爽快地答应了我的要求，所以在我打开录音笔后由他一直带在身边。此次会议的召开可以说是对上一次庭院民主讨论会的一次具体落实。

广育开会有其特别之处，其一，广育村召开各种会议通常是在村民家中进行的，就我驻村期间很少见到在村委会召开会议；其二，各个片的具体事务一般是由其本片独立讨论，片长在会议的组织与意见的综合汇总方面起到重要的作用；其三，会议的讨论通常都是大家各说各的，没有固定秩序，而且每次会议基本上都是在争吵中完成的；其四，会议的内容一般是围绕各片的经济利益或政治利益展开；其五，会议主要有各个村民小组长、片长、部分村民代表参加，有时也会邀请村委会的相关人员参加。

从这些特点上看，经过多年来的村民自治实践，其在农村社会内部的确起到了发育公民社会的作用。今晚的这次协商会议是在我的建议及广泛征求村民小组长和相关人员意见的基础上在片长家里召开的，它是村庄内各种力量相持互动的结果。在这次会议上，大家讨论了怎么样才能使铁矿继续开采下去，并对上次的协议提出了补充修改意见。如果能达成一致意见，我们权且可以称之为协商式民主。在这里有个问题我觉得有必要提一下，那就是协商的另一重要方，矿主们具体协调人黄永胜今晚只是派了自己的一个亲信代表来，他本人并没亲自参加。为了弄清他不来参加会议的原因所在，今晚我还决定到永胜家里去探个究竟。

刚到永胜家里，我就发现他正抱着一头小猪坐在门口用奶瓶给它喂奶。我走近一看，哦！好家伙，他家共养了两三个箩筐小猪，我数了一下共有16只。原来永胜不参加会议的原因是为了这个。永胜见我过来就说：马博士你先到屋里去喝杯茶，我今天没有去开会主要是因为我的小猪刚下来，我怕被老母猪压死就把它们抱出来先喂点奶，至于开会的事，我已经安排有人去参加了。我开玩笑说："永胜大哥这次你可是发财了，一下子生了那么多小猪。"永胜说："呵呵，那要看今年猪的行情了。"由于一直忙于照管小猪，永胜到现在还没吃饭，见我到来他就邀请我和他一起喝点酒。这些天来，因收买小组长签协议之事，他受尽了大家的责难。还有个党员连续跟他吵了好几天，为此永胜嗓子都发炎了，到现在说话还难受。说真的，我都有点同情他了，但我还没来得及说上句安慰话，他已经把自己酿造的好酒拿出来要与我一起分享。于是，我们边喝边聊。以下是我们席间的对话情况：

问：永胜哥，这几天看到你很疲惫，他们这几天都跟你吵什么？

永胜：哎！别提了！马博士啊，说良心话，我找人过来开矿虽然是为了赚钱，但我们片上除了就这点矿山也没什么资源啊。前几年我们片上人老了，我们连个花圈都送不起，我开这个矿不就是为了给岗坝片争取点资源嘛！我为岗坝片争取了资源费3万元，路基费1万元，如今我还投入了20多万元，刚刚才卖出一点矿，这些村民就嫉妒。原来我动工时他们怎么不说我？等我出矿了，他们又闹事提条件，吵了几天，我嗓子都哑了。

问：永胜哥，事情慢慢来协商，你感觉那个协议签的是不是太草率了？

永胜：马博士啊，这个协议每个村民小组长都签字了，虽然我是给他们每个人一条五叶神，不过我当时想得太少了，又没有及时公开也没有进行招标。说真的，有些事情你要是公开了好多事情办不成，村民中不是每个人都讲道理的。他们在开会我就等他们商量结果，我也是本片村民肯定不会只开发不顾及村民的生活，他们有什么要求只要是合理的，我是可以接受的，不合理的我是不能接受的。

问：永胜哥，如果这次开会他们废除你的协议不让你开，你打算怎么办？

永胜：他们也不敢，我们投入那么多，如果他们要强力阻止，要出人命的，打起来我也不怕，尤其那个黄彪的父亲，如果他敢站在路上不让我车通过，我会把他拉到一边好好说，虽然他儿子很厉害，真打起来我也不怕他们。

问：上次会议我也参加了他们的讨论，村民的意思开矿协议没有经过村民的同意，是小组长的私下签名，矿山下面住的几户村民主要担心山挖完了自己的房屋受到影响，还有一些担心自己的水田，另外一些人则说你们协议中没有具体测量好开矿的范围？

永胜：水田我可以给他们全部买下来，路压坏了我可以负责承担损失，可以放一部分钱在那里做担保。山下面几户村民我肯定不会影响到他们房屋，挖到靠近他们时我会留下来一部分。合理的要求我同意与他们协商，但阻止我开矿我坚决不答应。

喝完酒后，我还想留点时间去黄寿华老人那里告个别。于是，我就起身对永胜说我希望他能妥善处理好与村民之间的关系，不要再因开矿的事情发生矛盾。等事情完结后，我下次再来和他好好喝两杯。

2008年8月29日

两天前，我让黄坤荣书记预约广福镇新上任的黄书记。黄书记是县委常委，派其走马上任广福镇的党委书记，可见蕉岭县是非常重视广福镇的工作的。我估计这与连续两次的有关广育的负面新闻报道也有很大的联系。今天黄常委答应我到镇上和他聊聊。到了镇里，恰好县纪委书记卢尧生也来了。黄常委就安排我们一起坐下来谈谈。

中午11点，我准时赶到镇政府的接待办公室。卢尧生还有两个助手正在办公室里交谈，黄常委还在开会。卢书记见我到来很是高兴，他问了问我在村里的生活安排情况。我说我生活挺好的，多谢他的关心。卢尧生书记询问了一下曾坑公路的事情，我告诉他已经开始动工了。我心里非常清楚，如果没有卢书记的支持，这条路很难搞起来。卢书记知道广育村在集资方面还有点困难，他就问我：黄坤荣书记到底能不能完成这任务？我说：还有几万元的困难，卢书记说他再跟黄常委联系下，看镇政府能不能给点支持。

谈到农村当前的现状，卢书记说："我从事农村基层管理已经很多年，但就是想不明白农村社会到底该如何办才能更好发展？我希望以后能有个机会和徐勇老师交流一下"。我说："等徐老师来这里进行实地考察时，一定有机会相互探讨的。"然后，我就把卢书记上次捐款赞助广育村修曾坑公路一事在村庄内形成的良好影响向卢书记汇报了一下，卢书记很高兴。

黄常委开完会回到接待室，他看上去只有30多岁。卢书记介绍说，黄常委是县里最年轻的常委，前途无量。我们相互握手致意后，卢书记介绍说："马博士是新时期学者型官员，这次没有他在中间穿针引线，曾坑公路的事情不好办的。"

以卢书记的评价分析，媒介在地方政府的权力运作场域中的确扮演了监督者的角色。在中国这样一种政治生态下，南方报业的风格一向是以大胆、前卫著称。农村报的头版农村社会新闻深度报道，在当地农村有着强烈的社会影响。地方政府部门在媒体的监督下工作，其行为会受到一定程度的影响。黄常委说："马博士，我们早就应该和你们这些大城市来的领导交流一下的，但由于刚上任，镇里事情多没来得及与你们联系，还请见谅，你们在村子里住的、吃的很艰苦吧？"我说："谢谢黄书记的关心，我早就想来镇里向你汇报工作的，但是一直也没找到合适的机会，我们在村子里生活得挺好。黄常委一来到广福镇，第一站就到广育村考察，这种务实的工作作风在村里已经引起很强的反应。"

这时广福镇长邱镇长也来到办公室，见我在这里坐着，他就积极主动地跟我握手。想到以前来这里的遭遇，情况甚是迥异。也或许是卢书记在场的原因吧，此时的邱镇长很是热情。我们寒暄几句过后，我看纪委书记卢书记好像还有事情要和黄常委聊，就赶忙说："两位领导，我今天来这里主要有两个目的：一是来向两位领导简单汇报一下近期的工作情况，希望两个领导能够更多地关心广育村曾坑公路建设的事情，并多多光临广育村做各项指导工作；二是我明天要赶回武汉，向领导汇报一下这边的工作开展情况，并借此机会向两位领导道个别，我明天走的时候就不打招呼了。"黄常委说："这么快就回去啊，今天中午我们就在镇政府食堂吃个工作餐，也算是给你送行吧。"我谢绝了黄的安排，一方面是想给他们留下私下交谈的机会；另一方面我也要回去收拾我的行李。

2008 年 8 月 30 日

由于还有学校的学业等问题，我今天就要离开这个浓情深系的村庄回往武汉。黄书记坚持要开车送我至县城，大嫂也非要送我，黄片长也要一起送。临别时村小卖部的一堆村民也纷纷来向我告别，并说等我下次来了要我到他们家里坐一下。此时此刻，我心中有千万种的不舍与感慨，尤其是大嫂，待我就像自己的亲人一样。在她家住的这段时间里，大嫂一直帮我洗衣服。起初我坚持不让，或许是他感念我这个身居异地的外来人的生活不易，也或许是我生性随和所致，她总是偷偷地帮我洗。最后僵持不过，我还是让她洗了。今天要走，大嫂非要送我到县城，我心中禁不住涌起诸多感念。广育村距离县城只有20分钟的车程，但大嫂说她整天在家干活没得机会上县城的，而且她已经8年没有到过县城了。在通往县城的路上，大嫂一直对路边乡村的变化惊叹不已。

在村里面，大嫂算得上是很能干的客家妇女。永红家里的水田农活，如施肥、上农药、除草等几乎全是大嫂一个人干。有次吃饭时，大嫂给我半开玩笑地说她就是家里的奴隶。书记看到大嫂难得有那么高的兴致，就要求开车带嫂子到县城兜上一圈儿。虽然还要赶车，但为不伤其兴致，我还是陪他们在县城里转了一下。临别时，他们三个人一起送我到中巴车上。看到他们那依依不舍之情，我说我以后还会再来，我会在心里想念他们的。看到这种场面，书记赶忙过来说话："是啊！马华很快就会回来的"。纵然有万般的不舍与感慨，但任务在即，我还是毅然向他们挥手致以告别，踏上了回归武汉的列车……

2008年11月2日

新型农民培训的事情，一直是压在我身上的一个重心工作，今天中午和课题组讨论后，我决定成立博士宣讲团，由宣讲团承担新型农民培训的相关工作。汤玉权、郝亚光、慕良泽、贺青梅、李金红等博士以及湛江师范大学的两位讲师分别同意参加宣讲团，由于经费的限制，宣讲团的成员基本上是志愿性质的。该宣讲团将负责四个实验镇的全部培训工作。博士的科研工作本身就繁重，得知他们都同意参与本次支农服务，让我们课题组深深感动。

2009年1月2日

今天课题组成员参与了老年协会的相关工作讨论，目的是激活这个日益消沉的民间组织。在听取相关负责人的介绍后，课题组决定，首先为民间组织老年协会修改章程，并组织其开展活动，促进老年协会与退管会达成合作意向。一个行政村存在两种不同群体的老年组织很少见，如何整合两者之间的资源，使之能够相互帮助，共同为村庄治理做出各自的贡献，对于广育这个宗族文化保留相当完整的村庄而言，此举非常重要。

2009年2月14日

新型农民培训还没开始，一场全县副科级以上干部的培训就先期展开了。在蕉岭县有关方面的多次邀请下，徐勇老师同意就当前农村改革发展中的若干重难点问题——十七届三中全会决定及2009年中央1号文件精神解读为主题，进行一场专题讲座。得知徐老师从繁忙工作中抽出时间进行专题讲座，课题组与南方农村报都很兴奋，从今天和课题组成员的谈话中可以感觉到大家的精神受到了鼓舞。

上午的讲座五百人的大礼堂座无虚席，整个讲座过程让我吃惊的是，两个多小时的会场内没有任何手机铃声，更没有一丝喧哗声，这与我平时看到的大家开会时候的热闹场面相比，这次讲座会议安排方进行了周密的布置，干部的素质相比内地而言确实高出很多。当然，这与徐老师声名在外不无关系。

下午，在徐老师的提议下，课题组以及县委干部陪同他前往我们的实验村。其间我们先去了芳心村，芳心村的村务监督模式引起了徐老师极大的兴趣。将近中午十一点，我们告别芳心村，来到我们南农的实验村之一，广育实验基地。由于时间接近中午，在广育村委会停留了10分钟左右后，黄书记带领大家直接去参观曾坑自然村，该村距离行政村近10公里，而且山路陡峭。入村前的一幕让大家非常感动。村民获悉徐勇教授来考察，竟在村口入口前一公里处，用木头搭建了一个临时门楼，上面挂有用毛笔书写的横幅。更让我们大家吃惊的是，曾坑自然村全体村民，从小朋友到老年人全部站在入村一公里外道路两边夹道欢迎，他们还自带了自家的锣鼓等乐器。徐老师遇到村民这么热情就下车了，从村口一直走到村里，路上不停和村民握手。

看到这个场面，蕉岭纪委刘主任向我抱怨说：你怎么刻意让老百姓这么做，影响不好。在他看来这是我们故意导演的欢迎仪式。中午在祠堂吃中午饭时，经他向村民打听后才理解，路上的欢迎大门是村民一个月前就建好了，目的是感谢在南农实验课题组、村委会、蕉岭纪委共同努力下帮他们修了近十公里的山路，几十年来村民一直在为泥泞的山路而努力，多次自筹资金始终没能实现愿望。据村民反映，以前人老了在家等死，都没法去医院，交通太不方便了。想到村民几十年的期盼，刘主任似乎明白了村民这么欢迎大家的原因。从一开始到今天这场面，我都没有组织动员过，曾坑村是从黄书记那里得知我们要去考察，村民自发的举动连黄书记本人都不知道这么隆重，从这件事情上我感觉到客家人的善良。

中午在客家祠堂里用餐。用餐前，徐勇教授和村民进行了一场热烈的会谈，主题为曾坑自然村发展动员大会。餐后，徐老师又在村民带领下参观了曾坑自然村，并看望了几户困难家庭。让大家印象最为深刻的是，300人左右的曾坑自然村，在路刚修好的两个月内，自筹资金数万元，把整个自然村安装上了和城里一样漂亮的路灯，对于相对贫穷，甚至没有建一座楼房的自然村，这种合作精神，值得深思！

2009年2月20日

今天我与李金红副教授，一起赶到实验所在地的博罗县石湾镇政府，这是博士宣讲团培训工作的一部分。本次合作能力与表达能力建设项目——新型农民第三期培训班，由南农实验课题组与博罗县新农村建设大学合作主办。培训主题为《基层干部在现代农村发展中的地位和作用——2009中央1号文件精神解读》。培训对象为石湾镇干部代表、村长、村民小组长等，总人数为160人。这次的培训让我感受最深的是石湾镇政府的组织动员能力非常强，乡镇与村级干部的互动良好。从镇政府的雄伟大楼的外观中，可以感觉到这个镇的实力雄厚，其间我们在大楼门口拍照，被保安谢绝。在开会前的10分钟，整个镇政府被各种小车塞满，前来听课的村委干部们，大都是开车到场。中午午餐时，一位喝醉酒的镇干部告诉我们，他们镇政府相当有钱，可支配的财政资金数亿元。在谈及当地村委选举现象时，这位干部更是绘声绘色给我们描绘了村委干部如何进行形形色色的贿选，其贿选能力让人咂舌。

2009年6月16日

今天在华中师范大学中国农村问题研究中心，317会议室，南农课题组与挪威学者茹兰兰展开了经验分享的交流会。参与本次会议的有贺东航、刘义强老师及"中心"的博士、硕士共11人。交流会主要围绕政府提供的公共服务展开。

2009年7月8日

经过策划和组织。南农课题组与湖北第二师范学院艺术学院联合,为上能村民奉献了一场精彩的新型农民文艺会演。大学生以宣传"三农"政策为主题的精彩演出博得村民一片喝彩。与此同时,南农实验博士宣讲团在镇政府展开了主题为《土地流转与基层民主》的相关培训,本次培训的对象为吴阳镇干部代表、上能村民代表、村民小组、普通村民合作组织成员等共计180人。

2009年10月5日

在课题组的努力下,广育村委班子终于放弃了对村务监事会的抵制态度,试想成立一个专门的组织,且是由县纪委做后盾的监督机构,专门监督自己。经过长时间劝说,村委黄书记最终同意有条件地成立村务监事会,虽然监事会成员是经过投票产生的,但要经过村委领导的批准,但这毕竟是一个进步。在此情况下,南农实验课题组今天开展了第一期南农实验广育村村务监事会人员培训。

2009年10月24日

今天在中国农村问题研究中心,南农课题组与台湾大学举行了海峡两岸农村社区建设经验交流会。台湾的学者听说了我们中心展开了一场旨在提高农民民主能力的相关实验后,对此很感兴趣。在他们的邀请下,课题组成员向他们介绍了一些实验的相关概况,并同他们就协商民主等相关主题进行了探讨。

2009年11月8日

经过数月的准备,历时三年的南农实验在蕉岭县举办了专题研讨。关于实验地点的选择,徐勇教授认为,让专家亲身到实验现场感受,效果会更好。于是,在陈永主编、毛志勇主任的积极努力下,蕉岭县纪委卢书记同意负责在当地主办本次研讨会。研讨会邀请的专家主要有徐勇教授、党国英教授、何增科教授等。浙江温岭模式、河北青县模式相关主导者也分别与会。大会经过激烈的讨论,最终诞生了南农实验的成果之一"蕉岭模式"。徐勇教授的"受监督的权力更有力量"成为本次研讨会标识性的话语，让基层民主运转得更有力，成为本次论坛的共同宣言。

除诞生出"蕉岭模式"外，今天感到兴奋的是，自己有幸被评选为"中国十大农村治理创新人物"。这个殊荣对我一个在读博士生而言，实在承担不起。当前农村治理工作任务繁重，农民能力建设的任务任重道远。因此，当南方报业集团副总江艺平女士颁发此奖给我时，我竟然感觉心情很沉重。三年来的田野生活，我感觉到农村工作的沉重，这份奖励背后更多的是一份责任。江艺平女士在南方媒体界被亲切地称为江大姐，与她多次的接触中，感觉江大姐确实非常平易近人，南农实验能得到她的关注，多次参与我们南农实验的相关活动，课题组成员每次聊起她都非常敬佩。

2010 年 6 月 20 日

最近，由于博士论文要开题，好久没有去村子里了，今天广育村委书记突然打了个电话过来，电话访谈内容如下：

黄：马博士什么时间来广育啊？

马：尽快过去吧，村子里情况还好吧？

黄：还好，最近终于把自来水的事情搞好了，感觉轻松多了，接下来我还要成立自来水理事会，管理方面要跟上才行。其实我在想，广育的路修好了，路灯也亮化了，刚刚自来水也解决了，现在我打算搞一搞民主方面的东西，硬件搞好了，民主也要搞一些，这样上面的领导会高兴些，我以后找他们要钱也方便，你说是不是啊？

黄：今天刚刚开了党支部大会，讨论几个积极分子的事情，共六个人。

马：那个副主任入党的事情怎么样了？

黄：今天我们还在谈论他的事情，我看几个支委对他还是有看法的。杨昌海会上说要提名他直接为预备党员，有几个党员不同意，我看还是让支委分片了解下群众对黄红增个人的看法。我想了个方法，我觉得这样做比较好，就是让七月一日全体党员大会上表决，用投票的方式，不用举手的方式，因为举手的方式我感觉不民主，上次开会用举手的方式表决我们感觉有些事情碍于情面不得不举手，用投票的方式比较好。这样一来一方面比较民主；另一方面黄红增也不会对我有什么个人看法，这是大家的决定，不关我的事情。我个人觉得他这个人还是老样子，杨昌海支委说，如果不让副主任入党，会影响他对村委工作的积极性。其实我个人觉得不是这样的。他工作还是那样无所谓的态度。前几天镇上开积极分子培训班，我让他去，9点开会，他9点20分才去，还是在赌场等场合转悠。这起码是他入党的动机不端正，入党是很严肃的事情，他怎么能这个样子。所以我觉得他入党我还是不赞成的。你感觉我这样做好不好啊，马博士？

马：我感觉你民主知识掌握得好，能把民主作为一种手段，用投票方式表决他入党的事情，避免了你个人的麻烦，以后村庄的管理中希望你多发扬民主精神，民主决策和管理会让你的工作更加方便。另外我想问下你，关于村务、账务公开的事情，我们建立了民主示范区，你要多利用这些条件，强化你的管理，使以后你的下届村委能继承下来好的经验和做法。你们要经常及时公布你们的账务、村务等方面的信息，接受村民的监督。

黄：前几天我们还谈论这个事情，以后我们打算每个季度都要公开财务，以前的干部不是这样管理的，可以说没有现在民主。高速公路征地事情曝光以后原来遗留的问题更加突出了，这其实就是管理不民主造成的，很多事情都是他们私下运作的结果，不过历史问题我也不能一下子解决掉，要慢慢来。前几天镇里开会，支部书记培训方面的，上面很重视上访问题，可以说越来越多，镇里说我们广育没事就好，如果涉及大部分群众利益的事情，我是支持上访的，如果是一个两个人胡闹，我还是要制止的。

从对话中，我的思考是，黄红增副主任和黄坤荣主任的矛盾由来已久，一个是林字辈的一个是华字辈的，两大家族的斗争一直存在。在外人眼里，黄红增一直等待机会想挑战坤荣书记的权力和下一届选举的安排，坤荣书记对这个人一直有高度的警惕，在坤荣书记眼里不能培养一个竞争对手。而黄红增有很多硬性条件不具备挑战坤荣的能力。他选择一定要入党，以我的观察，一个是面子问题；一个是想保住下一届还能做副主任。

附录二：南农实验大事记

时间	地点	项目	内　容
2006年4月12日	广州	项目启动	教育部人文社会科学重点研究基地华中师大中国农村问题研究中心与南方报业传媒集团南方农村报社签署协议正式成立南农实验课题组，选取广东省博罗县铁场村、连平县欧村、吴川市上能村以及蕉岭县广育村四个村庄作为实验村，开展新农村建设实践模式的探索。
2006年4月12日	欧村	村庄调研	南农实验课题组抵达连平县欧村，着手进行前期的村庄调查和村民需求评估，标志着为期5年的"共建新农村——南农实验"首期活动正式启动。
2006年5月	欧村	志愿者进村	来自中山大学、华南农业大学、华南师范大学、广东外语外贸大学等7所重点大学的14名志愿者抵达欧村，开始着手对欧村进行更深入的了解，同时开始农民培训等工作。
2006年5月	欧村	志愿者支教	支教对象为欧村32名学生，志愿者组织了一系列活动，培养了孩子们的竞争意识、团队合作精神以及对英语学习的兴趣，取得了良好效果。
2006年5月20日	欧村	乐助会来实验村与课题组交流	华南地区著名民间助学组织乐助会一行8人到欧村考察。该组织了解到课题组要利用村里的祠堂建乡村图书馆，并表达了共建的意愿。
2006年5月20—22日	欧村	课题组邀请美国味可美公司到欧村考察	课题组邀请美国味可美广州分公司到欧村考察，公司与村民就鹰嘴水蜜桃深加工问题进行交流。

续表

时间	地点	项目	内容
2006年6月4日	欧村	民间组织建设	欧村农民经济合作社2006年6月4日正式成立。合作社民主选举产生5人理事会和3人监事会，谢振任理事长，谢妙哉任监事长。
2006年7月12—27日	铁场村	村庄调研和需求评估	课题组正式进驻铁场。7月16—27日，项目组开展正式的问卷调查。目的：掌握村庄社会性质与需求状况，并对义教活动的开展及乡村图书馆建设的可行性进行探索。
2006年7月15—8月20日	铁场村	志愿者支教	课题组组织志愿者支教，获益学生人数多达数百人。支教活动还配合"南农实验"课题组在铁场村做了一个子调查。调查内容为：外来农民在铁场村的工作情况、生活状况、居住状况、医疗情况、子女受教育状况等问题。
2006年8月	欧村	鹰嘴桃专业合作社试点	鹰嘴桃保鲜技术及市场销售知识培训。邀请相关的农技专家对水蜜桃的栽培、保鲜技术进行讲座，研发成本合理的保鲜技术。向农民讲解市场营销知识，引导他们了解市场活动规律；结合当地实际情况，向农民宣讲规模化、集约化经营的好处，试点单一经济职能的"鹰嘴桃专业合作社"。
2006年9月19日	广州	外界交流	《南方农村报》陈永主编做客天涯社区，人物聚焦版，就南农实验相关问题回答了记者的提问。
2006年10月	欧村	欧村合作社住房改造项目启动	启动合作社与住房改造项目，分三期进行，每期12户，以全民参与的形式对欧村所有住房进行现代化改造。
2006年10月6日	欧村	晚会	欧村合唱队在该村祠堂举办了该村历史上第一次晚会。
2006年11月	欧村	欧村环村公路项目启动	该项目是欧村合作社工作展开的一部分，以环村公路建设为切入点，发动群众参与，培养农民的组织合作能力。

续表

时间	地点	项目	内　容
2006年11月25日	上能村	上能环村公路	上能环村公路正式动工，该项目政府每公里投入15万元，剩余资金由村民自筹，现已竣工。
2006年11月30日	北京	外界交流	课题组成员邓枫参加了在北京举办的天下溪全国乡土教材开发研讨会，并赠送南农简报。
2006年12月23日	浙江	外界交流	课题组成员彭大鹏应邀参加温岭参与式预算培训研讨会。
2007年1月20日	上能村	培训	南农实验课题组与吴川市农业局合作在村里开展农业综合开发科技培训活动。
2007年2月	铁场村	图书馆建设	建立铁场图书馆，通过有效的途径保证相对稳定的图书和资金来源，藏书结构将主要分为农业技术与实用知识、医药卫生与健康生活、文化科普知识与工具书、文学艺术、法制、自然与环保、青春励志、生活常识、课程辅导等几大类。
2007年2月28日	上能村	民主参与	动员经商村民为上能环村公路捐款28万元。
2007年3月12日	欧村	农民讲座	开展"普及法律法规、解读政策方针"讲座。目的在于培养村民参与公共事务、参与基层民主、维护自身权益、知法守法等现代公民必备的基本素质。参与对象：全村村民。
2007年3月	上能村	农业综合开发项目启动	农业综合开发项目旨在通过引进外部资源，充分挖掘本土资源建设新农村。
2007年4月6日	上能村	网站建设	上能网站正式运行。

续表

时间	地点	项目	内容
2007年5月6日	上能村	调研	湛江师范学院商学院王亚新博士、李海明博士及社会工作协会会长李卫群,程秀梅等七位新老志愿者到南农实验吴川上能基地进行考察调研。
2007年5月7日	湛江	外界交流	"南农实验"课题组在湛江举行专家聘任仪式暨"三农"学术沙龙。课题组根据项目开展的需要,决定聘请湛江师范学院、广东海洋大学赫广义等4位博士为课题组专家,主要负责实验村的咨询工作。
2007年6月16日	华南农业大学	外界交流	"南农实验"课题组在华南农业大学接受两天的"三农"知识培训。
2007年7月	铁场村	支教	课题组组织志愿者支教,同时初步打算将支教作为一个长期、固定的项目展开。
2007年9月15日	上能村	图书馆建设	上能村乡村图书馆2007年9月15日正式成立,图书馆的整个建设都是村里小朋友的劳动结晶。在志愿者的带领下,村里小朋友全程参与了图书馆的建设,从室内清洁到图书上架、桌椅摆放,都凝结了小朋友们的汗水。
2007年12月	上能村	参与式水利建设	上能村农业综合开发项目下的农田水利建设正式动工,课题组引进外部资金,村民义务出工300人,兴修农田水利,为来年的春耕做好准备。
2008年2月	铁场村	支教	课题组组织志愿者在铁场中学和铁场小学支教。
2008年2月6日	上能村	妇女权利论坛	公民权利项目在上能村开展农民论坛,组织了该村历史上第一次妇女大会,共同探讨子女教育、成长与就业问题。
2008年2月6日	上能村	涉农政策讲解	课题组组织宣讲团介绍第二代身份证、水利费以及农资综合直补的政策。

续表

时间	地点	项目	内容
2008年3月26日	铁场村	村庄调研	课题组成员张清杰赶赴博罗石湾镇进行调研，本次问卷调查共收回125份普通村民问卷，7份经销商问卷。
2008年4月24—29日	广育村	人大代表调研	课题组成员谭启帅，以问卷加个访的形式对广福镇10名乡镇人大代表进行了走访。
2008年4月24日	广育村	调研评估	课题组成员廖斌、张清杰、孔娜、马华、陈发威，到蕉岭县广育村展开需求评估阶段调研。
2008年5月5日	欧村	调研评估	课题组成员4人到连平县欧村展开"农民合作与表达能力建设"项目需求评估阶段调研。
2008年5月	欧村	上坪镇调研	对上坪镇人大代表进行抽样问卷调查，问卷涉及：乡镇公共事务了解情况、农村/农业政策了解情况、法律政策掌握情况、国家机构职能辨识、人大代表参政常识、人大代表履职状况、学习倾向/诉求、语言表达能力等8个方面。
2008年6月	蕉岭县	曾坑公路	《南方农村报》毛志勇主任，南农实验总干事马华博士赴蕉岭县协商曾坑公路项目工作，与蕉岭县纪委书记卢尧生交流协商，通过多方努力取得了当地政府支持。
2008年7—11月	广育村	参与式民主实验	以曾坑公路建设项目为切入点进行项目参与式民主实践，目的是通过参与到村庄具体的发展行动中进行相关的民主训练。
2008年7—12月	广育村	参与式民主实验	课题组以岗坝片铁矿事件为主题，采取事件参与法介入其中，针对合同背后的相关利益与法律常识进行相关人员的集中或单独的培训。参与者：片长、村民组长、村民代表、矿主、普通村民。

续表

时间	地点	项目	内容
2008年11月2日	广育村	外界交流	南农实验总干事马华应邀出席了中欧农民合作能力与表达能力建设座谈会，并做了主题为"新农村建设中的问题与反思"专题报告。该座谈会在华中师范大学中国农村问题研究中心二楼会议厅举行，丹麦奥佛斯大学曹诗弟教授等参加了本次座谈。
2008年11月	广育村	新型农民培训	南农实验课题组针对新型农民培训项目编写《新型农民实用手册》。手册从实用性出发，包括中央惠农政策、民主参与、法律知识、农民维权问答、医疗社保、卫生保健、新型农民道德歌等内容，为新型农民培训和农民自主学习提供了一套实用性教材。
2008年11月23—29日	广育村	新型农民培训	合作能力与表达能力建设项目—新型农民第一期培训班成功举行。参与对象：包括两名县委常委在内的县乡干部代表、媒体代表、村委干部、村民组长、村民代表、片长、村民、共计100人。
2008年11月26日	广育村	外界交流	蕉岭县委常委卢尧生，广育村村委会干部，南农实验博士宣讲团，课题组成员共14人赴芳心村学习。
2008年12月	上能村	协会活动	由上能村青少年协会主办，上能村第二届"青协文化杯"男子篮球联赛成功举行。
2008年12月1日	广育村	曾坑公路竣工	曾坑公路经多方努力于12月份正式通车。该项目发动乡贤、村民以及地方政府等共募集资金近300万元完成了近9.5公里的山路。
2008年12月1—6日	欧村	新型农民培训	合作能力与表达能力建设项目—新型农民第二期培训班成功举行。培训内容为：中央惠农政策、法律知识、林权改革等。参与对象：县乡干部代表其中两名县委常委、媒体代表、村委干部、村民组长、村民代表、片长、村民、共计150人。

续表

时间	地点	项目	内 容
2008年12月6日	广育村	民主示范区	以村务公开、政务公开的广育民主示范区建立,该项目选择广育村五个自然片区的信息集中地建设信息栏,并对村委干部、片区干部进行培训。
2009年1月2—4日	广育村	老年协会	为民间组织老年协会修改章程,并组织其开展活动,促进老年协会与退管会达成合作意向。
2009年1月6日	广育村	妇女学习班	妇女学习班开班,参与人员包括:广育村副书记,20名乡村妇女,2名课题组成员在内共23人。
2009年1月6日	广育村	外界交流	美国霍普金斯大学政治系贺康玲教授考察了广育村。先后参观了老年协会、退管会及妇女学习班。考察了广育村民主示范区,分别与村委会干部及村民进行了座谈。
2009年2月13日	蕉岭县	徐勇教授赴蕉岭县宣讲	中国农村问题研究中心主任徐勇教授在蕉岭县县委礼堂做了主题为《党的十七届三中全会决定和2009年中央一号文件精神解读》的宣讲报告。全县五套班子领导,各镇党委书记、镇长,县直局正、副职,县直副局一把手,县农业系统副股级以上干部和县委党校教师代表共500多人聆听了报告。
2009年2月14日	广育村	徐勇教授赴实验村考察	徐勇教授在《南方农村报》毛志勇主任、当地政府官员,以及南农实验课题组总干事马华博士的陪同下考察了南农实验民主示范区广育村委会。徐勇教授就广育村当前发展过程中遇到的问题进行了指导,并与部分村民代表进行了对话,随后徐勇教授又先后参观了广育村部分民间组织,并受邀参加了2009年曾坑自然村发展论坛。
2009年2月14日	广育村	妇女学习班	由钟丽萍组织创建的广育村妇女学习班第二期,在广育村村委会成功举行。

续表

时间	地点	项目	内容
2009年2月20日	铁场村	新型农民培训	合作能力与表达能力建设项目——新型农民第三期培训班,由南农实验课题组与博罗县新农村建设大学合作主办。培训主题为《基层干部在现代农村发展中的地位和作用——2009中央1号文件精神解读》。石湾镇干部代表、村干部、村民等160人参加了学习。
2009年7月8—11日	上能村	新型农民培训	"南农实验"博士宣讲团赴上能村进行农民培训,与村民代表、村委会干部就当前乡村治理中的重难点问题进行了交流讨论。本次培训人员共计170人。同时,课题组与湖北第二师范学院联合举办的乡村文艺会演也同期举行。
2009年8月2日	各实验村	实验两周年回访	南农实验课题组分赴广育村、上能村、欧村展开南农实验两周年回访,并进行问卷调查。
2009年8月15日	广育村	自来水理事会	2009年6月,广育村翻新了全村自来水系统,在课题组的促成下,于8月成立了广育村第一个从事资源管理的民间组织——自来水理事会,通过选举产生了1名会长和6名理事。
2009年8月21日	广育村	村务监事会	通过选举产生了广育村监事会。选举产生会长1人,监事会成员5人。
2009年9月6日	华中师范大学	外界交流	挪威奥斯陆大学文化研究中心茹兰兰博士访问中国农村问题研究中心,并与南农实验课题组进行座谈。
2009年9月8日	华中师范大学	外界交流	蕉岭县纪委卢尧生一行考察中国农村问题研究中心,并与中心主任徐勇教授及课题组成员在三楼会议室进行座谈。
2009年9月24日	华中师范大学	对外交流	南农实验课题组与丹麦奥胡斯大学曹诗弟教授等,举行了农民合作能力与表达能力建设经验座谈会。
2009年10月5日	蕉岭县广育村	培训	第一期南农实验广育村村务监事会人员培训。

续表

时间	地点	项目	内容
2009年10月24日	华中师范大学	对外交流	南农实验课题组与台湾大学举行了海峡两岸农村社区建设经验座谈会。
2009年11月7日	蕉岭县广育村	培训	南农实验广育村第四期广育妇女学习班成功举行，本次培训以妇女参政议政为主要内容。
2009年11月8日	蕉岭县	参观	著名学者徐勇教授、党国英教授、何增科教授、高新军教授等率团参观了南农实验基地广育村。
2009年11月8日	蕉岭县	论坛	农村治理创新与社会实验研讨会在广东省蕉岭县长谭度假村成功举行。会议诞生了南农实验的成果之一"蕉岭模式"。
2010年7月21日	南方农村报社	二期启动仪式	南农实验一期成果总结大会暨第二期启动仪式在南方农村报社会议室召开。华中师范大学徐勇教授、南方报业传媒集团副总编辑江艺平、南方农村报主编陈永、蕉岭县纪委书记卢尧生和各合作村庄代表共同探讨新形势下如何通过整合资源创新乡村治理，推动新农村建设。

后 记

　　回首三年的学习生涯，我感觉自己的学术道路就像本书的题目一样，处于"学步"阶段。在恩师徐勇教授手把手地指导下，我从一个对农村研究一无所知的门外汉到渐入师门，再到今天的书稿定稿，一路上恩师给了我太多无私的关怀与帮助，小到标点符号、大到做人做事，恩师圈出我的错误，点化我的人生，使我终身受益，在此特向恩师表达我诚挚的谢意。2006年至今，历时十二年之久的南农实验为我提供了广阔的基层实践平台，回首四年来的村治探索历程，首先让我想起的是那些默默无闻的志愿者，这些志愿者大多是来自不同高校的大学生，还有来自新闻媒体的一线记者，正是有了数百位志愿者和相关人员的辛勤努力，南农实验才有了今天的累累硕果。饮水思源，在此，我对他们表示衷心的感谢。

　　在"南农实验"项目的实施过程中，该项目的负责人徐勇教授一直为本次实验提供理论上的指导，以人为本、尊重理性、坚持开放性是南农实验的基本实验理念，也是徐勇教授对本次实验的基本要求。在徐勇教授看来，自主、自为，始终尊重农民的主体地位是本项实验的核心价值。除此外，在课题组开展工作遇到困难之时，徐勇教授多次深入实验村进行田野教学、现场指导，如在他的指导下，课题组学会了事件参与式培训、项目参与式培训、解决问题式培训等操作性极强的培训方法，使得课题组走出了新型农民培训的困局。在此，要特别感谢徐勇教授的田野教学方法，感谢其为南农实验的辛勤付出。

　　此外，为本次实验提供理论指导的专家学者还有：中国社会科学院学术委员会委员陆学艺教授、中共中央编译局当代马克思主义研究所所长何增科教授、中国社会科学院农村发展研究所宏观室室主任党国英教授、中央编译局比较政治与经济研究中心研究员高新军、青县模式的推动者赵超英、温岭模式的见证人陈奕敏。来自华中师范大学社科处的石挺处长、来自华南师范大学的胡靖教授、来自河南财经政法大学的任宝玉副教授，以及来自华中师范大学中国农村问题研究中心的肖友英书记、王长华书记、项继权教授、唐鸣教授、邓大才教授、贺东航教授、吴理财教授、刘义强副教授、黄辉祥副教授、袁方成副教授、王静老师、赵琳、熊娜老师等也为南农实验的顺利完成提供了力所能及的帮助。除此外，国外的部分学者也关注了本次实验，美国霍普金斯大学政治系贺康玲教授、丹麦奥胡斯大学曹诗弟教授、挪威奥斯陆大学文化研究中心茹兰兰博士等分别与课题组成员举行了经验交流座谈会。

本项目的顺利完成，还要特别感谢南方报业集团《南方农村报》的大力支持，从实验开始到实验结束，南农实验得到了领导们的高度重视。南方报业集团副总编江艺平女士多次到实验村考察，为我们的实验提供了强大的精神支持。《南方农村报》总编陈永是我们南农实验的坚强后盾，他不仅多次陪同徐勇教授考察我们的实验村，还多方为课题组筹集实验资金，疏通相关网络，并及时沟通媒体传播我们实验的最新成果。

此外，我还要单独感谢时任《南方农村报》新闻部总监的毛志勇同志。毛志勇是本次实验的发起人之一。从实验启动、到实验实施，毛志勇参与了实验的全部过程。在实验遭遇困难、遇到阻力之时，毛志勇总能出现在课题组的身旁，正是有了他的不懈努力，南农实验最终得以顺利完成。为本次实验作出贡献的媒体朋友还有：刘小骅、肖莉芳、胡念飞、赵威、何海宁、姚毅江、邵铭、王宏旺、付伟、曹攀峰、黄栋林、何满、李秀林、何旭、李炎鑫、朱迅垚、朱香山等，在此一并致谢。除此外，要致谢的主要媒体有：《人民日报》、《南方日报》、《南方周末》、《南方都市报》、《南方农村报》、《21世纪经济报道》、《南方人物》周刊、《凤凰》周刊、《中国新闻》周刊、《南风窗》、腾讯网、南方网、天涯社区、凤凰网、农博网、奥一网、中国农村研究网等。

本人还要感谢参与本次实验的地方政府以及实验村的村民们，正是有了他们的大力配合，我们的实验才能落地扎根。其中蕉岭县县委常委、县纪委书记卢尧生给课题组留下了深刻印象。在他的大力支持下，我们课题组克服了实验遭遇到的种种困难。他不仅多次陪同课题组成员深入实验村进行现场调研，还多次为课题组筹集实验经费。县纪委的刘均平同志也陪同课题组参与了整个实验的过程。在此，要特别感谢蕉岭县纪委的所有同志们。此外，还要感谢四个实验村所有善良的村民们，以黄坤荣、黄永华、黄关生、黄永红、黄增辉、谢妙哉、谢明贵、许亚罗等为代表的实验村相关代表，为课题组驻村工作提供了尽可能多的便利，那些所有参与实验的村民们都是本次实验最应当感谢的，实验的所有成果都来自你们的生活实践、来自你们的无私奉献。

最后，笔者要特别感谢的是南农实验课题组各位专职成员，南农实验不是一个人的实验，实验背后是一群怀有美好理想，工作务实高效的坚强团队。南农实验一期核心成员主要有：黄辉祥、毛志勇、彭大鹏、马华、廖斌、刘龙飞、赵晓峰、万君、贾庆森、冯善书、夏添、王松磊、侯江华、邵铭、单媛、谭翊飞、金凡、邓枫、廖志妮、胡新科、李红芹、张清杰、孔娜、陈发威；南农实验二期主要成员有：黄辉祥、毛志勇、马华、任路、侯江华、赵飘飘、黄进、曾桂圆、吕小莉、师楠、段神佑、李庆召等。正是有了这支团队的亲密合作才使得南农实验突破了一次又一次的困难，保证了各项实验任务的顺利完成。除此外，南农实验课题组还筹建了南农实验博士宣讲团，这些宣讲团成员是来自高校的一些在读博士生，主要成员有：李金红、汤玉权、慕良泽、贺青梅。这些博士研究生不远千里奔赴到我们的各个实验基地，传授他们所学知识，保障了我们新型农民培训项目的顺利进行，在此特向他们表示感谢。